콘텐츠가 강하다!
실전 국어 전형태

수능특강 문학
고난도 실전문제

메가스터디 **전형태**

나BS
수특 스페셜
special
변형문제 N제

CONTENTS 이 책의 순서

나BS의 특징 이 책의 활용법

01.

갈래별 목차 구성으로 해당 파트 집중 훈련

현대시, 현대 산문, 고전시가, 고전 산문. 총 4가지 갈래로 나누어 해당 파트 고난도 문제를 풀이함으로써 어려운 문제가 나와도 흔들리지 않도록 하였다

02.

1. 윤흥길, 날개 또는 수갑

1. ②

'어린 녀석이~살아온 셈이었다.'에서 우기환의 말을 듣는 민도식의 내면을 묘사하고 있다. 이를 통해 '자신이기를 일찌감치 포기'한 채 '오직 제복에만 매달리면서 평생을 살아온' 아버지의 삶을 떠올리며 마음 아파하는 민도식의 정서적 반응을 보여 주고 있다.

오답 풀이

① '빈번한 장면 전환'을 허용하려면 장면이 3회 이상 교체되어야 한다. (중략) 이전에는 민도식, 우기환, 장상태 등의 사원들이 다방에 모여 제복에 대한 불만을 드러내는 장면, (중략) 이후에는 민도식, 우기환과 사장이 대화를 나누는 장면이 제시되고 있으므로 빈번한 장면 교체가 이루어졌다고 보기 어렵다. 또한 긴박한 분위기가 나타나지도 않는다. ③ 윗글에 우기환, 민도식, 사장의 대화가 제시되고 있는 것은 맞으나, 과거로 돌아가려 하는 인물의 심리는 나타나지 않는다. ④ 윗글에서 인물의 반복되는 행동이 제시된 부분을 찾을 수 없으며, 갈등의 해소가 암시되고 있지도 않다. ⑤ (중략) 전후로 다방에서 사장실로의 공간 이동은 드러나나 이에 따라 서술자를 달리하고 있지는 않다.

상세한 해설을 통해 복습에 최적화

나BS 스페셜은 강의용 교재지만, 시간이 부족해서 강의 수강이 어렵거나 수강 이후 복습을 원하는 학생들을 위해 해설의 상세함을 극대화시켰다. 충분한 해설을 통해 학생의 사고를 교정할 수 있다.

03.

다음을 읽고 물음에 답하시오.

(나)
내 말씀 광언(狂言)이나 저 화상을 구경허게
남촌 한량(閑良) 개똥이는 부모 덕에 편히 놀고
호의호식 무식하고 미련하고 어리석네
눈은 높고 손은 커서 가량없이 주제넘어
유행 따라 의관하고 남의 눈만 위하누나
봄날 종일 낮잠 자기 조석으로 반찬 투정
매팔자*로 무상출입 매일 취해서 게트림과
이리 모여 **노름** 놀기 저리 모여 투전질에
기생첩 살림하고 난봉꾼 친구로다
사랑에는 조방꾼* 안방에는 늙은 할미
조상 팔아 위세 떨고 세도 구멍 기웃기웃
눈치 보아 뇌물 주기 재산을 까불리고
허욕(虛慾)으로 장사하기 남의 빚이 태산이라
                                            (중략)
뉘라서 돌아볼까 **외로운 몸** 되단 말가
가련타 저 인생이 하루아침에 **거지** 되네
대모관자 어디 가고 물렛줄은 무삼 일고
통영갓은 어디 가고 헌 삿갓에 통모자라
술 취하여 못 먹던 밥 달력 보아 밥 먹는다
육포 안주 어디 가고 씀바귀를 단꿀 빨 듯
소주는 어디 가고 모주 한 잔 어려워라
울타리가 땔나무요 동네 소금 반찬일세
틀을 짜고 바른 반자 장지문이 어디 가고
벽 떨어진 단칸방에 거적자리 열두 닢에
호적 종이로 문 바르고 신주보(神主褓)가 갓끈이라
좋은 말은 어디 가고 앞뒤 하인 어디 간고
                                    - 작자 미상, 「우부가」 -

*매팔자 : 하는 일 없이 빈들빈들 노는 팔자.
*조방꾼 : 심부름하거나 여자를 소개하여 주는 사람.

04 〈보기〉를 바탕으로 (가), (나)를 감상한 내용으로 적절하지 <u>않은</u> 것은?

> **보기**
>
> 조선 후기에 창작된 「덴동어미화전가」와 「우부가」는 가사의 서사성이 정서의 환기와 교훈의 전달이라는 특정한 목적을 달성하는 데에 기여한다는 사실을 보여 준다. 등장인물의 입을 빌려 현실적 고난을 토로함으로써 독자의 공감을 획득하려는, 혹은 '개똥이'와 같은 부정적 인물을 형상화함으로써 독자를 경계하려는 작가의 욕구가 서사성을 띠면서도 서사 갈래와는 다른 서사적 가사를 탄생시킨 것이다.

① (가)에서 '자라목'이 되고 '발가락'이 무지러진 '나'의 모습은 인물이 토로하는 현실의 고난을 보여 주는군.
② (가)에서 '병술년 괴질'로 인해 '삼십 식솔'이 다 죽은 일을 언급하는 것은 독자의 공감을 획득하려는 작가의 의도를 반영하는군.
③ (나)에서 '노름'과 '허욕'으로 가산을 탕진한 '개똥이'의 모습은 부정적 인물의 형상을 보여 주는군.
④ (나)에서 '호의호식'하다가 '외로운 몸'이 된 '개똥이'의 모습을 제시하는 것은 독자를 경계하려는 작가의 의도를 반영하는군.
⑤ (가)에서 '천인'이 되어 빚을 지게 된 '나'의 모습은 독자에게 서러움의 정서를 환기하고, (나)에서 하루아침에 '거지'가 된 '개똥이'의 모습은 독자에게 교훈이 되는군.

고난도 EBS 변형 문제
나BS 스페셜

최근 평가원 트렌드에 맞춰 고난도 문항으로 구성했다. 평가원은 교육청이나 사설과 다른 **깊이 있는 사고**를 요구한다. 이에 따라 지문의 핵심을 제대로 잡지 못하면 틀리는 문제들을 많이 배치하여 **정교한 사고를 할 수 있도록** 했다. 또한 평가원과 이질감이 느껴지지 않도록 **현대시와 고전시가는 비연계 작품과 묶어 출제**하는데 최대한 신경을 썼다. 기출을 통해 평가원 문제에 친숙한 학생이라면 **문제의 질을 알아볼 것**이다.

나BS
수특 스페셜

변형문제 N제

Part. 01
현대시

1 | 서정주, 꽃밭의 독백 / 김선우, 낙화, 첫사랑

다음을 읽고 물음에 답하시오.

(가)

　　┌ 노래가 낫기는 그 중 나아도
　　│ 구름까지 갔다간 되돌아오고,
[A]│ 네 발굽을 쳐 달려간 말은
　　└ 바닷가에 가 멎어 버렸다.

　　┌ 활로 잡은 산돼지, 매[鷹]로 잡은 산새들에도
[B]└ 이제는 벌써 입맛을 잃었다.

　　┌ 꽃아, **아침마다 개벽(開闢)**하는 꽃아.
　　│ 네가 좋기는 제일 좋아도,
[C]│ 물낯바닥에 얼굴이나 비취는
　　│ **헤엄도 모르는 아이**와 같이
　　└ 나는 네 **닫힌 문**에 기대섰을 뿐이다.

　　┌ **문 열어라 꽃아. 문 열어라 꽃아.**
[D]│ 벼락과 해일(海溢)만이 길일지라도
　　└ 문 열어라 꽃아. 문 열어라 꽃아.

- 서정주, 「꽃밭의 독백-사소(娑蘇) 단장」 -

(나)

1
그대가 아찔한 절벽 끝에서
바람의 얼굴로 서성인다면 그대를 부르지 않겠습니다
옷깃 부둥키며 수선스럽지 않겠습니다
그대에게 무슨 연유가 있겠거니
내 사랑의 몫으로
그대의 뒷모습을 **마지막 순간**까지 지켜보겠습니다
손 내밀지 않고 그대를 다 가지겠습니다

2
아주 조금만 먼저 바닥에 닿겠습니다
가장 낮게 엎드린 처마를 끌고
추락하는 그대의 속도를 앞지르겠습니다
내 생을 사랑하지 않고는
다른 생을 사랑할 수 없음을 늦게 알았습니다
그대보다 먼저 바닥에 닿아
강보에 아기를 받듯 온몸으로 나를 받겠습니다

- 김선우, 「낙화, 첫사랑」 -

01 (가), (나)에 대한 설명으로 가장 적절한 것은?

① (가)는 반복적 호명을 통해 중심 대상으로 초점을 모으고 있다.
② (나)는 반어적 어조를 활용하여 현실에 대한 비관적 태도를 드러내고 있다.
③ (가)와 (나)는 모두 동일한 시행의 반복을 통해 운율감을 자아내고 있다.
④ (가)와 (나)는 모두 점층적인 표현으로 대상과의 거리감을 강조하고 있다.
⑤ (가)는 하강 이미지를, (나)는 상승 이미지를 활용하여 사물의 변화 과정을 묘사하고 있다.

02 (가)에 대한 이해로 적절하지 <u>않은</u> 것은?

① [A]에서 '노래'와 '말'에서 확인되는 동질성은, [B]에서 '산돼지'와 '산새들'의 관계에서도 나타난다.
② [A]에서 '구름'과 '바닷가'를 넘어서지 못하는 상황은, [D]에서 '벼락과 해일'의 길을 통해 극복될 수 있다.
③ [B]에서 '입맛을 잃'은 상태는, [D]에서 '꽃'을 향해 '문'을 열라고 요청하는 계기로 작용한다.
④ [B]에서 '벌써'에 나타난 현실 인식은, [D]에서 '문'이 열릴 것을 확신하는 이유를 보여 준다.
⑤ [C]에서는 '물낯바닥'에 '얼굴이나 비취는' 아이에 빗대는 방식을 통해 '문'에 기대서 있는 상황의 의미를 드러낸다.

03 (나)에 대한 설명으로 가장 적절한 것은?

① '바람의 얼굴로 서성'이는 것은 자신의 추락을 미처 생각하지 못한 '그대'의 모습을 보여 준다.
② '옷깃 부둥키며 수선스럽'게 구는 것은 '그대'를 향한 화자의 진실한 마음이 표출된 행위를 나타낸다.
③ '아주 조금만 먼저 바닥에 닿겠'다는 것은 추락을 결심하기까지 망설였던 화자의 내면을 보여 준다.
④ '가장 낮게 엎드린 처마를' 끄는 것에서 '그대'를 위해 자신을 희생하려는 화자의 태도가 드러난다.
⑤ '온몸으로 나를 받겠'다는 것은 추락한 뒤에야 '그대'보다 자기 자신이 중요하다는 사실을 알게 된 화자의 깨달음을 나타낸다.

04 〈보기〉를 바탕으로 (가), (나)를 감상한 내용으로 적절하지 <u>않은</u> 것은?

> **보기**
>
> 자연의 섭리에 따라 피고 지는 꽃은 인간사를 이해하는 단서를 제공하기도 한다. (가)와 (나)는 꽃의 속성에 주목하여 인간이 삶에서 마주하는 한계에 대한 인식을 드러내는데, (가)는 인간 세계의 유한성을 극복하고 영원의 세계를 갈망하는 화자의 태도를, (나)는 사랑의 유한성을 수용함으로써 자기 삶을 긍정하고 성숙한 사랑으로 나아가려는 화자의 태도를 보여 주고 있다.

① (가)는 '헤엄도 모르는 아이'와 같이 '문' 너머로 가는 방법을 모르는 화자를 통해, 삶에서 한계를 마주하는 상황을 묘사하고 있어.
② (가)는 '닫힌 문'에 서서 '꽃'에게 '문'을 열어달라고 요구하는 화자를 통해, '꽃'이 속한 영원의 세계를 갈망하는 모습을 형상화하고 있어.
③ (나)는 '손 내밀지 않고 그대를 다 가지겠'다고 다짐하는 화자를 통해, 수용적 태도가 '그대'와의 재회를 위한 것임을 보여 주고 있어.
④ (나)는 '내 생'을 사랑해야 '다른 생'을 사랑할 수 있음을 알게 된 화자를 통해, 자기 삶을 긍정하는 태도를 보여 주고 있어.
⑤ (가)에서 '아침마다 개벽'한다는 표현과, (나)에서 낙화를 '그대'와의 '마지막 순간'과 연결하는 발상은 자연의 섭리에 따라 피고 지는 꽃의 속성을 기반으로 하고 있어.

2 | 정현종, 초록 기쁨-봄 숲에서 / 이준관, 가을 떡갈나무 숲

다음을 읽고 물음에 답하시오.

(가)

해는 출렁거리는 빛으로
내려오며
제 빛에 겨워 흘러 넘친다.
㉠ 모든 초록, 모든 꽃들의
왕관이 되어
자기의 왕관인 초록과 꽃들에게
웃는다. 비유의 아버지답게
초록의 샘답게
하늘의 푸른 넓이를 다해 웃는다.
하늘 전체가 그냥 기쁨이며 신전이다.

해여, 푸른 하늘이여.
그 빛에, 그 공기에
취해 ㉡ 찰랑대는 자기의 즙에 겨운,
공중에 뜬 물인
나뭇가지들의 초록 기쁨이여.

흙은 그리고 깊은 데서
큰 향기로운 눈동자를 굴리며
넌지시 주고받으며
싱글거린다.

오, 이 향기
싱글거리는 흙의 향기
내 코에 댄 ㉢ 깔대기와도 같은
하늘의, 향기
나무들의 향기!

　　　　　　　　　　　- 정현종, 「초록 기쁨-봄 숲에서」 -

(나)

떡갈나무 숲을 걷는다. ㉣ 떡갈나무 잎은 떨어져
너구리나 오소리의 따뜻한 털이 되었다. 아니면,
쐐기집이거나 지난 여름 풀 아래 자지러지게
울어 대던 벌레들의 알의 집이 되었다.

이 숲에 그득했던 풍뎅이들의 혼례,
그 눈부신 날갯짓 소리 들릴 듯한데,
텃새만 남아
산 아래 콩밭에 뿌려 둔 노래를 쪼아

아름다운 목청 밑에 갈무리한다.

나는 떡갈나무 잎에서 **노루 발자국**을 찾아본다.
그러나 벌써 노루는 더 깊은 골짜기를 찾아,
겨울에도 얼지 않는 파릇한 산울림이 떠내려오는
골짜기를 찾아 떠나갔다.

나무 등걸에 앉아 하늘을 본다. ㉤ 하늘이 깊이 숨을 들이켜
나를 들이마신다. 나는 가볍게, 오늘 밤엔
이 떡갈나무 숲을 온통 차지해 버리는 별이 될 것 같다.

떡갈나무 숲에 남아 있는 열매 하나.
어느 산짐승이 혀로 핥아 보다가, 뒤에 오는
제 새끼를 위해 남겨 놓았을까? 그 순한 산짐승의
젖꼭지처럼 까맣다.

나는 **떡갈나무**에게 **외롭다**고 쓸쓸하다고
중얼거린다.
그러자 떡갈나무는 **슬픔으로 부은 내 발등에**
잎을 떨군다. 내 **마지막 손이야.** 뺨에 대 봐,
조금 따뜻해질 거야, 잎을 떨군다.

　　　　　　　　　　　- 이준관, 「가을 떡갈나무 숲」 -

01 (가)와 (나)에 대한 설명으로 적절한 것은?

① (가)는 말을 건네는 방식을 활용하여 화자의 의지를 드러내고 있다.
② (나)는 영탄적 표현을 통하여 화자의 벅찬 감정을 표출하고 있다.
③ (가)와 (나)는 모두 감각의 전이를 사용하여 대상을 생동감 있게 묘사하고 있다.
④ (가)와 달리 (나)는 화자를 표면화함으로써 대상에 대한 친근감을 나타내고 있다.
⑤ (나)와 달리 (가)는 과거와 현재를 대비함으로써 동일한 공간에서 일어난 변화를 그려내고 있다.

02 ⊙~ⓜ에 대한 이해로 적절한 것은?

① ⊙은 반어법을 사용하여 '해'와 '초록'과 '꽃' 사이의 대립 관계를 드러내고 있다.

② ⓛ은 비유를 활용하여 나뭇가지가 부드럽게 흔들리는 모습을 표현하고 있다.

③ ⓒ은 시의 분위기와 어울리지 않는 소재를 활용하여 변해버린 자연의 풍경에 대한 화자의 좌절감을 표현하고 있다.

④ ⓔ은 하강의 이미지를 사용하여 잎이 지는 가을 숲의 정경과 현실에 대한 화자의 비관적 인식을 암시하고 있다.

⑤ ⓜ은 주객이 전도된 상황을 제시하여 자연 속에서 화자가 느끼는 쓸쓸함을 보여 주고 있다.

03 〈보기〉를 참고하여 (가)와 (나)를 감상한 내용으로 적절하지 <u>않은</u> 것은?

> **보기**
>
> (가)와 (나)는 인간과 자연이 하나의 공동체이며, 모든 존재는 그 공동체 안에서 상호 의존하고 연대하며 살아간다는 인식을 보여 준다. 이러한 인식을 바탕으로 (가)는 일상적이지 않은 경험과 발견, 그리고 기쁨의 원천으로서의 자연을 형상화하였으며, (나)는 공동체 의식이 파괴된 고독한 현실을 살아가는 화자의 삶에 위로를 주는 평화로운 공간으로서의 자연을 형상화하였다.

① (가)에서 '전체가 그냥 기쁨이며 신전'인 '하늘'의 '향기'를 '코'로 느끼는 화자의 모습에서 일상적이지 않은 기쁨의 원천으로서의 자연을 확인할 수 있다.

② (가)에서 '흙'이 '해', '푸른 하늘', '나뭇가지들'과 '넌지시 주고받으며 싱글거'리는 모습에서 모든 존재가 하나의 공동체를 이룬 자연의 모습을 확인할 수 있다.

③ (나)에서 '외롭다고 쓸쓸하다고 중얼거'리는 '나'의 모습에서 공동체 의식이 파괴된 고독한 현실을 살아가는 화자의 삶을 확인할 수 있다.

④ (나)에서 '골짜기를 찾아 떠나'간 '노루'의 '발자국'을 찾아 헤매는 화자의 모습에서 자연과의 합일을 이루지 못한 화자의 모습을 확인할 수 있다.

⑤ (나)에서 '슬픔으로 부은 내 발등'에 '마지막 손'을 떨구어 주는 '떡갈나무'의 모습에서 화자에게 위로를 주는 평화로운 공간으로서의 자연을 확인할 수 있다.

3 | 조지훈, 화체개현 / 나희덕, 식물적인 죽음

다음을 읽고 물음에 답하시오.

(가)

실눈을 뜨고 벽에 기대인다 아무것도 생각할 수가 없다

짧은 여름밤은 촛불 한 자루도 못다 녹인 채 사라지기 때문에 섬돌 우에 문득 석류꽃이 터진다

꽃망울 속에 새로운 우주가 열리는 파동! 아 여기 태고(太古)적 바다의 소리 없는 물보래가 꽃잎을 적신다

방안 하나 가득 석류꽃이 물들어 온다 내가 석류꽃 속으로 들어가 앉는다 아무것도 생각할 수가 없다

　　　　　　　　　　　　　　　　　　- 조지훈, 「화체개현」 -

(나)

창으로 빛이 들면
눈동자는 굴광성 식물처럼 감응했다
그녀의 얼굴에서 빛이 희미해져 갈 때마다
숨소리는 견딜 수 없이 가빠졌다
삶의 수면 위로 뻐끔거리는 입,
병실에는 그녀가 광합성으로 토해놓은 산소들이
투명한 공기 방울이 되어 떠다녔다
식물에 가까워지고 있는지
공기 방울에서는 수레국화 비슷한 냄새가 났다
천천히 시들어 가던 그녀가
침대 시트의 문양처럼 움직이지 않게 되었을 때
빛을 향해 열렸던 눈과 귀가 닫힌 문처럼 고요해졌을 때
이제 남자도 여자도 아닌,
사람도 사물도 아닌, 그 누구도 아닌, 오로지
한 떨기 죽음으로 완성된 그녀
죽음이 투명해질 때까지
죽음을 길들이느라 남은 힘을 다 써버린 사람
모든 발걸음을 멈추고
멀리서 수레국화 한 송이 피어나기 시작했다

　　　　　　　　　　　　　　　　　　- 나희덕, 「식물적인 죽음」 -

01 (가), (나)의 공통점으로 가장 적절한 것은?

① 현실에 대한 비판적 인식을 바탕으로 중심 제재의 가치를 부각하고 있다.
② 중심 제재에 대한 인식을 전환하여 현실에 대한 비관적 태도를 드러내고 있다.
③ 장소와 연관된 과거 사건을 회상하며 중심 제재와의 정서적 거리를 부각하고 있다.
④ 인간의 행위에 대한 우호적 관점을 토대로 중심 제재의 심미적 속성을 강조하고 있다.
⑤ 중심 제재에서 확인되는 변화를 관찰하며 그에 대한 긍정적인 태도를 드러내고 있다.

02 (가), (나)에 대한 설명으로 가장 적절한 것은?

① (가)의 '실눈'은 내적 갈등으로 괴로운 상황과, (나)의 '입'은 생명을 유지하려는 노력과 연결된다.
② (가)의 '한 자루'는 '여름밤'의 짧음을 부각하고, (나)의 '한 송이'는 '수레국화'가 '그녀'와 대응되는 소재임을 보여 준다.
③ (가)의 '문득'은 예기치 못한 사건으로 인한 화자의 당혹감을, (나)의 '오로지'는 '죽음'에 대한 '그녀'의 갈망을 부각한다.
④ (가)의 '물보래'는 '석류꽃'의 정적인 모습을, (나)의 '수면'은 '죽음'의 문턱에 있는 '그녀'의 모습을 부각한다.
⑤ (가)의 '방안'은 화자가 '석류꽃'과 일체감을 느끼는, (나)의 '병실'은 화자가 '그녀'에게 연민을 느끼는 공간이다.

03 〈보기〉를 바탕으로 (가), (나)를 감상한 내용으로 적절하지 <u>않은</u> 것은?

> **보기**
>
> (가)와 (나)는 생명의 탄생과 소멸에 대한 인식이 드러나는 작품이다. (가)의 화자는 '석류꽃'이 개화하는 모습에서 생명이 발산하는 힘을 목격하고 그 속에서 느낀 경이로움을 드러낸다. (나)의 화자는 '그녀'가 생을 마감하는 모습을 '식물'이 시들어 가는 과정과 연결하여, 죽음이 삶을 완성하면서도, 죽음을 통해 생명이 순환한다는 인식을 드러낸다.

① (가)는 '꽃망울 속'에 '새로운 우주'가 열린다고 표현하여, 새롭게 탄생한 생명에 담겨 있는 자연의 질서를 드러내고 있군.

② (가)는 '태고적 바다'의 물살이 '꽃잎'을 적신다고 표현하여, 생명이 발산하는 힘의 근원이 다른 생명의 소멸에 있다는 인식을 드러내고 있군.

③ (가)는 '석류꽃'이 '가득' 물들어 오는 것을 보고 '아무것도 생각할 수가 없다'고 표현하여, 생명력에 경이로움을 느끼는 모습을 나타내고 있군.

④ (나)는 '그녀'가 '한 떨기 죽음으로 완성'되었다고 표현하여, 죽음이 삶을 완성한다는 역설적인 인식을 드러내고 있군.

⑤ (나)는 '그녀'의 '죽음' 이후 '수레국화 한 송이'가 피어났다고 표현하여, 죽음을 계기로 생명이 순환하는 모습을 나타내고 있군.

다음을 읽고 물음에 답하시오.

(가)

아득한 옛날에 나는 떠났다
㉠ 부여(扶餘)를 숙신(肅愼)을 발해(渤海)를 여진(女眞)을 요(遼)를 금(金)을
흥안령(興安嶺)을 음산(陰山)을 아무우르를 숭가리를*
범과 사슴과 너구리를 배반하고
송어와 메기와 개구리를 속이고 나는 떠났다

나는 그때
자작나무와 이깔나무의 슬퍼하던 것을 기억한다
갈대와 장풍*의 붙드던 말도 잊지 않았다
오로촌*이 멧돝*을 잡아 나를 잔치해 보내던 것도
쏠론*이 십릿길을 따라 나와 울던 것도 잊지 않았다

나는 그때
㉡ 아무 이기지 못할 슬픔도 시름도 없이
다만 게을리 먼 앞대*로 떠나 나왔다
㉢ 그리하여 따사한 햇귀에서 하이얀 옷을 입고 매끄러운 밥을 먹고 단샘을 마시고 낮잠을 잤다
밤에는 먼 개소리에 놀라나고
아침에는 지나가는 사람마다에게 절을 하면서도
나는 나의 부끄러움을 알지 못했다

그동안 돌비는 깨어지고 많은 은금보화는 땅에 묻히고 가마귀도 긴 족보를 이루었는데
㉣ 이리하여 또 한 아득한 새 옛날이 비롯하는 때
이제는 참으로 이기지 못할 **슬픔과 시름**에 쫓겨
나는 나의 옛 하늘로 땅으로 - 나의 태반(胎盤)으로 돌아왔으나

이미 해는 늙고 달은 파리하고 바람은 미치고 **보래구름***만 혼자 넋 없이 떠도는데

아, 나의 조상은 형제는 일가친척은 정다운 이웃은 그리운 것은 사랑하는 것은 우러르는 것은 ㉤ 나의 자랑은 나의 힘은 없다 바람과 물과 세월과 같이 지나가고 없다

- 백석, 「북방에서-정현웅에게」 -

*흥안령을~숭가리를 : 중구 북부에 위치한 산맥과 강 등을 일컬음.
*장풍 : 창포. 천남성과의 여러해살이풀로, 뿌리는 약용하고 단오에 창포물을 만들어 머리를 감거나 술을 빚음.
*오로촌 : 오로촌족. 중국의 동북 지방에 거주하는 소수 민족의 하나.
*멧돝 : 멧돼지.
*쏠론 : 쏠론족. 중국의 동북 지방에 거주하는 소수 민족의 하나.
*앞대 : 평북 내지 평안도를 벗어난 남쪽 지방. 황해도·강원도에서부터 제주도까지에 이르는 각지.
*보래구름 : 보랏빛 구름.

(나)

그리운 곳에는 ⓐ 우리를 부르는 소리가 있네
헐벗은 영혼들도 귀의할 안식이 있듯
상처뿐인 삶들도 돌아가 잠들 **그리운 집**은 있네
천상의 사랑은 ⓑ 이미 빗장을 풀고 달아나버려
보리밭 위로 부는 바람에도 나는 어찌할 수 없네
어제는 들판에서 잠자고 오늘은 길 위에서 눈뜨는
노숙의 세월인들 꿈이 ⓒ 없으랴
그 꿈속의 비단길인들 끝이 없으랴
나는 대상(隊商)*에서 떨어져나온 ⓓ 외로운 쌍봉낙타
취하지 않고서는 건널 수 없는 도시의 불사막을
ⓔ 지글거리는 고통의 맨발로 걸어가네
또 그렇게 가다 보면 세상의 마지막 저녁과
두고 온 고향의 **바닷별**과 조우하려니
입 안에 풍화하는 모래가 씹히고
모래언덕 위로 붉은 달이 떠오를 때
별에다 귀를 가져다 대면, 들리네
혓속에서 잉잉거리는 세상의 첫소리와
첫사랑 현웅수* 떨리는 소리까지 들리네
착한 눈동자 선한 귀로 그리운 곳으로 돌아보게
그리운 곳에는 우리가 부르는 소리가 있네

- 정일근, 「그리운 곳으로 돌아보라」 -

*대상 : 사막이나 초원과 같이 교통이 발달하지 않은 지방에서, 낙타나 말에 짐을 싣고 떼를 지어 먼 곳으로 다니면서 특산물을 교역하는 상인의 집단.
*현웅수 : 목구멍의 안쪽 뒤 끝에 위에서부터 아래로 내민 둥그스름한 살.

01 (가), (나)의 공통점으로 가장 적절한 것은?

① 음성 상징어를 사용하여 생동감을 부각하고 있다.
② 자연물의 속성을 활용하여 상황을 구체화하고 있다.
③ 영탄적 표현을 반복하여 단호한 의지를 표출하고 있다.
④ 시간의 경과를 나타내어 시적 분위기를 반전시키고 있다.
⑤ 동일한 색채어를 반복하여 정서를 고조시키고 있다.

03 ⓐ~ⓔ의 시적 기능에 대한 설명으로 가장 적절한 것은?

① ⓐ를 변주하여 '그리운 곳'에 가기를 소망하는 화자의 태도를 강조하고 있다.
② ⓑ를 사용하여 '천상의 사랑'을 달성한 것에 대한 화자의 만족감을 드러내고 있다.
③ ⓒ를 반복하여 '불사막'에서 겪는 경험의 소중함을 강조하려는 화자의 의도를 드러내고 있다.
⑤ ⓓ에서 대상에 인격을 부여하여 '노숙의 세월'과 대비되는 화자의 시선을 반영하고 있다.
⑤ ⓔ에서 감각을 구체화하여 '고향'을 떠날 수밖에 없었던 화자의 상황을 암시하고 있다.

02 〈보기〉를 참고하여 ㉠~㉤의 의미를 설명한 것으로 적절하지 않은 것은?

> **보기**
>
> (가)는 광활한 북방을 떠나 남하하여 소박한 안위를 찾으며 살아온 우리 민족의 역사를 그려 내고 있다. 화자는 과거의 영광과 드높은 민족의 기개를 되찾을 길이 없는 현실에 대한 좌절감을 드러내는데, 이는 작품이 쓰인 시기가 일제 강점기라는 현실을 반영한다.

① ㉠은 과거 우리 민족이 무대로 삼아 활동했던 광활한 지역을 나타낸 것으로 볼 수 있겠군.
② ㉡은 북방을 떠난 상황에 대해 문제의식을 지니지 못했던 우리 민족의 인식을 드러낸 것으로 볼 수 있겠군.
③ ㉢은 남하하여 소박한 안위를 찾으며 살아온 우리 민족의 역사를 형상화한 것으로 볼 수 있겠군.
④ ㉣은 좌절을 이겨내고 드높았던 기개를 되찾을 것이라 여겼던 우리 민족의 믿음을 드러낸 것으로 볼 수 있겠군.
⑤ ㉤은 과거의 영광을 잃어버린 채 일제 강점기를 살아가는 우리 민족의 현실을 나타낸 것으로 볼 수 있겠군.

04 〈보기〉를 참고하여 (가), (나)를 감상한 내용으로 적절하지 않은 것은?

> **보기**
>
> 고향을 제재로 삼는 시에서 고향은 자연 친화적이고 공동체적인 삶과 소중한 추억이 존재하는 공간으로 그려지는 경우가 많다. 고향이 지친 마음을 회복할 수 있는 근원적 공간으로 제시되면, 부정적 현실을 살아가는 화자에게 희망을 준다. 그러나 고향이 부정적 현실의 영향을 받은 공간으로 나타나면, 화자는 고향으로 돌아갔을 때 고향의 변화를 마주하고 더없는 상실감에 빠지게 된다.

① (가)에서 '자작나무와 이깔나무'가 슬퍼하고 '갈대와 장풍'이 붙었다는 것은 화자가 고향에서 자연 친화적인 삶을 살았음을 나타내는군.
② (나)에서 '상처뿐인 삶들'이 돌아가서 잠들 수 있는 '그리운 집'은 화자에게 고향이 지친 마음을 회복할 수 있는 근원적 공간임을 보여 주는군.
③ (가)에서 '슬픔과 시름'은 부정적 현실에 처한 화자의 상황을, (나)에서 '모래 언덕'은 부정적 현실에서 벗어난 화자의 상황을 나타내는군.
④ (가)에서 '오로촌', '쏠론'은 화자가 고향에서 함께했던 공동체 구성원을 나타내고, (나)에서 '첫사랑 현용수 떨리는 소리'는 화자가 고향에서 만든 소중한 추억을 의미하는군.
⑤ (가)에서 '보래구름'은 고향의 변화를 마주하고 상실감에 빠진 화자의 모습을 투영한 대상이고, (나)에서 '바닷별'은 고향을 떠올리게 해 화자에게 희망을 주는 대상이군.

다음을 읽고 물음에 답하시오.

(가)

왜 나는 조그마한 일에만 분개하는가
저 왕궁 대신에 왕궁의 음탕 대신에
50원짜리 갈비가 기름 덩어리만 나왔다고 분개하고
옹졸하게 분개하고 설렁탕집 돼지 같은 주인 년한테 욕을 하고
옹졸하게 욕을 하고

한번 정정당당하게
붙잡혀 간 소설가를 위해서
언론의 자유를 요구하고 월남 파병에 반대하는
자유를 이행하지 못하고
20원을 받으러 세 번씩 네 번씩
찾아오는 **야경꾼들만 증오**하고 있는가

옹졸한 나의 전통은 유구하고 이제 내 앞에 정서(情緖)로
가로놓여 있다
이를테면 이런 일이 있었다
부산에 포로수용소의 제14야전 병원에 있을 때
정보원이 너스들과 스펀지를 만들고 거즈를
개키고 있는 나를 보고 포로 경찰이 되지 않는다고
남자가 뭐 이런 일을 하고 있느냐고 놀린 일이 있었다
너스들 옆에서

지금도 내가 반항하고 있는 것은 이 스펀지 만들기와
거즈 접고 있는 일과 조금도 다름없다
개의 울음소리를 듣고 그 비명에 지고
머리에 피도 안 마른 애놈의 투정에 진다
떨어지는 은행나뭇잎도 내가 밟고 가는 가시밭

아무래도 나는 비켜서 있다 절정 위에는 서 있지
않고 암만해도 조금쯤 옆으로 비켜서 있다
그리고 조금쯤 옆에 서 있는 것이 조금쯤
비겁한 것이라고 알고 있다!

그러니까 **이렇게 옹졸하게 반항한다**
이발쟁이에게
땅 주인에게는 못하고 이발쟁이에게
구청 직원에게는 못하고 동회 직원에게도 못하고
야경꾼에게 20원 때문에 10원 때문에 1원 때문에
우습지 않으냐 1원 때문에

모래야 **나는 얼마큼 작으냐**
바람아 먼지야 풀아 나는 얼마큼 작으냐
정말 얼마큼 작으냐……

         - 김수영, 「어느 날 고궁을 나오면서」 -

(나)

나는 왜 아침 출근길에
구두에 질펀하게 오줌을 싸 놓은
강아지도 한 마리 용서하지 못하는가
윤동주 시집이 든 가방을 들고 구두를 신는 순간
새로 갈아 신은 양말에 축축하게
강아지의 오줌이 스며들 때
나는 왜 **강아지를 향해**
이 개새끼라고 소리치지 않고는 견디지 못하는가
개나 사람이나 풀잎이나
생명의 무게는 다 똑같은 것이라고
산에 개를 데려왔다고 **시비를 거는 사내**와
멱살잡이까지 했던 내가
왜 강아지를 향해 **구두를 내던지지** 않고는 견디지 못하는가
세상에서 가장 어려운 일은
사람의 마음을 얻는 일이라는데
나는 한 마리 강아지의 마음도 얻지 못하고
어떻게 사람의 마음을 얻을 수 있을까
진실로 사랑하기를 원한다면
용서하는 법을 배워야 한다고
윤동주 시인은 늘 내게 **말씀**하시는데
나는 밥만 많이 먹고 강아지도 용서하지 못하면서
어떻게 인생의 순례자가 될 수 있을까
강아지는 이미 의자 밑으로 들어가 보이지 않는다
오늘도 **강아지가 먼저 나를 용서할까 봐 두려워라**

         - 정호승, 「윤동주 시집이 든 가방을 들고」 -

01 (가)와 (나)에 대한 공통점으로 가장 적절한 것은?

① 과거의 경험을 제시하여 현실을 극복할 방안을 모색하고 있다.
② 의문문의 형식을 활용함으로써 삶에 대한 성찰을 제시하고 있다.
③ 대상을 호명하는 방법을 사용하여 대상에 대한 친근함을 드러내고 있다.
④ 동일한 시어의 반복을 통하여 대상을 향한 의지적인 태도를 나타내고 있다.
⑤ 외적 대상에 대한 관조를 통하여 얻은 깨달음을 보여 줌으로써 주제 의식을 부각하고 있다.

02 (가)와 (나)의 시어에 대한 이해로 적절하지 <u>않은</u> 것은?

① (가)의 '옹졸한 나의 전통'은 자신의 옹졸한 행위가 지속적으로 이어져 왔음을 나타낸다.
② (가)의 '스펀지 만들기'와 '거즈 접고 있는 일'은 화자가 말하는 '조그마한 일'과 관련된다.
③ (나)의 '강아지의 오줌'은 화자가 분노하는 계기이자 삶의 태도를 성찰하게 되는 계기이다.
④ (나)의 '윤동주 시집이 든 가방'은 '강아지도 한 마리 용서하지 못하는' 화자의 이중성을 부각한다.
⑤ (나)의 '인생의 순례자'는 '강아지'와 대비되는 존재로 화자가 극복해야 할 대상이다.

03 〈보기〉를 참고하여 윗글을 감상한 내용으로 적절하지 <u>않은</u> 것은?

> **보기**
>
> (가)와 (나)의 화자는 모두 자신을 조롱의 대상으로 삼고 있다. (가)의 화자는 부조리한 현실의 본질이 아닌 주변을 향해서만 부정적 감정을 표출하는 자신의 소시민적 근성을, (나)의 화자는 생명을 존중하자는 평소의 신념과는 달리 약한 대상을 용서하지 못하고 함부로 대하는 자신의 위선을 고백적이고 자조적인 어조로 비판하고 있다. 이러한 '자기 풍자'는 대상에 대한 풍자보다 독자로 하여금 자신의 삶을 더욱 비판적으로 되돌아보게 한다.

① (가)의 '언론의 자유를 요구'하지는 못하고 '야경꾼들만 증오'하는 모습에서 부조리한 현실의 본질이 아닌 주변을 향해서만 부정적 감정을 표출하는 화자의 모습을 확인할 수 있군.
② (가)의 '이렇게 옹졸하게 반항한다', '나는 얼마큼 작으냐' 등 자신의 소시민적 근성을 조롱하고 있는 화자의 모습에서 독자는 자신의 삶을 비판적으로 되돌아보게 되겠군.
③ (나)의 '구두에 질펀하게 오줌을 싸 놓은' '강아지가 먼저 나를 용서할까 봐 두려워'하는 데에서 자조적 어조로 '자기 풍자'를 하는 화자의 모습을 볼 수 있군.
④ (나)의 '강아지를 향해' '이 개새끼라고 소리치'며 '구두를 내던지'는 모습에서 화자가 약한 대상을 함부로 대하는 자신을 비판의 대상으로 삼는 것을 확인할 수 있군.
⑤ (나)의 '용서하는 법을 배워야 한다'는 '윤동주 시인'의 '말씀'과 달리 '시비를 거는 사내'와 '멱살잡이'를 한 사건에서 자신의 위선을 고백하는 화자의 모습을 볼 수 있군.

6 김광규, 희미한 옛사랑의 그림자 / 이근삼, 국물 있사옵니다

다음을 읽고 물음에 답하시오.

(가)

4·19가 나던 해 세밑
우리는 오후 다섯 시에 만나
반갑게 악수를 나누고
불도 없는 차가운 방에 앉아
하얀 입김 뿜으며
열띤 토론을 벌였다
어리석게도 우리는 무엇인가를
정치와는 전혀 관계없는 무엇인가를
위해서 살리라 믿었던 것이다
결론 없는 모임을 끝낸 밤
혜화동 로터리에서 대포를 마시며
사랑과 아르바이트와 병역 문제 때문에
우리는 때 묻지 않은 고민을 했고
아무도 귀 기울이지 않는 노래를
누구도 흉내 낼 수 없는 노래를
저마다 목청껏 불렀다
돈을 받지 않고 부르는 노래는
겨울밤 하늘로 올라가 별똥별이 되어 떨어졌다
그로부터 18년 오랜만에
우리는 모두 무엇인가가 되어
혁명이 두려운 기성세대가 되어
넥타이를 매고 다시 모였다
회비를 만 원씩 걷고
처자식들의 안부를 나누고
월급이 얼마인가 서로 물었다
치솟는 물가를 걱정하며
즐겁게 세상을 개탄하고
익숙하게 목소리를 낮추어
떠도는 이야기를 주고받았다
모두가 살기 위해 살고 있었다
아무도 이젠 노래를 부르지 않았다
적잖은 술과 비싼 안주를 남긴 채
우리는 달라진 전화번호를 적고 헤어졌다
몇이서는 포커를 하러 갔고
몇이서는 춤을 추러 갔고
몇이서는 허전하게 동숭동 길을 걸었다
돌돌 말은 달력을 소중하게 옆에 끼고
오랜 방황 끝에 되돌아온 곳
우리의 옛사랑이 피흘린 곳에

낯선 건물들 수상하게 들어섰고
플라타너스 가로수들은 여전히 제자리에 서서
아직도 남아 있는 몇 개의 마른 잎 흔들며
우리의 고개를 떨구게 했다
부끄럽지 않은가
부끄럽지 않은가
바람의 속삭임 귓전으로 흘리며
우리는 짐짓 중년기의 건강을 이야기했고
또 한 발짝 깊숙이 늪으로 발을 옮겼다

- 김광규, 「희미한 옛사랑의 그림자」 -

(나)

[앞부분 줄거리] 평범한 샐러리맨으로 정직하게 살아온 김상범은 박용자와 결혼을 결심했으나, 형 김상학이 그녀와 결혼하게 된 것을 알게 된다.

김상범 : 박용자씨하고는 얘기가 다 됐어요?

김상학 : 그럼, 인천에도 몇 번 놀러 왔었구. 약혼식은 생략하기로 했어. 결혼식도 간단히 하기로 하구. 그때 같이 영화구경 간 것이 인연이 됐어. 그럼, 몸조심해라.

(상학이 걸어 나간다. 상범은 움직이지를 못한다. 잠시 그대로 서 있다)

김상범 : (체념하기에는 너무나 억울하다는 태도로) ……이거…… 결혼 상대자를 빼앗긴데다가 아버지 환갑잔치 비용도 내가 주선해야만 하는 팔자입니다. 이젠 할 말이 없습니다. 저의 나이는 서른 한 살입니다. 앞으로 살아봤자 한 20년…… 나머지 20년마저 밤낮 손해만 보는 세월일 것이라고 생각하니 앞이 캄캄해집니다. 저는 여태까지는 모든 생활을 제가 아는 상식의 테두리 안에서 해왔습니다. 인천서 근무할 때의 일입니다. 여름에 하도 무덥기에 해수욕장에 나갔죠. 갑자기 저쪽 바위 밑에 옷을 입은 채 기어 들어가는 젊은 여자를 보았습니다. 틀림없는 자살입니다. 저는 밀짚모자를 내던지고 달려가 그 여자를 끌어냈습니다. 얼굴은 예쁜데 왜 자살을 하려고 했는지. 모래 위에 끌어내서 살렸더니 그 여자는 고맙다는 말 대신에 저의 뺨을 갈겼습니다. 그러니까 경찰은 저를 파출소로 연행하더군요. 이 사회에선 저의 상식이 통용되지 않는 것 같습니다. 이제부터 물에 빠진 놈에겐 돌을 안겨줘야겠습니다. 자리를 양보하느니 발로 걷어차 길을 터야겠습니다. 즉 기존 상식을 거부하는 겁니다. 우선 새 상식을 회사에서 한 번 실험해 보았습니다.

(무대 좌측 사무실에 불이 켜진다. 성아미가 소파에 앉아 화장을 고치고 있다. 상범이 엽총을 들고 들어와 손질을 한다.)

성아미 : 조심하셔요. 총알은 다 빼고 하세요?

김상범 : 네, 실탄은 다 뺐습니다.

성아미 : 가끔 사냥도 가세요?

김상범 : 사장님이 가자면 가끔 따라다닙니다.

성아미 : 상범씨는…… 아직 독신이세요?

김상범 : 아직 장가를 못 갔습니다. ……근데 비서님은 결혼 안 하세요?

성아미 : 저요?…… 저의 남편이 돌아가신 지 8개월 밖에 안돼요.

김상범 : 사장님의 아드님 말이죠?

성아미 : 결혼 얘기를 꺼내 저의 마음을 괴롭히지 마셔요. 아직 그분을 못 잊고 있어요.

김상범 : 죄송합니다. 다시는 안 그러겠습니다. (전화벨이 울린다. 엽총을 쥔 채 상범이 받는다) 네. 네? 성아미씨요? 계십니다. (수화기 대신 엽 총을 내밀며) 박 전무님입니다. 아, 실례했습니다. (수화기를 준다)

성아미 : 네, 저예요. 그분이요? 경리 보는 김상범씨예요. 괜찮아요. 네? 지 금요? 아직 사장님도 계시는데…… 알겠어요. 그리로요? 혼자서 기다 리게 하지 마셔요, 네. (수화기를 놓고 시계를 본다. 이어 사장실로 들 어간다.)

김상범 : (관객에게) 8개월 전에 죽은 남편을 잊을 수가 없다던 여자입니 다. 박 전무가 전화를 하니까 대낮에 나갈 생각입니다. 내 상식으로는 도저히 이해를 할 수가 없습니다. 저도 저런 친구들의 상식, 즉 내가 새 상식이라고 부르는 상식으로 살아갈 생각입니다.

(아미가 나와 핸드백을 들고 무대 밖으로 나간다. 상범은 총구를 그의 등 에 겨눈다. 문이 열리며 사장이 나온다. 상범은 몸을 돌려 뜻하지 않게 이 번에는 사장에게 총구를 들이댄다.)

사 장 : 에이크, 이 사람아!

김상범 : 아이, 죄송합니다. 손질을 하고 났더니 갑자기 한 번 쏘고 싶어 서…….

사 장 : (총을 받으며) 응, 수고했어. 경리과장은 어디 갔나?

김상범 : 네, 배과장은 돈 백 만원을 가지고 요 앞에 있는 바구니다방으로 갔습니다.

사 장 : 백만 원? 회사 돈을……?

김상범 : 네, 저보고 백만 원을 달라고 하기에…… 〈중략〉

김상범 : 배과장이 약주를 참 좋아합니다. 점심때도 가끔 한 잔씩 합니다.

사 장 : 회사의 돈을 맡고 있는 사람이……!

김상범 : 사장님, 저…… 제가 이런 말씀을 올렸다고…… 저는 사장님을 존 경하고…… 회사의 발전을 무엇보다도 기뻐하기 때문에…… 그래서 이런 말씀을 올렸습니다. 교회에서 사장님의 지시를 받고…….

사 장 : 알았어. 자네의 심정은 이해할 수 있네. 〈중략〉

김상범 : (관객에게) 한 달 후 경리과장은 강원도 지사로 발령을 받아 전출 했고 제가 경리과장이 됐습니다. 회사에서는 저의 출세가 이렇게 빠른 것을 보고 깜짝 놀랐습니다. 내가 아는 상식을 버리고 새 상식에 의해 행동한 첫 효과였습니다. 제가 한 일이 또 하나 있습니다. 사장의 며 느리요 과부인 또한 비서인 성아미와 박 전무와의 관계를 적당히 이 용하는 겁니다. 이리하여 모든 가능한 출세의 문을 내 손으로, 내 이 두 발로 젖히고 차서 활짝 여는 겁니다.

- 이근삼, 「국물 있사옵니다」 -

01 (가)에 대한 설명으로 적절하지 않은 것은?

① 시구의 반복을 통해 화자의 심리를 강조하고 있다.
② 과거와 현재의 모습을 대비하여 주제를 드러내고 있다.
③ 화자의 내면 심리가 색채의 대비를 통해 드러나고 있다.
④ 계절감을 드러내는 시어를 통해 시적 분위기를 형성하고 있다.
⑤ 화자는 회상적 어조를 통해 자신의 삶의 모습을 성찰하고 있다.

02 (가)를 감상한 내용으로 적절하지 않은 것은?

① '열띤 토론을 벌였다'는 것은 화자가 4·19 혁명 이후 세상이 변화할 것이라 는 순수한 희망과 열정을 가지고 있었다는 것을 의미하겠구나.
② '아무도 귀 기울이지 않는 노래'를 불렀다는 것은 18년 전의 화자가 현실적 인 정치에 무관심한 철없는 모습을 보였다는 말이겠구나.
③ '목소리를 낮추어' 이야기를 주고받는 모습은 자유롭지 않은 사회 분위기 속에서 소시민적인 삶에 길들여진 사람들의 모습을 표현하는 것이구나.
④ 화자는 예나 지금이나 변함없이 제자리에 서 있는 '플라타너스 가로수' 를 보고 현재 자신의 모습을 반성하게 되는구나.
⑤ '바람의 속삭임'을 귓전으로 흘리는 것은 자신의 삶을 성찰하고 젊은 시절 가졌던 의지를 회복할 수 있는 마지막 가능성마저 외면하는 행위이겠구나.

03 다음 중 〈보기〉를 참고하여 (가)의 화자와 (나)의 '김상범'을 이해한 내용으로 가장 적절한 것은?

보기

문학은 그 사회의 시대상이나 가치관을 담고 있는 경우가 많기 때문에 이를 반영한 인물형이 출현하곤 한다. 당대 사회의 가치를 적극적으로 따르는 복종형 인물과 당대 사회에 존재하는 오랜 견해나 권위들에 대해 스스로의 신념에 의거하여 변화나 발전을 꾀하는 불복종형 인물이 그 예이다. 이 두 인물형은 작품에 따라서 한 명의 인물에게 두 가지 성격이 공존하거나 다른 한쪽으로 변하는 경우도 있다.

① (가)의 화자와 (나)의 '김상범'은 과거에는 당대 사회의 권위를 따르는 복종형 인물이었다.
② (가)의 화자와 (나)의 '김상범'은 현재에는 당대 사회의 권력에 맞서 싸우는 불복종형 인물이다.
③ (나)의 '김상범'은 이제껏 자신이 살아온 현실에 대해 불합리함을 느끼고 분노에 의해 불복종형 인물이 된다.
④ (나)의 '김상범'은 자신의 신념을 관철하지 못하고, 결국 당대 사회의 권력에 편입하는 복종형 인물이다.
⑤ (가)의 화자는 '혁명이 두려운 기성세대'로 복종형 인물로 살아왔지만, 삶에 대한 성찰을 통하여 불복종형 인물로 변모해간다.

04 (나)에 대한 설명으로 적절하지 않은 것은?

① 조명을 통해 장면을 전환시키고 있다.
② 인물의 발화를 통해 앞으로 전개될 사건이 암시되고 있다.
③ 특정 인물이 해설자의 역할을 맡아 극을 이끌어 나가고 있다.
④ 인물이 방백의 형식을 통해 사건을 요약적으로 전달하고 있다.
⑤ 이야기가 진행될수록 사회와 인물 간의 갈등이 심화되고 있다.

05 〈보기〉를 참고하여 (나)를 감상한 내용으로 적절하지 않은 것은?

보기

「국물 있사옵니다」는 1960년대 산업 사회의 대두와 더불어 고조되기 시작한 출세주의 풍조를 역설적으로 투시한 서사극이다. 문학 작품에서 서사는 인물이 상황이나 사건을 만나 겪어가는 과정이며, 인물은 서사가 발생하기 위한 하나의 시발점이 된다. 서사 속에서 인물은 작가의 의도에 따라 다양한 모습으로 등장하는데, 이때 인물의 성격이나 가치관은 변화하기도 한다. 작가는 인물이 그 변화 원인에 대해 고찰하는 과정을 드러냄으로써 독자로 하여금 현재 사회를 비판하게 하거나, 추구해야 할 바람직한 가치관을 떠올리게 하는 등의 문학적 효과를 의도한다.

① '김상범'이 추구하는 '새 상식'은 독자로 하여금 자신이 살아가고 있는 현재 사회를 돌아보게 만드는 문학적 효과를 주는군.
② '사장'에게 '배영민'에 대해 모함하고, 이를 통해 승진하는 '김상범'의 모습을 통해 출세주의에 물든 사회에 대한 비판적인 시각이 드러나는군.
③ 과거와 달리 '새 상식'을 기준으로 살아가는 '김상범'의 모습을 통해 개인의 이기심을 부추기는 사회 풍조를 비판하려는 작가의 의도를 알 수 있군.
④ 남편과의 사별이라는 사건을 겪었음에도 '박 전무'와 만나는 '성아미'에 대한 '김상범'의 평가는, '김상범'이 내면의 변화를 겪은 전후로 달라질 수 있겠군.
⑤ '김상범'이 가치관의 변화를 겪게 되는 원인은 그가 가지고 있던 기존의 상식에 의한 것으로, 기존의 것에서 새로운 것을 받아들여 발전해야 한다는 작가의 가치관을 보여 주는군.

7 | 신경림, 나목 / 박성룡, 과목

다음을 읽고 물음에 답하시오.

(가)

나무들이 실오라기 하나 걸치지 않고 서서
㉠하늘을 향해 길게 팔을 내뻗고 있다
밤이면 **메마른 손끝**에 **아름다운 별빛**을 받아
드러낸 몸통에서 흙 속에 박은 뿌리까지
그것으로 말끔히 씻어내려는 것이겠지
㉡터진 살갗에 새겨진 고달픈 삶이나
뒤틀린 허리에 배인 구질구질한 나날이야
부끄러울 것도 숨길 것도 없어
한밤에 내려 몸을 덮는 **눈** 따위
흔들어 시원스레 털어 다시 알몸이 되겠지만
㉢알고 있을까 그들 때로 서로 부둥켜안고
온몸을 떨며 **깊은 울음**을 터뜨릴 때
멀리서 같이 우는 사람이 있다는 것을

- 신경림, 「나목(裸木)」 -

(나)

㉣과목에 과물들이 무르익어 있는 사태처럼
나를 경악케 하는 것은 없다.

뿌리는 **박질**⁎ **붉은 황토**에
㉤가지들은 한낱 비바람들 속에 뻗어 출렁거렸으나

모든 것이 멸렬하는⁎ 가을을 가려 그는 홀로
황홀한 빛깔과 무게의 은총을 지니게 되는

과목에 과물들이 무르익어 있는 사태처럼
나를 **경악**케 하는 것은 없다.

— 흔히 **시를 잃고 저무는 한 해**, 그 가을에도
나는 이 **과목의 기적** 앞에서 **시력을 회복**한다.

- 박성룡, 「과목(果木)」 -

⁎박질 : 좋지 않은 토질. 척박한 토양.
⁎멸렬하다 : 찢기고 흩어져 완전히 형태를 잃다.

01 (가)에 대한 설명으로 가장 적절한 것은?

① 어순의 도치를 통해 시적 대상에 대한 화자의 예찬적 태도를 강조하고 있다.
② 추측을 나타내는 표현을 통해 현실과 이상의 거리감을 드러내고 있다.
③ 시간의 흐름에 따라 시상을 전개하여 대상의 변화를 묘사하고 있다.
④ 인간과 자연의 대비를 통해 바람직한 삶의 태도를 제시하고 있다.
⑤ 의인화된 대상이 처한 문제 상황을 구체적으로 제시하고 있다.

02 ㉠~㉤에 대한 이해로 적절하지 않은 것은?

① ㉠ : 상승적 이미지를 활용하여 나무의 의지적인 태도를 나타내고 있다.
② ㉡ : 부정적인 정서를 내포한 시어를 활용하여 나무에 대한 화자의 인상을 표현하고 있다.
③ ㉢ : 물음의 형식을 통해 나무들에게 닥칠 미래에 대한 화자의 염려를 드러 내고 있다.
④ ㉣ : 단정적 어조를 구사하여 자연 현상을 대하는 화자의 반응을 부각하고 있다.
⑤ ㉤ : 역동적 이미지를 사용하여 시적 상황의 긴장감을 고조하고 있다.

03 〈보기〉를 바탕으로 (가)와 (나)를 감상한 내용으로 적절하지 <u>않은</u> 것은?

> **보기**
>
> (가)와 (나)에서 '나무'라는 시적 대상은 화자가 표현하고자 하는 주제 의식에 따라 서로 다른 모습으로 형상화된다. (가)의 화자는 앙상한 나목 (裸木)에서 고단하고 힘겨운 삶을 살아가는 사람들의 모습을 떠올리고, 희망을 잃지 않으려는 그들을 향한 연대 의식과 위로를 드러내고 있다. (나)의 화자는 열매를 매달고 있는 과목(果木)에서 역경을 딛고 결실을 이루어 내는 존재의 경이로움을 발견하고, 생명력을 잃어버렸던 자신의 모습을 반성하고 있다.

① (가)에서 나무들의 '메마른 손끝'에 내리는 '아름다운 별빛'과 '눈'은 고단한 삶을 살아가는 이들이 품는 희망을 나타낸다고 볼 수 있어.

② (가)에서 나무들이 '깊은 울음'을 터뜨릴 때 '멀리서 같이 우는 사람이 있다 는 것'은 힘겹게 살아가는 이들을 향한 화자의 위로를 의미한다고 할 수 있어.

③ (나)에서 '과목에 과물들이 무르익어 있는 사태'를 보고 '경악'하는 것은 존재 의 경이로움을 발견한 화자의 모습을 나타낸다고 볼 수 있어.

④ (나)에서 '박질 붉은 황토'에 뿌리를 내린 나무가 지니게 된 '황홀한 빛깔'과 '무게의 은총'은 '과목'이 역경을 딛고 이루어 낸 결실을 상징한다고 할 수 있어.

⑤ (나)에서 화자가 '시를 잃고 저무는 한 해'에 '과목의 기적'을 접하고 '시력을 회복'하는 것은 생명력을 잃어버렸던 자신의 모습에 대한 반성을 나타낸다 고 할 수 있어.

8 | 정지용, 장수산 1 / 이성부, 산길에서

다음을 읽고 물음에 답하시오.

(가)

　벌목정정(伐木丁丁)*이랬거니 아람드리 큰 솔이 베혀짐 즉도 하이 골이 울어 메아리 소리 쩌르렁 돌아옴 즉도 하이 다람쥐도 좇지 않고 뫼ㅅ새도 울지 않어 깊은 산 고요가 차라리 뼈를 저리우는데 눈과 밤이 조히*보담 희고녀! 달도 보름을 기달려 흰 뜻은 한밤 이 골을 걸음이랸다? 윗절 중이 여섯 판에 여섯 번 지고 웃고 올라간 뒤 조찰히* 늙은 사나히의 남긴 내음새를 줏는다? 시름은 바람도 일지 않는 고요에 심히 흔들리우노니 오오 견디랸다 차고 올연히* 슬픔도 꿈도 없이 장수산 속 겨울 한밤내—

- 정지용, 「장수산 1」 -

*벌목정정 : 나무를 베는 소리가 '정정'함. '정정'은 의성어.
*조히 : 종이.
*조찰히 : 조촐히. 말쑥하고 얌전하게.
*올연히 : 홀로 우뚝하니.

(나)

이 ㉠ 길을 만든 이들이 누구인지를 나는 안다
이렇게 길을 따라 나를 걷게 하는 그이들이
지금 조릿대* 밭 눕히며 소리치는 ㉡ 바람이거나
이름 모를 ㉢ 풀꽃들 문득 나를 쳐다보는 수줍음으로 와서
내 가슴 벅차게 하는 까닭을 나는 안다
그러기에 짐승처럼 그이들 ㉣ 옛 내음이라도 맡고 싶어
나는 자꾸 집을 떠나고
그때마다 서울을 버리는 일에 신명나지 않았더냐
무엇에 쫓기듯 살아가는 이들도
힘을 다하여 비칠거리는 발걸음들도
무엇 하나씩 저마다 다져 놓고 사라진다는 것을
뒤늦게나마 나는 배웠다
그것이 부질없는 되풀이라 하더라도
그 ㉤ 부질없음 쌓이고 쌓여져서 마침내 길을 만들고
길 따라 그이들을 따라 오르는 일
이리 힘들고 어려워도
왜 내가 지금 주저앉아서는 안 되는지를 나는 안다

- 이성부, 「산길에서」 -

*조릿대 : 대나무.

---

01 (가)와 (나)의 공통점으로 가장 적절한 것은?

① 색채어를 활용하여 시의 분위기를 조성하고 있다.
② 상황에 대한 의지적인 삶의 자세를 보여 주고 있다.
③ 부정적인 현실에 대한 비판적 태도를 보여 주고 있다.
④ 동일한 시구의 반복을 통해 시적 분위기를 고조하고 있다.
⑤ 시각적 심상을 활용하여 화자의 자연친화적 태도를 드러내고 있다.

02 (가)를 쓴 시인이 이후에 〈보기〉를 썼다고 가정할 때, 고려했을 사항으로 적절하지 **않은** 것은?

> **[보기]**
>
> 노주인(老主人)의 장벽(腸壁)에
> 무시(無時)로 인동(忍冬)* 삼긴* 물이 나린다.
> 자작나무 덩그럭 불이
> 도로 피어 붉고,
> 구석에 그늘 지어
> 무가 순 돋아 파릇하고,
> 흙냄새 훈훈히 김도 서리다가
> 바깥 풍설(風雪) 소리에 잠착하다*.
> 산중(山中)에 책력(冊曆)*도 없이
> 삼동(三冬)이 하이얗다.
>
> - 정지용, 「인동차(忍冬茶)」 -
>
> *인동 : 약재나 차로 쓰는 다년생 식물. / 겨울을 참고 극복한다는 의미가 있음.
> *삼긴 : 삶긴. 물에 삶아 우려낸.
> *잠착하다 : 한 가지 일에만 정신을 골똘하게 쓰다.
> *책력 : 달력.

① (가)와 달리 화자가 아닌 다른 대상에 초점을 맞춰서 시상을 전개해야지.
② (가)에서 나타난 상황에 대한 화자의 대응 방식을 일관되게 이어 가야겠어.
③ (가)와 달리 영탄적 어조를 통해 대상에 대한 화자의 태도를 직접적으로 나타내야겠어.
④ (가)의 '눈과 밤'을 표현할 때와 마찬가지로 시간적 배경을 표현할 때 시각적 이미지를 활용해 봐야지.
⑤ (가)의 '깊은 산'과 마찬가지로 '산중'을 공간적 배경으로 삼아 속세가 아닌 공간에서의 삶을 그려 보는 것이 좋겠어.

03 〈보기〉를 참고로 하여 (나)의 ㉠~㉤을 이해한 것으로 적절하지 <u>않은</u> 것은?

> **보기**
>
> 이성부는 보통 '서정적 참여 시인'으로 평가된다. 그가 모순된 표현처럼 여겨질 수도 있는 이러한 이름을 얻게 된 것은, 그의 시가 부도덕한 지배 세력들에 대한 분노를 표출하면서도, 역사를 만들어 가는 민중들에 대한 한없는 사랑을 담고 있기 때문이다. 또한 민중에게 가해지는 억압 구조나 부조리한 현실을 드러낼 때조차도 그는 시적 상상력과 서정성에 바탕을 둔 표현 방식을 견지한다는 점도 우리가 그를 이런 독특한 명칭으로 부르게 만드는 요인일 것이다. 따라서 우리는 '서정성' 때문에 그의 시가 품고 있는 명징한 역사 인식과 현실 인식을 놓쳐서는 안 된다.

① ㉠ : 먼저 간 이들의 흔적이자 지속적인 과업의 의미를 지니고 있는 것으로 보아 '역사'로 해석할 수 있겠군.

② ㉡ : '조릿대'로 표상되는 민중의 삶을 고통스럽게 하는 '부도덕한 지배 세력'으로 해석할 수 있겠어.

③ ㉢ : 시인의 한없는 애정의 대상으로서 '민중'을 상징적으로 표현하여 서정성을 획득하고 있군.

④ ㉣ : 의미 있는 삶을 살아갔던 민중들의 발자취를 시적 상상력과 결합하여 감각적으로 표현한 것이로군.

⑤ ㉤ : 민중들의 삶이 모이고 모여 역사를 만들어 간다고 보는, 시인의 명징한 역사 인식을 내포한 구절이라 할 수 있겠군.

I. 현대시

▶▶ **수능특강 270 page**

9 | 송수권, 나팔꽃 / 문정희, 찔레

2025 수능 국어 대비
실전 국어 전형태

다음을 읽고 물음에 답하시오.

(가)

바지랑대 끝 더는 꼬일 것이 없어서 끝이다 끝 하고
다음 날 아침에 나가 보면 나팔꽃 줄기는 허공에 두 뼘은 더 자라서
꼬여 있는 것이다. 움직이는 것은 아침 구름 두어 점, 이슬 몇 방울
더 움직이는 바지랑대는 없을 것이었다
그런데도 다음 날 아침에 나가 보면 **덩굴손**까지 흘러나와
허공을 감아쥐고 **바지랑대를 찾고** 있는 것이다
이젠 포기하고 되돌아올 때도 되었거니 하고
㉠다음 날 아침에 나가 보면 가냘픈 줄기에 두세 개의 종까지 매어 달
고는
아침 하늘에다 **은은한 종소리**를 퍼내고 있는 것이다
이젠 더 꼬일 것이 없다 없다고 생각되었을 때
우리의 아픔도 더 한 번 길게 꼬여서 푸른 종소리는 나는 법일까.

- 송수권, 「나팔꽃」 -

*바지랑대 : 빨랫줄을 받치는 긴 막대기.

(나)

꿈결처럼 / 초록이 흐르는 이 계절에
그리운 가슴 가만히 열어
한 그루 / 찔레로 서 있고 싶다.

사랑하던 그 사람
조금만 더 다가서면 / 서로 꽃이 되었을 이름
㉡오늘은 / **송이송이 흰 찔레꽃**으로 피워 놓고

먼 여행에서 돌아와 / 이슬을 털듯 추억을 털며
초록 속에 가득히 서 있고 싶다.

그대 사랑하는 동안 / 내겐 **우는 날**이 많았었다.

아픔이 출렁거려 / 늘 말을 잃어 갔다.

오늘은 그 **아픔**조차
예쁘고 뾰족한 가시로 / 꽃 속에 매달고

슬퍼하지 말고
꿈결처럼 / 초록이 흐르는 이 계절에
무성한 사랑으로 서 있고 싶다.

- 문정희, 「찔레」 -

01 (가), (나)에 대한 설명으로 가장 적절한 것은?

① (가)는 스스로 던진 질문에 대한 대답을 통해 주제 의식을 부각하고 있다.
② (나)는 음성 상징어를 활용하여 대상의 역동적 성격을 보여 주고 있다.
③ (가)와 (나)는 모두 영탄적 어조를 활용하여 대상의 속성을 예찬하고 있다.
④ (가)와 (나)는 모두 동일한 시구의 반복을 통해 순환의 의미를 강조하고 있다.
⑤ (가)는 청각을 시각으로 전이하고, (나)는 관념을 감각적으로 형상화하고 있다.

02 ㉠과 ㉡에 대한 설명으로 가장 적절한 것은?

① ㉠은 화자가 '나팔꽃'과의 소통을 시도하는 시간이고, ㉡은 화자가 '그 사람'과의 거리를 좁히려는 시간이다.
② ㉠은 '나팔꽃'에 대한 화자의 예측이 빗나가는 시간이고, ㉡은 화자가 '그 사람'으로 인한 고뇌를 극복하려는 시간이다.
③ ㉠은 화자가 '나팔꽃'의 아름다운 모습을 발견하는 시간이고, ㉡은 화자가 '그 사람'에게 집착의 태도를 보이는 시간이다.
④ ㉠은 '나팔꽃'에 대한 화자의 부정적 인식이 심화되는 시간이고, ㉡은 '그 사람'과의 재회에 대한 화자의 기대감이 고조되는 시간이다.
⑤ ㉠은 화자가 '나팔꽃'을 매개로 자기반성을 수행하는 시간이고, ㉡은 화자가 '그 사람'과의 관계를 바탕으로 자신에게 연민을 느끼는 시간이다.

03 〈보기〉를 바탕으로 (가)와 (나)를 감상한 내용으로 적절하지 <u>않은</u> 것은?

> **보기**
>
> 　식물은 시인에게 상상력의 주요한 원천이 되는데, 시인은 식물의 외양
> 이나 생리에 대한 관찰을 바탕으로 인간 세계에 대한 인식을 드러내곤
> 한다. (가)의 화자는 '나팔꽃'과 인간의 삶을 동일시함으로써, (나)의 화자
> 는 자신이 추구하는 삶의 태도를 '찔레'로 표상함으로써 식물적 상상력을
> 구체화하고 있다. 이를 통해 (가)는 한계에 부딪힌 상황에서도 포기하지
> 않고 결실을 맺는 의지를, (나)는 지나간 사랑의 아픔과 슬픔을 감싸안으
> 려는 자세를 보여 준다.

① (가)에서 '우리의 아픔도 더 한 번 길게 꼬'인다는 것은 시련이 반복되는
　인간의 삶과 나팔꽃이 동일시되고 있음을 보여 주는군.
② (나)에서 '아픔'을 '예쁘고 뾰족한 가시'로 매달고 싶다는 것은 찔레가 삶의
　시련을 수용하는 태도를 표상하고 있음을 보여 주는군.
③ (가)에서 '덩굴손'이 '바지랑대를 찾'는다는 것은 나팔꽃의 생리를, (나)에서
　'송이송이 흰 찔레꽃'은 찔레의 외양을 보여 주는군.
④ (가)에서 '바지랑대 끝'은 한계에 부딪힌 상황을, (나)에서 '우는 날'은 지나
　간 사랑으로 인해 슬픔을 겪은 상황을 보여 주는군.
⑤ (가)에서 '은은한 종소리'는 포기하지 않은 끝에 맺은 결실을, (나)에서 '무성
　한 사랑'은 아픔까지도 포용한 성숙한 사랑을 보여 주는군.

10 김광균, 추일 서정 / 이상, 거울 / 김기림, 바다와 나비

다음을 읽고 물음에 답하시오.

(가)

1920년대 우리 시단은 크게 보아 카프(조선 프롤레타리아 예술가 동맹)를 중심으로 하는 사회주의 이념 지향적인 시와 김소월의 작품과 같은 이른바 '한국적 낭만주의' 시가 지배하고 있었다. ⓐ 1930년대 모더니스트들은 이 중 카프 계열의 시에 대하여 '시를 사회주의 이념의 전파를 위한 도구로 사용하여 시의 자율성에 손상을 가했다'고 비판하였다. 또한 '한국적 낭만주의' 시인들의 시는 지나치게 '음악 지향적'이어서 시가 창의성을 확보할 수 있는 공간을 너무 축소시켰다고 지적하였다. 예술은 ㉠ 사물이나 현상을 새롭게 해석하고 표현하여 인간으로 하여금 그것들을 새롭게 경험하고 인식하도록 해주는 데에 그 존재의 목적이 있는 것인데, 20년대 낭만주의 시인들은 음악성만을 추구하여, 결국 '운율이 있는 산문'만을 양산했다는 것이다. 그들은 또한 20년대 낭만주의 시인들의 시가 대부분 감정을 직설적 방식으로 드러내고 있다는 점도 문제 삼았다. 시인이 지성으로써 감성을 통제하려 할 때 시에 절제미와 함축미가 구현되고, 바로 그 자리에 독자의 상상력이 깃들 수 있는 것인데 낭만주의 시에는 그러한 여지가 없다는 것이다.

30년대 모더니스트들의 이러한 비판의 기저에는 '㉡ 시의 자율성', '㉢ 새롭고 창의적인 표현 방식 추구', '㉣ 감정을 절제하는 주지주의' 등에 대한 신념이 자리 잡고 있었는데, 그들은 시에 대한 이러한 신념을 '현대 문명이 만들어 낸 비인간화 경향에 대한 비판 의식' 및 '㉤ 도시적 감수성의 형상화' 등 서구 모더니즘의 이상과 결합하여 우리 시단에 다음과 같은 세 유형의 새로운 흐름을 만들어 내었다. 먼저, 김광균으로 대표되는 이미지스트들을 들 수 있다. 이들은 시의 본질이 언어를 통하여 새로운 이미지를 창조함으로써 인간에게 낯선 경험을 제공하는 데에 있다고 보고, 주로 '회화적인 시'를 쓰려 노력하였다. 두 번째는 이상으로 대표되는 다다이즘 및 초현실주의적 흐름을 들 수 있다. 이들은 띄어쓰기 등을 무시하거나, 시에 숫자나 기호를 도입하거나, 자아 분열이나 인간의 무의식처럼 기존의 시에서 다루어진 적이 없는 제재를 작품으로 형상화하는 등 다양한 방식으로 획기적인 실험을 감행하였다. 세 번째는 김기림으로 대표되는 비판적 모더니스트들을 들 수 있다. 이들은 새로운 이미지를 만들어 내는 것이 시인의 역할이라고 본 점에서는 이미지스트들과 같았지만, 현대의 물질문명, 기계 문명, 제국주의 등에 대한 비판도 소홀히 하지 않았다는 점에서 그들과 차별성을 보였다.

(나)

길은 한 줄기 구겨진 넥타이처럼 풀어져
일광(日光)의 폭포 속으로 사라지고
조그만 담배 연기를 내뿜으며
새로 두 시의 **급행열차**가 들을 달린다.
포플라 나무의 근골(筋骨) 사이로
공장의 지붕은 흰 이빨을 드러낸 채
한 가닥 구부러진 **철책(鐵柵)**이 바람에 나부끼고
그 위에 셀로판지로 만든 구름이 하나.

- 김광균, 「추일 서정(秋日抒情)」 中 -

(다)

거울속에는소리가없소
저렇게까지조용한세상은참으로없을것이오

거울속에도내게귀가있소
내말을못알아듣는딱한귀가두개나있소

나는지금거울을안가졌소마는거울속에는늘거울속의내가있소
잘은모르지만외로운사업에골몰할께요

거울속의나는참나와는반대요마는
또꽤닮았소.
나는거울속의나를근심하고진찰할수없으니퍽섭섭하오

- 이상, 「거울」 中 -

(라)

아무도 그에게 수심(水深)을 일러 준 일이 없기에
흰 나비는 도무지 **바다**가 무섭지 않다

청(靑)무우밭인가 해서 내려갔다가는
어린 날개가 물결에 절어서
공주(公主)처럼 지쳐서 돌아온다.

삼월(三月)달 바다가 꽃이 피지 않아서 서글픈
나비 허리에 새파란 **초생달**이 시리다

- 김기림, 「바다와 나비」 -

01 ㉠~㉤을 바탕으로 (나)~(라)를 이해한 것으로 적절하지 <u>않은</u> 것은?

① (나), (다), (라) 모두 화자의 감정을 드러내지 않고 있다는 점에서 ㉣의 예로 볼 수 있겠군.
② (나)는 '급행열차', '공장의 지붕', '철책' 등의 시어를 활용하고 있다는 점에서 ㉤의 예로 볼 수 있겠어.
③ (다)는 '거울속'을 통해 인간의 무의식을 나타내고, '거울'을 통해 분열된 자아를 다룬 점에서 ㉠의 예로 볼 수 있겠군.
④ (나), (다), (라) 모두 특정 이념을 전달하기 위한 수단으로 사용되고 있지 않다는 점에서 ㉡을 구현하고 있다고 볼 수 있겠어.
⑤ (라)는 '바다'를 '청(靑)무우밭'에 비유하고, 시각적 이미지의 '초생달'을 촉각적 이미지의 '시리다'로 표현하고 있다는 점에서 ㉢의 예로 볼 수 있겠군.

02 (가)의 ⓐ의 관점에서 〈보기〉를 감상한 것으로 가장 적절한 것은?

보기

산산이 부서진 이름이여!
허공 중(虛空中)에 헤어진 이름이여!
불러도 주인(主人) 없는 이름이여!
부르다가 내가 죽을 이름이여!

심중(心中)에 남아 있는 말 한 마디는
끝끝내 마저 하지 못하였구나.
사랑하던 그 사람이여!
사랑하던 그 사람이여!

붉은 해는 서산(西山) 마루에 걸리었다.
사슴의 무리도 슬피 운다.
떨어져 나가 앉은 산(山) 위에서
나는 그대의 이름을 부르노라.

설움에 겹도록 부르노라.
설움에 겹도록 부르노라.
부르는 소리는 비껴 가지만
하늘과 땅 사이가 너무 넓구나.

선 채로 이 자리에 돌이 되어도
부르다가 내가 죽을 이름이여!
사랑하던 그 사람이여! 사랑하던 그 사람이여!

- 김소월, 「초혼(招魂)」 -

① '사랑하던 그 사람'의 '이름'을 끝내 밝히지 않고 있는 화자의 모습에서 함축
  미와 절제미가 느껴지는군.
② 3음보를 기본 율격으로 하면서 동일한 시어와 문장의 반복 등을 활용하고
  있는 것을 보니 이 시는 '음악 지향적'이군.
③ '설움에 겹도록 부르노라.'와 '사랑하던 그 사람이여!' 같은 구절을 보니 화자
  는 지성을 통하여 감정을 통제하고 있군.
④ '하늘과 땅 사이가 너무 넓구나.'와 같은 구절을 보니 도시인의 우울한 내면
  과 고독을 그려냈다는 것이 느껴지는군.
⑤ 어떻게든 '심중(心中)에 남아 있는 말 한 마디'를 전달하려는 화자의 모습에
  는 시를 통하여 이념을 전파하려는 시인의 모습이 투영되어 있겠군.

03 (가)와 〈보기〉를 바탕으로 (라)를 감상한 것으로 적절하지 <u>않은</u> 것은?

보기

  「바다와 나비」는 김기림의 비판적 모더니스트로서의 역량을 여실히
보여 준 작품으로 평가된다. 언뜻 보기에 '나비', '바다', '초생달' 등을 활
용하여 새로운 이미지를 만들어 내는 등 이미지스트의 특성이 잘 나타나
는 이 작품은, 사실 현대 문명이라는 환상으로 우리 지식인들을 현혹하던
일본 제국주의와 그 환상을 믿고 근대화를 기대하던 우리 지식인들의
순진한 모습, 그리고 그들에게 다가오고 있던 어두운 미래 등을 비판적
시각으로 형상화해 낸 작품이다. 이 작품을 김기림이 이상의 죽음을 애도
하기 위해 쓴 조시(弔詩)로 보는 입장이 있는 것도 바로 이러한 해석에
연유하는 것이다.

① '청(青)무우밭'은 '나비'가 '바다'에 갔다가 지쳐서 돌아오는 장소로서, 당시
  의 우리나라 현실을 의미하겠군.
② '나비'의 '날개'를 물결에 절게 만들 뿐 꽃이 피지 않는 '바다'는 일본 제국주
  의를 상징하는 것으로 볼 수 있겠군.
③ '나비 허리에' 칼처럼 걸린 시리고 새파란 '초생달'은 우리 지식인들에게 다
  가오고 있던 비극적 운명을 형상화한 것이겠어.
④ '어린 날개', '공주' 등의 시어에 비추어볼 때 '나비'는 일본 제국주의에 대해
  환상을 품고 있던 순진한 우리 지식인을 비유적으로 표현한 것으로 볼 수
  있겠군.
⑤ '청(青)무우밭', '새파란 초생달' 등으로 푸른색을 변주하고 그것을 흰 색과
  대비시켜 참신한 이미지를 만들어 냈다는 점에서 이미지스트의 면모를 보
  여 주는군.

04 (다)와 (라)에 대한 설명으로 적절하지 <u>않은</u> 것은?

① (다)는 대립된 공간 설정을 통해 시상이 전개되고 있다.
② (라)는 색채어를 통해 사물의 속성을 선명하게 부각시키고 있다.
③ (라)는 (다)와 달리 시적 화자가 작품 표면에 등장하지 않고 있다.
④ (다)와 (라)는 모두 종결 어미를 반복하여 시적 안정감을 확보하고 있다.
⑤ (다)는 (라)와 달리 대상에 대한 태도를 절제하며 시상을 전개하고 있다.

다음을 읽고 물음에 답하시오.

(가)

오이밭에 벌배채 통이 지는 때*는
산에 오면 산 소리
벌로 오면 벌 소리

산에 오면 큰솔밭에 뻐꾸기 소리
잔솔밭에 덜거기* 소리

벌로 오면 논두렁에 물닭의 소리
갈밭에 갈새 소리

산으로 오면 **산**이 **들썩 산** 소리 속에 나 홀로
벌로 오면 **벌**이 **들썩 벌** 소리 속에 나 홀로

정주 동림* 구십여 리 긴긴 하로 길에
산에 오면 **산** 소리 벌에 오면 **벌** 소리
적막강산에 나는 있노라

— 백석, 「적막강산」 —

*벌배채 통이 지는 때 : 들배추의 속이 실하게 찰 때.
*덜거기 : 수꿩의 평북 방언. / *동림 : 평안북도 정주군 심천면에 있는 마을.

(나)

손 흔들고 떠나갈 미련은 없다
며칠째 **청산(靑山)**에 와 발을 푸니
흐리던 산길이 잘 보인다.
상수리 열매를 주우며 **인가(人家)를** 내려다보고
쓰다 둔 편지 구절과 버린 칫솔을 생각한다.
남방(南方)으로 가다 길을 놓치고
두어 번 허우적거리는 여울물
산 아래는 때까치들이 몰려와
모든 야성(野性)을 버리고 들 가운데 순결해진다.
길을 가다가 자주 뒤를 돌아보게 하는
서른 번 다져 두고 서른 번 포기했던 관습들
서쪽 마을을 바라보면 **나무들의 잔숨결**처럼
가늘게 흩어지는 저녁연기가
한 가정의 고민의 양식으로 피어오르고
생목(生木) 울타리엔 들거미줄
맨살 비비는 돌들과 함께 누워
실로 이 세상을 앓아 보지 않은 것들과 함께
잠들고 싶다.

— 이기철, 「청산행(靑山行)」 —

01 (가)와 (나)의 표현상의 특징에 대한 설명으로 가장 적절한 것은?

① (가)와 (나)는 모두 화자의 공간 이동에 따라 시상을 전개하고 있다.
② (가)와 (나)는 모두 시간의 흐름을 통해 상황의 변화를 암시하고 있다.
③ (가)와 (나)는 모두 감각의 전이를 활용하여 자연 경관의 생동감을 부각하고 있다.
④ (나)와 달리 (가)는 음성 상징어를 반복적으로 사용함으로써 운율을 형성하고 있다.
⑤ (가)와 달리 (나)는 한 대상을 다른 대상에 빗대어 표현함으로써 자연에 대한 화자의 예찬을 나타내고 있다.

02 시어를 통하여 (가)와 (나)를 이해한 것으로 적절하지 <u>않은</u> 것은?

① (가)의 '구십여 리', '긴긴 하로 길'에서 화자의 외롭고 쓸쓸한 내면을 읽을 수 있다.
② (가)에서 '뻐꾸기', '덜거기', '물닭', '갈새'는 화자에게 '벌배채 통이 지'던 풍요롭던 시절을 떠올리게 해준다.
③ (나)의 '흐리던 산길'이 잘 보이는 것은 '청산(靑山)'에 온 이후에 화자가 겪은 긍정적 변화에 해당한다.
④ (나)의 '길을 놓치고' '허우적거리는 여울물'은 삶의 올바른 방향성을 잃고 방황했던 화자의 지난날을 의미한다.
⑤ (나)의 '서른 번 다져 두고 서른 번 포기했던 관습들'은 '청산(靑山)'에 오기 전에 방황했던 화자의 과거와 연관된다.

03 〈보기〉를 바탕으로 (가)와 (나)를 감상한 내용으로 적절하지 <u>않은</u> 것은?

> **보기**
>
> (가)와 (나)는 모두 자연 속에서 내적 갈등을 겪는 화자를 형상화하고 있다. (가)의 화자는 자신의 처지와 대비되는, 활기와 생명력이 넘치는 자연 속에서 인간 존재의 근원적인 고독감에 괴로워하고 있으며, (나)의 화자는 자연을 현실과 대비되는 순수한 공간으로 인식하고 그것에 동화되고 싶은 욕망을 지니고 있으면서도 현실 세계에 대한 미련을 떨치지 못하여 갈등을 겪고 있다.

① (가)에서 '산이 들썩 산 소리'와 '벌이 들썩 벌 소리'는 자연의 활기와 생명력을 표현한 부분이겠군.

② (가)에서 '산 소리'와 '벌 소리'에도 불구하고 '적막강산'에 있다고 말하는 화자는 자신의 처지와 대비되는, 생명력이 넘치는 자연에서 근원적인 고독감을 느끼고 있는 것이로군.

③ (나)에서 '이 세상을 앓아 보지 않은 것들과 함께 잠들고 싶'어 하는 화자의 모습에는 자연에 동화되고자 하는 욕망이 드러나 있군.

④ (나)에서 '인가(人家)를 내려다보'며 '쓰다 둔 편지 구절과 버린 칫솔을 생각'하는 화자의 모습에서 현실 세계에 대한 미련을 읽을 수 있군.

⑤ (나)에서 '가늘게 흩어지는 저녁연기'를 '나무들의 잔숨결'에 비유하고 있는 데서 화자가 자연을 현실과 대비되는 순수한 공간으로 인식하고 있음을 알 수 있군.

다음을 읽고 물음에 답하시오.

(가)

가무락조개 난 뒷간거리에

빚을 얻으려 나는 왔다

빚이 안 되어 가는 탓에

가무래기도 나도 모도 춥다

추운 거리의 그도* 추운 능당*쪽을 걸어가며

ⓐ <u>내 마음은 우쭐댄다 그 무슨 기쁨에 우쭐댄다</u>

이 추운 세상의 한구석에

맑고 가난한 친구가 하나 있어서

내가 이렇게 추운 거리를 지나온 걸

얼마나 기뻐하며 락단하고*

그즈런히 손깍지베개하고 누워서

이 못된 놈의 세상을 크게 크게 욕할 것이다

- 백석, 「가무래기의 낙(樂)」 -

*그도 : 그것도.
*능당 : 응달.
*락단하고 : 무릎을 치며 좋아하고.

(나)

아주 오랜 세월이 흐른 뒤에

힘없는 책갈피는 이 종이를 떨어뜨리리

그때 내 마음은 너무나 많은 공장을 세웠으니

어리석게도 그토록 기록할 것이 많았구나

구름 밑을 천천히 쏘다니는 개처럼

지칠 줄 모르고 공중에서 머뭇거렸구나

나 가진 것 탄식밖에 없어

저녁 거리마다 물끄러미 청춘을 세워 두고

살아온 날들을 신기하게 세어 보았으니

그 누구도 나를 두려워하지 않았으니

내 희망의 내용은 질투뿐이었구나

그리하여 나는 우선 여기에 짧은 글을 남겨둔다

나의 생은 미친 듯이 사랑을 찾아 헤매었으나

ⓑ <u>단 한 번도 스스로를 사랑하지 않았노라</u>

- 기형도, 「질투는 나의 힘」 -

01 (가)와 (나)에 대한 설명으로 가장 적절한 것은?

① (가)와 (나)는 모두 감각적 이미지를 통해 부정적 상황을 암시하고 있다.
② (가)와 (나)는 모두 가정의 진술을 통해 현실에 대한 긍정적 인식을 드러내고 있다.
③ (가)와 (나)는 모두 화자와 대립적 관계를 이루는 소재를 바탕으로 주제 의식을 제시하고 있다.
④ (가)에서는 독백적 어조를, (나)에서는 명령적 어조를 사용하여 시상을 전개하고 있다.
⑤ (가)에서는 동일한 시구의 반복을 통해, (나)에서는 동일한 어미의 반복을 통해 화자의 현실 극복 의지를 부각하고 있다.

02 ⓐ와 ⓑ에 대한 이해로 가장 적절한 것은?

① ⓐ는 화자가 이룬 과거의 성취를, ⓑ는 화자가 현재 겪고 있는 결핍을 환기한다.
② ⓐ는 현실에 대한 화자의 낙천적 태도를, ⓑ는 삶에 대한 화자의 반성적 태도를 나타낸다.
③ ⓐ는 물질적 빈곤에서 비롯한 화자의 박탈감을, ⓑ는 사랑에 대한 화자의 거부감을 보여 준다.
④ ⓐ는 세상과 화합하여 기뻐하는 화자의 상태를, ⓑ는 암울하고 고단한 화자의 처지를 드러낸다.
⑤ ⓐ는 자신에게 위로가 되는 친구를 둔 화자의 자부심을, ⓑ는 삶의 이치를 깨달은 화자의 심리적 충격을 보여 준다.

03 (나)에 대한 이해로 적절하지 <u>않은</u> 것은?

① '어리석게도'에서 직설적인 표현을 통해 현재 상황에 대한 화자의 판단을 드러내고 있다.

② '쏘다니는 개처럼'이라는 비유적 표현을 활용하여 불안정한 화자의 상태를 나타내고 있다.

③ '밖에', '뿐'과 같이 제한된 상황을 드러내는 표현을 통해 화자의 공허한 내면 세계를 부각하고 있다.

④ '청춘'을 구체적 대상으로 형상화하여 화자가 자기 삶을 성찰하고 있음을 드러내고 있다.

⑤ '그리하여'를 통해 인과 관계를 밝힘으로써 '짧은 글'이 두려움의 결과임을 선명하게 제시하고 있다.

04 〈보기〉를 참고하여 (가)와 (나)를 이해한 내용으로 적절하지 <u>않은</u> 것은?

> **보기**
>
> 백석과 기형도의 시 세계에서 청년기는 주로 방황과 번민의 시기로 형상화된다. 백석의 시에서 청년기는 경제적 어려움 속에서도 인식의 전환을 통해 삶의 의지를 회복하는 시기로 그려지는데, 이는 (가)에서 의인화된 대상으로부터 위로받는 '나'의 모습으로 구체화된다. 한편, 기형도의 시에서 청년기는 자기 성찰을 통해 삶의 무의미함을 깨닫는 시기로 그려지는데, 그것은 (나)에서 미래의 시점에서 현재를 회상하는 발상을 통해 자신의 공허한 내면을 토로하는 '나'의 모습으로 구체화된다.

① (가)는 의지적 자세로 '뒷간거리'에 온 화자의 모습을, (나)는 무기력한 태도로 '마음'의 '공장'을 세운 화자의 모습을 보여 준다.

② (가)는 '빚을 얻으려' 온 상황을 통해 경제적인 어려움을 겪는, (나)는 '공중에서 머뭇거렸'다는 진술을 통해 방황하는 화자의 상태를 보여 준다.

③ (가)는 '추운 세상의 한구석'에서 '가무래기'를 발견하며 삶을 위로받는, (나)는 '가진 것'이 '탄식'밖에 없다고 공허한 내면을 토로하는 화자의 모습을 보여 준다.

④ (가)는 화자가 '우쭐'대며 '맑고 가난한 친구'를 인식하는 데서 삶에 대한 인식의 전환을, (나)는 '살아온 날들'을 세어보며 '희망의 내용'을 확인하는 데서 성찰의 내용을 보여 준다.

⑤ (가)는 '가무락조개'를 '친구'로 여기는 데서 대상을 의인화하여 시상을 전개했음을, (나)는 '오랜 세월' 후에 '그때 내 마음'을 떠올리는 데서 미래의 시점에서 현재를 회상하여 시상을 전개했음을 보여 준다.

13 김광섭, 산 / 고정희, 무너지는 것들 옆에서

다음을 읽고 물음에 답하시오.

(가)

이상하게도 내가 사는 데서는
새벽녘이면 산들이
학처럼 날개를 쭉 펴고 날아와서는
종일토록 먹도 않고 말도 않고 엎댔다가는
해질 무렵이면 기러기처럼 날아서
틀만 남겨 놓고 먼 산 속으로 간다

산은 날아도 새둥이나 꽃잎 하나 다치지 않고
짐승들의 굴 속에서도
흙 한 줌 돌 한 개 들썽거리지 않는다
새나 벌레나 짐승들이 놀랄까 봐
지구처럼 **부동(不動)의 자세**로 떠간다
그럴 때면 새나 짐승들은
기분 좋게 엎대서
사람처럼 날아가는 꿈을 꾼다

산이 날 것을 미리 알고 사람들이 달아나면
언제나 사람보다 앞서 가다가도
고달프면 쉬란 듯이 정답게 서서
사람이 오기를 기다려 같이 간다
산은 양지바른 쪽에 사람을 묻고
높은 꼭대기에 신을 뫼신다

산은 사람들과 친하고 싶어서
기슭을 끌고 마을에 들어오다가도
사람 사는 꼴이 어수선하면
달팽이처럼 대가리를 들고 슬슬 기어서
도로 험한 봉우리로 올라간다

산은 나무를 기르는 법으로
벼랑에 오르지 못하는 법으로
사람을 다스린다

산은 울적하면 솟아서 봉우리가 되고
물 소리를 듣고 싶으면 내려와 깊은 계곡이 된다

산은 한 번 신경질을 되게 내야만
고산(高山)도 되고 명산(名山)도 된다

산은 언제나 기슭에 **봄**이 먼저 오지만
조금만 올라가면 **여름**이 머물고 있어서
한 기슭인데 두 계절을
사이좋게 지니고 산다

　　　　　　　　　　　　　　　- 김광섭, 「산」 -

(나)

　내가 화나고 성나는 날은 누군가 내 발등을 ㉠질경질경 밟습니다. 내가 위로받고 싶고 등을 기대고 싶은 날은 누군가 내 오른뺨과 왼뺨을 ㉡딱딱 때립니다. 내가 지치고 곤고하고 쓸쓸한 날은 지난날 분별 없이 뿌린 **말**의 씨앗, **정**의 씨앗들이 크고 작은 비수가 되어 내 가슴에 꽂힙니다. 오 하느님, 말을 ㉢제대로 건사하기란 정을 **제대로 건사**하기란 정을 제대로 다스리기란 나이를 제대로 꽃피우기란 **외로움**을 제대로 바로 잡기란 ㉣철없는 마흔에 얼마나 무거운 멍에인가요.

　나는 내 마음에 **포르말린**을 뿌릴 수는 없으므로 나는 내 따뜻한 피에 **옥시풀**을 섞을 수는 없으므로 나는 내 오관에 **유한 락스**를 풀어 용량이 큰 미련과 정을 헹굴 수는 더욱 없으므로 어눌한 상처들이 덧난다 해도 덧난 상처들로 **슬픔의 광야**에 이른다 해도, **부처님**이 될 수는 없는 내 사지에 ㉤돌을 눌러둘 수는 없습니다.

　　　　　　　　　　　- 고정희, 「무너지는 것들 옆에서」 -

01 (가), (나)에 대한 설명으로 가장 적절한 것은?

① (가)는 영탄적 표현을 사용하여 대상을 향한 경외감을 표출하고 있다.

② (나)는 유사한 문장 구조를 반복하여 내면 심리를 효과적으로 드러내고 있다.

③ (가)는 (나)와 달리 색채어를 나열하여 시적 공간의 분위기를 드러내고 있다.

④ (나)는 (가)와 달리 자연물에 빗대는 방식으로 대상의 움직임을 묘사하고 있다.

⑤ (가)와 (나)는 모두 표면에 드러난 청자에게 말을 건네는 방식으로 정서를 드러내고 있다.

03 ㉠~㉤에 대한 설명으로 가장 적절한 것은?

① ㉠은 내면의 '화'와 '성'을 스스로 해소하고자 하는 화자의 노력을 드러낸다.

② ㉡은 '누군가'의 행위와 연결되어 타인에게 '위로'를 받는 화자의 모습을 드러낸다.

③ ㉢은 '분별 없'던 과거의 일을 회상하며 태도 변화를 다짐하는 화자의 모습을 드러낸다.

④ ㉣은 '마흔'이라는 나이에 걸맞은 삶을 살지 못하는 자신에 대한 화자의 성찰을 드러낸다.

⑤ ㉤은 '미련'과 '정'을 누군가와 나누고 싶지만 외부의 억압으로 인해 그러지 못하는 상황을 드러낸다.

02 (가)에 대한 이해로 적절하지 <u>않은</u> 것은?

① 1연의 '날아와서는', 4연의 '끌고'와 같은 표현에서, '산'은 인간과 가까이 지내고 싶어 하는 대상으로 묘사되고 있다.

② 2연의 '하나', '한 줌', '한 개'에서, 다른 존재를 배려하는 '산'의 태도가 강조되고 있다.

③ 3연은 '양지바른 쪽'과 '높은 꼭대기'의 대조를 통해, 삶의 무상감을 느끼는 화자의 모습을 부각하고 있다.

④ 5연의 '나무를 기르는'과 '벼랑에 오르지 못하는'을 통해, 인간이 '산'을 보며 배우길 바라는 태도를 드러내고 있다.

⑤ 6연의 '울적하면', 7연의 '신경질'과 같은 표현에서, '산'은 인간적인 감정을 느끼는 주체로 나타나고 있다.

04 〈보기〉를 바탕으로 (가), (나)를 감상한 내용으로 적절하지 <u>않은</u> 것은?

> **보기**
>
> 선생님 : (가)와 (나)는 화자가 추구하는 이상적인 삶의 가치를 드러내고 있습니다. 그런데 (가)는 산의 다양한 면모를 고찰하여 바람직한 삶의 자세를 부각하는 반면, (나)는 이상과 현실의 괴리에 주목하여 바람직한 삶의 자세를 지니는 것이 얼마나 어려운지를 드러낸다는 점에서 다릅니다.

① (가)의 화자는 '봄'과 '여름'이 '사이좋게' 공존하는 '산'의 모습을 통해 자신이 바라는 삶의 자세를 드러내고 있어.

② (나)의 화자가 이상적으로 여기는 삶에서 화자는 '말'과 '정'을 '제대로 건사'하고, '외로움'을 잘 다스릴 거야.

③ (나)의 화자는 '포르말린', '옥시풀', '유한 락스'의 이미지를 활용하여 바람직한 삶의 자세를 지니는 것의 어려움을 드러내고 있어.

④ (가)의 화자는 '부동의 자세'를 취하는 '산'의 면모를 통해 바람직한 삶의 자세를 드러내고, (나)의 화자는 '부처님'을 언급하여 이상과 현실의 괴리를 부각하고 있어.

⑤ (가)의 화자는 '산'이 '사람을 다스린다'고 표현하여 '산'이 이상적인 존재임을 나타내고, (나)의 화자는 '슬픔의 광야'에 이른 상황을 통해 이상적인 가치를 삶에 구현한 모습을 드러내고 있어.

나BS
수특 스페셜

변형문제 N제

Part. 02

현대 산문

1 | 윤흥길, 날개 또는 수갑

다음을 읽고 물음에 답하시오.

[앞부분 줄거리] 모든 사원들이 제복을 입는 제도를 도입한다는 회람이 돌고, 민도식, 우기환, 장상태 등의 사원들은 퇴근 후 다방에 모여 제복에 대한 불만을 드러낸다.

"평생을 제복만 걸친 채 세상을 살아가는 사람도 많습니다. 자기 자신의 삶을 사는 시간보다 **조직의 일원**으로서 그 **조직을 대표**하고 그 조직을 위해서 봉사하는 시간이 압도적으로 많은 생활입니다."

어린 녀석이 정말 누구 들으라고 하는 수작이 분명하게 싶게 우기환이는 도식의 아픈 데를 가려서 잘도 찔러 대고 있었다. 우중충한 회색의 제복을 입은 아버지를 보면서 어린 도식이는 다른 애들 아버지처럼 신사복을 입은 모습이 보고 싶어서 지레 늙었다. 형무소가 교도소로 명칭이 바뀐 뒤로도 그놈의 제복만큼은 여전했다. **제복**을 걸치고 있을 때의 아버지는 진짜 아버지가 아니었다. 아버지의 직업이 교도관임을 떳떳하게 밝힌 기억이 거의 없다. 철이 들 만큼 들고 나서 **교도관**과 **죄수들** 사이에 별다른 차이점이 없으며 사실은 다 같이 갇혀 지내는 자들임을 깨달은 뒤로는 더욱 그랬다. 나이가 들어 은퇴해서 제발 제복을 벗으십사는 아들의 소원이 마침내 이루어지긴 했지만 이미 때는 늦었다. 신사복을 걸쳤는데도 아버지 몸에서는 여전히 회색 제복의 냄새가 났다. 우기환의 말마따나 아버지는 아버지 자신이기를 일찌감치 포기해 버리고는 오직 제복에만 매달리면서 평생을 살아온 셈이었다.

[A]
"이중생활이 전혀 불가능하다는 얘긴 물론 아니죠. 유니폼과 사복을 동시에 지참하고 다니면서 필요에 따라 수시로 갈아입을 수도 있습니다. 조직의 일원으로서 봉사할 때는 유니폼, 조직에서 벗어나 개인이고자 할 때는 사복, 이런 식으로 말입니다. 하지만 그것도 한두 번이면 몰라도 사시사철 여일하게 이중생활이 지탱될 수는 없습니다. 필요에 따라 수시로 갈아입는다는 그 자체가 벌써 너무도 번거로운 절차이기 때문입니다. 번거롭다는 느낌은 곧 ⊙타성을 부르게 됩니다. 타성에 젖은 인간은 곧 어느 한쪽 방향으로 쉽사리 기울고 맙니다. 이때 한쪽으로 기운다는 말은 임의의 선택이 아니고 두 극점 사이에서 자력이 센 쪽으로 저도 모르게 끌어당겨진다는 뜻입니다. 유니폼을 입고는 조직생활과 개인생활 둘 다가 가능합니다. 하지만 사복일 경우는 개인생활은 가능해도 조직생활은 불가능합니다. 그래서 사람들은 대개 유니폼 쪽으로 쉽게 기울게 마련인데, 그러다 보면 자연히 조직에 치여서 개인은 쪽을 못 쓰게 되는 법입니다. 조직사회가 무서운 것은 바로 이와 같은 타성, 인간이 가진 치명적인 약점을 적절히 이용할 줄 안다는 데 있습니다."

(중략)

민도식은 결코 서두르지 않았다. 그렇다고 이미 이렇게 된 마당에 망설일 것도 없었다.

"옷에는 보호 기능과 표현 기능이 있다고 들었습니다. 우리가 옷에서 바랄 수 있는 건 그 두 가지 기능만으로 충분하다고 믿고 있습니다. 제복으로 사원들간에 일체감을 조성해서 회사를 더욱더 발전시키겠다고 그러시지만 제 생각엔 그렇게 해서 얻어지는 **단결력**보다는 제복에 눌려서 **개성**이 위축되고 단결력에 밀려서 자유로운 **창의력**이 퇴보되는 데서 오는 손실이 더 클 것 같습니다."

"아주 좋은 말을 했어. 하지만 그건 일이 실천에 옮겨지기 전에 했어야 할 얘기야. 대다수 사원들 지지를 얻어서 실천 단계에 들어선 지금은 사정이 달라. 그리고 기업 발전에 단결력이 중요하냐 창의력이 중요하냐 하는 문제는 자네가 아니라 내가 결정할 문제야. 또 제복을 입었다고 어제는 있던 창의력이 오늘 싹 죽는다는 논리도 설득력이 없어. 민군, 자네는 일찍이 제복 제도를 도입한 K직물이 창의력 없이 그저 눈감땡감으로 오늘날의 위치에 올라섰다고 생각하나?"

"K직물은 사정이 다릅니다."

잠자코 있던 우기환이가 불쑥 말했다.

"호오, 그래? 어떻게 다르지?"

"자기 개성에 맞는 옷을 입을 권리를 포기할 때는 뭔가 그 이상의 보상이 뒤따라야 합니다. 그런 면에서 K직물의 기업 정신은 아주 훌륭하다고 봅니다."

이때 옆방이 다소 소란해졌다. 사장실 도어 저쪽에서 여비서가 누군가 하고 들어가겠다느니 안 된다느니 하면서 실랑이하는 눈치였다. 그 소리를 듣더니 사장의 낯빛이 싹 달라졌다.

"자네들이 이러지 않아도 난 지금 복잡한 일이 많은 사람이야. 우군이 K직물을 동경하는 그 심정은 나도 알아. 허지만 앞으로 가까운 장래에 다른 사람들이 자네들을 동경하도록 만들기 위해서는 나도 노력하고 자네들도 적극 협조해야 되잖겠나. 그 동안을 못 참아서 협조할 수 없다면 별수 없지. **이런 일**엔 누군가 한 사람쯤 **희생**이 따른다는 사실을 각오해야 돼."

"무슨 뜻인지 알겠습니다. 제가 희생이 되죠. **피고용자**한테도 **권리**는 있습니다. 들어올 때는 제 맘대로 못 들어오지만 나갈 때는 제 맘대로 나갈 수 있으니까요."

우기환이가 분연히 소파에서 일어나 빠른 걸음으로 도어를 향해 갔다. 순식간의 일이었다.

- 윤흥길, 「날개 또는 수갑」 -

01 윗글의 서술상 특징으로 가장 적절한 것은?

① 빈번한 장면 전환을 통해 긴박한 분위기를 드러내고 있다.
② 서술자가 인물의 내면을 묘사하여 정서적 반응을 보여 주고 있다.
③ 대화를 통해 과거로 돌아가려 하는 인물의 심리를 드러내고 있다.
④ 인물의 반복되는 행동을 제시하여 갈등이 해소될 것임을 암시하고 있다.
⑤ 공간의 이동에 따라 서술자를 달리하여 사건에 대한 다양한 관점을 서술하고 있다.

03 ㉠을 중심으로 [A]를 이해한 내용으로 가장 적절한 것은?

① 조직사회는 ㉠을 개인이 지닌 '치명적인 약점'으로 보고 최대한 억압하려고 한다.
② 개인이 ㉠에 젖으면 유니폼과 사복을 동시에 갖고 다니며 '이중생활'을 하게 된다.
③ 개인이 ㉠에 빠지면 '개인생활'과 '조직생활' 중에서 하나를 임의로 선택하게 된다.
④ 개인은 ㉠에서 벗어나기 위해서 유니폼과 사복을 자신의 '필요에 따라' 갈아입게 된다.
⑤ 조직사회는 ㉠을 이용하여 조직에서 벗어나 있을 때도 개인을 '조직의 일원'이 되게 만든다.

02 윗글에 대한 이해로 적절하지 <u>않은</u> 것은?

① 우기환이 평생 제복을 입고 살아가는 생활에 대해 말하자, 민도식은 교도관이었던 아버지를 떠올린다.
② 민도식이 제복으로 인한 문제를 제기하지만, 사장은 그것은 나중에 생각할 일이라며 그의 의견을 무시한다.
③ 사장이 다른 기업을 근거로 들어 자신의 주장을 정당화하지만, 우기환은 그 사례가 자신들과 다르다고 주장한다.
④ 우기환이 다른 기업을 긍정적으로 평가하자, 사장은 자신들도 그렇게 되기 위해선 사원들의 협조가 필요하다고 말한다.
⑤ 사장이 의견을 굽히지 않으려 하자, 우기환은 그에 대해 반발하는 마음을 행동으로 보여 준다.

04 〈보기〉를 참고하여 윗글을 이해한 내용으로 적절하지 <u>않은</u> 것은?

> **보기**
>
> 「날개 또는 수갑」은 회사 내에서 유니폼 착용을 둘러싸고 벌어지는 갈등을 보여 주는 소설이다. 유니폼은 여러 사람이 하나의 소속임을 드러내는 수단으로, 보는 관점에 따라 그 장단점이 달라진다. 이 작품은 유니폼 착용과 관련된 의사 결정 과정을 보여 줌으로써, 개인의 자유와 권리를 제약하는 사회 현실을 우회적으로 비판하고 있다.

① '조직의 일원'으로 '조직을 대표'한다는 데에서, 개인이 특정 집단에 소속되어 있음을 드러내는 유니폼의 기능을 확인할 수 있어.
② '제복'을 입는 '교도관'이 '죄수들'과 큰 차이가 없다는 데에서, 유니폼이 개인의 자유를 억압하는 단점이 있음을 확인할 수 있어.
③ '단결력'을 얻기보다 '개성'과 '창의력'을 잃을 가능성이 크다는 데에서, 유니폼을 착용할 시 장점보다 단점이 크다고 여기는 관점을 확인할 수 있어.
④ '이런 일'에는 누군가의 '희생'이 따른다고 말하는 데에서, 의사 결정이 강압적인 방식으로 이루어지고 있음을 확인할 수 있어.
⑤ '피고용자'에게 '권리'가 있음을 주장하는 데에서, 개인의 권리를 제약하는 사회 현실을 변화시키려는 의지를 확인할 수 있어.

2 │ 선우휘, 단독 강화

다음을 읽고 물음에 답하시오.

불시에 한 통을 비운 가냘픈 편은 이번에는 낚아채듯 비스킷을 집어 들어 우적우적 씹었다.

"ⓐ 동무, 이거 굴러떨어진 호박인데, 이 새끼들 잘도 먹지?"

그 소리에 키 큰 편이, 언뜻 숟갈을 쓰던 손을 멈췄다.

"뭐? 뭐라구." / "이 새끼들 잘 먹는단 말야."

"ⓑ 나보고 뭐라 했어." / "뭐 말야, 동무?" / "동무?"

순간 키 큰 편은 손에 들었던 깡통을 집어 던지고 몸을 일으키며 허리에 찬 대검을 쓰욱 뽑아 들었다.

"너 괴뢰구나." / "괴뢰?"

"괴뢰지! 꼼짝 마라, 손 들어."

가냘픈 편의 손에서 깡통이 떨어져 땅바닥에 굴렀다.

"ⓒ 너 괴뢰지?" / "아, 아냐, 난 인민군야."

"역시 괴뢰군." / "너, 넌 뭐가?"

가냘픈 편의 목소리가 떨렸다.

"나? 난 국군이다." / "ⓓ 국방군! 괴 괴뢰구나."

"자식이, 꼼짝 마."

국군 병사는 인민군 병사의 가슴에 총검을 겨눈 채 그의 옆으로 다가가며 거기 놓인 총을 힘껏 구둣발로 걷어찼다.

"ⓔ 어쩔 테야?"

인민군 병사가 높이 팔을 든 채 국군 병사에게 물었다.

"어쩔 테야라구? 손을 모아 뒷덜미에다 엮어!"

"어쩔 테야." / "어쩔 것 같애?"

대답이 없었다. / "네가 선수를 썼다면 어떡허지?"

그래도 대답이 없었다. / "죽이겠지?"

역시 대답이 없었다. / "들어 봐, 넌 벌써 죽은 셈야."

그리곤 국군 병사는 잠깐 말을 못 잇고 그대로 거기 버티고 서 있었다.

"여기서 널, 지금 죽인다? 어디 시체하구야 한밤을 새울 수 있나. 살려두자니 잘못하면 내가 죽을 거구, 어떡헐까."

국군 병사는 되레 인민군 병사에게 반문하는 조로 중얼거렸다.

"ⓕ 어떡허면 좋지?"

인민군 병사는 그저 먹먹하니 앉아 있었다.

"별수 없군, 묶어야겠어."

국군 병사는 결심한 듯 뇌까렸다. / "어때?"

인민군 병사는 대답이 없었다.

국군 병사는 그러고도 한참 동안 함이 없이 그대로 서 있었다.

"묶어 놓고 내 손으로 먹일 수도 없구, 여, 손 내려, 우선 제 손으로 먹고 싶은 대루 처먹어."

인민군 병사는 손을 내려놓고도 그대로 한참 동안 멍하니 앉아 있었다.

"ⓖ 왜 그래? 못 먹겠나?" / 대답이 없었다.

"먹어! 안 먹으면 별수 있어?"

국군 병사는 발밑에 있는 따진 **통조림** 하나를 들어 인민군 병사의 턱밑에 내어밀었다. / "이건 쇠고기야, 먹어 봐."

인민군 병사는 느릿느릿 손을 내어밀었다.

[중략 부분 줄거리] 서로를 공격하지 않고 하룻밤을 보낸 후 헤어지기로

약속한 국군 양과 인민군 장은 다음 날 아침 각자의 진영으로 향한다. 동굴을 나온 양은 중공군과 총격전을 벌이게 되고, 장은 양이 있는 동굴로 돌아온다.

"**양형!**" / 장은 애원하듯 양을 불렀다.

"엊저녁 저더러 따지지 말랬지요?" / "넌 배반자야."

"괜찮아요." / "데데해." / "괜찮아요." / "넌 바보야."

"괜찮아요." / "글쎄 내려가래두."

양은 언성을 높였다. 그러나 장은 골짜구니를 보고 있었다. 벌써 **중공군**은 산개대형으로 동굴 가까이 올라오고 있었다.

양은 왼켠 쪽에서 올라오는 중공군을 겨누었다. 가만히 방아쇠를 잡아당겼다. 그 자는 총을 던지고 푹 눈 속에 엎어졌다.

장의 총구에서 탄환이 날았다. 오른켠 중공군 한 명이 뒹굴었다. 장이 양을 건너보고 방긋 웃었다.

[A] 그러자 나머지 중공군은 둘로 갈라지며 이쪽 골짜구니와 저쪽 골짜구니로 몸을 숨기고 기어오르기 시작했다.

양은 좌로 이동했다. 앞에 드리운 소나무 가지가 사격을 방해했다. 어느덧 중공군은 거의 삼백 야드 안으로 밀려들었다. 양은 벌떡 몸을 일으켜 '서서 쏴'의 자세로 연거푸 세 발을 갈겼다. 그중 한 명이 쓰러지는 것을 확인하는 순간 양은 명치에 뜨거운 동통을 느끼며 쓰러졌다.

"양형!"

장이 벌떡 일어나서 뛰어오려고 했다.

"바보! 엎디어, 저쪽을 봐, 그리고 그대로 들어."

양은 전신의 힘을 모아 소리쳤다.

"**장**, 손 들고 일어나."

장이 흠칫 놀라며 양을 건너보았다.

"손 들고 내려가." / "아뇨, 양형." / "내려가래두."

"양형!" / "장, 이 바보, 너, 내가-" / "양형!"

양의 얼굴에 어찌할 수 없는 **안타까운 빛**이 흘렀다.

그것은 순시, 갑자기 **환희에 가까운 회심의 빛**으로 변했다.

"옳지, 그러고 보니 넌." / "예?"

"그렇군, 날 죽이려고, 죽이려고 되돌아왔군, 그렇지? 그렇다면-"

양은 마지막 힘을 돋우어 떨구었던 엠원총을 끌어당기며 상반신 몸을 일으켰다.

"내가, 내가 널 죽일 테다." / "아니야!"

장은 벌떡 몸을 일으켰다. / "아니야! 아니야 아니야!"

장은 울부짖으며 양한테로 달려들었다.

타타타탕, 다다다다다.

좌우의 골짜구니로부터 장총과 따발총의 일제 사격이 가해졌다.

장은 총을 그러쥔 채 천천히 한 바퀴 몸을 돌리더니 양이 넘어진 위에 겹쳐 쓰러졌다. 얽힌 두 몸에서 뿜어 나오는 **피**는 서로 섞이면서 희디흰 **눈 속**으로 배어들어 갔다.

- 선우휘, 「단독 강화」 -

01 윗글에 대한 설명으로 가장 적절한 것은?

① 다른 인물의 잘못에 대한 비난이 인물 간 대립의 원인임이 드러난다.
② 대화를 통해 드러난 정보로 인물들이 서로 같은 편이었음이 드러난다.
③ 위험에 처한 인물의 편에 서서 적들에 맞서려는 인물의 결연함이 드러난다.
④ 다른 인물을 위기로부터 구해 준 것이 서로 간에 오해를 푸는 계기가 됨이 드러난다.
⑤ 인물들이 서로를 믿지 못하여 갈등하다가 함께 죽음을 맞이하게 된 비극적 상황이 드러난다.

03 [A]의 서술상 특징으로 가장 적절한 것은?

① 동시에 진행되는 사건을 병렬적으로 구성하여 이야기의 입체감을 높인다.
② 인물의 심리와 행동의 괴리를 드러내어 인물이 처한 심리적 상황을 부각한다.
③ 인물 간의 공간적 거리가 변화함에 따라 긴장감이 고조되는 양상을 보여 준다.
④ 서술자가 인물의 내면을 묘사하여 인물 간의 갈등이 지속되고 있음을 드러낸다.
⑤ 인물의 연속적인 행위를 제시하여 다른 인물에 대한 태도가 변화하는 과정을 드러낸다.

02 ⓐ~ⓖ에 대한 이해로 적절하지 <u>않은</u> 것은?

① ⓐ는 상대의 공감을 유도하는 발언으로, ⓓ를 고려하면 상대의 정체에 대한 착각에서 비롯된 것임을 알 수 있다.
② ⓑ는 ⓐ의 발언을 확인하는 것으로, 상대의 정체를 확실히 알고자 하는 마음이 반영된 질문이라고 할 수 있다.
③ ⓒ와 ⓓ에 나타난 반응을 고려하면, 인물들이 서로가 속한 집단에 대해 부정적 인식을 지니고 있음을 알 수 있다.
④ ⓕ는 ⓔ에 대해 되묻는 것으로, 자신이 상대보다 우위에 있음을 알려 주기 위한 발언이라고 할 수 있다.
⑤ ⓖ는 ⓒ와 비교해 보면, 상대를 향한 감정을 다소 누그러뜨린 인물의 변화된 모습을 보여 준다고 할 수 있다.

04 〈보기〉를 참고하여 윗글을 이해한 내용으로 적절하지 <u>않은</u> 것은?

> **보기**
>
> 「단독 강화」에는 긴장 관계의 해소에 대한 기대감을 고조시켰다가, 결말에서 이를 좌절시키는 서사 구조가 나타난다. 이 과정에서 인물 간 호칭의 변화를 보여 주거나, 관계 변화의 계기가 되는 소재를 활용하거나, 외세를 등장시키는 등의 서사적 장치가 확인된다. 한편, 장과 양이 마지막까지 서로를 위하다가 죽는 결말은 전쟁의 폭력성을 극대화하면서도, 공동체적 유대감이 우리 민족에게 닥친 문제를 해결할 수 있는 실마리임을 드러낸다.

① 국군 병사가 인민군 병사에게 내민 '통조림'은, 두 인물 간의 관계가 개선되는 데 영향을 미쳤다고 볼 수 있겠군.
② 인물들이 서로를 '양형'과 '장'으로 부르게 된 것은, 긴장 관계의 해소에 대한 기대감을 고조시켰다고 볼 수 있겠군.
③ 양과 장을 결속시키는 '중공군'은, 우리 민족에게 닥친 문제를 해결할 수 있는 실마리가 외부에 존재함을 암시한다고 볼 수 있겠군.
④ 양의 '안타까운 빛'이 '환희에 가까운 회심의 빛'으로 변화한 것은, 양이 장을 위해 자신이 할 수 있는 일을 생각해냈기 때문으로 볼 수 있겠군.
⑤ 양과 장의 몸에서 뿜어 나온 '피'가 '눈 속'으로 섞여 들어간 것은, 전쟁의 폭력성을 극대화하면서도 두 사람이 한 공동체에 속해 있음을 나타낸다고 볼 수 있겠군.

3 | 최인호, 모범 동화

다음을 읽고 물음에 답하시오.

⊙ 그의 눈엔 D 국민학교 어린애들 삼천 명이 모두 동전처럼 보이곤 했다. 아침마다 책가방을 둘러메고 재잘거리며 올라오는 어린애들의 모습은 흡사 잘 닦인 동전이 햇빛에 반짝거리며 열병식을 올리는 모습과도 같았다. 그가 하는 일이라곤 하루 종일 담 밑에 쭈그리고 앉아 그 동전들을 긁어 모으는 일이었다.

그것은 적은 돈이긴 했으나 매우 즐거운 장사였다.

그는 일종의 과수원을 내고 있는 셈이었다. 그는 그저 떨어지는 열매를 줍고 있을 뿐이었다. 그러나 그는 그 일만으로도 충분히 그의 벙어리저금통을 가득가득 채울 수 있었다. ⓒ 그는 그의 과목(果木) 모두를 사랑하고 있었다.

다른 장사치들은 D 국민학교 앞에서 얼씬도 못 했다. 하루가 멀다 하고 다른 장사치들이 몰려들었으나 이내 철거당하곤 했다. D 국민학교 애들은 강씨 이외의 장사치들을 용납하지 않았다.

토요일 어린이회 시간이면 아이들은 잡화상에 대한 철거 문제를 토의하고 결정한 안건에 따라 독하게 생긴 어린이회장과 함께 담당 선생이 거들먹거리며 그들에게 **철거**를 요구했다. 말을 듣지 않을라치면 곧 실력행사로 들어갔다. 어린이회장은 당장 다음 월요일부터 **불매운동**을 전개한다고 선언했고 정말 그 약속은 실현되었다.

주변 완장을 단 상급반 애들이 학교 앞 정문에 서서, 누가 그들에게 물건을 사는가를 감시하고 이름을 적었다. 그것은 매보다도 무서운 일이었다. 그렇다고 장사치들이 이 꼬마들에게 어떻게 압력을 가할 수는 없었다. 왜냐하면 노상에서, 더욱이 국민학교 정문 앞에서 장사판을 벌인다는 것이 정당한 행위가 아니라는 것쯤은 잘 알고 있었기 때문이었다. 별수 없이 그들은 눈물을 머금고 짐을 싸야 했다.

ⓒ 강씨는 같은 장사치면서도 어린이 국회의 치외법권자로서 행세할 수 있었다. 그것은 강씨가 단신 월남한 후, 그곳에서 솜사탕 장수를 할 때부터 으레 정문 앞에는 털보 강씨가 노트 몇 권이나 사탕 등을 놓고 팔고 있으려니 하는 이미 굳어진 일종의 잠재의식 때문만은 아니었다. 그가 D 국민학교 어린애들에게 인정받을 수 있었다는 것은 오직 그의 경험에서 우러나온 처세와, 그리고 교묘한 그의 연기력 때문이었다.

그는 아이들이 무엇에 굶주려 있는가를 잘 알고 있었고, 또 그들이 어른들에게서 진실로 무엇을 보기 원하는가도 잘 알고 있었다. ⓔ 이를테면 아이들은 모두 열쇠 구멍으로 어른들을 엿보기 좋아하고 있었던 것이다. 그리고 이미 어린애들은 코 안경을 높이 세우고 도덕을 역설하던 어른들도 일단 열쇠 구멍을 통해 볼 때는 비루할 수 있다는 평범한 진리에 지쳐 있었다. 그들은 열쇠 구멍 저편에서는 편하게 마련인 이론만의 윤리와 도덕을 저주하고 있었고, ⓜ 아이들은 누구든 어른들의 은밀한 모범을 갈구하고 있었다. 그것을 알고 있는 강씨로서는 아이들에게 찬사를 받는 것쯤은 쉬운 일이었다. 그는 아침마다 **학교 앞을 손수 비로 쓸**었고, 어린이 회의에서 수재의연금 모집 안건이 통과되면 아깝지 않다는 듯 **헌금**을 했다.

[중략 부분 줄거리] 아이들을 상대로 사행성 짙은 놀이를 하며 돈을 벌던 강씨는 전학 온 소년에게 처참히 패배한 후 복수를 다짐한다.

강씨는 순간 이 아이를 불러야 하는가, 아니면 그냥 보내야 하는가 하는 생각에 멈칫거렸다. 그러나 이내 그는 키만 큰 유치원 생도처럼 쓸데없는 데에 겁을 먹고 있는 자신에 화를 내었다.

"얘."

강씨는 손을 내저으며 그를 불렀다.

그러자 그 아이는 약간 놀란 것처럼 돌아서더니 곧 나태한 표정이 되어 눈짓으로만 무슨 일이냐고 물어 왔다.

"해보지 않으련, 이 돌이 말이다."

강씨는 아첨하듯 웃었다.

"돈이 없어요."

그 소년은 왼쪽 손으로 책가방 끈을 비비 꼬기도 하고 그것을 빙빙 돌리기도 하면서 대답했다.

"괜찮다, 그냥 하렴."

갑자기 그 아이는 난해한 웃음을 낄낄 웃었다. 그리고는 터덜거리며 가게 앞으로 다가왔다. 강씨는 가슴이 긴장으로 죄어드는 것을 의식했다. 소년은 호주머니에서 동전을 한 닢 꺼냈다.

[A] "그냥 한번 하라니까……."

강씨가 주사위를 손에 쥐어 주자 아이는 귀찮다는 듯,

"난 공짜로 안 해요."

하곤 책가방을 놓았다. 좋아, 꼬마야, 강씨는 속으로 외치며 일 원을 받아 넣었다. 마음대로 해봐라. 강씨는 **투정하는 어린애처럼 억지**를 부렸다. 소년은 잠시 주사위를 들어 불빛 아래에서 그 번호가 제대로 육번까지 씌어 있는가를 확인했다.

그 아이는 검사가 끝난 후 컵을 집어 들고 주사위를 굴리기 시작했다. 그리고는 어느 정도 흔들다가 갑자기 멈추고는 캐러멜과 드롭스를 삼번과 육번에 배치했다. 그 행동은 마치 흔들고 배치하는 과정에 **익숙한 숙련공의 모습** 같았다. 오랫동안 그런 일만 해온 듯이 추호의 **망설임도 주저함도 없었**고 그의 행동은 시계 초침처럼 재빠른 것이었다.

강씨는 뜨거운 침을 삼키며 컵을 쥐었다. 그리고 가엾게도 땀을 흘리면서 그것을 뒤집었다. **농도 짙은 긴장** 속에서 그는 소년이 천천히 삼번 위에 놓인 일 원의 십 배인 **포도 캐러멜**을 사마귀 가득한 손으로 가져가는 것을 보았다. 주사위는 삼번을 가리키고 있었던 것이다.

- 최인호, 「모범 동화」 -

01 [A]의 서술상의 특징으로 가장 적절한 것은?

① 외양을 상세하게 묘사하여 인물을 희화화하고 있다.

② 인물의 반복적 행위를 서술하여 성격을 구체화하고 있다.

③ 서술자가 추측의 진술을 통하여 다른 인물에 대한 반감을 드러내고 있다.

④ 서술자가 인물의 내면을 묘사하며 인물이 처한 갈등 상황을 제시하고 있다.

⑤ 대화를 통해 인물들 사이의 심리적 거리가 변화되는 과정을 표현하고 있다.

03 놀이에 대한 설명으로 가장 적절한 것은?

① 놀이의 진행 과정을 두고 강씨와 소년 사이에서 의견 대립이 심화하는 일이다.

② 소년에게 복수를 하려는 강씨의 계획에 따라 우연을 가장하여 이루어지는 것이다.

③ 놀이에 참여하는 이가 정성과 노력을 얼마나 들였는지에 따라 승패가 좌우되는 것이다.

④ 소년이 강씨의 권유를 물리치고 지불한 대가보다 훨씬 웃도는 이익을 얻게 되는 것이다.

⑤ 강씨의 평온했던 마음에 변화를 불러와 심리적으로 불안한 상태에 빠지게 만드는 일이다.

02 ㉠~㉤에 대한 이해로 적절하지 않은 것은?

① ㉠: '동전'이 강씨의 시선으로 바라본 아이들의 모습을 나타낸다는 점에서, 아이들을 돈벌이의 수단으로 여기는 강씨의 물질 지향적인 태도를 보여 준다.

② ㉡: '과목'이 열매를 맺음으로써 가치가 생기는 대상이라는 점에서, 아이들을 향한 강씨의 애정이 이익 추구를 기반으로 하고 있음을 보여 준다.

③ ㉢: '치외법권자'가 어린이회의 결정을 적용받지 않는 강씨를 가리킨다는 점에서, 아이들에게 인정받아 특권을 누리고 있는 강씨의 상황을 보여 준다.

④ ㉣: '열쇠 구멍'이 어른들을 엿보는 통로를 의미한다는 점에서, 숨겨진 가치를 발견할 수 있는 안목을 갖추지 못한 아이들의 상태를 보여 준다.

⑤ ㉤: '은밀한 모범'이 열쇠 구멍 너머로 보고 싶어 하는 것이라는 점에서, 아이들이 어른들에게서 본받을 점을 찾길 바라고 있음을 보여 준다.

04 〈보기〉를 참고하여 윗글을 이해한 내용으로 적절하지 않은 것은?

> **보기**
>
> '아이다움'이란, 속물적 욕망이 지배하는 어른의 세계와 분리된, 천진함을 지닌 아이의 모습과 관련 있다. 「모범 동화」에서 강씨는 아이들에게서 경제적 이익을 취하기 위해 '아이다움'을 이용하는 어른이다. 그가 위선과 기만으로 구축한 세계는 '아이다움'이 없는 소년의 등장으로 인해 무너지는데, 그 과정에서 둘의 관계가 역전되며 서사적 긴장이 고조된다.

① 아이들이 '철거' 요구가 받아들여지지 않자 '불매운동'을 하는 데에서, 아이다움을 잃고 어른의 세계에 가까워지고 있음을 알 수 있어.

② 강씨가 '학교 앞을 손수 비로 쓸'거나 '헌금'을 하는 데에서, 아이다움을 염두에 두고 위선적으로 행동하는 인물의 의도를 엿볼 수 있어.

③ 강씨가 소년에게 '투정하는 어린애처럼 억지를 부리는 데에서, 어른과 아이의 관계가 역전되고 있음을 알 수 있어.

④ 소년이 '익숙한 숙련공'처럼 '망설임도 주저함도 없'이 행동하는 데에서, 아이다움과 거리가 먼 인물의 모습을 확인할 수 있어.

⑤ 강씨가 '농도 짙은 긴장 속'에서 '포도 캐러멜'을 가져가는 소년을 지켜보는 데에서, 기만으로 구축된 세계가 무너지는 가운데 서사적 긴장이 고조됨을 알 수 있어.

4 | 최일남, 서울 사람들

]다음을 읽고 물음에 답하시오.

우리는 ⊙그날 밤, 이 외에도 **풀떼죽**이 얼마나 맛있으며 **호박떡**이 얼마나 기찬 것인가를 얘기했다. 그뿐 아니라 **호박잎 쌈**이 얼마나 구미를 돋우는 것이며, **고춧잎 버무린 것**이 얼마나 입맛 당기는 반찬인가를 얘기했다. 빈속에 술을 마시면 위장을 버린다고 불고기 이 인분씩을 먹은 후 **마른안주에 생맥주**를 마시며 그런 얘기를 한 것이다. 말하자면 번지르르하게 서울 바닥을 싸다니기는 해도 옛날 입맛이나 그런 정황을 어느 구석엔가에 지니고 있는 촌놈 근성을, 내력을 아는 우리끼리 실컷 주고받은 셈인데, 자기들은 어쨌거나 이제 그런 상황에서 벗어나 멀찌거니 서서 한가히 풍경화를 그리고 있는 것 같은 ⓐ언짢음이 없지도 않았다. 아무튼 우리들의 이런 이야기는 막판에 가서 김성달의 얘기로 한층 절정을 이루었다.

"난 커피 좀 안 먹고 살았으면 좋겠어. 내 직업이 그런 탓도 있지만 하루에 커피를 몇 잔 마시는 줄 알아. 못 마셔도 칠팔 잔은 마신다구. 죽을 지경이야. 이번에 여행 가서는 다만 며칠이라도 커피라든가 이런 것 안 마시고 살았으면 좋겠다."

이 말이 떨어지자마자 모두들은 사실이다, 그렇다고 맞장구를 쳤다. 그리고는 가서 우거짓국, 간갈치나 간고등어, 새우젓, 풀떼죽, 호박잎으로 **오래 잃었던 자연의 미각**을 되찾고, 단공기와 그런저런 정경에 몸을 담그자고 맹세하였다. 다만 **우리가 자란 고향**으로 가자는 측과 어디고 그런 시골은 있으므로 구태여 고향이라고 못 박을 것 없이 전혀 딴 데로 가보자고 하는 측이 있었는데 결국은 후자로 결정을 보았다. 거기에는 또 우리 나름의 약간의 계산이 있었다. 그것은 고향 쪽으로 갔을 경우, 아직도 남아 있는 이런저런 관계에 얽매이다 보면 우리가 당초에 기도한 것과는 다른 방향으로 일이 삐져 나갈지도 모르니까 전혀 엉뚱한 곳으로 가보자는 것이었고 마침내는 모두가 이에 동의하고 나섰다.

(중략)

ⓒ이날 저녁에도 우리는 아침과 비슷한 밥상과 옥수수 술을 받았다. 주인은 이번에도 찬이 변변치 않다고 노상 같은 말을 했으나, 우리는 그게 무슨 말씀이냐고, 이런 걸 맛보기 위해서 일부러 여기까지 왔노라고, 조금도 그런 생각 마시라고, 되레 미안해했다. 그러나 그렇게 말을 하면서도 우리는 아침이나 어젯밤처럼 그렇게 호들갑을 떨지는 않았다. 마지못해 국물을 몇 숟갈 떠넣었을 뿐 모두 입에 당기지 않는 것 같았다. 우선 나부터도 그랬다. 간밤부터 마신 막걸리가 쉰 냄새와 함께 목구멍에 괴어오르고 돌소금으로 이를 닦다가 생채기가 난 잇몸이 이따금 아렸다. 간밤에는 못 느꼈는데 남폿불에서는 매캐한 냄새가 코를 찌르고, 한옆으로 쌓아 놓은 이부자리에서는 퀴퀴한 냄새가 나는 것 같았다. 그리 넓지 않은 들판에 섰을 때는 그렇게도 속이 시원했는데 이틀째가 되면서부터는 들판은 그냥 들판일 뿐 ⓑ별다른 감흥을 가져다주지 않았다. 산천이 마음속에 있을 때는 그렇게 좋았는데 막상 그 속에 파묻혀 보니까 갑갑하기만 하다고 윤경수도 말했다. 그는 더 말은 안 했지만 서울서 떠나올 때의 마음과는 달리 누가 자기의 생활을 이런 곳으로 끌어내릴까 봐 겁을 먹고 있는 것 같기도 했다.

우리는 주인집에서 빌려 온 화투로 섰다를 했으나 별로 신명이 나지는 않았다. 하루에 커피를 칠팔 잔씩은 마셔서 지긋지긋하다던 김성달이가 화투짝을 던지며 벌렁 나자빠졌다.

"커피 한 잔만 했으면 딱 좋겠는데."

"그러게 말이다…… 오늘 밤 **텔레비전**에서 **쇼**를 하는데 놓쳤군."

"쇼뿐야? **프로레슬링**도 있다구."

윤경수와 최진철이 덩달아 화투를 팽개치고 길게 가로누우며 말했다. 우리들의 마음은 너무 일찍이 허무하게 무너져 가고 있었다. 처음 여행 얘기가 나왔을 때부터 그저께까지 내리 우리들의 마음을 들뜨게 하고 몰아세웠던 힘이 이렇게 쉽게 허물어지는 데 대해서 ⓒ자기혐오 비슷한 감정이 있었으나 당장 눈앞에서 겪는 일들은 우리들의 얄팍한 감상(感傷)을 그렇게 덧없는 것으로 만들어 놓고 있었다. 일상에 묻혀 오랫동안 감추어져 있던 회향(回鄕)에의 의지가 어느 날 갑자기 고개를 쳐들어 신나게 달려왔으나 ⓓ가슴속에 간직해 왔던 그 낯익고 신선한 경이(驚異)를 즐기기에는 우리는 너무 **소시민적인 안일(安逸)**에 젖어 있었음을 확인한 꼴이 되고 말았다. 사실 우리는 이번에 길을 떠나면서, 우리는 **우리가 자란 그런 두메**에 언젠가는 내려가자, 그런 꼬투리를 만들기 위해서 이번에 내려가면 그럴 만한 야산이라도 추렴해서 사두는 게 어떻겠느냐는, 진담 반 타산 반의 약속까지 하고 온 터였으나 막상 현지에 와서는 아무도 그런 말을 꺼내지 않았다. 물론 이러한 일들이 단순히 자고 먹는 것의 불편에서 오는 것만은 아니고 무어라고 말할 수 없는, ⓔ지금까지 우리들이 쌓아 온 생활과의 위화감이랄까 하는 데서 오는 것이기도 했지만, 아무튼 불과 이틀 밤을 보내면서 우리는 벌써 서울을 생각하고 있었던 것이다.

- 최일남, 「서울 사람들」 -

01 윗글의 서술상의 특징으로 가장 적절한 것은?

① 구체적 지명을 통해 고향에 대한 정감을 환기하고 있다.
② 공간적 배경을 제시하여 인물 간 대립의 원인을 드러내고 있다.
③ 이야기 내부 서술자가 다른 인물의 심리를 추측해서 제시하고 있다.
④ 동시에 일어나는 두 개의 사건을 병치하여 사건의 긴장감을 조성하고 있다.
⑤ 대화를 통해 인물들 사이의 심리적 거리가 변화하는 과정을 보여 주고 있다.

03 ㉠과 ㉡에 대한 이해로 가장 적절한 것은?

① ㉠은 '우리'가 결속을 다진 시간이고, ㉡은 주변 환경으로 인해 '우리'의 유대감이 깨진 시간이다.
② ㉠은 '우리'의 의견이 합치를 보지 못한 시간이고, ㉡은 대립 끝에 '우리'의 의견이 합치된 시간이다.
③ ㉠은 '우리'가 '김성달'에게 동조한 시간이고, ㉡은 '우리'가 '김성달'의 마음을 달래려고 한 시간이다.
④ ㉠은 '우리'가 과거의 기억을 공유한 시간이고, ㉡은 원래 생활로 돌아가고 싶은 '우리'의 뜻이 통한 시간이다.
⑤ ㉠은 '우리'의 맹세가 행동으로 표출된 시간이고, ㉡은 '우리'의 심경에 일어난 변화를 '주인'에게 드러내지 않은 시간이다.

02 ⓐ~ⓔ에 대한 이해로 적절하지 <u>않은</u> 것은?

① ⓐ는 '나'가 도시 생활에서 벗어나고 싶어 하는 '우리들'을 내심 못마땅하게 여기고 있음을 나타낸다.
② ⓑ는 시골의 정경에서 느꼈던 흥취가 어느새 잦아들어 시들해진 상태임을 나타낸다.
③ ⓒ는 시골 생활을 간절히 염원했던 마음이 금방 사그라든 것을 부끄러워하고 있음을 나타낸다.
④ ⓓ는 시골 생활을 그리워했던 '우리들'이 시골 생활을 다시 체험하게 될 것을 기대했음을 나타낸다.
⑤ ⓔ는 도시 생활에 익숙해진 '우리들'이 시골 생활과 조화를 이루지 못한다고 여기고 있음을 나타낸다.

04 〈보기〉를 참고하여 윗글을 이해한 내용으로 적절하지 <u>않은</u> 것은?

> **보기**
>
> 고향을 떠나 상경(上京)한 이들은 시골을 도시와 대비되는 공간으로 인식하면서 귀향을 꿈꾸기도 한다. 「서울 사람들」에 등장하는 인물들은 도시에서 삶을 영위하며 잃어버린 감각을 회복하기 위해 시골로 여행을 떠나지만, 도시 생활에 익숙해진 나머지 그토록 소망했던 시골 생활에 금방 싫증을 느낀다. 이러한 모습은 그들이 지배 문화를 받아들여 도회적 삶에 동화되었으며, 그들의 귀향 의식이 이상화된 것이었음을 보여 준다.

① '풀떼죽', '호박떡', '호박잎 쌈', '고춧잎 버무린 것'과 '마른안주에 생맥주'에서 드러나는 차이는, 시골과 도시의 대비를 부각하는군.
② '오래 잃었던 자연의 미각'을 되찾자고 맹세하는 것은, '우리'가 시골을 도시에 살면서 잃어버린 감각을 회복할 수 있는 공간으로 여기고 있음을 나타내는군.
③ '커피 한 잔'이나 '텔레비전'에서 하는 '쇼'와 '프로레슬링'을 즐기지 못해 아쉬워하는 것은, 도시에서 향유할 수 있는 지배 문화에 익숙해져 있는 '우리'의 모습을 보여 주는군.
④ '소시민적인 안일에 젖어 있었음'을 확인한 것은, 그토록 소망했던 시골 생활을 계기로 오히려 '우리'가 도회적 삶에 동화된 상태임을 깨달았음을 드러내는군.
⑤ '우리가 자란 그런 두메'에 내려갈 꼬투리를 만들려 한 것은, 시골 생활에 대한 이상과 현실 사이에서 발생한 괴리감을 좁히려 했던 '우리'의 노력을 드러내는군.

▶▶ 수능특강 195 page

5 | 양귀자, 비 오는 날이면 가리봉동에 가야 한다

2025 수능 국어 대비
실전 국어 전형태

다음을 읽고 물음에 답하시오.

적게 보면 서른여덟, 많이 보면 마흔쯤으로 보이는 임씨가 사장님으로 부르는 소리에 그는 얼떨떨했다. 사장님은커녕 여태도 말단사원인데 이 사람은 집주인은 무조건 사장님으로 부르기로 내심 통일시킨 모양이었다.

"어허, 사장님. 요 나쁜 자식들 좀 보세요. 이럴 줄 알았다니까요. 이건 BS표보다도 아랫질예요. 덤핑 제품이죠. 돈도 몇 푼 차이 안 나는데도 집 장수녀석들 심보는 꼭 이렇다구요."

들고 있던 망치로 녹슬고 변색되어 있는 파이프를 툭툭 두들기며 임씨는 한탄을 했다. 그러자 옆에 있던 젊은이가 불쑥 나선다.

"에이, 아저씨. 그런 집장수들 덕분에 우리도 먹고 사는 거 아녜요. 어디 우리뿐이에요. 원미동만 해도 설비집이 수십 개인데 그 사람들 먹여 살리는 공은 생각 안 해요?"

깨부숴 놓은 파편들을 부대에 담아 밖으로 나르던 일도 몇 번 만에 질렸는지 젊은 인부는 목욕탕 문턱에 앉아 아리랑 담배에 불을 붙인다. 그러고 보면 임씨는 아내가 분명 아리랑 한 갑을 건네줬는데도 그것은 뜯지도 않고 피우던 담배를 꺼내 놓고 있다. 그는 젊은 녀석의 껄렁한 말씨에 적잖이 노여움을 느끼고는 녀석이 뿜어대는 담배 연기에 눈살을 찌푸렸다. 스무 살이나 되어 보이는 녀석은 담배 연기를 동글동글 만들어 올리면서 옷에 묻은 먼지를 털어 내었다. 저런 녀석에게 일을 맡겨 봤자 몇 달 못 가 또 터지지. 그는 방으로 돌아오면서 또 한번 미심쩍음에 시달렸다. ⊙ 저런 잡역부를 데리고 다니는 임씨 또한 별다를 바가 없으리라.

(중략)

"왔다갔다 하지만 말고 가서 지켜보세요. 일꾼들이란 원래 주인이 안 보면 대충대충 엎어 버리는 못된 구석이 있다구요."

시금치나물을 무치면서 아내가 행여 들릴까 봐 낮은 소리로 소곤거렸다. 갓난애나 징징 울어대면 애 보기나 하련만 아이는 배만 부르면 쌔근쌔근 잠들어 버리는 터라 사실 그가 할 일이 딱히 없는 형편이었다. 그는 하는 수 없이 다시 목욕탕을 들여다보지 않을 수 없었다. 마침 임씨가 젊은 이에게 건재상에 가서 새 파이프를 가져오라고 시키고 있을 때였다. 욕조에서 세면대로 구부러지는 이음새 쪽에 사단이 생긴 모양이었다. 땀방울이 흘러내리는 얼굴을 쳐들어 올리며 임씨가 말했다.

"사장님, 수도 좀 열어 보세요. 이곳에서 물이 솟구칠 것 같은데."

임씨가 시키는 대로 계량기의 꼭지를 비틀고 돌아와 보니 아닌 게 아니라 그 자리에서 물줄기가 솟아오르고 있었다.

"보세요. 요걸로 한 번만 내리치면 완전 분수처럼 솟구칠 테니까."

임씨가 옆에 놓여 있던 흙손으로 파이프를 살짝 내리치자마자 이내 감당할 수 없을 만치 물이 터져 나오기 시작했다.

"완전 삭았어요. 사장님, 어서 계량기 잠그세요. 터진 데 찾았으니 일은 다 한 거나 마찬가지라구요."

임씨는 젊은 인부를 기다리는 사이 아내에게 냉수를 한 컵 청했다. 일을 다 한 거나 진배없다는 일꾼의 말에 기분이 좋아진 아내가 청량음료를 한 컵 따라 주며 다짐했다.

"세면대나 변기는 손댈 것 없겠지요?"

"예, 사모님. 다른 데 파이프는 구부러지게 이을 필요가 없거든요. 이 자리는 맨 처음 시공 때부터 욕조를 앉히느라고 닦달을 해댄 모양이에요."

목울대를 울리며 임씨는 맛있게 음료수를 들이켰다. 여름 한철 집수리

일이나 한다는 사내치고는 꽤 정확한 솜씨가 아닌가 하여 그는 새삼 사내의 몰골을 자세히 뜯어보았다. ⓛ 원래는 자주색이었을 티셔츠는 잦은 세탁으로 누런빛이었고 얼마나 오래 입었는지 검정 고무줄이 삐져나온 추리닝의 허리께는 서툰 손바느질로 터진 실밥을 꿰맨 자리가 어지러웠다. 작은 체구에 비하면 어깨 근육이나 팔목의 힘줄은 탄탄하게 보였고 더위로 상기된 얼굴은 이제 막 밭을 갈다 나온 농부처럼 건장해 보였다.

ⓐ "지물포 주씨가 칭찬하던 대로 일을 잘하시네요."

그는 슬쩍 사내를 추켜세웠다. 인간이란 칭찬 앞에 약하다. ⓒ 하물며 저 단순한 육체 노동자야말로 이런 귀 간지러운 말에 자신의 온 힘을 바치지 않겠는가. 그는 자신의 한마디가 잘 계산하여 내놓은 작품임을 은근히 자만하였다. 한데 임씨의 반응은 계산과는 다르게 빗나갔다.

"뭘입쇼. 누가 와서 일해도 마찬가지니까요. 목욕탕 하자 공사는 순서가 있어요."

"그래도……." 그래도라고 입막음을 하려다 말고 그는 할 말이 마땅치 않아 주춤거렸다. 그래도 당신 솜씨가 최상급이요, 라는 말도 이상하게 들릴 것이고 ⓔ 그래도 누군들 당신만하게 일을 처리하겠느냐, 라고 말해도 속이 보여서 곤란했다.

"사모님, 오늘 일이야 하자 없이 잘해 드릴 테니 겨울 연탄은 저희 집 것을 때세요. 저야 뭐 연탄장수 아닙니까."

이야기가 이쯤에 이르면 그는 더욱이 할 말이 없어진다. ⓜ 되레 임씨의 자기 선전 앞에서 스스로의 대답이 궁색해졌다. 아내 또한 딱히 연탄을 맡기겠다는 대답도 없이 웬일인지 굳어진 표정이었다.

"고향이 어디요?" 아무려면 머리 굴리는 거야 임씨보다 못하랴 싶어서 그는 말꼬리를 돌려 보았다. 어딘가에는 반드시 임씨를 달뜨게 할 함정이 있을 것이다. 부드러운 말로 꼭 움켜잡아야 일에 정성을 쏟아 완벽한 공사를 해줄 게 아닌가.

— 양귀자, 「비 오는 날이면 가리봉동에 가야 한다」 —

01 윗글을 이해한 내용으로 적절하지 <u>않은</u> 것은?

① '임씨'는 '아내'가 담배를 건네줬는데도 그것을 피우지 않았다.
② '젊은 인부'가 심부름을 하러 나간 사이 '임씨'는 '아내'에게 물을 요청했다.
③ '아내'는 빨리 작업을 끝낼 수 있을 것이라는 '임씨'의 말을 듣고 기뻐하였다.
④ '임씨'는 일을 잘 마무리할 것을 약속하며 다른 공사도 맡겨 달라고 부탁했다.
⑤ '그'는 '임씨'가 자신에게 실제 지위와는 거리감이 있는 호칭을 쓰자 어리둥절했다.

02 일을 중심으로 윗글을 이해한 내용으로 적절하지 <u>않은</u> 것은?

① '일'이 수월하게 해결될 것임을 확신하는 '임씨'의 자신만만함이 표출되고 있다.
② '일'의 진행 상태를 염려하는 '아내'의 요구를 '그'가 수용하였음이 드러나고 있다.
③ '일'에 대한 '그'의 형식적인 말에 동요하지 않는 '임씨'의 겸손한 태도가 표출되고 있다.
④ '일'에 정성을 쏟게 하려는 유도에 '임씨'가 넘어오지 않자 당황한 '그'의 반응이 제시되고 있다.
⑤ '일'의 마무리를 둘러싸고 빚어진 '아내'와 '임씨' 간의 갈등으로 인해 불편함을 느끼는 '그'의 심리가 드러나고 있다.

03 ⓐ에 대해 이해한 내용으로 가장 적절한 것은?

① '그'는 칭찬을 들은 '임씨'가 들뜰 것이라 예상하며 '임씨'를 추켜올리고 있다.
② '그'는 자신이 예상했던 바와 같이 대단한 솜씨를 지닌 '임씨'에게 감탄하고 있다.
③ '그'는 소개한 이의 체면을 상하게 하지 말 것을 '임씨'에게 우회적으로 경고하고 있다.
④ '그'는 '여름 한철'에 고된 '집수리 일'을 하는 '임씨'에게 인간적인 관심을 드러내고 있다.
⑤ '그'는 공사를 서둘러 끝내려는 '임씨'의 태도로 인해 품은 불만을 반어적으로 표현하고 있다.

04 〈보기〉를 참고할 때, ㉠~㉤에 대한 반응으로 적절하지 <u>않은</u> 것은?

> **보기**
>
> '내적 초점화'란 서술자가 소설 속 특정 인물의 시선을 통해 이야기를 전달하는 경우를 말한다. 이때 서술자는 자신이 선택한 '초점자'의 내면만을 들여다볼 수 있다. 이러한 서술 방식은 독자로 하여금 초점자의 성격이나 가치관을 읽어낼 수 있도록 하는데, 이는 「비 오는 날이면 가리봉동에 가야 한다」에도 적용되어 독자가 '그'의 편견과 이중적 태도를 확인할 수 있게 한다.

① ㉠ : 초점자가 다른 사람에 대한 편견에 사로잡혀 있음을 확인할 수 있어.
② ㉡ : 초점자의 가치관에 의해 인물의 특성이 왜곡되어 있음을 알 수 있어.
③ ㉢ : 서술자가 '그'의 시선을 통해 이야기하고 있음을 알 수 있어.
④ ㉣ : 서술자의 진술 속에 담긴 초점자의 이중적 태도를 엿볼 수 있어.
⑤ ㉤ : 서술자가 오직 초점자의 내면만을 들여다볼 수 있음을 확인할 수 있어.

6 | 임철우, 아버지의 땅

다음을 읽고 물음에 답하시오.

[앞부분의 줄거리] '나'는 6·25 전쟁 때 죽은 사람의 유골을 발견한다. 마을의 한 노인을 데리고 오지만 유골의 신원은 밝히지 못하고, 노인과 함께 유골을 수습하게 된다.

"그렇다면 이치도 아마 빨갱이였겠구만. 안 그래요?"

소대장이 지휘봉의 뾰죽한 끝으로 쿡쿡 찌르듯 유해를 가리키며 말했다. 인사계가 되물었다.

"어째서요."

"산을 타고 도망치던 빨치산들이 그리 많이 죽었다잖아. 이치도 보기엔 군인은 아니었을 것 같고, 그렇다고 근처의 주민이었다면 가족이 있을 텐데 임자 없이 이리저리 팽개쳐 뒀을라구."

"그걸 누가 압니까. 그때야 워낙 피차에 서로 죽고 죽이던 판인데……."

그때였다. 쭈그려 앉아서 손을 움직이고 있던 노인이 불쑥 소리치는 것이었다.

㉠ "어허, 대관절…… 대관절 그게 어떻다는 얘기요. 죽어서까지 원, 아무리 이렇게 죽어 누운 다음에까지 이쪽이니 저쪽이니 하고 그런 걸 굳이 따져서 무얼 하자는 말이오. 죽은 사람이 뭣을 알길래…… 죄다 부질없는 짓이지. 쯔쯧."

노인의 음성은 낮았지만 강하고 무거웠다.

(중략)

나는 담배를 피워 물었다. 멀리 메마른 초겨울의 야산이 헐벗은 등을 까 내놓고 죽은 듯이 엎드려 있었다. 사위는 온통 잿빛의 풍경이었다. 피잉, 현기증이 일었다.

ⓐ 광주리를 머리에 인 어머니가 모래밭을 걸어오고 있었다. ㉡ 돌돌거리며 흐르는 물소리를 거슬러 강변 모래밭을 어머니가 혼자 저만치서 다가오고 있었다. 모래밭은 하얗게 햇살을 되받아 쏘며 은빛으로 반짝였다. 허리띠를 질끈 동인 어머니의 치맛자락이 흐느적이며 바람결에 흔들리고 있었다. 나는 햇살에 부신 눈을 가늘게 오므리고 줄곧 그녀를 지켜보고 있었다. 그때였다. 꿈속에서처럼 나는 그녀의 뒤를 바짝 따라오고 있는 한 사내의 환영을 보았다. 그건 아버지였다. 언젠가 어머니의 낡은 반닫이 깊숙한 옷가지 밑에 숨겨져 있던 액자 속에서 학생복 차림으로 서 있던 그대로 그건 영락없는 그 사내였다. ⓑ 나를 어머니의 배 속에 남겨 놓은 채 어느 바람이 몹시 부는 날 밤, 산길을 타고 지리산인가 어디로 황황히 떠나가 버렸다는 사내.

(중략)

㉢ 그래도…… 살아 있기만 하믄야 언제고 만나게 될지도 모르는디…….

나는 기어코 폭발하고야 말았다.

어떻게요? 이제 와서 대체 어떻게, 어떤 꼬락서니를 하고 서로 만난다는 말입니까, 네?

입에 씹히는 대로 나는 내뱉고 있었다. 숟가락을 쥔 손이 벌벌 떨릴 지경이었다.

아, 아니다. 내가 잘못했다. 빌어먹을 놈의 이, 이…… 주둥어리가 방정이지 뭐이다냐.

어머니가 울고 있었다. 외아들 앞에선 좀체 눈물을 비치지 않던 그녀였다. 아무리 앓아누웠을 때라도 입술을 앙다물고 애써 태연해 보이던 그녀

가 쭈룩 눈물을 흘리고 있는 것이었다.

아아, 나는 까맣게 잊고 있었던 것이다. 어머니가 그토록 오랫동안 누군가를 기다려 왔음을. 내 유년 시절의 퇴락한 고가의 마루 밑 그 깜깜한 어둠 속에서 음습하고 불길한 냄새와 함께 나를 쏘아보고 있던 한 사내의 눈빛을, 그리고 ㉢ 청년이 된 지금까지도 가슴을 새까맣게 그을려 놓으며 깊숙한 상흔으로만 찍혀져 있을 뿐인 그 증오스런 사내의 이름을, 어머니는 스물다섯 해가 넘도록 혼자서 몰래 불씨처럼 가슴속에 키워오고 있던 것이다. 어머니한테 그 사내는 다른 아무것도 아니었다. ⓓ 다만 곱고 자상한 눈매로서만, 나직한 음성으로서만 늘 곁에 남아 있었던 것이다.

하지만 그녀가 울고 있는 건 그 미련스럽도록 끈질긴 기다림 때문만은 아니었으리라. 아니, 사실상 어머니는 누구보다도 더 잘 알고 있을 터였다. 그녀의 기다림이 얼마나 까마득하게 손이 닿지 않는 먼 곳으로 자꾸만 자꾸만 밀려나가고 있는 것인가를 말이다. 스물다섯 해의 세월이, 스스로 묶어 놓은 그 완고한 기만이 목에 잠기어 흐느낌도 없이 지금 어머니는 울고 있는 것이었다. 밥상을 받아 놓은 채 나는 고개를 처박고 앉아 있었다. 눈 앞에는 우리 가족의 그 오랜 어둠과 같은 미역 가닥이 국그릇 속에서 멀겋게 식어 가고 있을 뿐이었다.

이제 노인의 모습은 더 이상 보이지 않았다. 그새 수북이 쌓인 눈을 밟으며 나는 오던 길을 천천히 되돌아가기 시작했다. 걸음을 옮길 때마다 어깨에 멘 소총이 수통과 부딪치며 쩔렁쩔렁 소리를 냈다. 나는 어깨로부터 전해 오는 그 섬뜩한 쇠붙이의 촉감과 확실한 중량을 새삼스레 확인하고 있었다. ㉣ 그리고 항상 누구인가를 겨누고 열려 있는 총구의 속성을, 그 냉혹함을, 또한 그 조그맣고 둥근 구멍 속에서 완강하게 똬리를 틀고 앉아 있는 소름 끼치는 그 어둠의 깊이를 생각했다.

까우욱. 까우욱.

어느 틈에 날아왔는지 길옆 밭고랑마다 수많은 까마귀들이 구물거리고 있었다. 온 세상 가득히 내려 쌓이는 풍성한 눈발 속에 저희들끼리만 모여서 새까맣게 구물거리며 놈들은 그 음산함과 불길함을 역병처럼 퍼뜨리고 있는 것이었다. 얼핏, 쏟아지는 그 눈발 속에서 ㉤ 나는 얼어붙은 땅 밑에 새우등으로 웅크리고 누운 누군가의 몸 뒤척이는 소리를 들었다. 아버지였다. ⓔ 손발이 묶인 아버지가 이따금 돌아누우며 낮은 신음을 토해 내고 있었다. 나는 황량한 들판 가운데에 서서 그 몸집이 크고 불길한 새들의 펄렁거리는 날갯짓과 구물거리는 모습을 오래오래 지켜보았다. 머리 위로 눈은 하염없이 쏟아져 내리고 있었다. 함박눈이었다. 굵고 탐스러운 눈송이들은 세상을 가득 채워 버리려는 듯이 밭고랑을 지우고, 밭둑을 지우고, 그 위에 선 내 발목을 지우고, 구물거리는 검은 새떼를 지우고, 이윽고는 들판과 또 마주 바라뵈는 거대한 산의 몸뚱이마저도 하얗게 하얗게 지워 가고 있었다.

– 임철우, 「아버지의 땅」 –

나BS _ 나 없이 EBS 풀지마라

01 윗글에 대한 설명으로 적절하지 <u>않은</u> 것은?

① 비유적 표현을 사용하여 배경을 묘사하고 있다.
② 대화를 통해 등장인물의 태도를 드러내고 있다.
③ 인물의 내적 독백을 통해 시간의 흐름을 지연시키고 있다.
④ 사건의 전개 과정을 시간의 흐름에 따라 서술하고 있다.
⑤ 작품 내부의 서술자가 자신이 겪은 사건을 서술하고 있다.

03 ⓐ~ⓔ에 대한 이해로 적절하지 <u>않은</u> 것은?

① ⓐ : 현실에서 환상으로 전환되는 장면이다.
② ⓑ : '나'가 아버지를 만난 적이 없음을 알 수 있다.
③ ⓒ : '나'가 아버지를 부정적으로 여겨왔음이 드러난다.
④ ⓓ : 어머니는 아버지에 대해 '나'와 다르게 인식하고 있다.
⑤ ⓔ : '나'가 갖고 있는 아버지에 대한 기억이 드러나고 있다.

02 <u>유해</u>에 대한 설명으로 적절하지 <u>않은</u> 것은?

① '나'는 유해를 수습하는 일에 동참하고 있다.
② 유해는 '나'가 아버지를 떠올리게 되는 계기가 된다.
③ 소대장은 유해를 부정적인 대상으로 인식하고 있다.
④ 노인은 유해의 정체를 판단하려고 하지 않는다.
⑤ 인사계는 유해에 대한 소대장의 의견에 동의하고 있다.

04 〈보기〉를 바탕으로 ㉠~㉤을 이해한 것으로 적절하지 <u>않은</u> 것은?

> **보기**
>
> 「아버지의 땅」은 '나'가 한국 전쟁 당시의 것으로 추정되는 유골을 발견하고 수습하는 과정에 어머니에 대한 기억과 아버지의 환영이 중첩되는 이중 구조로 전개된다. 이러한 이중 구조는 어머니를 평생 얽어매고 있던 '아버지'라는 굴레가 '나' 또한 얽어매고 있다는 사실을 드러내는데, 작가는 이를 통해 전쟁의 허위와 이념의 폭력으로 인해 상처받은 이들의 고통이 사라지지 않고 현재형으로 진행되고 있음을 보여 준다.

① ㉠은 죽은 뒤에는 아무 의미가 없는 이념 대립의 허위성에 대해 비판적인 시각을 드러낸다.
② ㉡은 '나'가 유해를 발견한 현재 시점에 어머니에 대한 과거의 기억이 중첩되고 있음을 나타낸다.
③ ㉢은 아버지가 떠난 이후로 어머니는 아버지라는 굴레에 얽매여 있었다는 사실을 보여 준다.
④ ㉣은 전쟁과 이념의 폭력으로 인한 고통이 현재의 '나'에게도 영향을 주고 있음을 드러내고 있다.
⑤ ㉤의 '나'는 아버지의 무덤을 마주함으로써, 이념의 폭력으로 인해 희생된 '아버지'의 고통을 이해하고 있다.

7 | 최윤, 속삭임, 속삭임

다음을 읽고 물음에 답하시오.

그리고 그는 미리 준비해 온 종이 한 장을 꺼내 놓고 속삭이듯 설명했다. 내가 찾아가야 하는 집의 주소와 약도였다. 순간적으로 몇 달 전 서울에서 발이 부르트도록 서울 장안을 헤매다가 늦게야 여관으로 돌아와 무언가를 옮겨 적던 어머니의 모습이 그 주소 위에 겹쳐졌다. 모든 게 이해되는 듯했다. 그는 지금 어머니가 원하지 않는 어떤 일, 어쩌면 이 약도를 건네주면서 절대 않기로 약속을 한 무언가를 지금 바로 어기고 있다는 것을.

오래전부터 그런 사소한 절차를 그려 보고 또 그려 보아 아주 자연스럽게 되어 버린 그의 지시들. 그 집을 찾아가서 아무도 없기를 기다려 편지를 안에 던져 넣어야 하는, ㉠ 죽음의 나라로의 여행 같은 것이 앞에 놓여 있었다. 나는 막연히, 그 일을 잘못 수행하면 아재비에게뿐만 아니라 우리 가족 모두에게 매우 결정적인 어떤 위험이 닥칠지도 모른다고 생각했기 때문에 빙수집을 나설 때만 해도 부들부들 떨고 있었다. 누구에게 동 이름을 묻고 우체국의 위치를 또 국민학교의 뒷문……에 이르는 길을 물었는지, 길에서 어떤 얼굴을 만났는지 어찌 기억하랴. 직선으로 뻗친 길 위에서도 길을 잃고 허둥대던, 꼭 ㉡ 악몽 속의 길이었다. 그 집에 점차 가까워짐에 따라 나는 놀라운 냉정함을 되찾았다. 나는 앞에 막아서는 국민학교 안으로 뛰는 가슴을 진정하러 들어갔다. 방학이어서 더욱 스산하던 국민학교의 운동장에 막 여름의 뜨거운 바람이 일고 있었다. 나는 완벽하게 혼자였다. 내가 해내야 하는 일의 실체를 알기 위해 지갑 속에서 딱지 편지를 꺼냈다. 귀가 풀리고 접힌 금을 따라 종이가 펼쳐지면서 눈에 익은 아재비의 길쭉한 글씨체가 나타났다.

흐르는 냇물에 달이 뜰 틈이 없네.

거두절미 한 문장. 뚱딴지같은 내용이었다. 종이를 뒤집어 보아야 아무 것도 없었다. 빈 운동장이 무한히 넓어 보이고 나는 지극한 무서움을 맛보았다.

(중략)

시간이 지나고 내가 아재비에 대해 좀 더 구체적으로 알게 되었을 때, 나는 그 편지에서 중요한 것은 단지 그가 살아 있음을 알리는, 그들의 삶의 ㉢ 등대지기 노릇을 멀리서나마 하고 있다는 것을 알리는 미미한 신호, 절망적인 신호임을 알게 되었다. 그러나 얼굴을 절대로, 단 한 번도, 보여 주지 않은, 보여 줄 수 없었던…… 그는 정말 용납할 수 없는 등대지기였다. 삶은 때때로 얼마나 시대착오적인가. 내가 그 사실을 용납할 수 없다는 마음을 먹었을 때는 그러니까 그가 이미 저세상 사람이 된 후였으니 말이다.

내가 세 번째의 편지를 전할 때 그의 가족의 주소는 서울로 옮겨져 있었다. 변두리의 언덕배기에 위치한 아주 작은 집의 반지하실방에서, 그보다 나은 작은 집으로, 거기에서 한 뼘 정도 더 큰 한옥으로. 내가 알고 있는 집의 모양은 이 세 가지뿐이었지만 십여 년에 걸쳐 그들은 여러 번 이사했다…… 그리고 아주 후에, 그가 죽고 난 다음에도 몇 계절을 지나쳐 보낸 후의 어느 날 저녁, 갑작스런 발작처럼 나는 단숨에 마지막 편지를 던져 넣었던 그 집까지 뛰어간 적이 있었다. 늘 망을 보고 주변을 사리고 그러고도 행여 그와 그의 가족에게 누가 미칠까 저어하는 모든 불편한 습관을 팽개쳐 버리고. 그들에게 내 ㉣ 내면에서 아우성치는 소리를 전달해

줄 목적으로. 그저 일을 저지를 생각으로. 뒤늦게.

그들은 이미 그 집에 없었다. 내가 동사무소에 들렀을 때, 기류계에서 알아본 그의 아들의 주민등록은 말소되어 있었다. 이유는 해외 이주. 아재비의 아내의 주민 등록은 이전도 되지 않은 채로 그대로 있었다. 그렇지만 그들이 살던 집에는 그들 중 어느 누구의 모습도 보이지 않았고, 밖에서 보기에 아주 행복해 보이는, 지금의 우리처럼 아이 하나를 둔 젊은 부부가 살고 있었다. 그들은 집을 보러 왔을 때에도, 이사 왔을 때에도 집주인 이외의 세 사는 사람을 본 적이 없다고, 이삿짐을 옮기는 날, 집은 벌써 비어 있었다고 말했다. 그는 집주인의 주소를 내게 적어 주었을 뿐이었다. 그렇지만 나는 더 이상 아재비 가족의 뒤를 쫓지 않았다. 아재비의 방식대로. 비극적으로 소모된 그들의 과거에 대한 ㉤ 최소한의 예우로.

이애, 사람들은 모두가 언제나 너만큼 크냐? 너의 양미간은 참으로 넓고 깊구나. 그 작은 호수마냥, 채송화꽃이 쪼르르 둘레에 피어 있던 그 호수마냥, 너를 보고 있노라면 나는 목이 마르다. 이애, 저 길 앞으로 나가 보자. 이래서는 안 되는데, 네가 자고 있을 때면 이애, 나는 너를 흔들어 깨우고 싶다. 그리고 자꾸 수다를 떨고 싶구나. 그래 옛날 옛적에 사람들이 모두 평화로이 잠들어 있는 사이에 말이지, 그만 땅에 틈이 생기더니…… 그게 바로 옛날 이야기가 되어 버린 오늘의 이야기. 아, 이애 나는 아직도 찾지 못했구나. 어떻게 얘기를 해주랴. 폭풍의 이야기로, 아니면 가벼운 봄비 이야기로, 그것도 아니면 지금처럼 피용피용 내리박히는 여름 햇살의 이야기로?

– 최윤, 「속삭임, 속삭임」 –

Ⅱ│BS _ 나 없이 EBS 풀지마라

01 윗글의 서술상 특징에 대한 설명으로 가장 적절한 것은?

① 말줄임표를 반복적으로 활용하여 사건의 내막을 감추고 있다.
② 장면에 따라 서술자를 달리하여 사건의 의미를 입체적으로 조명하고 있다.
③ 공간의 이동에 따른 인물의 경험을 다른 인물의 시선을 통해 서술하고 있다.
④ 청자에게 말을 건네는 장면을 삽입하여 인물의 심리를 생생하게 드러내고 있다.
⑤ 서술자가 과거 상황을 확정적으로 진술하지 않고 추측의 의미를 담아 서술하고 있다.

02 어떤 일에 대한 이해로 적절하지 <u>않은</u> 것은?

① '그'가 '어머니'의 의사에 반하면서까지 '나'에게 부탁한 일이다.
② '나'가 영문을 모르는 상태에서 그 진상을 파악하고자 했었던 일이다.
③ '나'가 처음 수행하는 과정에서 몇 차례 감정의 변화를 겪은 일이다.
④ '나'가 반복적으로 수행하면서 차츰 '그'의 의도를 용납할 수 없게 된 일이다.
⑤ '나'가 도달해야 할 목적지와 해야 하는 행동에 관한 '그'의 설명이 선행된 일이다.

03 ㉠~㉤에 대한 이해로 가장 적절한 것은?

① ㉠은 자신에게 지시를 내리는 아재비의 태도를 못마땅해한 '나'의 거부감을 반영하고 있다.
② ㉡은 자신이 해야 할 일이 명확하지 않다는 점에 막막함을 느낀 '나'의 답답한 심정을 담고 있다.
③ ㉢은 가족들과의 재회를 꿈꾸며 외로움을 견뎌야 했던 아재비의 처지를 비유적으로 드러낸다.
④ ㉣은 자신의 노력에도 아재비가 세상을 떠날 때까지 아재비를 찾지 않은 '그들'을 향한 '나'의 원망을 나타낸다.
⑤ ㉤은 '그들'의 행방을 찾는 일이 '그들'과 아재비 모두를 존중하지 않는 것이라고 여긴 '나'의 인식을 드러낸다.

04 〈보기〉를 참고하여 윗글을 이해한 내용으로 적절하지 <u>않은</u> 것은?

> **보기**
>
> 인간은 살아가면서 자신의 의지와는 상관없이 타인과 비밀을 공유하고, 그로 인해 그의 삶을 증언해야 할 책임을 지게 되기도 한다. 「속삭임, 속삭임」에서 '나'는 아재비의 은밀한 부탁을 수행했던 어린 시절을 회상하며, 아재비를 이해하게 된 현재 시점에서 그가 겪어야 했던 고통을 증언하려 한다. 딸을 향한 '나'의 '속삭임'에는, 아재비에게 무한한 사랑을 받았던 기억과 아재비가 살아온 흔적을 어떻게 전달할지에 대한 '나'의 고민이 담겨 있다고 볼 수 있다.

① '부들부들 떨고 있었'다는 것에서, '나'가 아재비와 비밀을 공유하는 일이 가져올 위험성을 짐작하고 있었음을 알 수 있어.
② '뚱딴지같은 내용'을 읽고 '지극한 무서움을 맛보았다'는 것에서, 아재비가 살아온 흔적을 엿보게 된 '나'의 부담감을 확인할 수 있어.
③ 가족들에게 '절망적인 신호'만을 보낼 수밖에 없었다는 것에서, 아재비가 겪었던 고통이 가족들을 만나지 못하는 상황으로 인한 것임을 예상할 수 있어.
④ '너를 흔들어 깨'워서 '수다를 떨고 싶'다는 것에서, 딸에게 자신의 기억을 전달하고 싶어 하는 '나'의 내면을 확인할 수 있어.
⑤ '폭풍의 이야기', '가벼운 봄비 이야기', '여름 햇살의 이야기'는, 아재비에 관한 '나'의 기억과 아재비의 삶을 비유적으로 표현한 것이라고 볼 수 있어.

8 │ 이태준, 해방 전후

다음을 읽고 물음에 답하시오.

[앞부분 줄거리] 일제 강점기의 혼란을 피해 시골에서 생활하던 현은 김 직원과 교우한다. 해방 이후 현은 서울로 상경하여 좌익 계열 문화 단체에 몸을 담는다.

현은 김 직원을 모시고 어느 구석진 음식점으로 나왔다.

"⊙ 현공, 그간 많이 변허셨다구요?"

"제가요?" / "소문이 매우 변허셨다구들."

"글쎄요……."

현은 약간 우울했다. 현은 벌써 이런 경험이 한두 번 아니기 때문이다. 해방 이전에는 막역한 지기(知己)여서 일조유사한 때는 물을 것도 없이 동지일 것 같던 사람들이 해방 후, 특히 **정치적 동향**이 보수적인 것과 진보적인 것이 뚜렷이 갈리면서부터는, 말 한두 마디에 벌써 딴사람처럼 서로 **경원(敬遠)**이 생기고 그것이 대뜸 우정에까지 거리감을 자아내는 것을 이미 누차 맛보는 것이었다.

"현공?" / "네?"

"조선 민족이 대한 독립을 얼마나 갈망했소? 임시 정부 들어서길 얼마나 연연절절히 고대했소?"

"잘 압니다."

"ⓛ 그런데 어쩌자구 우리 현공은 공산당으로 가셨소?"

"제가 공산당으로 갔다고들 그럽니까?"

"자자합디다. 현공이 아모래도 이용당허는 거라구."

"직원님께서도 절 그렇게 생각허십니까?"

"ⓒ 현공이 자진해 변했을진 몰라, 그래두 남헌테 넘어갈 양반 아닌 건 난 알지요."

"감사헙니다. 또 변했단 것도 그렇습니다. 지금 내가 변했느니, 안 변했느니 하리만치 해방 전에 내가 제법 무슨 뚜렷한 태도를 가졌던 것도 아니구요, 원인은 해방 전엔 내 친구가 대부분이 소극적인 처세가들인 때문입니다. 나는 해방 후에도 의연히 처세만 하고 일하지 않는 덴 반댑니다."

"ⓔ 해방 후라고 사람의 도리야 어디 가겠소? 군자는 불처혐의간(不處嫌疑間)입넵니다."

"전 그렇진 않습니다. 지금 이 시대에선 **이하(李下)**에서라고 **비뚤어진 갓(冠)을 바로잡지 못하는 것**은 현명이기보단 어리석음입니다. 처세주의는 저 하나만 생각하는 태돕니다. 혐의는커녕 위험이라도 무릅쓰고 일해야 될, 민족의 가장 긴박한 시기라고 생각합니다."

"ⓜ 아모튼 사람이란 명분을 지켜야 헙니다. 우리가 무슨 공뢰 있소. 해외에서 일생을 우리 민족 위해 혈투해 온 그분들께 그냥 순종해 틀릴 게 조곰도 없습넵다."

"직원님 의향 잘 알겠습니다. 그리고 저도 그분들께 감사하고 감격하는 건 누구헌테 지지 않습니다. 그러나 지금 조선 형편은 대외, 대내가 다 그렇게 단순치가 않답니다."

(중략)

김 직원은 그 이튿날도 현을 찾아왔고 현도 그 다음 날은 그의 숙소로 찾아갔다. 현이 찾아간 날은,

"어째 당신넨 **탁치**˚ 받기를 즐기시오?"

하였다.

"즐기는 게 아닙니다."

"그러면 즐겁지 않은 것도 임정˚에서 반탁˚을 허니 임정에서 허는 건 덮어놓고 반대하기 위해서 나중엔 탁치꺼지를 지지헌단 말이지요?"

"직원님께서도 상당히 과격허십니다그려."

"아니, 다 산 목숨이 그러면 **삼국 외상**헌테 **매수**돼서 **탁치** 지지에 잠자코 끌려가야 옳소?"

"건 좀 과허신 말씀이구! 저는 그럼, 장래가 많어서 무엇에 팔려서 삼상 회담을 지지허는 걸로 보십니까?"

그 말에는 대답이 없으나 김 직원은 현의 태도에 그저 못마땅한 눈치만은 노골화하면서 있었다. 현은 되도록 흥분을 피하며, 우리 민족의 해방은 우리 힘으로가 아니라 국제 사정의 영향으로 되는 것이니까 조선 독립은 국제성의 지배를 벗어날 수 없는 것, 삼상회담의 지지는 탁치 자청이나 만족이 아니라 하나는 자본주의 국가요 하나는 사회주의 국가인 미국과 소련이 그 세력의 선봉들을 맞댄 데가 조선이라 국제간에 공개적으로 조선의 독립과 중립성이 보장되어야지, 급히 이름만 좋은 독립을 주어 놓고 소련은 소련대로, 미국은 미국대로, 중국은 중국대로 정치·경제 모두가 미약한 조선에 지하 외교를 시작하는 날은, 다시 이조말의 아관파천(俄館播遷)˚식의 골육상쟁과 멸망의 길밖에 없다는 것, 그러니까 모처럼 얻은 자유를 완전 독립에까지 국제적으로 보장되는 길을 택할 수밖에 없다는 것, 이왕조의 대한(大韓)˚이 독립전쟁을 해서 이긴 것이 아닌 이상, '대한' '대한' 하고 전제제국(專制帝國) 시대의 회고감(懷古感)으로 민중을 현혹시키는 것은 조선 민족을 현실적으로 행복되게 지도하는 태도가 아니라는 것, 지금 조선을 남북으로 갈라 진주해 있는 미국과 소련은 무엇으로 보나 세계에서 가장 실제적인 국가들인만치, 조선 민족은 비실제적인 환상이나 감상(感傷)으로가 아니라 가장 과학적이요, 세계사적인 확실한 견해와 준비가 없이는 그들에게 적정한 응수를 할 수 없다는 것, 현은 재주껏 역설해 보았으나 해방 이전에는, 현 자신이 **기인여옥**˚이라 예찬한 김 직원은, 지금에 와서는, **돌과 같은 완강한 머리**로 조금도 현의 말을 이해하려 하지 않고, 다만, 같은 조선 사람인데 '**대한**'을 비판하는 것만 **탐탁지** 않았고, 그것은 반드시 공산주의의 농간이라 자가류(自家流)˚의 해석을 고집할 뿐이었다.

― 이태준, 「해방 전후」 ―

*군자는 불처혐의간 : 군자는 혐의를 받을 만한 처신을 하지 않는다는 뜻. 조식의 군자행에 나온 구절로, 오얏나무 밑[李下]에서는 갓을 고쳐 매지 않는다는 내용을 포함함.

*탁치 : 신탁 통치의 줄임말로, 미국, 영국, 소련이 참가한 모스크바 삼국 외상 회의에서 미, 영, 중, 소 4개국이 정부 수립 능력이 없는 한국을 일정 기간 통치한다는 내용을 결정한 일과 관련 있음.

*임정 : 독립을 위해 중국 상하이에 세워진 대한민국 임시 정부를 가리킴.

*반탁 : 신탁 통치를 반대함.

*아관파천 : 고종과 세자가 일본의 위협을 피해 러시아 공사관으로 거처를 옮긴 사건.

*대한 : 조선 고종 때 새로 정한 우리나라의 국호인 '대한 제국'을 가리킴. 1910년 국권 피탈로 멸망하였음.

*기인여옥 : 인품이 옥과 같이 맑고 깨끗한 사람.

*자가류 : 객관적 사실에 의거하지 않고 자기 생각이나 판단대로 하는 방식.

01 윗글에 대한 설명으로 가장 적절한 것은?

① 서술자가 특정 인물의 시각에 의존하여 그의 내면을 묘사하고 있다.

② 시대적 배경을 드러내는 소재를 통해 시간의 역전을 보여 주고 있다.

③ 인물들 간의 대화를 통해 특정 인물의 생각과 행동을 희화화하고 있다.

④ 인물의 회상을 통해 인물 사이에 감춰져 있던 갈등이 표면화되고 있다.

⑤ 서술자가 풍자적 어조를 활용하여 중심인물에 대한 비판적 입장을 드러내고 있다.

02 ㉠~㉤에 대한 이해로 적절하지 <u>않은</u> 것은?

① ㉠: 상대에게 일어난 변화를 이미 전해 들어 알고 있음을 드러내는 발언이다.

② ㉡: 상대가 택한 노선이 우리 민족에게 바람직한 방향과는 반대된다는 생각이 담긴 말이다.

③ ㉢: 상대가 섣부르게 판단을 내린 것에 대한 불만을 우회적으로 드러내는 말이다.

④ ㉣: 상대에게 격동기에도 변함없이 추구해야 하는 가치가 있음을 깨우치려는 발언이다.

⑤ ㉤: 자신의 이전 발언에 대해 상대가 부정적 반응을 보임에도 자신의 견해가 확고함을 드러내는 말이다.

03 <u>탁치</u>를 중심으로 윗글을 이해한 내용으로 가장 적절한 것은?

① '탁치'를 지지하는 세력이 임정의 눈치를 보는 점을 비판하는 '김 직원'의 냉소적 태도가 표출되고 있다.

② '탁치'로 인해 위기 상황이 발생해도 우리 민족이 감내해야 한다고 주장하는 '현'의 강경한 태도가 드러나고 있다.

③ '탁치'에 관해 논쟁하며 못마땅한 기색을 표하는 '김 직원'에게 격양된 감정을 드러내는 '현'의 상태가 나타나고 있다.

④ '탁치'를 통해 얻을 수 있는 공공의 이익을 '현'이 제시해도 상황을 주관적으로 해석하는 '김 직원'의 고집스러운 모습이 나타나고 있다.

⑤ '탁치'에 대한 지지를 부정한 일로 여기는 '김 직원'에게 우리 민족의 자발적인 태도가 중요하다고 설득하는 '현'의 모습이 드러나고 있다.

04 〈보기〉를 참고하여 윗글을 이해한 내용으로 적절하지 <u>않은</u> 것은?

> **보기**
>
> 해방 이후 우리나라에는 대내외적으로 다양한 세력이 혼재하며 혼란스러운 정국이 펼쳐졌다. 민족과 관련된 여러 사안을 두고 의견이 갈리면서 개인 간의 인간관계 또한 크게 변화했는데, 「해방 전후」는 현과 김 직원의 대립을 통해 그 변화의 양상을 구체화하고 있다. 이는 시대적 변화 속에서 공동체가 내부 분열을 겪었던 당대의 상황을 잘 보여 준다.

① '정치적 동향'이 갈리며 사람들 사이에 '경원'이 생겼다는 데에서, 시대적 변화 속에서 내부 분열이 생긴 공동체의 상황을 확인할 수 있어.

② 현이 '이하'에서 '비뚤어진 갓을 바로잡지 못하는 것'을 어리석다고 하는 데에서, 혼란스러운 정국에 대처하기 위해 김 직원과의 의견 차이를 좁혀 나가려 하고 있음을 알 수 있어.

③ 김 직원이 '탁치'에 대한 지지를 '삼국 외상'에게 '매수'되는 일로 여기는 데에서, 민족의 운명에 외부 세력이 개입하는 일을 부정적으로 여기고 있음을 알 수 있어.

④ 현이 '기인여옥'이라 예찬했던 김 직원을 '돌과 같은 완강한 머리'라고 표현하는 데에서, 화목했던 두 인물의 관계가 해방 이후에 변화한 양상을 확인할 수 있어.

⑤ 현이 '대한'을 비판한 것을 김 직원이 '탐탁지 않'아 했다는 데에서, 민족의 정체성과 관련된 사안을 두고 김 직원이 현과 의견을 달리하고 있음을 알 수 있어.

9 | 박완서, 해산 바가지

다음을 읽고 물음에 답하시오.

"세상 사람들이 눈이 멀어도 분수가 있지. 왜 사모님 같은 분을 효부 표창에서 빠뜨리느냐 말예요. 별거 아닌 사람들이 다 효자 효녀 효부라고 신문에 나고 상금도 타던데."

그 여자가 순진하게 분개하는 소리를 들으며 나는 나의 완벽한 위선에 절망했다. 나는 막다른 골목에 쫓긴 도둑이 살의를 품고 돌아서듯이 그 여자에게 돌아서서 무서운 얼굴로 말했다.

"오늘 우리 어머님 목욕을 좀 시키고 싶은데 아줌마가 좀 도와 줘야겠어요."

"그러문요, 도와 드리고말고요."

"목욕탕에 물 받으세요."

[A]
나는 벌써부터 내 속에서 증오와 절망적인 쾌감이 지글지글 끓어오르는 걸 느끼고 있었다. 아줌마 보는 앞에서 시어머님의 옷부터 벗기기 시작했다. 조금도 인정사정 두지 않고 거칠게 함부로 다루었다. 목욕 한번 시키려면 아이들까지 온 집안 식구가 총동원해 좋은 말로 어르고 달래 가며 아무리 참을성 있고 부드럽게 다루다가도 종당엔 다소 폭력적으로 굴어야 겨우 그게 가능했다. 그러나 이번엔 처음부터 폭력적으로 다루기로 작정하고 있었다. 그분도 내 살기등등한 태도에 뭔가 심상치 않은 걸 느끼고 그 어느 때보다도 심한 반항을 했다. 믿을 수 없을 만큼 강한 힘으로 저항했지만 나 역시 거침없이 증오를 드러내니까 힘이 무럭무럭 솟았다. 옷 한 가지를 벗겨 낼 때마다 살갗을 벗겨 내는 것처럼 처절한 비명을 질렀다. 보다 못한 아줌마가 제발 그만 해두라고 애걸했다. 알지 못하면 가만있어요. 이 늙은이는 이렇게 해야 돼요. 나는 씨근대며 말했다. 그리고 아줌마도 내 일을 도울 것을 명령했다. 노인은 겁에 질려 목쉰 소리로 갓난아기처럼 울었다. 발가벗긴 노인을 반짝 들어다 탕 속에 집어넣고 다짜고짜 때를 밀기 시작했다. 나 죽는다. 나 죽어. 저년이 나 죽인다. 노인이 온 동네가 떠나가게 비명을 질렀다.
나는 그러면 그럴수록 더 모질게 때를 밀었다.

"너무하세요. 그렇게 아프게 밀 게 뭐 있어요?"

아줌마가 노인 편을 들었다. 그녀는 이제 아무 도움도 안 됐다. 혼비백산한 얼굴로 구경만 했다.

"알지 못하면 가만히나 있으라니까요. 아무리 살살 밀어도 죽는 시늉할 게 뻔해요."

골치가 빠개질 듯이 띵하고 귀에서 잉잉 소리가 났다. 나는 남의 일처럼 내가 미쳐 가고 있다고 생각했다. 골속에 아니 온몸에 가득 찬 건 증오뿐이었다. 그런데도 나는 자꾸자꾸 증오를 불어넣고 있었다. 마치 터뜨릴 작정 하고 고무풍선을 불듯이. 자신이 고무풍선이 된 것처럼 파멸 직전의 고통과 절멸의 쾌감을 동시에 느끼고 있었다. 별안간 아찔하면서 온몸에서 힘이 쑥 빠졌다. 그런 중에도 나는 냉혹한 미소를 잃지 않았다. 이래도 나를 효부라고 할 테냐고 묻고 싶었다.

[중략 부분 줄거리] 시어머니의 치매가 갈수록 심해지면서 '나'의 신경증 증세는 점차 악화된다. 결국 '나'는 남편과 함께 요양원 한 군데를 소개 받아 찾아가게 되고 잠깐 쉬게 된 가게에서 박을 보고 시어머니의 '해산 바가지'를 떠올린다.

[B]
나는 내가 낳은 첫아기가 딸이라는 걸 알자 속으로 약간 켕겼다. 외아들을 둔 시어머니가 흔히 그렇듯이 그분도 아들을 기다렸음직하고 더구나 그분의 남다른 엄숙한 해산 준비는 대를 이를 손자를 위해서나 어울림직했기 때문이다. 그러나 퇴원한 나를 맞아들이는 그분에게서 섭섭한 티 따위는 조금도 찾아볼 수 없었다. 그 잘생긴 해산 바가지로 미역 빨고 쌀 씻어 두 개의 해산 사발에 밥 따로 국 따로 퍼다가 내 머리맡에 놓더니 정성껏 산모의 건강과 아기의 명과 복을 비는 것이었다. 그런 그분의 모습이 어찌나 진지하고 아름답던지, 비로소 내가 엄마 됐음에 황홀한 기쁨을 느낄 수가 있었고, 내 아기가 장차 무엇이 될지는 몰라도 착하게 자라리라는 확신 같은 게 생겼다. 대문에 인줄을 걸고 부정을 기(忌)하는 삼칠일 동안이 끝나자 해산 바가지는 정결하게 말려서 다시 선반 위로 올라갔다. 다음 해산 때 쓰기 위해서였다. 다음에도 또 딸이었지만 그 희색이 만면하고도 경건한 의식은 조금도 생략되거나 소홀해지지 않았다. 다음에도 딸이었고 그 다음에도 딸이었다. 네 번째 딸을 낳고는 병원에서 밤새도록 울었다. 의사나 간호원까지 나를 동정했고 나는 무엇보다도 시어머니의 그 경건한 의식을 받을 면목이 없어서 눈물이 났다. 그러나 그분은 여전히 희색이 만면했고 경건했다. 다음에 아들을 낳았을 때도 더도 아니고 덜도 아닌 똑같은 영접을 받았을 뿐이었다. 그분은 어디서 배운 바 없이, 또 스스로 노력한 바 없이도 저절로 인간의 생명을 어떻게 대접해야 하는지를 알고 있는 분이었다. 그분이 아직 살아 있지 않은가. 그분의 여생도 거기 합당한 대우를 받아 마땅했다. 나는 하마터면 큰일을 저지를 뻔했다. 그분의 망가진 정신, 노추한 육체만 보았지 한때 얼마나 아름다운 정신이 깃들었었나를 잊고 있었던 것이다. 비록 지금 빈 그릇이 되었다 해도 사이비 기도원 같은 데 맡겨 있지도 않은 마귀를 내쫓게 하는 수모와 학대를 당하게 할 수는 없는 일이었다.

나는 남편이 막걸리 병을 다 비우기도 전에 길을 재촉해 오던 길을 되돌아섰다. 암자 쪽을 등진 남편은 더 이상 땀을 흘리지 않았다. 시어머님은 그 후에도 삼 년을 더 살고 돌아가셨지만 그동안 힘이 덜 들었단 얘기는 아니다. 그분의 망령은 여전히 해괴하고 새록새록해서 감당하기 힘들었지만 나는 효부인 척 위선을 떨지 않음으로써 조금은 숨구멍을 만들 수가 있었다. 너무 속상할 때는 아이들이나 이웃 사람의 눈치 볼 것 없이 큰 소리로 분풀이도 했고 목욕시키거나 옷 갈아입힐 때는 아프지 않을 만큼 거칠게 다루기도 했다. 너무했다 뉘우쳐지면 즉각 애정 표시에도 인색하지 않았다.

위선을 떨지 않고 마음껏 못된 며느리 노릇을 할 수 있고부터 신경 안정제가 필요 없게 됐다. 시어머니도 나를 잘 따랐다. 마치 갓난아기처럼 천진한 얼굴로 내 치마꼬리만 졸졸 따라다녔다. 외출했다 늦게 돌아오면 그분은 저녁도 안 들고 어린애처럼 칭얼대며 골목 밖에서 나를 기다리고 있곤 했다. 임종 때의 그분은 주름살까지 말끔히 가셔 평화롭고 순결하기가 마치 그분이 이 세상에 갓 태어날 때의 얼굴을 보는 것 같았다. 나는 마치 그분의 그런 고운 얼굴을 내가 만든 양 크나큰 성취감에 도취했었다.

- 박완서, 「해산 바가지」-

01 윗글의 등장인물에 대한 설명으로 가장 적절한 것은?

① '시어머니'는 집안의 대를 이을 손자를 맞이하기 위해 더욱 경건한 태도로 해산 준비를 하였다.
② '나'는 자신이 효부 표창을 받지 못한 것에 대한 분노를 풀기 위해 '시어머니'를 거칠게 목욕시켰다.
③ '나'는 외부의 시선을 더 이상 의식하지 않고 '시어머니'를 대하게 되면서 정신적 고통에서 벗어날 수 있었다.
④ '시어머니'는 자신이 요양원에 가지 않게 되었다는 사실을 알고 '나'와의 갈등 관계를 해소하기 위해 노력했다.
⑤ '남편'은 신경증에 시달리며 고생하는 '나'의 모습을 보고 어머니를 요양원에 맡길 것을 제안하였다.

02 [A]와 [B]에 대한 설명으로 가장 적절한 것은?

① [A]에서는 독백적 진술을 중심으로 인물의 내면 심리가 드러나고 있다.
② [B]에는 타인의 행위로 인해 상처받는 인물의 내면이 직접 묘사되고 있다.
③ [A]와 [B]에는 모두 두 인물 간의 갈등이 고조되는 계기가 나타나고 있다.
④ [A]에서는 인물의 내적 갈등이 해소되는 것이, [B]에서는 인물의 깨달음이 각각 내적 독백을 통해 제시되고 있다.
⑤ [A]와 [B]에서는 타인에 대한 인물의 연민이 비유적으로 표현되고 있다.

03 해산 바가지에 대한 이해로 적절하지 않은 것은?

① '시어머니'의 생명 존중의 태도를 깨닫게 한다.
② '시어머니'에 대한 '나'의 인식과 태도를 변화시킨다.
③ '시어머니'가 딸을 낳은 '나'의 마음을 배려했음이 나타난다.
④ '시어머니'가 성별을 구별하지 않고 손주를 사랑했음을 드러낸다.
⑤ '시어머니'와의 관계에서 오는 '나'의 내적 갈등을 해소하는 계기가 된다.

04 〈보기〉를 바탕으로 윗글을 이해한 것으로 적절하지 않은 것은?

> **보기**
>
> 「해산 바가지」는 결말에서 보이는 주인공의 태도로 인해 가부장제를 옹호하는 한계를 지닌 작품으로 평가되기도 한다. 그러나 며느리로서 짊어져야 하는 사회적 굴레와 그로 인한 정신적 고통의 여과 없는 표현, 아이의 탄생에서부터 시어머니의 임종에 이르기까지 모든 과정에서 주체일 수밖에 없는 여성의 역할에 대한 인식 등을 여실히 드러내고 있다는 점에서 현실에 기반을 둔 여성주의 문학 작품으로 볼 수도 있다.

① 대외적으로 효부로서의 삶을 유지해야 했기에 신경 안정제까지 복용해가며 살아야 했던 '나'의 모습을 통해 며느리에게 강요된 사회적 굴레를 확인할 수 있겠군.
② '나'가 '시어머니'에게 학대에 가까운 행위를 하기 이전에 증오와 절망적 쾌감을 느꼈다고 여과 없이 진술한 데에서 여성이 느끼는 정신적 고통에 공감할 수 있겠군.
③ '나'가 '시어머니'가 임종에 이를 때까지 수발을 드는 존재로 살아야 했다는 점으로 보아 가부장적 가족 제도의 틀 안에서 벗어나지 못했다는 비판을 받을 수 있겠군.
④ 첫아기의 탄생부터 '시어머니'의 임종까지가 '나'와 '시어머니'의 관계망 속에서 설명되는 것은 생명과 관계된 모든 과정의 주체가 여성임을 드러낸 것이라 할 수 있겠군.
⑤ '나'가 '시어머니'를 요양원에 보내기를 포기하고 '남편'과 함께 돌보게 된 것은 자식이 부모를 부양해야 하는 당대의 현실에 기반을 둔 서사 진행이라 할 수 있겠군.

다음을 읽고 물음에 답하시오.

(가)

가을 연기 자욱한 저녁 들판으로
상행 열차를 타고 평택을 지나갈 때
흔들리는 차창에서 너는
문득 ⓐ낯선 얼굴을 발견할지도 모른다
그것이 너의 모습이라고 생각지 말아 다오
오징어를 씹으며 화투판을 벌이는
ⓑ낯익은 얼굴들이 네 곁에 있지 않느냐
황혼 속에 고함치는 원색의 지붕들과
잠자리처럼 파들거리는 TV 안테나들
흥미 있는 주간지를 보며
고개를 끄덕여 다오
농약으로 질식한 풀벌레의 울음 같은
심야 방송이 잠든 뒤의 전파 소리 같은
듣기 힘든 소리에 귀 기울이지 말아 다오
확성기마다 울려 나오는 힘찬 노래와
고속도로를 달려가는 자동차 소리는 얼마나 경쾌하냐
예부터 인생은 여행에 비유되었으니
맥주나 콜라를 마시며
즐거운 여행을 해 다오
되도록 생각을 하지 말아 다오
놀라울 때는 다만
〈아!〉라고 말해 다오
보다 긴 말을 하고 싶으면 침묵해 다오
침묵이 어색할 때는
오랫동안 가문 날씨에 관하여
아르헨티나의 축구 경기에 관하여
성장하는 GNP와 증권 시세에 관하여
이야기해 다오
너를 위하여
나를 위하여

- 김광규, 「상행」 -

(나)

　응오는 **진실한 농군**이었다. 나이 서른하나로 무던히 철났다 하고 동리에서 쳐주는 모범 청년이었다. 그런데 벼를 베지 않는다. 남은 다들 거둬들였고 털기까지 하련만 그는 벨 생각조차 않는 것이다.
　지주라든 혹은 그에게 장리*를 놓은 김참판이든 뻔찔 찾아와 벼를 베라 독촉하였다.
　"얼른 털어서 낼 건 내야지."
　하면 그 대답은,

"계집이 죽게 됐는데 벼는 다 뭐지유……"
하고 한결같이 내뱉는 소리뿐이었다.
　하기는 응오의 아내가 지금 거지 사경이매 틈은 없었다 하더라도 ㉠돈이 놀아서 약을 못 쓰는 이 판이니 진시 벼라도 털어야 할 것이다.
　그러면 왜 안 털었던가.
　그것은 작년 응오와 같이 지주 문전에서 타작을 하던 친구라면 묻지는 않으리라. 한 해 동안 애를 졸이며 홉자식 모양으로 알뜰히 가꾸던 그 벼를 거둬들임은 기쁨에 틀림없었다. 꼭두새벽부터 엣, 엣, 하며 괴로움을 모른다. 그러나 캄캄하도록 털고 나서 지주에게 도지*를 제하고, 장리쌀을 제하고, 색초*를 제하고 보니 남은 것은 등줄기를 흐르는 식은땀이 있을 따름. 그것은 슬프다 하기보다 끝없이 부끄러웠다. 같이 털어 주던 동무들이 뻔히 보고 섰는데 빈 지게로 덜렁거리며 집으로 돌아오는 건 진정 열적기 짝이 없는 노릇이었다. ㉡참다 참다 못해 응오는 눈에 눈물이 흘렀던 것이다.
　가뜩한데 엎치고 덮치더라고 올해는 고나마 흉작이었다. 샛바람과 비에 벼는 깨깨 비틀렸다. 이놈을 가을하다간 먹을 게 남지 않음은 물론이요 빚도 다 못 가릴 모양. 에라, 빌어먹을 거 너들끼리 캐다 먹든 말든 멋대로 하여라, 하고 내던져 두지 않을 수 없다. 벼를 거뒀다고 말만 나면 빚쟁이들은 우— 몰려들 거니깐.
　응칠이의 죄목은 여기에서도 또렷이 드러난다. 국으로 가만만 있었더면 좋은 걸 이 사품에 뛰어들어 지주의 뺨을 제법 갈긴 것이 응칠이었다.
　처음에야 그럴 작정이 아니었다. 그는 여러 곳 물을 마신 이만치 어지간히 속이 튄 건달이었다. 지주를 만나 까놓고 썩 좋은 소리로 의논하였다. 올 농사는 반실이니 **도지도 좀 감해 주는** 게 어떠냐고. ㉢그러나 지주는 암말 없이 고개를 모로 흔들었다. 정 이러면 하여튼 일 년 품은 빼야 할 테니 나는 그 논에다 불을 지르겠수, 하여도 잠자코 응치 않는다. 지주로 보면 자기로도 그 벼는 넉넉히 거둬들일 수는 있다마는, 한번 버릇을 잘못 해놓으면 여느 작인까지 행실을 버릴까 염려하여 겉으로 독촉만 하고 있는 터이었다. 실상이야 고까짓 벼쯤 있어도 고만 없어도 고만, 그 심보를 눈치채고 응칠이는 화를 벌컥 낸 것만은 좋으나 저도 모르게 **대뜸 주먹뺨**이 들어갔던 것이다.
　이렇게 문제 중에 있는 벼인데 귀신의 놀음 같은 변괴가 생겼다. 다시 말하면 벼가 없어졌다. 그것도 병들어 쓰러진 쭉정이는 제쳐 놓고 무얼로 그랬는지 알장 이삭만 따갔다. 그 면적으로 어림하면 아마 못 돼도 한 댓 말 가량은 될는지!
　응칠이가 아침 일찍이 그 논께로 노닐자 이걸 발견하고 기가 막혔다. 누굴 성가시게 굴려고 그러는지. 산속에 파묻힌 논이라 아직은 본 사람이 없는 모양 같다. ㉣하나 동리에 이 소문이 퍼지기만 하면 저는 어느 모로든 혐의를 받아 폐는 좋이 입어야 될 것이다.

(중략)

　한식경쯤 지났을까, **도적**은 다시 나타난다. 논둑에 머리만 내놓고 사면을 두리번거리더니 그제야 기어나온다. 얼굴에는 눈만 내놓고 수건인지 뭔지 헝겊이 가리었다. 봇짐을 등에 짊어메고는 허리를 구붓이 뺑손을 놓는다.
　그러자 응칠이가 날째게 달려 들며,
　"이 자식, 남의 **벼를 훔쳐 가니!**"
　하고 대포처럼 고함을 지르니 논둑으로 고대로 데굴데굴 굴러서 떨어진다. 얼결에 호되게 놀란 모양이다.

응칠이는 덤벼들어 우선 허리께를 내려조겼다. 어이쿠쿠, 쿠— 하고 처참한 비명이다. 이 소리에 귀가 번쩍 띄어서 그 고개를 들고 팔부터 벗겨보았다. 그러나 너무나 어이가 없었음인지 시선을 치걷으며 그 자리에 우두망찰한다.

그것은 무서운 침묵이었다. 살뚱맞은 바람만 공중에서 북새를 논다.

한참을 신음하다 도적은 일어나더니,

"성님까지 이렇게 못살게 굴기유?"

제법 눈을 부라리며 몸을 홱 돌린다. 그리고 느끼며 울음이 복받친다. 봇짐도 내버린 채,

"ⓜ내 것 내가 먹는데 누가 뭐래?"

하고 대퉁스러이 내뱉고는 비틀비틀 논 저쪽으로 없어진다.

형은 너무 꿈속 같아서 멍하니 섰을 뿐이다.

— 김유정, 「만무방」 —

*장리 : 돈이나 곡식을 꾸어 준 데 대한 이자로 받는 대가.

*도지 : 남의 논밭을 빌려서 부치는 대가로 해마다 내는 곡식.

*색초 : 잡초를 제거하는 데 들어가는 비용.

*만무방 : 염치가 없이 막된 사람.

01 (가)와 (나)에 대한 설명으로 적절하지 <u>않은</u> 것은?

① (가)는 동일한 시구의 반복을 통하여 운율을 형성하고 화자의 태도를 부각하고 있다.

② (가)는 특정한 상황을 설정한 후, 그 상황 속의 청자에게 말을 건네는 방식으로 시상을 전개하고 있다.

③ (가)는 한 대상을 다른 대상에 빗대거나 사물에 인격을 부여함으로써 대상을 향한 화자의 친근감을 나타내고 있다.

④ (나)는 현재의 문제 상황의 원인을 과거의 사건을 통해 추측하게 하고 있다.

⑤ (나)는 이야기 외부의 서술자가 인물의 행위를 해설하고 사건의 의미를 직접 제시하고 있다.

02 ⓐ와 ⓑ에 대한 이해로 가장 적절한 것은?

① ⓐ는 화자가 '너'에게 기대하는 모습이고, ⓑ는 '너'가 화자에게 기대하는 모습이다.

② ⓐ는 '너'의 내면이 투영된 대상이고, ⓑ는 화자에게 긍정적 전망을 환기하는 주체이다.

③ ⓐ는 '너'가 소망하는 이상적인 주변인들이고, ⓑ는 '너'의 곁에 실제로 존재하는 사람들이다.

④ ⓐ는 '너'가 추구해야 할 모습이고, ⓑ는 부정적 현실에 영합하며 살아가는 사람들이다.

⑤ ⓐ는 화자가 '너'를 부정적으로 인식하게 되는 계기이고, ⓑ는 '너'에게 현실의 부정적 성격을 환기해주는 대상이다.

03 ㉠~㉤에 대한 설명으로 적절하지 <u>않은</u> 것은?

① ㉠ : 응오의 말이 앞뒤가 맞지 않는다는 사실을 바탕으로 응오가 다른 이유로 벼를 베지 않고 있음을 짐작하게 해준다.

② ㉡ : 고생하며 농사를 지었으나 자신이 가져갈 것은 없다는 사실에서 오는 허탈함과 자신을 도와준 동무들에 대한 민망함이 뒤섞인 복합적인 감정에 기인한 것이다.

③ ㉢ : 도지는 작황(作況)과 관계없이 내야 한다는 사실을 주지시킴으로써 응칠의 비뚤어진 인성을 바로잡고자 하는 지주의 의도를 볼 수 있다.

④ ㉣ : 자기가 하지 않은 일로 혐의를 받을 것을 걱정하는 모습으로 보아, 응칠에 대한 세간의 평가가 부정적임을 짐작할 수 있다.

⑤ ㉤ : 빚에 흉작까지 겹친 상황에서 자신의 벼를 훔치지 않으면 살아갈 도리가 없는 현실에 대해 억울한 심정을 표출하고 있다.

04 〈보기〉를 바탕으로 (가)와 (나)를 감상한 것으로 적절하지 <u>않은</u> 것은?

> **보기**
>
> 작가는 주제 의식을 작품 표면에 드러나지 않게 하기 위해 종종 독자의 해석을 지연시키거나 서사적 반전을 활용하는 등의 전략을 구사한다. (가)는 표면적 진술과 작가의 실제 의도 간의 간극(間隙)을, (나)는 독자의 기대와 서사 전개 간의 간극을 설정함으로써 그러한 전략을 구현하고 있다. 이를 통하여 독자는 작품의 이면적 주제, 즉 무분별한 근대화, 강요된 경제 개발 등 1970년대 개발 독재 시대의 폐해와 이에 침묵하는 소시민들에 대한 비판, 그리고 평범한 농민을 만무방으로 만드는 1930년대 농촌의 참혹한 현실과 일제 강점기 사회의 구조적 모순에 대한 부정적 인식에 집중하게 된다.

① (가)의 '농약으로 질식한 풀벌레의 울음'에 '귀 기울이지 말아 다오'는 무분별한 근대화의 폐해를 비판하고자 하는 작가의 실제 의도와 간극을 이루는 표면적 진술이겠군.

② (가)에서 '확성기마다 울려 나오는 힘찬 노래'가 '얼마나 경쾌하냐'는 독자의 해석을 지연시킴으로써 강요된 경제 개발의 폐해에 대한 비판이라는 작품의 이면적 주제에 독자를 집중시키고 있군.

③ (가)의 '고개를 끄덕여 다오'와 '되도록 생각을 하지 말아 다오'는 주제 의식을 작품 표면에 드러나지 않게 함으로써 1970년대 개발 독재 시대의 폐해에 침묵하는 소시민들을 비판하기 위한 전략으로 사용한 표현이겠어.

④ (나)에서 '진실한 농군'인 응오를 '벼를 훔쳐 가'는 '도적'으로 설정한 결말은 서사적 반전을 활용함으로써 평범한 농민을 만무방으로 만드는 1930년대 농촌 현실의 참혹함을 드러내기 위한 작가의 전략이겠어.

⑤ (나)에서 '도지도 좀 감해 주'라는 요청을 거절당하자 지주에게 '대뜸 주먹뺨'을 먹인 응칠의 모습은 독자의 기대와 서사 전개 간의 간극을 통해 일제 강점기 사회의 구조적 모순을 보여 주는 것으로 볼 수 있겠군.

11 최인훈, 어디서 무엇이 되어 만나랴

다음을 읽고 물음에 답하시오.

(가)

「어디서 무엇이 되어 만나랴」는 고구려의 '온달 설화'를 새로운 시각으로 재창작한 최인훈의 희곡이다. 본래 설화는 '평강 공주'가 미천한 신분의 '바보 온달'을 남편으로 삼아, 그를 고구려의 영웅으로 만드는 내용을 담고 있다. 반면 희곡은 평강 공주가 왕궁에서 나온 것을 정치적 암투에서 밀려난 것으로 해석하고, 그렇게 쫓겨난 공주가 신비한 힘에 이끌려 온달을 만난 후, 그를 자신의 정치적 동반자로 삼는 것으로 상황을 설정한다. 또 신라와의 전쟁으로 온달이 죽는 설화의 내용과는 달리, 작품에서 온달은 정치적 음모로 인해 같은 고구려인에게 암살당하고, 결말에 이르러서는 평강 공주마저도 정적에게 살해되는 내용으로 구성되어 있다. 다시 말해서 작가는 상상력을 동원하여 '온달 설화'를 더욱 견고하고 개연성이 높은 이야기로 재구성하고, 그 속에 담겨 있던 '신분을 뛰어넘는 남녀 간의 결연'이라는 고전적인 주제 의식에 '정치적 권력에 희생당한 개인의 비극성'이라는 새로운 주제를 결합함으로써, 전통 설화에 대한 다양한 해석의 가능성을 제공함과 동시에 문학적 가치가 높은 새로운 희곡을 창작해낸 것이다.

(나)

공주 : 내가 부처님의 길에 드는 게 꼭 필요한 것이 아니라 나라는 한 몸이 ㉠ 궁에 없으면 될 것이 아니옵니까?

대사 : 아니-

공주 : 알고 있어요. ⓐ 내가 출가하여 왕족에게 떨어져야 한다는 말이겠지요. 그러니까 지금 그렇게 하려는 것이지요.

대사 : 소승은 잘 모르겠습니다.

공주 : 이 집 식구가 되려는 것이지요.

대사 : 네? 그게 무슨 말씀입니까?

공주 : 이 집 며느리가 되겠다는 말입니다.

대사 : (놀라서 한발 물러선다.)

공주 : 대사님, 무얼 놀라십니까? 궁 속에 있던 몸이 산속의 암자에서 세상과 끊는 몸이 된다면 이미 어제까지의 나는 없는 것, 그러니 내 한 몸을 이래라저래라 할 사람은 없겠지요. 아까부터 나는 꼭 꿈을 꾸는 것 같지요. 그 옛날 아버님께서도 온달에게 시집 보내신다던 그 말이 이렇게, 이렇게 이루어질 줄이야. 인연이요, 업이라고 하셨지요? 이게 인연이요 업이 아니고 무엇입니까? ⓑ 하필이면 이 길목에 온달이의 집이 있고, 집을 나온 내가 여기서 발길이 멈춰지다니. 이제 환해졌어요. 여기가 내 집이군요. (중략) 온달 바보 온달, 그 이름만이 내게 남은 내 몫인 인연이에요. 그것이 울고 싶도록 붙들고 싶은 빼앗기지 않을 나만의 인연이에요. ⓒ 저 사람들에게 내가 누구라는 것도 얘기하지 말고 며느리를 삼으라고 말해 주세요.

대사 : 안 될 일입니다.

공주 : 왜 안 됩니까?

대사 : 지엄한 몸을 생각하십시오.

공주 : 출가한다 함은 모든 소유를 버리는 것. 지엄도 버려야지요. 아니면

지엄만은 가지고 가는 출가도 있는가요?

대사 : …….

공주 : 아무 염려 할 것 없습니다. 왕성에 있던 몸이 비구니가 되게 된 마당에 나는 놀라지 않았는데, 사람이 사람의 집에 살겠다 하는데 그토록 마다하니 알 수 없군요. 자, 나를 이 집에 살게 말씀해 줘요.

대사 : 안 될 말씀입니다.

(온달, 부엌에서 나온다.)

공주 : 그러면 내가 하지요. / **대사** : 공주님.

(공주, 온달의 앞에 다가가서 갓을 벗는다. 삭발은 아직 아니다.)

온달 : (소스라치며) 악…… 당신은, 당신은…….

공주 : 네, 저는 성안에서 살던 여염집 여잔데, 사정이 있어서 이 대사님 지시대로 이 집으로 시집을 오게 되었습니다.

온달 : (독백) 그 여자다. 꿈에 본 그 여자다.

[중간 부분의 줄거리] 공주와 혼인한 온달은 공주의 가르침과 도움을 받아 고구려의 장군이 된다. 온달이 공주의 반대파에게 암살당하고, 공주는 움직이지 않던 온달의 관을 위로하여 옮겨 준 다음 온달의 어머니가 있는 산속으로 간다.

장교 : 온달 장군도 돌아가신 이 마당에 공주는 ㉡ 궁을 지키지 않고 왜 함부로 거동하셨소?

온모 : 무엇이? 온달이, 온달이……

장교 : (그쪽을 보고 웃으며) 모르고 계셨습니까? 온달 장군은 한 달 전에 세상을 떠났습니다.

온모 : (쓰러진다. 비, 공주 붙든다) 온달이, 온달이……

공주 : 이놈, 네 이 무슨 짓이냐? 네가 어떻게 죽고 싶어서 이다지 방자하냐?

장교 : 방자? (껄껄 웃는다) 세상이 바뀐 줄도 모르시오? 온달 없는 공주가 누구를 어떻게 한다는 말이오.

대사 : 이게 어찌된 일이오. (장교에게) 지나치지 않는가!

장교 : 가만히 비켜 서 있거라.

대사 : 오!

장교 : 아니, 이놈을 끌어가라.

(병사들 일부 대사를 끌고 퇴장.)

장교 : (공주에게) 자 걸으시오.

공주 : 네가 정녕 내 말을 듣지 못하겠느냐?

장교 : 내 말을? 왕명을 받들고 온 사람에게?

공주 : 이놈이 정녕 실성했구나. 내가 돌아가면 어찌 될 줄을 모르느냐? 나는 이곳에 머물기로 하고 이미 아버님께도 여쭙고 오는 길, 누가 또 나를 지시한단 말이냐? 정 그렇다면 근일 중에 내가 궁에 갈 것이니 오늘은 물러가라. / **장교** : 정 안 가시겠소?

공주 : (분을 누르며) 내가? 말을 어느 귀로 듣느냐? (타이르듯) 네가 아마

잘못 알고 온 것이니, 그대로 돌아가면 오늘의 허물을 내가 과히 묻지 않으리라.

장교 : (들은 체를 않고) ⓓ 정 소원이라면 평안하게 모셔오라는 명령이었다. 잡아라.

(병사들 공주의 팔을 좌우에서 잡는다.)

공주 : 어머니. / **장교** : 편하게 해드려라.
(병사 1, 칼을 뽑아 공주를 앞에서 찌른다. 공주 앞으로 쓰러진다. 붙잡았던 병사들 서서히 땅에 눕힌다. 장교, 손으로 지시한다. 병사 2, 큰 비단 보자기로 공주의 시체를 싼다. 장교, 또 지시한다. 병사들. 공주를 들고 퇴장. 장교 뒤따라 퇴장. 공주의 살해에서 퇴장까지의 동작은 마치 의전 동작처럼. 기계적으로 마디 있게 처리.)

대사 : 공주. 좋은 세상에서 또다시 만납시다.
(온모, 사건이 진행되는 동안 전혀 움직이지 않고 서 있다가 모두 퇴장한 다음 무대 정면으로 조금씩 움직여 나온다. 밝은 진홍빛 배자와 성성한 백발이 강하게 대조되게, 날이 저물 무렵, 이 조금 전, 병사들의 퇴장 무렵부터 눈이 조금씩 내리기 시작. 흰 눈, 진홍빛 배자, 백발이 이루는 색채의 덩어리를 인상적으로 나타낼 수 있도록 조명을, 온모 소리는 없이 입 속으로 중얼거리는 표정.)

온모 : (얼굴을 약간 쳐들어 눈발을 보며) ⓔ 눈이 오는군…… 오늘은…… 산에서…… 자는 날도 아닌데…… 왜……이렇게 늦는구? (계속 내리는 눈발 속에서)

― 최인훈, 「어디서 무엇이 되어 만나랴」 ―

01 (가)를 참고하여 (나)의 ⓐ~ⓔ를 이해한 것으로 적절하지 <u>않은</u> 것은?

① ⓐ : '공주'가 정치적인 암투에서 밀려나 왕궁에서 쫓겨나게 되었음을 짐작할 수 있다.
② ⓑ : '공주'와 '온달'과의 만남이 신비한 힘에 이끌린 것임을 드러내고 있다.
③ ⓒ : '온달'을 자신의 동반자로 삼으려는 '공주'의 의지가 드러나 있다.
④ ⓓ : '장교'는 왕명에 따라 그녀를 안전하게 궁으로 데려가려 하고 있다.
⑤ ⓔ : 권력 싸움에서 패한 '온달'과 '공주'가 죽은 후 홀로 남은 '온모'의 대사를 통해 비극성을 부각하고 있다.

02 (나)의 등장인물에 대한 설명으로 적절하지 <u>않은</u> 것은?

① '공주'는 어릴 적, '온달'에 대한 이야기를 들어 그를 알고 있었다.
② '대사'는 '공주'의 신분을 고려해서 '온달'과의 혼인을 반대하고 있다.
③ '온달'은 꿈속에서 만난 여자가 실제로 나타나자 몹시 놀라고 있다.
④ '온모'는 군사들이 등장하기 전까지 '온달'의 죽음을 모르고 있었다.
⑤ '대사'는 '장교'를 통해 세상이 바뀐 것을 듣고 자발적으로 퇴장하고 있다.

03 (나)에 대한 이해로 가장 적절한 것은?

① 암시적이고 비유적인 대사들이 활용되고 있다.
② 조명을 통해 관객이 인물에게 집중하도록 하고 있다.
③ 장소의 변화에 따라 갈등이 해결되는 양상을 보이고 있다.
④ 관객에게 말을 건넴으로써 관객석과 무대 공간의 경계를 허물고 있다.
⑤ 대비가 되는 두 공간을 동시에 보여 주며 상황을 효과적으로 드러내고 있다.

04 (나)의 ㉠과 ㉡을 비교하여 이해한 것으로 가장 적절한 것은?

① ㉠은 '공주'가 '온달'을 만난 공간인 반면, ㉡은 '공주'가 '온달'과 이별한 공간이다.
② 공주는 ㉠을 떠난 뒤에는 원하는 만남을 얻었지만, ㉡을 떠난 뒤에는 비극적인 최후를 맞게 되었다.
③ 공주가 ㉠을 떠남으로써 작품의 갈등이 시작되었고, ㉡으로 돌아감으로써 작품의 갈등이 해소되었다.
④ 공주의 입장에서 ㉠은 떠나고자 했으나 떠나지 못했던 공간인 반면, ㉡은 지키고자 했으나 지키지 못했던 공간이다.
⑤ 공주의 입장에서 ㉠은 떠나고 싶지 않아도 떠나야 했던 공간인 반면, ㉡은 돌아가고 싶지만 돌아갈 수 없는 공간이다.

05 〈보기〉는 본래의 '온달 설화'의 줄거리를 요약한 자료이다. (가)를 고려할 때, (ㄱ)~(ㅁ)을 (나)와 대조하여 이해한 반응으로 적절하지 <u>않은</u> 것은?

> **보기**
>
> (ㄱ) 평강왕은 어린 평강 공주가 울 때마다 온달에게 시집을 보낸다고 하였는데, 열여섯이 된 공주는 왕이 정한 결혼 상대를 거부하고 온달에게 시집을 가겠다고 하여 궁에서 쫓겨난다.
> (ㄴ) 온달의 집으로 찾아간 공주는 가지고 온 궁궐의 보물들을 팔아 살림을 장만하고 비루한 말을 사서 튼튼하게 키우며 온달에게 여러 가지를 가르친다.
> (ㄷ) 낙랑 언덕에서 열린 사냥에서 온달은 탁월한 재주를 선보여 왕의 눈에 들고, 이후 외침을 막는 과정에서 큰 공을 세워 왕의 사위로 인정받고 벼슬을 얻어 고구려의 영웅이 된다.
> (ㄹ) 신라에게 빼앗긴 한강 유역의 땅을 되찾겠다는 의지를 드러내며 전장으로 향한 온달은 신라군의 화살에 맞아 전사한다.
> (ㅁ) 움직이지 않던 온달의 관이 공주의 위로를 받고서야 비로소 움직여 사람들은 온달의 장사를 지낼 수 있게 된다.

① (ㄱ)과 달리 (나)에서 '공주'가 정치적인 암투로 인해 왕궁에서 쫓겨난다는 상황을 설정한 것은, 설화에서 다소 미흡했던 개연성을 보강하기 위함이겠군.
② (ㄴ)과 달리 (나)에서 '온달'이 '공주'를 만나기 전에 공주에 대한 꿈을 미리 꾸는 것은, 둘의 만남을 더욱 신비롭고 필연적인 것으로 부각하기 위함이겠군.
③ (ㄷ)과 달리 (나)에서 공을 세운 '온달'과 '공주'를 반대하는 정치적 세력이 있는 것은, (나)가 본래 설화보다 더욱 비극적인 결말로 이어지는 요인으로 작용하겠군.
④ (ㄹ)과 달리 (나)에서 '온달'이 같은 고구려인에게 죽는 것은, '온달'을 전쟁 영웅보다는 권력 다툼에 무너지는 비극적인 개인으로 그리기 위함이겠군.
⑤ (ㅁ)과 달리 (나)에서 '공주'가 정적에 의해 죽임을 당하는 것으로 결말을 설정한 것은, '온달'과 '공주' 사이의 절대적인 사랑을 더욱 강조하기 위함이겠군.

12 차범석, 산불 / 장진, 웰컴 투 동막골

다음을 읽고 물음에 답하시오.

(가)

　　문학 작품은 공동체가 경험한 특정한 기억을 저장하고 전승하는 '문화적 재현'으로 기능하기도 한다. 특히 역사적 기억은 원래 그대로 보존되는 것이 아니라 현재적 관점에서 재구성되기에, 동일한 역사적 기억이라 하더라도 그것이 문화적으로 재현되는 시대적 상황에 따라 매우 다르게 형상화될 수 있는데, 한 예로 좌우의 이념 대립이 극단으로 치달은 한국 전쟁 시기, 'P부락'과 '동막골'이라는 마을을 각각 배경으로 하는 두 작품에서 우리는 그 차이를 확인할 수 있다.

　　「산불」은 1960년대에 발표된 희곡으로, 이념을 중심으로 한 분할과 배제의 논리가 공동체를 분열시키는 양상을 사실적으로 그려 내고 있다. P부락은 생존의 위기에 직면한 주민들이 첨예하게 대립하는 공간이자, 둘로 나뉜 채 갈등을 지속하는 한반도를 표상한다. 곡물 추렴 문제를 두고 헐뜯고 싸우는 인물들의 모습은 인간성을 파괴하는 전쟁의 비극을 드러내는데, 그 갈등의 근원에는 인민군의 편과 국군의 편을 가르는 분할과 배제의 논리가 자리하고 있다. 이처럼 P부락의 주민들이 유사한 처지이면서도 서로를 위로하거나 화합하는 모습으로 그려지지 않는 것은, 여전히 이념 대립에서 자유로울 수 없었던 1960년대의 시대적 상황과 당대의 관객이 전쟁을 직접 체험한 세대임을 고려한 결과로 볼 수 있다. 한편 「웰컴 투 동막골」은 2000년대에 발표된 시나리오로, 이념 대립이 완화되는 양상을 희극적으로 그려 내고 있다. 동막골은 이념과 거리가 먼 순박하고 천진한 주민들이 살아가는 공간으로, 전쟁 이전의 평화로웠던 공동체를 표상한다. 우연히 동막골에 들어온 국군과 인민군의 치열한 대립이 긴장된 분위기를 자아내지만, 경직된 상황은 동막골 주민의 개입으로 인해 곧 희극적으로 전환된다. 이 희극적 사건은 이념 대립의 무의미함을 드러내고 화해의 분위기를 조성하는데, 이는 남북의 관계 개선이 이루어지던 2000년대의 시대적 상황과 당대의 관객이 한국 전쟁이라는 역사적 기억을 간접적으로 체험한 세대임을 고려한 결과로 볼 수 있다.

　　이처럼 한국 전쟁이라는 **역사적 기억의 재현**은 공동체의 균열이라는 비극을 보여 주는 방식으로도, 공동체의 회복을 염원하며 화합의 가능성을 제시하는 방식으로도 이루어졌다.

(나)

양 씨: (홉되로 쌀을 되다 말고) 아니, 이건 한 홉도 못 되는구먼 그래! (하며 최 씨를 쳐다본다.)

최 씨: (거만하게) 그것도 큰맘 먹고 퍼 왔어! 우리 살림에 쌀 한 홉이면 어디라고- (하며 외면한다.)

양 씨: 누군 쌀 귀한 줄 몰라서 그런가, 반회에서 일단 공출하기로 작정한 일이니까 홉은 채워야지- 어서요, 사월이네!

최 씨: (비위가 상한듯) 그것밖에 없는 걸 어떻게 하란 말이우!

양 씨: (쓴웃음을 뱉으며) 궁하기는 매한가지지- 그러지 말고 어서 채워와요- 쌀이 없으면 보리, 보리가 없으면 감자라도-

최 씨: (성을 불쑥 내며) 없는 곡식을 나보고 도둑질하란 말이우?

(중략)

(지금까지 말없이 지켜보고 있던 점례가 비로소 사이에 들어선다.)

점례: 어머니 그만 좀 해 둬요!

양 씨: 에미야! 너도 봤어? 우리가 어쨌다는 거야? 응?

최 씨: (입가에 조소를 띄며) 흥! 잘난 이장인가 반장을 맡았다고 세도를 부리긴가? 까마귀 똥도 약이라니까 칠산 바다에 찍한다더니 원- (하며 비웃는다.)

양 씨: (대들면서) 내가 언제 세도를 부렸단 말이야? 응? 내가 언제-

최 씨: (무섭게 쏘아보며) 아니, 웬 반말이야, 반말이? 응? 저놈의 혓바닥을 그냥 둔담?

양 씨: (대들며) 어떻게 할 테야? 찢을 테야? 응? 반말을 할만도 하니까 했지! 자네보다 나가 열 살 위인데 반말 좀 썼기로 어때?

점례: (두 사람을 번갈아 보며) 왜들 이러세요? 제발 좀 참으시라니까요! (혀를 차며) 석양이 지났는데 언제 곡식을 모아요?

양 씨: 누가 하고 싶어 하는 일이냐? 자위대에서 시키는 일이니까-

점례: 허지만 안 할려면 몰라도 책임을 맡은 이상은 정해진 시간에 해내야죠. 일 해놓고도 욕을 먹게 생겼잖아요-

양 씨: 우리가 게을러서 안 되는 일이냐? 자위대에서 나오면 이렇게들 협력을 안하니까 못하겠다고 사실대로 말하지!

최 씨: 옳지! 그렇게 해서 은근히 나를 꼬아바치겠단 말이지? 꼬아바칠 테면 바쳐 보라지! 뉘 말을 더 믿는가 두고 봐!

양 씨: 뭐라고?

점례: (불쾌감을 억지로 누르며) 아주머니도 그런 억지소리는 하시는 게 아니에요. 한두 살 난 애기도 아니고 누가 꼬아바친댔어요?

최 씨: (기고만장하여) 금방 그랬잖아? 여기 있는 사람이면 다 들었지, 안 들었수! (하며 옆사람을 둘러본다.)

점례: 딱한 소리 다 듣겠네요. 이런 일을 누가 얼마나 하기 좋아라서 하는 일이겠수?

최 씨: (비꼬며) 흥! 싫다는데 맡길려구?

양 씨: 아니 그럼 내가 자진해서 맡았단 말이야? (하며 다시 덤빈다.)

최 씨: 흥! 누가 그 속을 모를 줄 아나? 그렇지만 아무리 요사간사를 떨어도 반동이란 딱지는 안 떨어지지 안 떨어져!

(이 말에 부락 사람들은 전에 없이 동요하기 시작한다. 그러나 김 노인은 아랑곳 없다는 듯 담배만 피우고 있다.)

점례: (정색을 하며) 말씀 다 하셨어요?

최 씨: 점례! 그럼 자네 집안이 반동이 아닌가? (대들며) 응? 자네 서방이 반동이 아니면 왜 도망갔지? 인민군에게 붙들려 죽을까봐 도망갔잖아? (오금을 박으며) 아니면 아니라고 똑바로 말해 봐!

점례: (분함을 억제하며) 제 남편이 반동이건 붙잡혀 죽건 이 일과 무슨 상관이 있어요?

양 씨: 아니, 왜 남의 죽은 자식을 들먹거려?

점례: 어머닌 가만히 좀 계세요!

최 씨: (유들유들하게) 상관이 있고 말고- 자네 시어머니는 자위대에서 억지로 떠맡겼으니까 별수 없이 이장을 지낸다지만 실상은 그 잘난 이

장 노릇으로 충성을 다 바쳐야만 사람 행세를 할 수 있기에 맡았지! 안 그래?

양 씨: 옳지! 말 잘했다. 그래 내 아들이 반동으로 몰린 게 누구 때문이었지?

최 씨: 흥! 그러기에 음지가 양지 되고 양지가 음지 되는 법이야. 내 사위를 빨갱이로 몰아 죽인 놈들은 모두 웬수야! 내 딸 사월이를 청상과부로 만든 놈을 왜 내가 가만 둬! 이젠 세상이 바뀌었으니까 우리도 잘 살아 봐야지!

— 차범석, 「산불」 —

(다)

S#21 촌장 집 마당 N. / EXT.

㉠부락민들이 잔뜩 호기심 어린 표정으로 상상을 주시하고 있다.

달수: 전쟁이요? 진짜 전쟁이 났다 말이래요?

촌장: 아니…… 어디서 쳐들어온 거래? 왜놈이냐……? 떼놈이냐……?

상상: 그게요, 어디서 쳐들어온 게 아니고…… 설명하기 힘드네…… 그러니까 우리 국군하고 인민군 괴뢰*들하고 싸우는 거죠.
부락민들 무슨 말인지 좀처럼 이해가 되지 않는데……

달수 처: (스미스 방을 가리키며) 그럼 저 이는 누구 편이래요?

달수: 아, 이쪽 편이니까 딱 보고 아는 척하지!

달수 처: 그라믄 2대 1! 이 사람들 치사하네.

상상: 그게요…… 그렇게 보시면 안 되고요……

현철: (저만치 앉아 있다가 상상의 말을 자르며) 저희는 내일 바로 떠나겠습니다.

촌장: 뭐이 그리 급해요. 올 겨울 여서 나고 가시지……

상상: (눈치를 보며) 그 그래요…… 당분간 여기 있죠?
㉡그때 멀리부터 노랫소리가 들린다. 아이들이다.

달수: 애들이네……

달수 처: 어메? 왜 이리들 다 온데? 집에 안 가고?

촌장: (환해지는 얼굴로) 어! 때마침 김 선상이 오시네.
두 손을 번쩍 들고 잔뜩 우거지상이 된 채 마당에 들어선 김 선생. 엉거주춤 서서 부들부들 떨고 있다.

촌장: (현철을 소개하듯) 김 선상, 서로 인사들 하게. 배킬에서 손님이 오셨어.

김 선생: (울먹이며) 뒤에도 손님이 왔걸랑요……
㉢김 선생이 몸을 돌리자 등잔불에 스윽 어둠이 걷히면…… 아이들 사이에 겅중하게 선 인민군이 보인다. 잠시 멍하니 서로 보고만 있다가…… 순간 눈이 휘둥그래져 잽싸게 총을 들어 겨누는 현철. 군화를 벗고 마루에 앉았던 상상은 양말 바람으로 뛰어 내려와 다급하게 총을 든다. 인민군 역시, 생각지도 못한 국군을 발견하고 놀라서 총을 겨눈다. ㉣누가 먼저랄 것도 없이 핏발선 눈을 부릅뜨고 살벌한 말들을 토해내며 서로를 위협하는 양측 군인들. "총 내려놔!" "움직이지 말앗!" "다 죽여버린다! 빨리 총 버려!"

(중략)

밤을 꼬박 새운 군인들, 크게 하품을 하는 영희. 하품이 옮았는지 상상도 쩍- 스미스는 아예 처박힌 채 자고 있다. 마루 밑의 누렁이도 입이 찢어져라 하품한다. 이때!

촌장: (당황하며) 어머니…… 뭐할라고요?

마님: 어머님……

달수: 큰마님……
㉤작은 바가지에 물을 떠서 나오는 노모. 군인들 뭐지? 하고 보는데, 다가와 치성 앞에 선다.

노모: 몰골이 깨재재 해가지고 까마귀가 형님요 할기래.
또 뭔짓을 하려는 거지 하는 심정으로 뒤로 물러나는 치성. 지난 밤 기억도 있고…… 얼굴을 찰싹 치며 머리를 들이대라고 손짓한다.

영희: 어떻게 난처해질지 모르니 그냥 대 주시라요.
쭈뼛거리고 있는 치성의 얼굴을 쓱 끌고 와 씻겨 주기 시작하는 노모. 그러면서도 계속 중얼거린다.

노모: 날이 트는데 어째 씻을 줄들을 몰라…… 밤새 으르렁대고 소래기 질러대고…… 왜 이 지랄이래…… 그래하믄 밥이 나오나, 옥시기가 나오나? 망할놈의 종재들…… 에구 쯧쯧쯔……
부락민에게 적대적이었던 인민군들. 노모로 인해 격한 감정이 봄눈 녹듯 살짝 풀린다. 어색해하는 택기를 씻기고 나면 영희는 알아서 얼굴을 갖다 댄다. 이번엔 현철에게 다가가는 노모. 이게 뭐하는 짓인가 싶은 현철…… 강하게 제지한다.

현철: 할머니, 잠깐요!
현철의 강한 제지에 잠시 누그러지는 듯하던 분위기가 다시 냉기가 흐른다. 모두 현철을 주시한다. 강하게 나오는 현철을 물끄러미 보는 노모.

현철: …… 물 갈아서요! 한 바가지로 지금 몇 명쨉니까!

— 장진, 「웰컴 투 동막골」 —

*괴뢰 : 꼭두각시놀음에 나오는 여러 가지 인형. 북한 인민군을 소련의 꼭두각시로 비난하여 이르던 말로 쓰이기도 함.

01 (가)의 '역사적 기억의 재현'을 바탕으로 (나), (다)를 설명한 것으로 적절하지 않은 것은?

① (나)는 이념 대립이 진행 중이던 1960년대의 시대적 상황을 반영하여 역사적 기억을 재현하고 있다.

② (나)는 양 씨와 최 씨 간의 대립 구도를 통해 전쟁으로 인해 공동체가 균열된 모습을 조명하고 있다.

③ (다)는 이념 대립에서 자유로울 수 없었던 2000년대의 상황에 따라 재구성이 이루어졌다.

④ (다)는 국군과 인민군의 대립을 완화시키는 노모를 통해 공동체 화합의 가능성을 제시하고 있다.

⑤ (나)와 (다)는 '반동', '괴뢰들'과 같은 단어를 통해 이념 대립이 극단으로 치달았던 시기의 역사적 기억을 저장하고자 했다.

02 (가)를 바탕으로 (나)를 설명한 것으로 적절하지 <u>않은</u> 것은?

① 최 씨가 홉되에 식량을 채워 오라는 양 씨에게 화를 내는 장면은 생존의 위기에 직면한 주민들이 첨예하게 대립하는 모습을 보여 준다.

② 양 씨가 최 씨의 비협조적인 태도를 자위대에 알리겠다는 장면에서, 인간성을 파괴하는 전쟁의 비극이 두 인물의 적대적 관계를 통해 나타난다.

③ 최 씨가 점례네 집안을 반동이라고 몰아세우는 장면에서, 공동체에 적용되는 분할과 배제의 논리가 드러난다.

④ 점례가 양 씨의 책임감 없는 모습을 타박하는 장면에서, 좌우의 이념 대립이 극심했던 한반도의 상황이 드러난다.

⑤ 사위를 잃은 최 씨가 양 씨의 죽은 자식을 들먹이는 장면은 유사한 처지에 놓인 이들끼리 서로 위로하지 않는 공동체의 상황을 보여 준다.

04 (나), (다)에 대한 이해로 가장 적절한 것은?

① (나)에서 양 씨는 쌀을 내놓은 최 씨에게 공출 품목을 변경해 오라고 했다.

② (나)에서 최 씨는 자기보다 어린 양 씨가 반말을 했다는 이유로 분노를 표출했다.

③ (나)에서 최 씨는 자위대의 압력에 의해 어쩔 수 없이 양 씨의 아들을 반동으로 몰아세웠다.

④ (다)에서 영희는 노모를 경계하는 치성에게 노모의 뜻을 따르라고 요구했다.

⑤ (다)에서 노모는 자신의 행동을 제지하는 현철을 때리며 머리를 들이대라고 손짓했다.

03 (가)를 바탕으로 (다)를 감상한 내용으로 적절하지 <u>않은</u> 것은?

① "왜놈이냐……? 떼놈이냐……?"라는 대사는 이념과 거리가 먼 동막골 주민들의 순박함과 천진성을 드러내는군.

② '크게 하품을 하는 영희. 하품이 옮았는지 상상도 쩍-'은 전쟁 이전의 평화로웠던 공동체의 모습을 상징적으로 보여 주는군.

③ "그래하믄 밥이 나오나, 옥시기가 나오나?"라는 대사는 좌우의 이념 대립이 무의미하다는 주제 의식을 전달하는군.

④ '부락민에게 적대적이었던 인민군들. 노모로 인해 격한 감정이 봄눈 녹듯 살짝 풀린다.'는 화해의 분위기가 조성되고 있음을 나타내는군.

⑤ "…… 물 같아서요! 한 바가지로 지금 몇 명쩹니까!"라는 대사는 경직된 상황이 희극적으로 전환되는 계기이군.

05 (다)를 영화로 제작한다고 할 때, ㉠~㉤에 대한 연출 계획으로 적절하지 <u>않은</u> 것은?

① ㉠ : 부락민들이 전쟁이 났다는 소식에 관심을 갖고 있음을 강조하려면, 상상을 둘러싼 부락민들의 호기심 어린 표정을 상상의 시점으로 보여 주어야겠군.

② ㉡ : 부락에 새로운 사건이 발생할 것임을 암시하려면, 부락민들에게 초점을 맞춘 채 점점 크게 들려오는 아이들의 노랫소리를 효과음으로 처리해야겠군.

③ ㉢ : 국군과 인민군의 예기치 못한 첫 만남을 극적으로 표현하려면, 국군에게 노골적으로 적대감을 드러내며 다가오는 인민군들의 얼굴을 화면에 가득 담아야겠군.

④ ㉣ : 긴박감이 넘치는 상황을 역동적으로 보여 주려면, 마주서서 날카롭게 대립하는 인민군과 국군의 모습을 빠르게 번갈아 비추어야겠군.

⑤ ㉤ : 노모의 등장으로 인해 전환된 분위기를 표현하려면, 노모를 주시하는 부락민과 군인들의 반응이 드러나도록 촌장 집 마당 전체를 한 화면에 담아야겠군.

13 함세덕, 무의도 기행

다음을 읽고 물음에 답하시오.

주학 : 매부, 어업은 그럼 일자무식한 놈들이나 해먹는 거요?

낙경 : 백정, 상여, 괴기잡이란 예전부터 으레 그런 거지 뭔가?

주학 : 그럼, 어째서 총독부선 돈을 몇 십만 원씩 내서, 어항마다 수산 학교를 짓겠소?

낙경 : 총독부서 하는 일이야 내가 알 수 있나?

주학 : 지금 어업은 예전과는 달라요. 함경두 전라두선 배 임자랑 그물 주인들이 제각기 돈을 내서 항구에다 학콜 짓구 있소. 말뚝 박아놓고 파래 치는 것 못 보슈?

낙경 : ㉠ 고기만 잘 잡었으믄 그만이지……

주학 : 지금은 잡는 게 문제가 아니라, 파는 게 문제요. 벌어서 어디 매매를 합디까? 어업 조합에다 입찰을 해서 경매들을 하지 않소? 하루에도 시세가 아침저녁으로 올라갔다 내려갔다 하는데, 잡기만 하문 뭘 하오? ㉡ 한참 새우젓 값이 떨어졌을 땐, 새우를 잡아둔 것을 못 담그구, 거름으로 쓰지 않았어요?

낙경 : 그리게 수산 학교 졸업한 사람들이야, 다들 발동기나 생선 공장으루 가지, 중선 타는 사람은 없지 않나?

주학 : 매부, 난 천명일 중선에다만 태우려고 하는 건 아니요.

낙경 : 그럼?

주학 : 나두 이번 동아잡이나 내보내구선, 배를 팔아가지구, 새루 발동길 하나 장만할랴구 하우.

낙경 : 발동길?

주학 : 세상은 자꾸 변해 가는데, 중선을 부렸댔자 그눔의 발동길 따라가는 재간이 있습디까?

낙경 : 그렇게 되문, 황해 바다선, 자네가 장치겠네.

주학 : 발동길 사믄 천명일 일등기관술 시켰다가, 장차 선장을 시킬랴구 하우.

낙경 : (감격하여) 기곌 배우지두 않구두, 그눔이 운전을 할 수 있을까?

(중략)

노틀할아범 : ㉢ 안될랴면 제 조상 산솔 팔아넣구두 빈손 싹싹 비비지만, 걸리는 날이면, 몇 만 원 잡긴 상치쌈에 식은 밥이지. (딸꾹질)

키 큰 어부 : 연평에 천명 아버지가 쓱 내리문 계집이란 계집은 다 몰려왔었어.

늙은 어부 : 주머니에 돈을 푹푹 집어줬거든.

노틀할아범 : 그때 동사*하든 놈들, 나 빼놓군 다 잘됐지, 다 잘됐어. 계셔요?

젊은 어부 : 아무두 없나 본데요.

노틀할아범 : (부엌으로 들어가며) 정 첨진, 싸전을 내구 한쪽으로 돈놀일 하지. 황 서방은 강화 가서 비단집을 냈다지 않나? (물을 한 바가지 떠 들고 나와 꿀덕 꿀덕 마신다.)

키 큰 어부 : 칠성 할아버진 먼우금다 땅 사지 않었어요, 왜? 이번에 수원

가는 철로가 새기자 육 전씩 주구 산 게, 매평에 이원 오십 전씩 올랐대요.

노틀할아범 : 그 중 잘된 건 배 임자지, 배 임자야.

늙은 어부 : 아-무렴.

노틀할아범 : 천명 아버지가 여간 끔찍이 했어야지 참, 처남이지만 자기 자식보다 더 얼구 저렸으니까……

늙은 어부 : 지금 그물 장만하구, 중선 부리게 된 게 다 누구 덕택인데?

키 큰 어부 : 배 임자두 그 공을 아니까, 근 삼 년 동안 매부를 멕여 살리는 게 아니에요?

노틀할아범 : ㉣ 그래두 속으룬 짜지 짜.

키 큰 어부 : 그만큼 하기두 수월한 줄 아슈? 부자두 남남이라는 세상에, 출가한 누님 치닥거릴 하구 있을 사람이 어데 있겠수?

공주학의 처, 목반을 이고 가도로 들어온다.

공주학의 처 : 어딜 가셨나?

노틀할아범 : 굴 따러 나가셨나본데.

공주학의 처 : 왜들 안 나가구 섰나?

노틀할아범 : 어떻게 먹었든지 숨이 차서 그럽니다. 나 같은 놈에게야 정월이 있겠습니까, 추석이 있겠습니까? 부모가 있어 환갑 진갑이 있겠습니까, 아들딸이 있으니 혼인 잔치가 있겠습니까?

공주학의 처 : 또 시작이군?

노틀할아범 : 나한테 명절이라군 배 임자 생일날밖엔 없어요.

공주학의 처, 목반을 마루에 내려놓는다. 부엌에 들어가 이남박을 들고 나와 고사떡, 국, 이밥, 나물 등속을 옮겨 담아놓고 다시 가도로 나간다.

직지사서 왔다는 어부 : 그런데 어떡허다, 천명 아버지가 실패하셨나요?

노틀할아범 : (담배를 한 대 피어 물며) ㉤ 다, 이 노틀할아범 말을 안 들은 탓이지.

직지사서 왔다는 어부 : 아-니 왜요?

노틀할아범 : 사월에 연평서 첫등을 보구, 칠월에 둘째등을 보러, 우리가 칠산(七山)을 들어가지 않았겠나. 팔도서 '내노라' 하는 그물 쥔 배 임잔 다 몰려왔었지만, 그 중에서두 새우장군 조기장군 하면, 떼무리 정낙경을 첫손 쳤거든. 아, 쓱 우리가 들어가니까, 군산서 왔다는 나가사끼 중선이, 벌써 쟁길 두 줄루 우리 어장에다 쳐놨데 그려. 우리가 가만히 물살을 보니까, 조기떼가 그 쟁기 새루 몰려갈 것 같단 말이야. 이거 참 난처하드군. 천명 아버진, 그 새루 떼를 쫓아가자구 하구, 난 위태하다구 하구, 한참 실갱일 하다가, 천명이 아버지 말대루 뚫구 가기루 했었지. 아니나 다를까? 그눔들이 물속에다 데구리*를 줄줄이 쳐놨데 그려.

직지사서 왔다는 어부 : 군산 가서 재판했다는 게 그럼 그 얘기군요?

노틀할아범 : 남의 그물을 왼통 망쳐놨으니 물어주는 수밖에.

니BS _ 나 없이 EBS 풀지마라

- 함세덕, 「무의도 기행」 -

*동사 : 같은 종류의 일을 함. 또는 그 일.
*데구리 : 바다의 밑바닥으로 끌고 다니면서 깊은 곳에 사는 물고기를 잡도록 만든 그물.

01 윗글에 대한 이해로 가장 적절한 것은?

① 등장인물이 과거의 사건을 압축적으로 제시하고 있다.
② 내적 독백을 활용하여 극적 긴장감을 고조시키고 있다.
③ 인물의 등·퇴장을 통해 인물의 성격 변화를 보여 주고 있다.
④ 인물의 과장된 행동을 통해 비극적 분위기에 반전을 꾀하고 있다.
⑤ 공간적 배경 설정을 통해 극중 상황의 비현실성을 드러내고 있다.

02 ㉠~㉤에 대한 설명으로 적절하지 않은 것은?

① ㉠ : 과거와 달리 어업에도 근대적 교육이 필요하다는 주학의 생각에 동의하지 않음을 보여 준다.
② ㉡ : 시세가 낮아지자 어획물에서 이득을 취할 수 없었던 경험을 상기시키며 판매의 중요성을 강조하고 있다.
③ ㉢ : 운수에 따라 고기잡이의 결과가 달라지며, 결과가 좋을 때에는 큰돈을 벌기가 수월하다는 것을 의미한다.
④ ㉣ : 아무 도움도 받은 것 없이 단지 가족이라는 이유로 매부를 부양해야 하는 배 임자의 처지를 안타까워하고 있다.
⑤ ㉤ : 천명 아버지가 일을 그르친 이유가 자신의 말에 귀 기울이지 않기 때문이라는 사실을 알려 주고 있다.

03 〈보기〉를 바탕으로 윗글을 감상한 내용으로 적절하지 않은 것은?

> **보기**
>
> 「무의도 기행」은 시대적 변화와 이에 대처하는 인간상을 사실적으로 보여 주는 작품이다. 1930년대 후반에는 조선의 어업 시장 규모가 크게 확장되어, 어업을 통해 부를 축적할 수 있는 자본주의적 형태로 접어들었다. 그러나 이를 포착한 일본인들은 근대화된 설비를 갖추어 한반도 근해에서 조선 어민들과 경쟁하였고, 경쟁에 뒤쳐진 조선 어민들은 몰락하고 말았다.

① 공주학이 총독부에서 어항마다 수산 학교를 짓는 상황에 주목하고 지금 어업이 예전과는 다르다고 말하는 데서, 변해 가는 시류를 감지하는 인물의 인식을 확인할 수 있어.
② 낙경이 조기떼를 쫓아가다가 나가사끼 중선의 그물을 망쳐 놓아 그물 값을 물어주었다는 데서, 한반도의 근해를 장악한 일본 어민들과 조선 어민들의 경쟁 양상을 확인할 수 있어.
③ 공주학이 세상이 자꾸 변해 간다는 사실을 들며 배를 팔아 발동기를 새로 장만하겠다는 의지를 표명하는 데서, 시대적 변화에 대한 대책을 마련하는 인물의 모습을 확인할 수 있어.
④ 낙경이 어업을 일자무식한 사람들이나 하는 것으로 여기는 데서, 인물이 몰락한 이유가 어업을 통해 부를 축적할 수 있게 된 시대적 변화에 부응하지 못했기 때문임을 확인할 수 있어.
⑤ 당시에 함께 일하던 사람들 중 잘된 이가 많다는 노틀할아범의 언급을 통해, 어업을 통해 부를 축적할 수 있었던 1930년대 후반 조선의 자본주의적 어업 상황을 확인할 수 있어.

NⅠBS
수특 스페셜

변형문제 N제

Part. 03

고전시가

1 | 백광홍, 관서별곡

다음을 읽고 물음에 답하시오.

> 관서(關西) 명승지에 왕명(王命)으로 보내실새
> ㉠ 행장(行裝)을 꾸리니 칼 하나뿐이로다
> 연조문(延詔門) 내달아 모화 고개 넘어드니
> 임지로 가고픈 마음에 고향을 사념(思念)하랴
> **벽제에 말 갈아 임진에 배 건너 천수원 돌아드니**
> 개성은 망국이라 만월대도 보기 싫다
> 황주는 전장(前場)이라 가시덤불이 우거졌도다
> 산에 해가 기울거늘 채찍을 다시 빼어 구현원 넘어드니
> 생양관 기슭에 버들조차 푸르도다
>
> (중략)
>
> [A] ┌ 누대도 가득하고 산수도 많건마는
> │ 백상루에 올라 앉아 청천강 바라보니
> │ 세 갈래 물줄기는 장함도 가이없다
> │ 하물며 결승정 내려와 철옹성 돌아드니
> │ 구름에 닿아 있는 성곽은 백 리에 벌여있고
> │ 여러 겹 산등성이는 사면에 빗겼도다
> │ 사방의 진영과 웅장한 경관이 팔도에 으뜸이로다
> │ **배나무 정원에 꽃 피고 두견화 못 다 진 때**
> │ 영중(營中)이 무사(無事)커늘 산수를 보려 하야
> │ **약산동대(藥山東臺)에 술을 싣고 올라가니**
> └ 눈 아래 구름 덮인 하늘이 아득하여 끝이 없구나
> 백두산 내린 물이 향로봉 감돌아
> 천 리를 빗기 흘러 대(臺) 앞으로 지나가니
> ㉡ 굽이굽이 노룡(老龍)이 꼬리 치며 바다로 흐르는 듯
> 형승(形勝)도 가이 없다 풍경인들 아니 보랴
> 선녀처럼 아름다운 기생들이
> **비단으로 단장하고 좌우에 벌여있어**
> ㉢ 거문고 가야금 생황 피리를 불거니 타거니 하는 양은
> 주목왕(周穆王) 요대 위의 서왕모(西王母) 만나 백운곡(白雲曲) 부르는 듯
> ㉣ 서산에 해 지고 동녘 고개에 달 오르고
> 아름다운 기생들이 교태 머금고 잔(盞) 받드는 양은
> **낙포선녀(洛浦仙女) 양대(陽臺)에 내려와 초왕(楚王)을 놀래는 듯**
> ㉤ 이 경치도 좋거니와 근심인들 있을쏘냐
>
> - 백광홍, 「관서별곡」 -

01 ㉠~㉤에 대한 이해로 적절하지 <u>않은</u> 것은?

① ㉠은 영탄적 표현을 사용하여 초라한 행장으로 인해 위축된 심리를 표출하고 있다.

② ㉡은 비유적 표현을 사용하여 대상의 역동적 성격을 부각하고 있다.

③ ㉢은 감각적 표현을 사용하여 공간의 경쾌한 분위기를 드러내고 있다.

④ ㉣은 대구적 표현을 사용하여 시간의 흐름을 나타내고 있다.

⑤ ㉤은 설의적 표현을 사용하여 아름다운 풍경이 주는 즐거움을 부각하고 있다.

02 [A]에 대한 이해로 가장 적절한 것은?

① '백상루'에 올라가 '청천강'을 바라보는 것에서, 자신의 책무를 다하려는 화자의 의지가 드러난다.

② '결승정'과 '철옹성'을 둘러보는 것에서, 외세의 침입에 대비하는 방비가 허술함에 대한 화자의 염려가 드러난다.

③ 목격한 경관이 '팔도'에 '으뜸'이라는 것에는, 현재 상황을 반어적으로 제시하려는 화자의 의도가 드러난다.

④ '영중이 무사'하다는 것에서, 화자가 마음 놓고 흥취를 즐길 수 있는 근거가 드러난다.

⑤ '구름 덮인 하늘'이 끝이 없다는 것에는, 현실의 문제가 지속되리라는 화자의 부정적 전망이 드러난다.

03 〈보기〉를 바탕으로 (가), (나)를 감상한 내용으로 적절하지 <u>않은</u> 것은?

> **보기**
>
> 「관서별곡」은 화자가 여정에 따라 공간을 이동하면서 느끼는 정서나 감상을 각 장면에 어울리는 표현 방식과 어조를 동원하여 형상화하고 있다. 또한 장면마다 비중을 달리하여, 특정 장면은 간결하게 묘사하는 반면, 특정 장면은 확장적으로 진술하기도 하는데, 이를 통해 여정에서 포착된 경물과 화자의 체험이 개성적으로 재현되고 있다.

① 화자의 이동 경로를 '벽제에 말 갈아 임진에 배 건너'로 표현한 것에서, 화자가 공간을 이동하는 장면이 간결하게 제시되고 있음을 확인할 수 있겠군.

② 화자의 상황을 '배나무 정원에 꽃 피고 두견화 못 다 진 때'로 표현한 것에서, 계절적 배경을 드러내기 위해 자연물을 활용하고 있음을 확인할 수 있겠군.

③ 화자가 '약산동대에 술을 싣고 올라가'는 자신의 행동을 표현한 것에서, 여정에서 느낀 불안감을 해소하려 하고 있음을 확인할 수 있겠군.

④ 화자가 '비단으로 단장하고 좌우에 벌여있'는 인물들의 행위를 묘사한 것에서, 특정 장면이 확장적으로 진술되고 있음을 확인할 수 있겠군.

⑤ 화자가 목격한 기생들의 모습을 '낙포선녀 양대에 내려와 초왕을 놀래는 듯'으로 표현한 것에서, 자신의 체험을 개성적으로 재현하고 있음을 확인할 수 있겠군.

2 | 작자 미상, 덴동어미화전가 / 작자 미상, 우부가

다음을 읽고 물음에 답하시오.

(가)

병술년 괴질 닥쳤구나 안팎으로 삼십여 명이
모두 병이 들어 사흘 만에 깨어나 보니
삼십 식솔 다 죽고서 주인 하나 나뿐이라
수천 호가 다 죽고서 살아난 이 몇 없다네
이 세상 천지간에 이런 일이 또 있는가
서방님 시체 잡고 기절하여 엎드러져서
아주 죽을 줄 알았더니 겨우 인사 차려 하네
애고애고 어이할까 가엽고 불쌍하다
서방님아 서방님아 아주 벌떡 일어나게
천여 리 타관객지 다만 내외 왔다가서
나만 하나 이곳 두고 죽는단 말이 웬 말인가
죽어도 같이 죽고 살아도 같이 사세
이내 말만 명심하고 삼사 년 일 헛일일세
귀한 몸이 **천인(賤人)** 되어 만여 금돈 벌었더니
일수 월수 장변(場邊) 체계(遞計)* 돈 쓴 사람 다 죽었네
죽은 낭군 돈 달라나 죽은 사람이 돈을 주나
돈 낼 놈도 없거니와 돈 받은들 무엇할꼬
                              (중략)
영감은 사기 짐 지고 골목에서 크게 외고
나는 광주리 이고 가가호호 도부*한다
조석이면 밥을 빌어 한 그릇에 둘이 먹고
남촌 북촌 다니면서 부지런히 도부하니
돈 백이나 될 만하면 둘 중 하나 병이 난다
병치레 약시중에 남의 신세를 지고 나고
부지런히 다시 모아 또 돈 백이 될 만하면
또 하나가 탈이 나서 한 푼 없이 다 쓰고 나네
도부 장사 한 십 년 하니 장바구니에 털이 없고
모가지가 **자라목** 되고 **발가락**이 무지러졌네
산 밑 주막 주인하고 궂은비가 오는 날에
건너 동네 도부 가서 한 집 건너 두 집 가니
천둥소리 볶아치며 소낙비가 쏟아진다
주막 뒷산 무너지며 주막터를 빼 가지고
동해수로 달아나니 살아날 이 누굴런고
건너다가 바라보니 망망대해뿐이로다
망측하고 기막힌다 이런 팔자 또 있는가
남해수에 죽을 목숨 동해수에 죽는구나
그 주막에 있었다면 같이 따라가 죽을 것을
먼저 괴질에 죽었다면 이런 일을 아니 볼 걸

                      - 작자 미상, 「덴동어미화전가」 -

*일수, 월수, 장변, 체계 : 돈을 빌려주고 이자를 받는 일.
*도부 : 이리저리 돌아다니며 물건을 파는 일.

(나)

┌─ 내 말씀 광언(狂言)이나 저 화상을 구경허게
│   남촌 한량(閑良) 개똥이는 부모 덕에 편히 놀고
│   **호의호식** 무식하고 미련하고 어리석네
│   눈은 높고 손은 커서 가량없이 주제넘어
│   유행 따라 의관하고 남의 눈만 위하누나
│   봄날 종일 낮잠 자기 조석으로 반찬 투정
[A] 매팔자*로 무상출입 매일 취해서 게트림과
│   이리 모여 **노름** 놀기 저리 모여 투전질에
│   기생첩 살림하고 난봉꾼 친구로다
│   사랑에는 조방꾼* 안방에는 늙은 할미
│   조상 팔아 위세 떨고 세도 구멍 기웃기웃
│   눈치 보아 뇌물 주기 재산을 까불리고
└─ **허욕(虛慾)**으로 장사하기 남의 빚이 태산이라
                              (중략)
┌─ 뉘라서 돌아볼까 **외로운 몸** 되단 말가
│   가련타 저 인생이 하루아침에 **거지** 되네
│   대모관자 어디 가고 물렛줄은 무삼 일고
│   통영갓은 어디 가고 헌 삿갓에 통모자라
│   술 취하여 못 먹던 밥 달력 보아 밥 먹는다
│   육포 안주 어디 가고 쓴바귀를 단꿀 빨 듯
[B] 소주는 어디 가고 모주 한 잔 어려워라
│   울타리가 땔나무요 동네 소금 반찬일세
│   틀을 짜고 바른 반자 장지문이 어디 가고
│   벽 떨어진 단칸방에 거적자리 열두 닢에
│   호적 종이로 문 바르고 신주보(神主褓)가 갓끈이라
└─ 좋은 말은 어디 가고 앞뒤 하인 어디 간고

                      - 작자 미상, 「우부가」 -

*매팔자 : 하는 일 없이 빈들빈들 노는 팔자.
*조방꾼 : 심부름하거나 여자를 소개하여 주는 사람.

01 (가)에 대한 감상으로 가장 적절한 것은?

① 괴질에 걸렸다가 사흘 만에 깨어난 일을 언급하는 데에서 살아남았다는 '나'의 안도감이 드러나는군.

② 남편과 함께 타지에서 보낸 세월을 헛된 것으로 여기는 데에서 혼자 남은 '나'의 절망감이 드러나는군.

③ 돈을 갚지 않고 죽은 사람이 있음을 떠올리는 데에서 미리 돈을 받지 않은 것에 대한 '나'의 회한이 드러나는군.

④ 부지런히 일해도 돈을 모으지 못한다는 데에서 병치레가 잦은 남편을 향한 '나'의 원망이 드러나는군.

⑤ 병든 남편을 주막에 두고 도부 간 일을 후회하는 데에서 남편을 죽음에 이르게 했다는 '나'의 죄책감이 드러나는군.

02 (나)에 대한 설명으로 가장 적절한 것은?

① 음성 상징어를 사용하여 시적 상황을 구체화하고 있다.
② 반어적 표현을 반복적으로 사용하여 대상을 희화화하고 있다.
③ 의인화된 대상을 통해 세태에 대한 부정적 시각을 진술하고 있다.
④ 계절의 변화를 통해 과거와 대비되는 현재의 상황을 드러내고 있다.
⑤ 명시적 청자에게 말을 건네는 방식으로 화자의 정서를 드러내고 있다.

03 [A], [B]에 대한 감상으로 적절하지 <u>않은</u> 것은?

① [A]에서 '편히 놀고'는 '개똥이'가 유복한 생활을 누리고 있음을, [B]에서 '어디 간고'는 '개똥이'가 곤궁한 처지에 놓여 있음을 나타내는군.

② [A]에서 '미련하고 어리석네'는 '개똥이'를 향한 부정적 평가를, [B]에서 '가련타'는 '개똥이'의 처지에 대한 조소를 드러내는군.

③ [A]에서 '유행 따라 의관하고'는 사치스러운 생활을 하는 '개똥이'의 성향을, [B]에서 '헌 삿갓에 통모자라'는 초라한 '개똥이'의 외양을 나타내는군.

④ [A]에서 '조방꾼'이 있는 '사랑'은 '개똥이'의 방탕한 행실을, [B]에서 '벽 떨어진 단칸방'은 '개똥이'의 여의치 않은 형편을 보여 주는군.

⑤ [A]에서 '조상'은 '개똥이'가 위세를 부릴 수 있는 근거를, [B]에서 '호적'은 '개똥이'가 지키고자 하는 신념을 나타내는군.

04 〈보기〉를 바탕으로 (가), (나)를 감상한 내용으로 적절하지 <u>않은</u> 것은?

> **보기**
>
> 조선 후기에 창작된 「덴동어미화전가」와 「우부가」는 가사의 서사성이 정서의 환기와 교훈의 전달이라는 특정한 목적을 달성하는 데에 기여한다는 사실을 보여 준다. 등장인물의 입을 빌려 현실적 고난을 토로함으로써 독자의 공감을 획득하려는, 혹은 '개똥이'와 같은 부정적 인물을 형상화함으로써 독자를 경계하려는 작가의 욕구가 서사성을 띠면서도 서사 갈래와는 다른 서사적 가사를 탄생시킨 것이다.

① (가)에서 '자라목'이 되고 '발가락'이 무지러진 '나'의 모습은 인물이 토로하는 현실의 고난을 보여 주는군.

② (가)에서 '병술년 괴질'로 인해 '삼십 식솔'이 다 죽은 일을 언급하는 것은 독자의 공감을 획득하려는 작가의 의도를 반영하는군.

③ (나)에서 '노름'과 '허욕'으로 가산을 탕진한 '개똥이'의 모습은 부정적 인물의 형상을 보여 주는군.

④ (나)에서 '호의호식'하다가 '외로운 몸'이 된 '개똥이'의 모습을 제시하는 것은 독자를 경계하려는 작가의 의도를 반영하는군.

⑤ (가)에서 '천인'이 되어 빚을 지게 된 '나'의 모습은 독자에게 서러움의 정서를 환기하고, (나)에서 하루아침에 '거지'가 된 '개똥이'의 모습은 독자에게 교훈이 되는군.

다음을 읽고 물음에 답하시오.

(가)

현순백결(懸鶉百結)*이 부끄러움 어이 알며
ⓐ 어리고 미친 말이 남의 미움 받을 줄 알았던가
우활(迂濶)도 우활(迂濶)할샤 그토록 우활(迂濶)할샤
㉠ 봄 산의 꽃을 보고 돌아올 줄 어이 알며
여름 정자에 잠을 들어 꿈 깰 줄 어이 알며
가을 하늘의 달 맞아 밤드는 줄 어이 알며
동설(冬雪)에 시흥(詩興) 겨워 추위를 어이 알리
사시가경(四時佳景)을 어찌할 줄 모르리라
말로(末路)에 버린 몸이 무슨 일을 사념(思念)할고
인간(人間) 시비(是非) 듣도 보도 못하거든
일신(一身) 영고(榮枯) 백년(百年)을 근심할가
우활도 우활할샤 그토록 우활할샤
아침에 누워 있고 저녁에도 그러하니
㉡ 하늘이 삼긴 우활을 내 설마 어이하리
그래도 애달프구나 고쳐 안자 생각하니
이 몸이 늦게 태어나 애달픈 일 하고 많다
일백(一百) 번 다시 죽어 옛사람 되고 싶구나
희황천지(羲皇天地)에 잠깐이나 놀아보면
㉢ 요순일월(堯舜日月)을 조금이나마 쬘 것을
순풍(淳風)이 이원(已遠)하니 투박(偸薄)이 다 되거다*
㉣ 주공(周公)*은 어디 가고 꿈에도 보이지 않는고
이심(已甚)한 나의 삶을 슬퍼한들 어이하리
㉤ 만리(萬里)에 눈 뜨고 태고(太古)에 뜻을 두니
우활한 심혼(心魂)이 가고 아니 오는구나
인간(人間)에 혼자 깨어 눌다려 말을 할고
ⓑ 축타(祝鮀)*의 영언(佞言)을 이제 배워 어이하며
송조(宋朝)의 미색(美色)*을 얽은 얼굴이 잘 할런가
우담산초실(右薝山草實)을 어디서 얻어 먹으려뇨
미움 받고 못 사랑받음이 다 우활의 탓이로다

- 정훈, 「우활가」 -

*현순백결 : 누덕누덕 기워 짧아진 옷을 이르는 말.
*순풍이 이원하니 투박이 다 되거다 : 순박한 풍속이 시간적으로 너무 멀어져 거친
 풍속이 다 되었다.
*주공 : 주나라의 유학자.
*축타 : 아첨하는 말을 잘해서 권력을 잡은 위나라의 대부.
*송조의 미색 : 잘생긴 얼굴로 권력을 잡은 송나라 공자.

(나)

취하야 누얻다가 여흘 아래 ᄂᆞ리려다
ᄇᆡ 미여라 ᄇᆡ 미여라

낙홍(落紅)이 흘러오니 도원(桃源)이 갓갑도다
지국총 지국총 어ᄉᆞ와 (후렴구 이하 생략)
인세홍딘(人世紅塵)이 언메나 ᄀᆞ롓ᄂᆞ니   〈춘(春) 8〉

모래 우희 그믈 널고 둠 미틔 누어 쉬쟈
ᄇᆡ 미여라 ᄇᆡ 미여라
모괴룰 뮙다ᄒᆞ랴 창승과 엇더ᄒᆞ니
다만 ᄒᆞᆫ 근심은 상대부* 드르려다   〈하(夏) 8〉

믈외예 조ᄒᆞᆫ 일이 어부 싱애 아니러냐
ᄇᆡ 떠라 ᄇᆡ 떠라
어옹을 욷디마라 그림마다 그롓더라
사시흥이 ᄒᆞᆫ가지나 츄강이 은듬이라   〈추(秋) 1〉

슈국(水國)의 ᄀᆞ울히 드니 고기마다 슬져 읻다
닫 드러라 닫 드러라
만경딩파(萬頃澄波)의 슬ᄏᆞ지 용여(容與)ᄒᆞ쟈
인간(人間)을 도라보니 머도록 더욱 됴타   〈추(秋) 2〉

옫 우희 서리오ᄃᆡ 추운 줄을 모ᄅᆞᆯ로다
닫 디여라 닫 디여라
됴션(釣船)*이 좁다 ᄒᆞ나 부셰(浮說)*과 엇더ᄒᆞ니
ᄂᆡ일도 이리 ᄒᆞ고 모뢰도 이리 ᄒᆞ쟈   〈추(秋) 9〉

그믈 낙시 니저두고 빗젼을 두드린다
이어라 이어라
압개를 건너고쟈 몃 번이나 혜여본고
난데없는 된ᄇᆞ람이 힝혀 아니 부러올까   〈동(冬) 5〉

- 윤선도, 「어부사시사」 -

*상대부 : 소인배, 간신.
*됴션 : 낚싯배.
*부셰 : 덧없는 세상.

---

01 (가)와 (나)의 공통점으로 가장 적절한 것은?

① 부정적 현실에 대응하는 극복 의지가 나타나 있다.
② 동일한 구절을 반복함으로써 운율감을 형성하고 있다.
③ 가정의 진술을 활용하여 화자의 소망을 보여 주고 있다.
④ 역사적 인물들을 언급하여 회고적 분위기를 조성하고 있다.
⑤ 계절적 배경을 알려 주는 시어를 활용하여 시간에 따라 달라지는 화자의
 처지를 드러내고 있다.

02 〈보기〉를 참고하여 (가)와 (나)를 감상한 것으로 적절하지 <u>않은</u> 것은?

> **보기**
>
> (가)의 화자는 '우활'한 사람을, (나)의 화자는 '어옹'을 자처하며 스스로를 현실에 어두운 존재라고 여기지만, 이는 자신의 삶에 대한 긍정적 인식을 유도하고자 화자가 택한 전략이라고 해석할 수 있다. (가)는 현실적 가치가 아닌 내면적 이상을 추구하는 자신이 다른 이들보다 정신적으로 우월하다고 여기는 화자를 통하여, (나)는 혼란스러운 현실에서 벗어나 강촌에서 유유자적하게 소박한 삶을 누리는 화자를 통하여 화자의 삶과 대비되는 현실을 비판하고 있다.

① (가)에서는 '인간에 혼자 깨어' 있어 '말을 할' 사람이 없다고 인식하는 모습에서 화자가 자신의 정신적 우월성을 드러내고 있음을 볼 수 있군.

② (가)에서는 자신을 '얽은 얼굴'로 폄하하는 듯하지만 '송조의 미색'을 본받고자 하는 모습을 통해 화자가 내면적 이상을 추구하는 태도를 긍정하고 있음을 알 수 있군.

③ (가)에서 '현순백결이 부끄러움'도 알지 못하고, '동설에'도 '시흥 겨워 추위를' 모르는 삶은 화자가 인식하는 자기 삶의 모습이겠군.

④ (나)에서는 '그림마다 그렷더라'며 '어옹을 욷'는 이들을 나무라는 모습을 통해 자연에서 누리는 소박한 삶을 이해하지 못하는 현실을 비판하는 화자의 모습을 볼 수 있군.

⑤ (나)에서 '취하야 누'워 있는 모습을 보여 주는 것은 '인세홍딘'이라는 혼란스러운 현실에서 벗어나 유유자적하게 지내는 자신의 삶에 대한 긍정적 인식을 유도하기 위한 전략이겠군.

03 (가)의 ㉠~㉤에 대한 설명으로 가장 적절한 것은?

① ㉠ : '봄 산의 꽃을 보고 돌아올 줄 어이 알며'에서 미래를 지향하는 화자의 소망이 드러나는군.

② ㉡ : '하늘이 삼긴 우활을 내 설마 어이하리'에서 자신의 모습을 운명론적으로 받아들이려는 화자의 자세가 드러나는군.

③ ㉢ : '요순일월을 조금이나마 쬘 것을'에서 화자의 절개가 드러나는군.

④ ㉣ : '주공은 어디 가고 꿈에도 보이지 않는고'에서 대상을 향한 화자의 원망이 드러나는군.

⑤ ㉤ : '만리에 눈 뜨고 태고에 뜻을 두니'에서 화자의 의지적 태도가 드러나는군.

04 (가)의 ⓐ와 ⓑ에 대한 이해로 가장 적절한 것은?

① ⓐ와 달리 ⓑ는 미래에 대한 화자의 의지를 강조한다.

② ⓑ와 달리 ⓐ는 화자 스스로에 대한 평가를 담고 있다.

③ ⓐ와 ⓑ는 모두 화자에게 삶에 대한 태도를 바꾸게 되는 계기를 제공한다.

④ ⓐ는 타인에 대한 화자의 긍정적 시선을, ⓑ는 화자에 대한 타인의 부정적 시선을 드러낸다.

⑤ ⓐ는 화자가 타인의 미움을 받게 된 원인이며, ⓑ는 화자가 타인의 부러움을 받게 된 원인이다.

05 〈보기〉를 활용하여 (나)를 탐구한 내용으로 적절하지 <u>않은</u> 것은?

> **보기**
>
> 윤선도는 조선 중기의 문신으로, 치열한 당쟁과 반대 세력의 모함에 의해 끊임없는 정치적 굴곡을 겪은 인물이다. 「어부사시사」는 자연의 아름다운 경치와 어부 생활의 흥취를 노래한 '어부가(漁父歌)' 계열의 작품들을 계승하여 창작한 것이다. 자연 속에서 은거하는 삶에 대한 만족감과 자부심, 출사의 시도가 번번이 좌절되었던 윤선도의 생애를 작품 곳곳에서 확인할 수 있다.

① '상대부 드르려다'라며 '근심'하는 것은 자연 속에서 은거하면서도 반대 세력의 비방을 걱정하는 작가의 내면을 드러내는군.

② '믈외예 조흔 일이 어부 싱애 아니러냐'와 같은 부분은 다른 '어부가' 계열 작품에도 있을 것으로 추측할 수 있군.

③ '인간을 도라보니 머도록 더욱 됴타'는 것은 치열한 당쟁으로 인해 정치적 굴곡을 겪은 후 자연 속에서 은거하는 삶을 택한 화자의 만족감을 보여 주는군.

④ '옷 우희 서리오딕 추운 줄을 모르는 것은 모함에도 불구하고 출사에 대한 희망을 포기하지 않는 것에 대한 작가의 자부심을 나타내는군.

⑤ '압개를 건너고쟈 멷 번이나 혜여본' 것은 끊임없이 정계에 진출하고자 했던 작가의 시도를 보여 주는군.

4 | 이호민, 서호가 / 이신의, 단가육장 / 구봉령, 촉견폐일설

다음을 읽고 물음에 답하시오.

(가)

보리밥 늦는다고 아이야 걱정 마라
짧으나 짧은 밤의 ㉠꿈자리 어지러워
봉래산 제일봉의 어느 님을 만나보아
반기노라 할 말 없고 느끼노라 한숨 지어
내 서러운 **사설** 사뢰려다 못 사뢰어
비바람에 잠 깨어 일어 앉아 한숨짓고
마을의 닭이 벌써 우니 할 일이 전혀 없어
무명 이불을 추켜 덮고 두려운 **잠** 새로 드니
동산의 일출토록 **호접(胡蝶)**이 되었더니
네 밥이 곧 쉬이 되면 이 잠을 채 잘소냐
채소 뿌리 맛있으니 육식은 무슨 일이고
아침밥이 늦어도 당연히 고기 맛이라
세상의 이 재미를 늦게야 알았구나
문장(文章)이 운명이라 머리도 세었구나
세상살이 험하여도 평생의 버릇이라
오히려 책을 쥐고 침상에 흙 베개 베고 누워
고금의 흥망을 누워서 살피다가
못 견디는 졸음에 깊은 잠에 빠져드니
괴안국*의 풍속과 화서국*의 세월은
남가의 공명인 듯 순식간에 금자러니*
강바람이 잠깐 불어 이 잠을 깨웠으니
아까 지난 일은 진실로 ㉡꿈이로다
영욕이 다 지나니 이 몸이 탈이 없어
모래 위 물오리와 막 오른 죽순이 더욱 어여쁘다
남산에 비가 개어 먼눈으로 바라보니
관악산의 빛은 만고의 한 빛이로다
희는 듯 검은 것은 알겠구나 **구름**이로다
저 구름 지난 후에 저 산을 다시 볼까

- 이호민, 「서호가」 -

*괴안국 : 상상 속 개미의 나라. 당나라 때 순우분이라는 사람이 괴안국에서 큰 영화를 누렸는데 모두 꿈이었다는 이야기가 전해짐.
*화서국 : 고대 중국의 황제가 꿈에서 보았다는 이상 국가.
*남가의~금자러니 : 공명이 매우 짧아 허무하다는 뜻.

(나)

장부의 하올 사업 아는가 모르는가
효제충신(孝弟忠信)밖에 하올 일이 또 있는가
어즈버 인도(人道)에 하올 일이 다만 인가 하노라 〈제1장〉

남산에 많던 솔이 어디로 갔단 말고
난(亂) 후 부근(斧斤)이 그다지도 날랠시고
두어라 우로(雨露) 곧 깊으면 **다시 볼까 하노라** 〈제2장〉

창밖에 세우(細雨) 오고 뜰 가에 제비 나니
적객의 회포는 무슨 일로 끝이 없어
저 제비 비비(飛飛)를 보고 **한숨 겨워하나니** 〈제3장〉

적객에게 벗이 없어 공량(空梁)의 제비로다
종일 하는 말이 무슨 **사설** 하는지고
어즈버 내 풀어낸 시름은 널로만 하노라 〈제4장〉

인간(人間)에 유정한 벗은 **명월**밖에 또 있는가
천 리를 멀다 아녀 간 데마다 따라오니
어즈버 반가온 옛 벗이 다만 넨가 하노라 〈제5장〉

설월(雪月)의 **매화**를 보려 잔을 잡고 창을 여니
섞인 꽃 여윈 속에 잦은 것이 향기로다
어즈버 호접(蝴蝶)이 이 향기 알면 애 끊일까 하노라 〈제6장〉

- 이신의, 「단가육장」 -

(다)

　촉(蜀)나라는 옛날에 소위 '누천(漏天)'이라 일컬어졌다. 항상 비가 오고 갠 날이 적어 사람들은 해를 볼 수 없었다. 해가 한 번 뜨면 개들은 해를 괴상히 여기고 짖는다. 대저 개는 짖는 것이 임무이고 짖는 것은 괴이한 것일 때인데, ⓐ해가 뜨면 짖는다는 것은 곧 해가 곧 괴이한 물건인 것인가?

　해는 구천에 떠다니면서 **만물**에 임하여 살아 있는 것을 밝혀 주고 눈이 있는 것에게는 모두 볼 수 있게 한다. ⓑ그 빛에 빛나며 그 덕에 순수한 것으로는 이 해와 같은 것이 없다. 그런데도 개들이 으르렁거리며 짖는 것은 무슨 까닭인가? 대개 해를 볼 수 없었기 때문이다.

　슬프도다. ⓒ천하에 어찌 해가 없는 땅이 있겠는가. 촉나라에 해가 없는 것은 구름이 끼고 비가 옴에 덮였을 뿐이다. **구름**이 끼어 비가 오는 것에 가려서 볼 수 없는 것은 비단 해의 불행일 뿐만 아니라 또한 촉나라의 불행이다. 개는 일찍이 해를 볼 수 없었기 때문에 짖는 것이다.

(중략)

　그러나 ⓓ개가 해를 보고 짖는 것은 울고 짖다가 그칠 뿐이나, 소인이 군자를 짖는 것은 오직 짖을 뿐만 아니라 반드시 씹어 삼킴에 이른 후에야 그만두니, 그것은 마침내 화가 나라에까지 흘러가니, 어찌 참혹하지 않겠는가?

　능히 높게 숭상할 수 있는 군자는 장차 어진 덕을 크게 써서 밝고 맑음을 돕고, 어둡고 간특한 것을 억누르니, 그 도는 해가 중천에 떠 있는 것과 같으니, 다투어 그 쾌함을 먼저 보게 하는 것이 군주의 책임이 아니겠는가? 그렇지 않으면 소인이 헐뜯고 아첨하는 폐해는 구름이 끼고 비가 오는 것보다 더 심할 것이다.

　안타깝도다! ⓔ대저 사람은 참으로 물건 중에서 영물이나, 사람이 개와

나EBS _ 나 없이 EBS 풀지마라

같이 짖으니 어찌 부끄럽지 않겠는가?

- 구봉령, 「촉견폐일설」 -

*누천 : 비가 너무 많이 온다는 뜻.

01 (가)~(다)에 대한 설명으로 가장 적절한 것은?

① (가)는 계절감을 드러내는 표현을 사용해 시간의 흐름을 드러내고 있다.
② (가)는 유사한 문장 구조를 반복해, (나)는 동일한 시행을 반복해 화자의 정서를 부각하고 있다.
③ (가)와 (나)는 모두, 명시적 청자에게 말을 건네는 방식을 통해 화자의 태도 변화를 드러내고 있다.
④ (나)와 (다)는 모두, 자연에 대한 감각적 묘사를 통해 평온한 분위기를 형성하고 있다.
⑤ (가), (나), (다)는 모두, 설의적 표현을 활용해 화자와 글쓴이의 상황을 부각하고 있다.

02 ㉠과 ㉡에 대한 이해로 가장 적절한 것은?

① ㉠과 ㉡은 화자가 자신의 상황을 새롭게 인식하는 배경이 된다.
② ㉠과 ㉡은 화자가 과거 자신의 잘못을 반성하는 상황을 초래한다.
③ ㉠은 행하지 못한 일에 대한 아쉬움을, ㉡은 현재 누릴 수 있는 것에 대한 즐거움을 불러온다.
④ ㉠은 화자에게 내적 갈등이 해소되는 경험을 제공하고, ㉡은 화자에게 내적 갈등이 심화되는 경험을 제공한다.
⑤ ㉠은 화자가 대상과의 재회를 확신하게 되는 계기를, ㉡은 화자가 인생에 대한 무상감을 느끼게 되는 계기를 제공한다.

03 (나)에 대한 설명으로 적절하지 않은 것은?

① 〈제1장〉에서는 '장부의 하올 사업'을 '효제충신'으로 제시하여 화자가 추구하는 가치를 드러낸다.
② 〈제2장〉에서는 '부근'에 의해 베어져 사라진 '솔'을 통해 화자의 부정적 현실 인식을 드러낸다.
③ 〈제3장〉에서 '제비'는 화자의 시름을 심화하며, 〈제4장〉에서 '제비'는 화자가 시름을 풀어내도록 한다.
④ 〈제4장〉에서 '벗이 없'는 화자의 외로운 상황은 〈제5장〉에서 '반가온 옛 벗'이 찾아옴으로써 해소된다.
⑤ 〈제6장〉에서 '설월'은 화자가 '창'을 열고 바라본 자연물의 속성을 부각한다.

04 〈보기〉를 바탕으로 (가), (나)를 감상한 내용으로 적절하지 않은 것은?

<보기>

정치 현실에서 멀어진 사대부는 자신의 현재 상황을 바탕으로 임금을 향한 충심을 드러낸다. (가)의 화자는 자연에서의 소박한 삶에 대한 만족감을 드러내는 한편 임을 그리는 마음을 표현하여 자신의 충심을 보여 준다. (나)의 화자는 귀양살이하는 상황에서 느끼는 시름과 임금에 대한 변함없는 충정을 드러내며 정계 복귀에 대한 기대를 표현한다.

① (가)에서 '봉래산 제일봉의 어느 님'은 화자의 충심을 표현하기 위해 설정한 그리움의 대상이겠군.
② (나)에서 '적객'은 유배로 인해 정치 현실에서 멀어진 화자의 현재 상황을 나타내는 표현이겠군.
③ (가)에서 '사설'은 화자가 대상에게 전달하려는 자신의 외로운 처지가, (나)에서 '사설'은 화자가 대상으로부터 전달받은 속세의 정치 현실이 담긴 것이겠군.
④ (가)에서 화자가 '세상의 이 재미'를 알게 된 모습은 현재 상황에 대한 만족감을, (나)에서 화자가 '한숨 겨워하'는 모습은 현재 상황에 대한 시름을 보여 주는 것이겠군.
⑤ (가)에서 '반기노라'는 그리던 임을 만나게 된 화자의 기쁨을, (나)에서 '다시 볼까 하노라'는 정계 복귀에 대한 화자의 기대를 드러내는 것이겠군.

05 ⓐ~ⓔ에 대한 이해로 가장 적절한 것은?

① ⓐ : 개의 행동을 근거로 해에 대한 새로운 해석이 필요함을 주장하기 위한 물음이다.
② ⓑ : 해가 지닌 두 가지 속성을 바탕으로 해의 양면성에 관해 설명하는 진술이다.
③ ⓒ : 앞서 제시했던 자신의 견해를 스스로 반박하며 세상의 이치에 대한 깨달음을 드러내는 물음이다.
④ ⓓ : 개의 행동과 인간의 행태를 대비하여 설명함으로써 부정적 세태의 원인을 밝히는 진술이다.
⑤ ⓔ : 인간을 개보다 우위에 있는 존재로 설정하여 인간보다 못한 개의 행동을 비판하는 진술이다.

06 〈보기〉를 바탕으로 (가)~(다)를 감상한 내용으로 적절하지 않은 것은?

<보기>

문학 작품에서 자연물은 실제 대상을 가리키기도 하지만, 다른 소재와의 관계 속에서 상징적인 의미를 지니기도 한다. 또한, 인간의 삶과 밀접한 관련을 맺는 소재로 제시됨으로써, 특정 정서나 상황을 유발하고 인간이 지향해야 할 가치를 강조하기도 한다.

① (가)의 '비바람'과 '강바람'은 모두 화자의 잠을 깨운다는 점에서, 인간의 삶과 연관된 실제의 자연물로 제시되었다고 볼 수 있겠군.
② (나)의 '명월'은 '천 리'도 멀리 여기지 않고 화자를 따라다닌다는 점에서, 화자가 친밀감을 느끼는 대상으로 제시되었다고 볼 수 있겠군.
③ (다)의 '해'는 '만물'을 밝혀 그 존재가 드러나게 한다는 점에서, 글쓴이가 이상적으로 여기는 군자의 태도를 부각한다고 볼 수 있겠군.
④ (가)의 '호접'은 '잠'과 연결되어 삶의 무료함을 느끼는 화자 자신을, (나)의 '호접'은 '매화'와 연결되어 화자와 달리 매화의 가치를 알지 못하는 인물을 상징한다고 볼 수 있겠군.
⑤ (가)의 '관악산'을 가리는 '구름'은 현실에서 도피하고자 하는 화자의 태도를 반영한 소재로, (다)의 '해'를 가리는 '구름'은 현실의 불행을 초래하는 소재로 볼 수 있겠군.

다음을 읽고 물음에 답하시오.

(가)

[A]
┌ 형님 온다 형님 온다 분고개로 형님 온다
│ 형님 마중 누가 갈까 형님 동생 내가 가지
│ 형님 형님 사촌 형님 시집살이 어떱데가
│ 이애 이애 그 말 마라 시집살이 개집살이
│ 앞밭에는 당초 심고 뒷밭에는 고추 심고
│ 고추 당추 맵다 해도 시집살이 더 맵더라
│ 둥글둥글 수박 식기 밥 담기도 어렵더라
└ 도리도리 도리소반 수저 놓기 더 어렵더라

[B]
┌ 오 리 물을 길어다가 십 리 방아 찧어다가
│ 아홉 솥에 불을 때고 열두 방에 자리 걷고
│ 외나무다리 어렵대야 시아버니같이 어려우랴
│ 나뭇잎이 푸르대야 시어머니보다 더 푸르랴
│ 시아버니 호랑새요 시어머니 꾸중새요
│ 동세 하나 할림새*요 시누 하나 뾰족새요
│ 시아지비 뾰중새요 남편 하나 미련새요
└ 나 하나만 썩는 샐세

귀먹어서 삼 년이요 눈 어두워 삼 년이요
말 못 해서 삼 년이요 석삼년을 살고 나니
배꽃 같은 요내 얼굴 호박꽃이 다 되었네
삼단 같은 요내 머리 비사리춤*이 다 되었네
백옥 같던 요내 손길 오리발이 다 되었네
열새 무명 반물치마 눈물 씻기 다 젖었네
두 폭 붙이 행주치마 콧물 받기 다 젖었네
울었던가 말았던가 베개머리 ㉠ 소(沼) 이루겠네
그것도 소이라고 거위 한 쌍 오리 한 쌍
쌍쌍이 떠들어오네

- 작자 미상, 「시집살이 노래」 -

*할림새 : 남의 허물을 잘 고해바치는 사람.
*비사리춤 : 비를 엮는 싸리 묶음.

(나)

어이 못 오던다 무슨 일로 못 오던다

너 오는 길 위에 무쇠로 ㉡ 성(城)을 쌓고 성 안에 담 쌓고 담 안에란 집을 짓고 집 안에란 뒤주 놓고 뒤주 안에 궤를 놓고 궤 안에 너를 결박하여 놓고 쌍배목* 외걸새에 용거북 자물쇠로 깊이깊이 잠갔더냐 네 어이 그리 아니 오던다

한 달이 서른 날이여니 날 보러 올 하루 없으랴

- 작자 미상 -

*쌍배목 : 쌍으로 된 문고리를 거는 쇠.

(다)

　겨울이 오니 땔나무가 있을 리 만무하다. 동지 설상 삼척 냉돌에 변변치도 못한 이부자리를 깔고 누웠으니, 사뭇 뼈가 저려 올라오고 다리 팔마디에서 오도독 소리가 나도록 온몸이 곱아 오는 판에, ⓐ 사지를 웅크릴 대로 웅크리고 안간힘을 꽁꽁 쓰면서 이를 악물다 못해 박박 갈면서 하는 말이,

　"요놈, 요 괘씸한 추위란 놈 같으니, 네가 지금은 이렇게 기승을 부리지마는, 어디 내년 봄에 두고 보자."

　하고 벼르더라는 이야기가 전하지마는, 이것이 옛날 남산골 '딸깍발이'의 성격을 단적으로 가장 잘 표현한 이야기다. 사실로는 졌지마는 마음으로는 안 졌다는 앙큼한 자존심, 꼬장꼬장한 고지식, 양반은 얼어 죽어도 겻불을 안 쬔다는 지조, 이 몇 가지가 그들의 생활신조였다. 실상, 그들은 가명인(假明人)*이 아니었다. 우리나라를 소중화(小中華)로 만든 것은 어쭙지 않은 관료들의 죄요, 그들의 허물이 아니었다. 그들은 너무 강직하였다. ⓑ 목이 부러져도 굴하지 않는 기개, 사육신도 이 샌님의 부류요, 삼학사도 '딸깍발이'의 전형인 것이다. 올라가서는 포은 선생도 그요, 근세로는 민충정도 그다.

(중략)

　임란 당년에 국가의 운명이 단석(旦夕)에 박도되었을 때, 각지에서 봉기한 의병의 두목들도 다 이 '딸깍발이' 기백의 구현인 것은 의심 없다. 구한말엽 단발령이 내렸을 적에, ⓒ 각지의 유림들이 맹렬하게 반대의 상서를 올리어서, "이 목은 잘릴지언정 이 머리는 깎을 수 없다."라고 부르짖으며 일어선 일이 있었으니, 그 일 자체는 미혹하기 짝이 없었지마는, 죽음도 개의하지 않고 덤비는 그 의기야말로 본받음 직하지 않은 바도 아니다.

　ⓓ 이와 같이, '딸깍발이'는 온통 못생긴 짓만 하고 있었던 것이 아니라, 훌륭한 점도 적지 않게 가지고 있었던 것이다. 퀴퀴한 샌님이라고 넘보고 깔보기만 하기에는 너무도 좋은 일면을 지니고 있었던 것이다.

　현대인은 너무 약다. 전체를 위하여 약은 것이 아니라, 자기 중심, 자기 본위로만 약다. 백년대계를 위하여 영리한 것이 아니라, 당장 눈앞의 일, 코앞의 일에만 아름아름하는 고식지계(姑息之計)에 현명하다. 염결(廉潔)에 밝은 것이 아니라, 극단의 이기주의에 밝다. ⓔ 이것은 실상은 현명한 것이 아니요, 우매하기 짝이 없는 일이다. 제 꾀에 제가 빠져서 속아 넘어갈 현명이라고나 할까.

　우리 현대인도 '딸깍발이'의 정신을 좀 배우자. 첫째, 그 의기를 배울 것이요, 둘째 그 강직을 배우자. 그 지나치게 청렴한 미덕은 오히려 분간을 하여 가며 배워야 할 것이다.

- 이희승, 「딸깍발이」 -

*가명인 : 사대주의에 젖어 명나라 사람인 듯 행동하는 사람.

01 (가)와 (나)의 공통점으로 가장 적절한 것은?

① 대상에 감정을 이입하여 화자의 애상감을 심화하고 있다.
② 자연물을 통해 시간적 배경을 시각적으로 드러내고 있다.
③ 화자와 대상 간의 문답을 통해 주제 의식을 부각하고 있다.
④ 의문형 어미를 활용하여 화자의 정서를 강조하고 있다.
⑤ 대조적 어휘를 반복하여 시적 상황의 의미를 강화하고 있다.

02 [A], [B]에 대한 이해로 적절하지 않은 것은?

① [A]에서 '형님 마중 누가 갈까'는 대상과의 만남을 기대하고 이를 반갑게 여기는 심정을 반영한다.
② [B]에서 '오 리', '십 리', '아홉 솥', '열두 방'은 강도 높은 노동을 해야 하는 인물의 상황을 구체화한다.
③ [B]에서 '나 하나만'은 시집 식구들로 인해 힘들고 고통스러운 상황에 처한 인물의 상황을 부각한다.
④ [A]에서 '분고개'는 인물의 험난한 과거를, [B]에서 '외나무다리'는 가족과 떨어진 인물의 외로운 처지를 드러낸다.
⑤ [A]에서 '더 어렵더라'는 집안일을 수행하는 인물의 고충을, [B]에서 '더 푸르랴'는 대상이 지니는 위세를 부각한다.

03 ㉠과 ㉡에 대한 설명으로 가장 적절한 것은?

① ㉠과 ㉡은 모두 세월의 흐름을 나타내어 인생의 무상함을 느끼게 하는 소재이다.
② ㉠과 ㉡은 모두 부정적인 상황에 대한 화자의 내면을 부각하는 소재이다.
③ ㉠은 화자의 울분을 완화하는 소재로, ㉡은 화자의 울분을 심화하는 소재로 활용되고 있다.
④ ㉠은 현재의 상황에 대한 인식의 계기가, ㉡은 과거의 사건에 대한 회고의 계기가 된 소재이다.
⑤ ㉠은 현재의 상황이 나아질 것이라는 추측을, ㉡은 대상과 재회할 것이라는 확신을 드러내는 소재이다.

04 ⓐ~ⓔ에 대한 설명으로 적절하지 않은 것은?

① ⓐ: 음성 상징어를 사용하여 추위를 견디려고 노력하는 모습을 생생하게 나타내고 있다.
② ⓑ: 열거의 방식을 통해 역사적 인물들을 헤아려 봄으로써 딸깍발이 정신이 과거로부터 이어져 왔음을 드러내고 있다.
③ ⓒ: 유림들의 말을 인용하여 신념에 반하는 사건에 적극적으로 저항하는 유림의 기개를 드러내고 있다.
④ ⓓ: 앞서 말한 내용을 요약하여 제시함으로써 딸깍발이에 대한 복합적인 평가를 제시하고 있다.
⑤ ⓔ: 유사한 의미의 문장을 반복하여 변화에 적응하지 못하고 옛것을 고집하는 딸깍발이의 한계를 지적하고 있다.

05 〈보기〉를 바탕으로 (다)를 감상한 내용으로 적절하지 않은 것은?

> **보기**
>
> (다)의 글쓴이는 '딸깍발이'에 관한 일화를 통해 겉으로 드러나는 모습과 대비되는 그들의 성격을 부각하고, 이에 대한 인식을 역사적 차원으로 확대하여 '딸깍발이'가 표상하는 인간상에 긍정적 가치를 부여하고 있다. 한편 글쓴이는 '딸깍발이'를 현대인과도 대비함으로써 현대 사회의 문제점을 지적한다.

① '딸깍발이'의 '성격을 단적으로 가장 잘 표현한 이야기'를 전하며 '딸깍발이'의 강직한 성격을 부각하는 일화를 소개하고 있군.
② '국가의 운명'이 위기에 처했을 때 '딸깍발이'의 '기백'이 '구현'된 사례를 제시하며 '딸깍발이'에 대한 인식을 역사적 차원으로 확대하고 있군.
③ '우리나라'가 '소중화'가 된 것은 '관료들의 죄'라고 평가하며 '딸깍발이'의 신념이 흔들릴 수밖에 없었던 과거의 상황을 밝히고 있군.
④ '딸깍발이'를 '쾨쾨한 샌님이라고 넘보고 깔보기'에는 '너무도 좋은 일면을 지니고 있'음을 강조하며 초라해 보이지만 훌륭한 성품을 지닌 인간상에 긍정적 가치를 부여하고 있군.
⑤ '현대인'이 '약'고 '극단의 이기주의에 밝'음을 지적하며 '전체'와 '백년대계'를 볼 줄 아는 '딸깍발이'들과 대비되는 문제점을 부각하고 있군.

06 〈보기〉를 바탕으로 (가)~(다)를 감상한 내용으로 적절하지 않은 것은?

> **보기**
>
> 비유, 연쇄, 과장, 묘사 등으로 상황을 해학적으로 표현하는 방식은 웃음을 유발하여 긴장감을 완화함으로써 독자가 거리를 두고 상황을 관찰할 수 있도록 만든다. 그로 인해 독자는 그 상황의 이면에 이상과 현실의 괴리로 인해 억제된 욕구가 있음을 파악하고, 작가가 말하고자 하는 바를 이해하게 된다.

① (가)는 '석삼년'의 변화를 '배꽃'과 '호박꽃', '삼단'과 '비사리춤', '백옥'과 '오리발'에 비유함으로써 독자가 인물의 처지에 자신을 대입하도록 유도하고 있군.
② (가)는 '눈물'과 '콧물'로 다 젖은 '반물치마'와 '행주치마'를 묘사하여 인물의 슬픔을 과장되게 표현함으로써 인물이 처한 상황에 따른 긴장감을 완화하고 있군.
③ (나)는 '너'가 '결박'된 상황을 상상하며 연쇄적 표현을 활용함으로써 '너'가 돌아오기를 바라는 인물의 내면적 욕구와 괴리된 현실을 문학적으로 형상화하고 있군.
④ (다)는 '추위'에 떨면서도 '겻불'을 마다하고 '추위'에게 엄포를 놓는 '딸깍발이'의 행동을 묘사함으로써 '양반'으로서 '지조'를 잃지 않으려는 인물의 내면을 드러내고 있군.
⑤ (다)는 '딸깍발이'의 '지나치게 청렴한 미덕'은 '분간을 하여 가며 배워야 할 것'이라고 말하며 웃음을 유발함으로써 작가가 깨달은 바에 대한 독자의 이해를 유도하고 있군.

다음을 읽고 물음에 답하시오.

(가)

팔월이라 **중추(仲秋)** 되니 백로 추분 절기(節氣)로다
북두성(北斗星) 손잡이 돌아 서쪽 하늘 가리키니
㉠ 선선한 조석 기운 추의(秋意)가 완연하다
귀뚜라미 맑은 소리 벽간(壁間)에서 들리는구나
아침에 안개 끼고 밤이면 **이슬** 내려
백곡(百穀)을 성실하고 **만물을 재촉**하니
들판을 둘러보니 힘들인 일 공이 있다
백곡(百穀)에 이삭 패고 여물 들어 **고개 숙여**
서풍(西風)에 익는 빛은 황운(黃雲)이 일어난다
백설 같은 면화 송이 산호(珊瑚) 같은 고추 다래
처마에 널었으니 가을 볕 명랑하다
㉡ 안팎 마당 닦아 놓고 발채* 망구 장만하소
면화 따는 바구니에 수수 이삭 콩가지요
나무꾼 돌아올 제 머루 다래 산과(山果)로다
뒷동산 밤 대추는 아이들 차지로다
알밤 모아 말렸다가 철 맞추어 쓰게 하소
명주를 끊어 내어 추양(秋陽)에 말리우고
쪽물 들이고 잇꽃 물 들이니 청홍이 색색이라
부모님 연로하시니 **수의(壽衣)**를 준비하고
그 나머지 마름질하여 자녀의 **혼수(婚需)** 하세

— 정학유, 「농가월령가」 —

*발채 : 지게에 얹어 짐을 싣는 데 쓰는 소쿠리 모양의 물건.

(나)

농인(農人)이 와 이르되 봄 왔네 **밭**에 가세
앞집의 쟁기 잡고 뒷집의 따비* 내네
두어라 내 집부터 하랴 남하니 더욱 좋다   〈제2수〉

여름날 더운 적의 달구어진 땅이 불이로다
밭고랑 매자 하니 땀 흘러 땅에 떨어지네
㉢ 어사와 **입립신고(粒粒辛苦)*** 어느 분이 아실까   〈제3수〉

가을에 곡식 보니 좋기도 좋을시고
내 힘의 이룬 것이 먹어도 맛이로다
이 밖에 천사만종(千駟萬鍾)*을 부러 무엇하리오   〈제4수〉

밤에는 새끼를 꼬고 낮에는 띠를 베어
초가집 잡아 매고 농기(農器) 좀 손 보아라
내년에 봄 온다 하거든 결의 종사(從事)* 하리라   〈제5수〉

보리밥 지어 담고 명아주 국을 끓여
배곯는 농부들을 진시(趁時)예* 먹여라
㉣ 아희야 한 그릇 다오 친히 맛 보아 보내리라   〈제7수〉

서산에 해 지고 풀 끝에 이슬 맺힌다
호미를 둘러 메고 달 지고 가자꾸나
이 중의 ⓐ 즐거운 뜻을 일러 무엇하리오   〈제8수〉

— 이휘일, 「전가팔곡」 —

*따비 : 지게에 얹어 짐을 싣는 데 쓰는 소쿠리 모양의 물건.
*입립신고 : 낟알 하나하나가 농부의 피땀이 어린 결정체라는 뜻.
*천사만종 : 여러 말이 끄는 수레와 많은 봉록.
*종사 : 농사일을 시작함.
*진시예 : 제때에.

(다)

　지금 나는 스스로 먹고살아야 할 시기에 처해 있다. 그렇건만 성품이 원래 거칠고 못난 데다 의지와 기상이 엉성하다. 재물과 여색에는 무덤덤하지만 때때로 형세에 눌려 남들 하는 대로 행동할 때가 있다. 물론 본래 성품이 그런 것은 아니었지만 사농공상 네 부류의 직업을 힘써 배우지를 못했다. 그리하여 세월은 덧없이 흘러 이제껏 이뤄놓은 것이 없다. 한밤중에 누워 생각하면 개탄이 터져 나오지 않을 수 없다.

　무릇 인생에는 세 가지 썩지 않는 것이 있다. 가장 나은 것은 도학(道學)이요, 그다음 것은 공적(功績)이요, 또 그다음 것은 문장(文章)이다. 도학과 공적은 그보다 더 높은 것이 없다. 문장의 경우에는 비록 재능을 가진 자에게 눌리기는 하지만 열심히 힘껏 배우면 세상에 쓰이기도 하고, 명성도 얻을 수 있다. ㉤ 그렇기는 하지만 아! 나는 게으름이 아예 성품으로 변한 데다 품성 또한 엉성하다. 아침저녁 거리 죽조차도 제힘으로 장만하지 못하고 집안사람에게 수고를 끼친다. 이야말로 옛사람이 말한 천지 사이의 한 마리 종벌레이다.

　아! 사람은 어려서는 부모에게 양육되고 늙어서는 자손들로부터 봉양을 받는 것이 변함없는 이치이지만, 장성해서도 제 한 몸 먹고살지도 못하니 세 번을 반성해 보고 스스로 부끄러운 생각이 들지 않을 도리가 있겠는가?
(중략)

　돌아보면 올해도 벌써 저물어 간다. 스무날만 지나가면 나도 서른 살이 넘는다. 옛날 뜻있는 선비는 가을을 슬퍼한다고 했다. 하지만 지금 나는 저물어 가는 세월에 ⓑ 느낌이 생겨나, 뜻한 바와 학업이 어긋나는 것을 한탄하고 있다. 그래서 한 해가 저무는 것을 슬퍼하는 글을 쓴다.

— 이장재, 「세모서」 —

01 (가)~(다)의 공통점으로 가장 적절한 것은?

① 시간적 배경을 드러내어 현재 상황을 부각하고 있다.
② 고사를 활용하여 추구하고자 하는 가치를 드러내고 있다.
③ 비유적 표현의 반복을 통해 변화된 태도를 드러내고 있다.
④ 의문형 어미를 활용하여 작품의 주제 의식을 부각하고 있다.
⑤ 일상적 사물을 소재로 하여 삶에 대한 성찰을 보여 주고 있다.

02 (나)의 시상 전개 방식에 대한 이해로 적절하지 <u>않은</u> 것은?

① 〈제2수〉에서 이루어진 화자의 행위는 〈제7수〉에 제시된 상황의 배경으로 작용한다.
② 〈제3수〉의 중장에서 화자가 겪는 어려움은 〈제4수〉의 초장의 결과를 얻는 데 불가피한 조건으로 볼 수 있다.
③ 〈제4수〉의 중장에서 화자가 누리는 즐거움은 〈제7수〉의 종장에서 드러나는 화자의 모습으로 구체화된다.
④ 〈제5수〉의 종장에 드러난 화자의 다짐은 〈제2수〉의 상황에 대한 준비를 암시하여 계절의 순환성을 드러낸다.
⑤ 〈제8수〉에 묘사된 화자의 모습은 〈제2수〉부터 〈제4수〉에 이르는 동안 반복되는 양상으로 볼 수 있다.

03 〈보기〉를 바탕으로 (가), (나)를 이해한 내용으로 적절하지 <u>않은</u> 것은?

> **보기**
>
> (가)와 (나)는 조선 후기에 농사를 권장할 목적으로 창작된 권농가의 두 경향을 보여 준다. (가)는 사대부의 관점에서 자연의 이치와 농사일, 그리고 생활 양식을 연결함으로써 농사일의 당위성을 부각한다. 반면, (나)는 농사일에 직접 임하는 사람의 관점에서 농사일과 그 결실에 따른 보람과 만족감을 드러내 농사일의 가치를 부각한다.

① (가)에서 '중추'가 되어 '이슬'이 '만물을 재촉'한다는 데에서 자연의 이치가 농사일에 맞닿아 있다는 인식이 드러난다.
② (가)에서 '면화'로 뽑은 '명주'로 '수의'와 '혼수'를 마련하는 데에서 농사일과 생활이 연결되었음이 드러난다.
③ (나)에서 화자가 '농인'의 권유로 '밭'으로 나아가는 데에서 농사일에 직접 임하는 사람의 모습이 드러난다.
④ (나)에서 화자가 '곡식'을 보며 '내 힘의 이룬 것'으로 자부하는 데에서 농사일의 결실에 따른 보람과 만족감이 드러난다.
⑤ (가)에서는 '고개 숙인' '백곡'을 통해 농사일을 게을리해서는 안 된다는 당위성이, (나)에서는 '입립신고'를 알아주는 '어느 분'을 통해 농사일로써 얻을 수 있는 정신적 가치가 드러난다.

04 ⓐ와 ⓑ를 비교하여 이해한 내용으로 가장 적절한 것은?

① ⓐ는 생업에 열중하는 원동력으로, ⓑ는 생업을 포기하는 원인으로 작용한다.
② ⓐ는 주변 사람들의 시선을 의식한 반응이고, ⓑ는 내면의 혼란을 해소한 결과이다.
③ ⓐ는 일상을 긍정적으로 수용하는 태도를, ⓑ는 과거의 모습에 대한 성찰적 태도를 반영한다.
④ ⓐ는 노동으로 성취한 경제적 풍요에서, ⓑ는 생계를 유지하기 힘든 경제적 상황에서 비롯된다.
⑤ ⓐ는 타인과의 관계 회복에 따른 안도감을, ⓑ는 타인과의 관계 회복에 실패한 상실감을 담는다.

05 (다)의 '나'에 대한 이해로 가장 적절한 것은?

① '나'는 '거칠고 못난' '성품'을 지니게 된 까닭을 '형세에 눌려' 살았던 과거에서 연유한다고 여기고 있다.
② '나'는 '재물과 여색'을 좇는 바람에 '사농공상 네 부류의 직업'에 힘쓰지 못했던 것을 아쉬워하고 있다.
③ '나'는 '힘껏 배우면' '재능을 가진 자'에게 뒤처지지 않는다는 점에서 '문장'을 '도학'보다 높게 평가하고 있다.
④ '나'는 '게으름이 아예 성품으로 변한' 세상 사람들을 '한 마리 좀벌레'라고 지칭하며 비판하고 있다.
⑤ '나'는 '제 한 몸 먹고살' 방법을 '학업'을 통해 마련하지 못하였다는 이유에서 '한 해가 저무는 것'을 아쉬워하고 있다.

06 〈보기〉를 바탕으로 ㉠~㉤을 감상한 내용으로 적절하지 <u>않은</u> 것은?

> **보기**
>
> 문학 작품의 말하기 방식은 다양하다. 청자가 설정되지 않는 경우, 말하는 이가 대상을 서술하기 위해 취하는 거리에 따라 말하기 방식이 구분된다. 거리가 가까우면 자신의 감정을 직접적으로 표출하고, 거리가 멀면 대상의 외적인 상태에 주목한다. 청자가 설정되는 경우에는 청자와의 관계에 따라 말하기 방식이 구분되는데, 말하는 이가 청자보다 우위에 있는 경우 권유하거나 명령하는 태도를 보인다.

① ㉠: 계절의 흐름에 따른 자연의 변화를 제시한다는 점에서 말하는 이와 대상 간의 거리가 비교적 멀다고 볼 수 있겠어.
② ㉡: 농사일을 위한 준비를 해 두라고 권유한다는 점에서 말하는 이가 청자보다 우위에 있다고 볼 수 있겠어.
③ ㉢: 농사일에 대한 어려움을 알아주는 청자에게 공감을 유도한다는 점에서 말하는 이와 대상 간의 거리가 비교적 가깝다고 볼 수 있겠어.
④ ㉣: 자신에게 한 그릇 달라고 명령한다는 점에서 말하는 이가 청자인 '아희'보다 우위에 있다고 볼 수 있겠어.
⑤ ㉤: '아!'라는 감탄사를 활용하여 말하는 이가 자기 자신을 바라본 심정을 직접적으로 토로한다고 볼 수 있겠어.

NIBS
수특 스페셜

변형문제 N제

Part. 04

고전 산문

다음을 읽고 물음에 답하시오.

　　이춘풍이 무수한 패설과 매도를 당하고, 좋은 말로 사양하고 일어
서려 한들 저희들도 뜻한 바가 있으니 어찌 놓으리요.
　　"이 술 한 잔을 잡수옵시고 돌아가시면 모르려니와, 만일 아니 먹
고 뾰로통하고 가시면 우리는 모두 죽는 날이니, 오늘 죽으나 내일
죽으나 한 번 죽기는 흔한 일이라."
[A]
　　하고, 혹 손바닥에 침도 탁 뱉어 주먹을 불끈 쥐고, 혹 팔뚝을 쑥 뽑
아 마룻바닥도 치며, 혹 가래침을 곤두올려 높은 툇마루 아래 벼락
치듯 뱉기도 하고, 혹 발길을 번쩍번쩍 들어 바람벽도 탁 차서 일시
에 날치는 양은 홍문연(鴻門宴)*에 한패공(漢沛公) 어루듯 하여 재앙
이 닥친 듯하더라.
　　글 읽은 사람의 철석같은 장위(臟胃)에 지은 죄 없으니, 조금도 겁낼 것
이야 있으리요마는, 바삐 빠져나갈 계획으로 공경하여 가로되,
　　"㉠여러분이 웃노라고 하신 말씀을 학생이 어찌 괘념하오며, 학생이 본
디 건강하지 못하오나 주시는 술을 아니 먹지 못하와 한 잔 먹사오니 지극
감사하여이다."
　　하고 술잔을 들어 마시니, 평생에 처음이라 옥 같은 얼굴에 상기된 기
운을 띠었으니 만고일색이라.
　　모든 한량들이 시절가도 하고 좋은 초성으로 권주가로 하며, 백옥잔에
홍소주를 가득 부어 드리며 가로되,
　　"주불쌍배(酒不雙杯)*라 하니 살아서도 석 잔이요, 죽어서도 석 잔이라.
㉡반 남아 늙었으니 다시 젊든 못 하리라. 이 술 한 잔 잡수시면 춘풍 화
기하고 안 먹으면 주먹당상이요, 한 잔 술에 눈물이요 살아생전 한 잔의
술이라."
　　하며 손을 붙들고 입에 대거늘, 마지못하여 마시니 인하여 대취하였는
지라.
　　"티 없이 맑은 몸이 연감덩이 같고, 금성 같은 두 눈이 불구슬이 될 지
경에, 아무리 단정한 마음인들 어찌 견디리요."
　　주력을 못 이겨 쓰러짐을 깨닫지 못하니, 이에 모든 한량들이 의논하여
가로되,
　　"이 사람의 **도학**이 대단히 고명하다 하니, 우리 그 도학을 **깨뜨림이 어
떠하뇨**. 그러나 술만 깨면 그 빙설 같은 마음을 누가 능히 돌리료."
　　좌중에 한 여자가 자원하되,
　　"내 능히 그 **절개를 변하게** 하리니, 나와 **백년해로(百年偕老)**하여도 아
무 양반도 **시비** 말으시리이까."
　　모두 보니 이는 기생 홍도화(紅桃花)라.

[중략 부분 줄거리] 좋은 배필을 찾아 경성에 올라온 기생 홍도화와 유지
연은 한량들에게 고난을 겪는 이춘풍을 발견한다. 이후 홍도화는 선녀로
가장하여 이춘풍에게 자신을 벽도 낭랑이라고 소개하고, 천상에서 자신과
유성군(유지연)이 이춘풍과 연을 맺었다고 말한다.

　　낭랑이 술잔에 술을 가득 부어 드리거늘, 이공이 사양하며,
　　"학생이 본디 술을 먹지 못하나이다."
　　낭랑이 웃어 가로되, / "홍제원 한량의 술과는 다르오니 염려 마소서."
　　이공이 놀라 가로되, / "낭랑이 어찌 아시느뇨?"

　　낭랑이 공경하여 가로되,
　　"㉢첩이 낭군의 부족함을 일컬음이 아니라, 하도 결연하고 차마 잊삽지
못하와 낭군의 일동일정을 유심하여 살피오니, 그런 일을 어찌 모르리이
꼬. 하도 반갑사와 체면도 버리고 염치도 없사오나, 부디 낭군은 **전후생**의
고상하신 마음을 굽히시와 첩의 알뜰한 정성을 돌아보소서. 낭군이 몇 해
를 지상에 계신 동안에 백병을 소각하시고 좋은 도리가 많을 것이니 너무
고집치 마옵소서."
　　이공이 마지못하여 받아 마시니 향취 진동하고, 과일을 맛보니 모두 기
이한지라. 인하여 두어 잔을 마시니 취하는 줄은 모르되, 자연 마음이 활
발하고 흥이 돋아 사례하여 가로되,
　　"내 평생에 허무한 이치를 믿지 아니하더니, 낭랑의 말씀을 들으매 종
적이 방불하고 사실이 유리하니 세상에 기이한 일도 있도소이다."
　　하고 가로되, / "대강 이상하여이다. 그 통소를 내놓으소서."
　　낭랑이 드리거늘 받아 보니 윤택한 옥광이 경주에서 보았던 옥소와 비
슷한지라. 이에 한 곡조를 부니, 그 소리 요량 청절하여 세속 소리는 아니
라, 낭랑이 칭찬하여 가로되,
　　"낭군이 전생의 곡조를 잊지 아니하시도다."
　　이공이 겸손하여 가로되, / "어찌 그러하오며, 전후생 일은 재기하지 마
소서. 더욱 허황하여이다." 하고, 인하여 주흥(酒興)을 못 이겨 고운 손을
잡더라.

　　정성이 지극하면 돌부처도 말을 하고 솜씨가 능란하면 산 사람도
혼을 뺄지라. 이 학자의 빙설 같은 절개, 철석같은 심장이 부지불식
간에 녹았으니, 옛말에 하였으되 대장부의 강한 창자도 부인에게 혹
한다는 말이 사리에 꼭 맞는 말이요, 순금의 굳은 물건도 풀무에는
녹느니라.
[B]
　　이윽고 평양 성내에 닭 우는 소리가 자자하고, 동천에 새벽 샛별
은 빛이 희미하다. 이에 벽도 낭랑이 상을 걷어 안고 채란을 명하여
한 잔의 술을 다시 권하고 가로되,
　　"낭군이 **전생연분**을 이으사 가을 서리 같은 **엄위**와 옥 같은 **절개**
를 돌리사 더럽다 아니하시고 돌아보시니 지극 감사하거니와, **천상
인간이 현격**하오니 다시 뵐 날이 있사오리까."
　　이공이 가로되,
　　"허황하오나 낭랑이 말씀하던 유성군도 뵐 날 있으리까?"
　　낭랑이 가로되, / "처소가 다르옵고 매인 몸이 임의로 못하와 이번에도
동행함을 기약하였더니 여의치 못하였사오나, 연분이 지중하오니 자연 회
합하는 도리 있사오리이다. ㉣첩의 일이 시각을 어기오지 못하와 날이 밝
으면 난처한 일이 있사오리니 이별이 창연하여이다."

　　　　　　　　　　　　　　　　　　　　　　　　　- 작자 미상, 「삼선기」 -

*홍문연 : 항우가 유방(한패공)을 모해하려고 홍문에서 벌인 잔치.
*주불쌍배 : 술 마실 때 마시는 잔의 수효가 짝 맞음을 피하는 일.
※ 출제의 전제 : 본 지문에서는 수특에서 제시한 호칭 대신 원전의 호칭을 그대로
　이용하였음.

01 [A], [B]에 대한 설명으로 가장 적절한 것은?

① [A]와 [B]는 모두 세밀한 외양 묘사를 통해 장면을 극대화하여 드러낸다.

② [A]와 [B]는 모두 서술자가 개입하여 인물의 행동에 대한 긍정적 인식을 드러낸다.

③ [A]는 인물의 행위를 묘사하여, [B]는 비유적 표현을 활용하여 인물의 성격을 부각한다.

④ [A]는 공간 이동에 따라 일어나는 사건을 통해, [B]는 공간에 대한 묘사를 통해 인물들의 외적 갈등을 심화하고 있다.

⑤ [A]는 현재형 진술을 사용하여 장면을 생생하게 전달하고, [B]는 꿈과 현실을 교차하여 장면의 비현실성을 부각한다.

02 윗글에 대한 설명으로 적절하지 <u>않은</u> 것은?

① 이춘풍은 한량들이 보이는 위협적 태도에도 겁을 내지 않고 대응하였다.

② 한량들은 술에서 깬 이춘풍이 보복할 것을 염려하며 대책을 모의하였다.

③ 이춘풍은 한량들과 함께 술을 마신 뒤에도 술에 대한 경계심을 갖고 있었다.

④ 홍도화는 긍정적 미래를 언급하며 이춘풍이 특정 행동을 하도록 유도하였다.

⑤ 홍도화는 유성군의 처지를 설명하며 자신의 이전 발언에 대한 설득력을 강화하였다.

03 ㉠~㉣에 대한 이해로 가장 적절한 것은?

① ㉠과 ㉡에서는 자신의 위세를 드러내어 상대에게 자신의 말을 따를 것을 종용하고 있다.

② ㉡과 ㉢에서는 자신이 상대가 겪은 과거 사건을 알고 있음을 밝히며 상대와 친근감을 형성하고 있다.

③ ㉠에서는 자신의 본심을 상대에게 숨기고, ㉣에서는 자신이 행할 행동의 이유를 상대에게 설명하고 있다.

④ ㉡에서는 자신의 제안을 상대가 거절할 수 없음을 강조하고, ㉣에서는 상대의 제안을 우회적으로 거절하고 있다.

⑤ ㉢에서는 자신을 낮춤으로써 상대에 대한 존중을 보이고, ㉣에서는 상대의 안위가 자신에게 달렸음을 언급하고 있다.

04 〈보기〉를 참고하여 윗글을 감상한 내용으로 적절하지 <u>않은</u> 것은?

> **보기**
>
> 훼절 소설은 절조를 지키던 주인공이 주변 인물에 의해 본성을 폭로당하는 구조를 취하며, 훼절은 '내기'와 '속임수'라는 서사 장치에 의해 일어난다. 일반적인 훼절 소설에서는 주인공의 절조를 깨뜨리기 위한 속임수가 여러 인물들의 개입에 의해 이루어진다. 「삼선기」에서는 주인공의 절조를 깨뜨리기 위해 그를 둘러싸고 있는 주변 인물들 사이에서 내기가 이루어지는데, 속임수가 비교적 소수의 인물에 의해 그리고 기생의 애정 실현이라는 목표를 위해 이루어진다는 점에서 차이를 보인다. 이는 「삼선기」의 주제 의식이 인물의 허위의식 폭로에 있지 않다는 점을 보여 준다.

① 한량들이 이춘풍의 '도학'을 '깨뜨림이 어떠하'냐고 모의하는 데서, 이춘풍이 지켜왔던 절조를 훼손하려는 주변의 방해가 존재하는 상황을 확인할 수 있어.

② '주력을 못 이겨 쓰러'진 이춘풍을 두고 한량들과 홍도화의 내기가 성립하는 데서, 주인공을 둘러싼 주변 인물들 사이에서 내기가 이루어지고 있음을 확인할 수 있어.

③ 홍도화가 한량들에게 이춘풍의 '절개를 변하게 하'는 조건으로 이춘풍과의 '백년해로'를 '시비 말'라고 말하는 데서, 자신의 애정을 실현하려 할 것임을 짐작할 수 있어.

④ 홍도화가 이춘풍의 '전후생'을 언급하며 이춘풍과의 '전생연분'을 강조하는 데서, 이춘풍을 훼절하기 위해 홍도화가 사용하는 속임수의 구체적인 방법을 확인할 수 있어.

⑤ 홍도화가 '엄위'와 '절개'를 잃은 이춘풍에게 '천상 인간이 현격'하다고 말하며 떠나는 데서, 내기의 실패로 인해 홍도화의 목적이 달성되지 못하게 되었음을 확인할 수 있어.

2 | 작자 미상, 서대주전

다음을 읽고 물음에 답하시오.

타남주가 가슴을 치고 흐느끼며 말했다.

"보물이야 없어도 그만이지만 몇 년 동안 뼈 빠지게 모아 둔 양식을 하룻밤에 도둑맞았으니 앞으로 어찌한단 말이냐?"

무리는 참혹한 상황에 아무 말도 할 수 없었다.

한참 만에야 타남주가 다시 입을 열었다.

"농서 소토산 절벽 밑에 사는 서대주란 자가 도적놈들을 모아 마을의 부자는 물론 백성들의 집까지 몰래 다니며 **닥치는 대로 훔치며** 살고 있다고 들었다. 보아하니 이번 일도 그놈 짓이 분명하니 당장에 이놈을 원님에게 고발해야겠다."

그때 늙은 다람쥐가 나서며 말했다.

"어르신의 말씀이 백번 옳습니다만 돌다리도 두드리고 가는 것이 좋을 듯합니다. 하여 우리 중에 영리한 자를 골라 염탐을 시켜 앞뒤 **사정**을 확실하게 알아본 뒤에 고발을 해도 늦지 않을 것입니다."

타남주가 고개를 끄덕이며 말했다.

"듣고 보니 자네 말이 맞네. 여봐라! 즉시 염탐꾼을 서대주의 굴로 보내어 그 사정을 알아보게 하라."

㉠ 그리하여 다람쥐 무리 중에 유달리 덩치가 작고 똘똘한 자를 쥐 모양으로 꾸민 후 소토산으로 보냈다. 굴 앞에 도착한 염탐꾼은 문을 두드렸다.

잠시 후, 문지기 쥐 하나가 나와 염탐꾼을 힐끗 보더니 별 의심 없이 문을 열어 주며 말했다.

"어디 갔다 오는 건가?"

염탐꾼은 침착하게 말했다.

"얼마 전에 큰 경사가 있지 않았나? 그래서 저기 남병산에 사는 큰 영감님을 모시러 갔다 오는 길이네."

그러자 문지기 쥐가 히죽대며 말했다.

"큰 경사? 아, 다람쥐한테 밤을 훔쳐 온 것 말이군."

㉡ 염탐꾼은 속으로 쾌재를 불렀다.

'이놈의 말을 들으니 더 이상 염탐할 것이 없구나. 적당히 핑계를 대고 돌아가야겠다.' / 그리곤 자신의 이마를 탁 치며 말했다.

"내 정신 좀 보게. 큰 영감님이 주신 편지를 놓고 왔네. 별수 없이 다시 가야겠군."

타남주는 부리나케 굴로 돌아온 염탐꾼의 말을 듣자마자 단번에 고소장을 써 내려갔다.

[A]
'공정한 판결을 내리시는 원님께 감히 고소장을 올립니다.

저희는 워낙 가난해서 풍년이 들어도 살기가 쉽지 않습니다. 그런데 요사이 풍년은 고사하고 가뭄이 들어 산과 들에는 풀과 나무가 말라가고, 곡식 **한 줌이 없는 지경**에 이르렀지요. 그래서 저희는 알밤을 주워 굶주림을 면하고자 했답니다. 그런 까닭에 어른, 아이 가릴 것 없이 모두가 **험한 산을 누비**며 고생고생해서 간신히 알밤 50여 석을 모았지요.

그런데 뜻밖에도 소토산에 사는 서대주란 자가 지난밤 4경쯤 그무리를 끌고 와선 알밤은 물론 각종 물건들을 도적질해 간 것이 아니겠습니까? 이미 계절은 한겨울로 들어섰고, 당장 딸린 식구들이 굶어 죽게 생겼습니다. 부디 불쌍하고 억울한 저희를 생각하셔서 그

놈에게 죄를 물으시고 잃어버린 저희 물건들을 찾아주시길 부탁드립니다.'

형리는 타남주의 고소장을 받아 곧바로 원님에게 올렸다. 원님은 찬찬히 읽고 사령을 보내 서대주를 잡아 오라 명했다.

(중략)

잠시 후, 서대주가 무리의 부축을 받으며 천천히 입구로 나왔다. 사령이 보아하니 마른 얼굴엔 흰 수염이 나 있었고, 등은 구부러져 활 모양을 하고 있었다. 또, 뾰족한 주둥이는 송곳 같았고, 눈은 검은콩을 닮아 있었다. ㉢ 그리고 머리에는 추위를 막는 두건을 썼고, 왼손에는 파리채를 그리고 오른손에는 지팡이를 짚고 서 있었다. 사령은 서대주의 요상한 모습에 저도 모르게 피식 웃고 말았다. 하지만 바로 분위기를 바꿔 서대주를 크게 꾸짖으며 말했다.

"네 놈이 서대주냐?"

서대주도 지지 않고 소리쳤다.

"네 놈은 누군데 허락도 없이 남의 집 문 앞에서 내 별명을 함부로 부르는 게냐? 절대로 용서하지 않겠다."

㉣ 그러자 사령은 관청의 도장이 찍힌 문서를 내보였다. 그리고 서대주의 귀싸대기를 치며 호통을 쳤다.

"이런 조그만 쥐새끼가 어디서 관청의 명령을 무시하고, 함부로 주둥이를 나불거리고 있어? 힘들게 끌고 가지 말고 여기서 끝장을 볼까 보다."

그리고는 서대주를 꽁꽁 묶었다. ㉤ 그때야 서대주는 놀라서 몸을 덜덜 떨며 말했다.

"관청의 명령인 줄은 꿈에도 몰랐습니다. 제가 알았다면 감히 거역하지 못했겠지요. 다만 제 나이가 많고 병이 있어 바로 나와 모시지 못한 것에 대해서는 죄송할 따름입니다."

서대주는 사령을 대접하고자 했으나 사령은 손을 저으며 말했다.

"여기서 머물 시간이 없네. 자네는 빨리 떠날 준비를 하게."

서대주는 끈질기게 청했다.

"사령님을 **대접**하는 것은 당연합니다. 이 험한 곳까지 오셨는데 주인되는 자로서 **술 한 잔** 권하지 않고 넘어간다면 제 입장이 뭐가 되겠습니까? 그러지 말고 함께 들어가시지요."

어느새 사령의 화는 사르르 녹았다. 이어 서대주의 **결박**을 풀어 주며 그의 뒤를 따라 들어가고야 말았다.

- 작자 미상, 「서대주전」 -

01 윗글에 대한 이해로 가장 적절한 것은?

① 타남주는 도둑맞은 보물을 되찾을 방법에 관해 자신의 무리에 의견을 구했다.

② 늙은 다람쥐는 양식이 사라진 원인에 관한 다른 가능성을 제시하며 타남주의 말에 반박했다.

③ 문지기는 염탐꾼의 행동을 수상히 여겼으나 결국 염탐꾼의 언변에 속아 넘어갔다.

④ 원님은 서대주를 고발하기 위해 타남주가 올린 고소장을 타인을 통해 전달받았다.

⑤ 사령은 먼 곳까지 찾아온 노고를 위로하기 위해 술을 대접하겠다는 서대주의 제안을 끝까지 거절했다.

02 ㉠~㉤에 대한 설명으로 적절하지 <u>않은</u> 것은?

① ㉠은 인물의 능력에 대한 평가를 제시하여, 해당 인물이 사건의 자초지종을 알아보는 데 적합한 이유를 드러낸다.

② ㉡은 인물의 내면 심리를 제시하여, 해당 인물이 알아내고자 했던 정보를 얻게 되었음을 드러낸다.

③ ㉢은 인물의 외양을 묘사하여, 권력자에게 의도적으로 나약한 모습을 보이려는 인물의 의도를 드러낸다.

④ ㉣은 인물이 방문한 목적과 관련된 사물을 활용하여, 해당 인물이 신분적 우위에 있음을 알려 준다.

⑤ ㉤은 인물의 반응을 제시하여, 예상과는 다른 상황이 전개되자 태도를 바꾸는 인물의 모습을 보여 준다.

03 [A]에 대한 설명으로 가장 적절한 것은?

① 질문의 방식을 활용하여 과거 사건의 정황에 대한 의심을 드러내고 있다.

② 사건이 발생한 시간적 배경을 언급하여 자신의 주장에 설득력을 더하고 있다.

③ 자신이 속한 공동체 전체의 어려운 상황을 꾸며내어 상대의 동정을 유발하고 있다.

④ 특정 대상의 부정적 성품을 나열하며 그 대상이 초래한 문제를 해결해 줄 것을 요청하고 있다.

⑤ 문제가 해결되지 않을 경우 자신이 겪어야 할 시련을 언급하며 상대의 잘못을 간접적으로 지적하고 있다.

04 〈보기〉를 참고하여 윗글을 감상한 내용으로 적절하지 <u>않은</u> 것은?

> **보기**
>
> 「서대주전」은 동물을 의인화한 우화 소설로, 백성을 수탈하는 양반과 어려운 상황에서도 성실하게 살아가는 평민을 대비함으로써 현실 사회에 대한 비판적 시각을 우회적으로 드러낸 작품이다. 작품에는 죄인에게 매수되어 죄인의 편의를 봐주는 관리가 등장하는데, 이는 사건의 시비를 가리는 일보다 사익을 우선시하는 당대 관리들의 부정부패를 부각한다.

① 서대주가 백성들의 재물까지 '닥치는 대로 훔치'며 살아간다는 데서, 스스로 노동하지 않고 백성을 수탈하는 인물을 상징함을 알 수 있군.

② 서대주의 뺨을 때리는 사령과 달리 타남주는 '사정'을 확인하자는 늙은 다람쥐의 말을 따르는 데서, 두 인물형을 대비하여 양반에 대한 비판적 인식을 부각하였음을 알 수 있군.

③ 타남주 무리가 '곡식 한 줌이 없는 지경'에 이르러 '험한 산을 누비'면서 식량을 모았다는 데서, 어려운 상황에서도 포기하지 않는 성실한 평민의 모습을 확인할 수 있군.

④ 서대주가 자신을 끌고 가려는 사령에게 '술 한 잔'을 권하며 사령을 '대접'하려는 데서, 관리를 매수하여 문제를 해결하려는 모습을 확인할 수 있군.

⑤ 사령이 서대주의 권유를 받아들여 '결박'을 풀어 주고 서대주를 따라 들어가는 데서, 사익을 우선시하여 죄인의 편의를 봐주는 부패한 관리의 모습을 확인할 수 있군.

3 | 작자 미상, 설홍전

다음을 읽고 물음에 답하시오.

[이전 부분의 줄거리] 양반의 자제로 태어났으나 일찍 부모님을 여읜 설홍은 서모 진 씨에 의해 버려져 고초를 겪는다. 어느 날 왕 승상에 의해 구출된 설홍은 운담도사를 만나 병서와 무예를 배운다.

이날 밤 삼경에 승상이 피를 흘리고 들어와 소저의 손을 잡고 눈물을 흘리며,

[A] "너를 버리고 집을 떠난 후에 돌아오지 못하고 돌쇠의 손에 죽었으니 한심하지 아니하리오. 그러나 오늘 밤 삼경에 돌쇠가 들어와 너를 해하고자 할 것이니 돌쇠는 너의 불구대천의 원수라. 죽어도 말을 듣지 말고 살아서 모월 모일의 금능땅 앵무동에 사는 설홍 공자가 이곳에 와 나의 원수를 갚아 주고 너의 분함을 풀 것이니 모쪼록 목숨을 보존하여 있으라. 또한 그 사람은 너와 **배필이 될** 것이니라. 예절을 생각하고 백년가약을 잃지 말라. 그 사람은 천지 무가객이라. 한번 가면 만날 기약이 어려울 것이니 명심하여 잊지 말거라."

하며, 문득 사라지거늘 소저 놀라 깨어 보니 꿈인지라. 그제야 돌쇠의 흉계인 줄 알고 시비 난양을 불러 꿈의 일을 말하고 분함을 이기지 못하였다. 과연 이날 밤 삼경에 돌쇠가 **삼척검을 들고** 들어와 소저 곁에 앉아 말하기를,

"소저는 그 사이에 기체 안녕하십니까?"

하니, 소저 안색을 숨기고 대답하기를,

"ⓐ 나는 천지를 이별한 사람이라. 어찌 편하다 하리오. 너는 집에서 자지 아니하고 어찌 왔느냐?"

돌쇠 대답하기를,

"내 임의로 들어온 것은 다름 아니라 소저와 오늘 밤 인연을 맺고자 왔나이다."

하니, 소저 크게 노하여 말하기를,

"노복 간이 분명한데 너는 상하를 모르고 이러한 **강상지죄**를 범하니 하늘이 두렵지 아니하느냐?"

하니, 돌쇠 소저의 말을 듣고 크게 분하여,

"ⓑ 내 너의 가엾은 신세를 생각하여 인연을 맺고자 하였더니 너는 나를 천한 신분이라 여겨 이렇게 홀대하니 **왕후장상이 어디 씨가 있다더냐?** 내 말을 듣지 아니하면 이 칼로 너의 목을 베리라."

하고, 칼을 들어 소저의 목을 치려 하거늘, 소저 속으로 생각하되,

'내가 죽으면 부친의 원수를 뉘가 갚으랴? 제 마음을 달래어 나중을 봄이 옳다.' / 하고, 거짓으로 웃으며 말하기를,

"이 미련한 놈아 내 부친을 여의고 수일간 누워 잠자지 못한 줄은 너도 알 듯 하니, 돌아가 **내가 찾을 때를 기다리라.**"

하니, 돌쇠 그제야 칼을 놓고 말하기를,

"ⓒ 소저의 말씀이 당연하오니 사흘 후에 다시 오겠나이다."

하고, 칼을 들고 나가거늘 소저 분함을 이기지 못하였으나 부친의 말씀을 생각하며 날로 설홍 공자가 오기만을 기다렸다.

(중략)

설홍이 여러 날 만에 소주 구화동에 이르니 이미 날이 저무니 유숙할 곳이 없었다. 마침 바라보니 한 집이 있으되 가장 깨끗하거늘 주인 없는 줄 알고 객실에 머물렀더니, 이 집은 설홍을 돈을 주고 사다가 북산도에 버려 주었던 왕 승상의 집이라 잠깐 조는데 승상이 와서 가로되,

[B] "설홍 공자는 접대할 주인도 없는데 무슨 재미로 이다지 깊이 자는가? 선생의 명을 받아 나를 찾아왔거든 내정에 들어가 나의 여식을 살려 줌이 어떠하오?"

하고, 간 데 없거늘 설홍이 깨어 보니 꿈이었다. 그제야 왕 승상의 집인 줄 알고 바로 내정에 들어가니 등이 휘황한데 방안이 요란하거늘 급히 문을 열고 들어가니 어떤 한 놈이 삼척검을 들고 앉았는데, 처자가 방안에 혼절한 듯 쓰러져 있거늘 놀라 말하기를,

"그대는 어떠한 사람이기에 이 깊은 밤에 사람을 죽였는가?"

하니, 돌쇠 왈

"ⓓ 나는 이 집 주인이라 저 아이가 내 말을 듣지 아니하기로 죽이고자 했거니와 너는 어떠한 아이길래 외람되게 남의 내정에 들어와 이러한 말을 하느냐?"

하며, 설홍을 칼로 치거늘 설홍이 둔갑장신을 베풀어 칼을 피한 후에 소저를 업어다가 순금 장식 각게 수리에 두 층 쇠로 된 용두 위에 삼중석으로 돋우어 높이고 운무가 그려진 병풍 두른 안에 뚜렷이 높이 앉히고 상체를 살펴 소저를 구하니, 왕소저 겨우 정신을 차려 묻기를,

"공자는 금능땅 앵무동 설홍 공자 아니요?"

하니, 홍이 대답하기를

"과연 그러하나 소저는 저를 어찌 아십니까?"

하였다. 소저 그제야 눈물을 흘려 말하기를,

"부친께서 몸에 피를 흘리시며 들어와 눈물 흘리며 탄식하기를 나는 돌쇠의 손에 죽은 몸이 되었으니 그 누가 알리요. 모월 모야에 설홍 공자가 원수를 갚아 주리라 하셨기에 알았습니다. ⓔ 돌쇠는 본디 포악한 놈이라 몇 번이나 검을 차고 집에 들어와 나쁜 뜻을 먹고 더러운 말을 하기에 분함을 이기지 못하여 꾸짖었더니 칼을 들어 찌르려 하였나이다."

하며, 그간의 모든 일을 설홍에게 얘기하였다. 이에 설홍이 크게 분하여 돌쇠를 꾸짖으며,

"이놈, 너는 승상 댁 노복으로 불의한 마음을 먹고 승상을 죽여 소저에게 강상대죄를 범하였으니 네 어찌 세상이 용납하리오. 내 너에게 이 칼을 더럽히고 싶지 않으나 하는 수 없어 내 칼로 네 목을 베어 소저의 원수를 갚으리라."

하니, 돌쇠 눈을 들어보니 쇠금 용두 위에 소저를 데리고 앉아 있거늘 돌쇠 분함을 이기지 못하여 소리를 벽력같이 지르며,

"이놈, 너는 평생 초면인데 무슨 욕심으로 소저를 빼앗아 데려가느냐? 데려가지 못할 바에는 내 칼을 받으라."

하며, **온 힘을 다하여 칼을 들어** 용두를 치거늘, 설홍이 **조금도 요동치 아니하고 들어오는 칼을 꺾어** 방으로 던졌다.

- 작자 미상, 「설홍전」 -

01 윗글의 인물에 대한 이해로 가장 적절한 것은?

① '왕 소저'는 자신에게 일어날 일을 알게 되었으나 타인에게 알리지 않았다.

② '왕 소저'는 설홍을 이전에 본 적이 없었으나 그를 만나자마자 한눈에 알아보았다.

③ '돌쇠'는 왕 소저를 해칠 생각이 없었으나 왕 소저가 자신을 거절하자 무기를 가져왔다.

④ '돌쇠'는 설홍의 기이한 능력을 확인하고 두려움을 느꼈으나 달아나지 않고 설홍에게 맞섰다.

⑤ '설홍'은 꿈에서 본 왕 승상의 말에 따라 왕 승상이 살던 집으로 향하여 왕 소저와 만나게 되었다.

03 ⓐ~ⓔ를 이해한 내용으로 적절하지 <u>않은</u> 것은?

① ⓐ : 과장된 표현을 활용하여 자신이 처한 괴로운 상황을 부각하고 있다.

② ⓑ : 상대를 부르는 방법을 달리하여 상대의 반응에 대한 불쾌함을 표출하고 있다.

③ ⓒ : 구체적인 날짜를 제시하며 상대가 기다리는 대상이 도착할 날을 알려 주고 있다.

④ ⓓ : 자신의 신분을 속여 말함으로써 자신을 방해하려는 상대의 행위를 저지하고 있다.

⑤ ⓔ : 지난 일을 요약하여 전달하며 상대가 자신을 구해주기를 바라는 마음을 드러내고 있다.

02 [A], [B]에 대한 설명으로 가장 적절한 것은?

① [A]에서는 과거에 발생한 사건의 전모를 밝히고 상대를 향한 원망을 드러낸다.

② [A]에서는 상대와 자신이 당장 만날 수 없는 처지임을 밝히고 다음 만남을 기약한다.

③ [B]에서는 상대와 자신이 했던 약속을 언급하고 그를 이행하지 않는 상대의 안일함을 지적한다.

④ [A]와 [B] 모두 자신이 뜻한 바를 이루지 못했음을 밝히고 상대에게 대신 이루어 줄 것을 제안한다.

⑤ [A]와 [B] 모두 부탁의 말을 전하는데, [A]에서는 상대가 제삼자를 통해 상황을 해결하기를 바라고, [B]에서는 상대가 직접 상황에 개입하기를 바란다.

04 〈보기〉를 참고하여 윗글을 감상한 내용으로 적절하지 <u>않은</u> 것은?

> **보기**
>
> 「설홍전」은 남녀 주인공의 결연 서사에 노비와 주인 간의 갈등을 결합하여 수평적 가치관에 대한 인식이 대두하던 당대 사회상을 보여 준다. 그러나 관계의 역전을 꾀하던 노비가 자신보다 능력이 뛰어난 양반 자제에게 응징당하는 것이나 노비의 반란이 결연 서사를 위한 도구로만 사용되는 것에서, 전근대적인 수직적 가치관이 여전히 지배적이었음을 알 수 있다.

① 왕 소저가 '배필이 될' 설홍을 만나 돌쇠의 위협에서 벗어나는 것에서, 노비의 반란이 주인공들의 결연을 돕는 도구로 사용되었음이 드러나는군.

② 돌쇠가 왕 승상을 해하고 '삼척검을 들고'서 왕 소저를 협박하는 것에서, 전근대적인 수직적 가치관에 반하는 인물의 태도가 드러나는군.

③ 돌쇠의 행동을 '강상지죄'로 보던 왕 소저가 '내가 찾을 때를 기다리라.'라고 말하는 것에서, 상층 계급이 갖고 있던 전근대적인 인식이 변화하는 모습이 드러나는군.

④ 노비인 돌쇠가 왕 소저에게 '왕후장상이 어디 씨가 있다더냐?'라고 말하는 것에서, 소설이 창작된 당시에 수평적 가치관에 대한 인식이 존재했음이 드러나는군.

⑤ 돌쇠가 '온 힘을 다하여 칼을 들'었지만 설홍이 '조금도 요동치 아니'하며 '칼을 꺾'어 던지는 것에서, 노비보다 뛰어난 능력을 지닌 양반 자제의 모습이 드러나는군.

4 | 권필, 위경천전

다음을 읽고 물음에 답하시오.

시간은 다시 흘러 달이 기울었다. 짐을 꾸려 배를 돌리려 하자 위생은 시선을 동쪽 어느 곳에 꽂은 채 낙담한 모습으로 말이 없었다. 장생이 자못 이상하게 여겨 그 이유를 묻기 시작했다. 장생은 어젯밤 위생이 겪은 일을 자세히 듣고는 마침내 옷매무새를 바로 하고 자세를 고쳐 앉은 뒤 위생을 꾸짖었다.

"자네의 기이한 재주는 강동 땅에서 제일이야. 과거에 급제하여 옥당에서 주옥같은 글을 짓고, **입신양명해서 세상을 구하고 백성을 편안케** 하는 것이 바로 평생의 뜻이었지 않나. **재상 댁의 문을 몰래 엿보고** 망령되이 사통하는 죄를 범하고 말았으면서도 정신을 잃어 깨닫지 못하고 제멋대로 행동해 끝내 신세를 망치겠다는 겐가? 음란한 남녀가 밀회한다는 추악한 소문은 끝까지 덮기 어려우니, 만일 일이 그 지경에 이른다면 자네 부모님께 치욕을 안겨 드릴 뿐 아니라 가문 전체에까지 재앙이 미칠 걸세. 그러니 조심하지 않을 수 있겠는가? 마음먹기를 조금만 잘못해도 만사가 돌연 파탄 나는 법이니, 그때 가선 후회해도 소용없는 일이지. 잘 처신하기 바라네!"

위생은 묵묵부답인 채 간절히 남쪽 하늘을 바라보았다. 구름에 싸인 산, 안개 자욱한 강이 아스라한 가운데 멀리 소 씨 낭자 집의 하얀 벽이 붉은 살구나무 동산 사이로 아른거렸다. 이별의 슬픔을 견딜 수 없어 눈자위에는 눈물이 가득 고였다.

장생은 위생이 여인에게 매우 깊이 빠져 있어 좋은 말로 마음을 돌리게 하는 것이 불가능하다는 사실을 알아차리고는 억지로 위생에게 권하여 또 한 번 흐드러지게 술을 마셨다. 위생이 먼저 술에 취해 배 안에 쓰러지자, 장생은 노 젓는 아이를 불러 돛을 올리고 동쪽으로 내려가게 하였다. 배는 훌쩍 별똥별처럼 빨리 내달았다. 전당(錢塘)으로 돌아와 배를 대니, 물가의 하늘이 막 밝아 오고 있었다.

오나라 산의 학 울음소리, 소제에서 들리는 꾀꼬리 지저귀는 소리에 위생이 놀라 일어나 보니, 이미 악양성 아래가 아니었다. 위생은 몹시 상심하더니 결국 병이 들고 말았다. 보름 동안을 앓고도 병은 날이 갈수록 악화되기만 했다. 위생은 **죽이나 물도 입에 대지 않은 채 한을 품고 죽게 된** 것을 분하게 여기더니, 마침내 ㉠시 한 편을 지어 벽옥 책상 위에 써 두었다.

꽃가지 그림자 난간에 움직이는데
석양 녘 꾀꼬리는 봄 시름 끌어내네.
침상에 누워 여전히 그대 그리는 마음
머리맡에 아련히 그대 음성 떠오르네.
황하 물이 끊이지 않는 한 우리 맹세 그대로건만
길이 멀어 기쁜 소식 오지 않누나.
죽어도 원한이 남을 터인데
이 생애 어느 곳에서 다시 만날꼬?

[중략 부분의 줄거리] 위생과 소숙방이 상사병에 걸리자 양가 부모는 두 사람을 혼인시킨다.

이해 8월, 왜군이 조선을 쳐들어왔다. 조선의 국왕은 수도를 버리고 멀리 신의주까지 피난을 와서 중국으로 끊임없이 사신을 보내 구원을 요청했다.

황제는 병사를 징집하는 격문을 보내고, 위생의 부친을 왜군을 정벌하는 장군으로 임명하여 3만 병사를 거느리고 멀리 요양으로 가게 했다. 전쟁터는 사지(死地)인데다가 멀리 동쪽 변방에 들어갔다가 언제 돌아올는지 알 수 없는 일이었다. 한편 위생의 부친은 그 막하에서 서기관의 임무를 수행할 만한 마땅한 사람을 구하기가 어려웠다. 그리하여 그는 즉각 위생에게 ㉡편지를 보내 함께 계문으로 가자고 했다.

위생은 부친의 편지를 읽고는 **눈물을 흘리며 식음을 전폐**한 채 마음을 잡지 못했다. 소숙방이 문득 슬픔을 억누르고 사리를 따져 가며 위생을 타일렀다.

"듣건대 남자는 세상에 태어나 붉은 활을 들고 백마를 타고 싸움터에 나아가 죽음을 무릅쓰고 싸울 뜻을 가져야 하며, 철기를 타고 병부를 꿰어 차고는 마침내 큰 무공을 세워야 한다고 하더군요. 하물며 천하의 굳센 병사를 모아 변방의 흉악한 무리를 섬멸하고자 하는 지금, 산을 누를 듯한 기세는 있으되 땅이 무너질 듯한 근심은 없으니, 훌륭한 공적을 세우고자 하신다면 지금이 바로 그 기회입니다. 어찌 오활한 선비의 모습을 보이며 끝내 서재를 지키고 앉아 계시려 합니까? 더구나 지금 아버님께서 변경 먼 곳에서 근심을 안고 계시건만, **아들 된 사람**으로서 아버님의 괴로움을 어찌 모른 척할 수 있겠어요? 속히 돌아올 수 있을 테니 아버님의 뜻을 어기지 마셔요.

다만 제 팔자가 기구해서 세상사가 자주 어그러지더니, 좋은 인연을 맺자마자 **슬픈 이별이 또 찾아**오는군요. 인생이 얼마나 된다고 함께 기쁨을 누리는 날이 이리도 짧은지요? 이제 뜰의 오동나무 잎이 지고 바닷가 기러기가 구슬피 울며 달빛이 섬돌을 비출 때 누가 제 피리 소리를 들어 주겠어요? 새하얀 벽에 벌레만 울고 원앙새의 꿈도 차갑게 식어 저는 다시 애태우며 망부석이 되리니, 오직 낭군께서 하루빨리 돌아오시기만을 바랄 뿐입니다."

– 권필, 「위경천전」 –

01 윗글에 대한 설명으로 가장 적절한 것은?

① 인물의 회상을 통해 갈등의 원인을 보여 주고 있다.
② 서술자가 인물의 성품에 대한 평가를 제시하고 있다.
③ 감각적인 배경 묘사를 통해 인물의 정서를 부각하고 있다.
④ 현재와 과거를 교차하여 사건을 입체적으로 전개하고 있다.
⑤ 시간 표지를 활용하여 시간에 따른 인물의 성격 변화를 드러내고 있다.

03 ㉠과 ㉡에 대한 설명으로 가장 적절한 것은?

① ㉠은 마음을 전하기 위해 소숙방에게, ㉡은 목적을 달성하기 위해 위생에게 전달되었다.
② ㉠은 장생을 향한 원망을 표출하기 위한, ㉡은 황제의 명을 따르기 위한 목적으로 쓰였다.
③ ㉠은 위생의 억울한 사연을 알리는, ㉡은 위생의 부친이 처한 상황을 알리는 기능을 한다.
④ ㉠은 소숙방과의 이별로 인한 한을 드러내기 위해, ㉡은 위생을 전장으로 부르기 위해 쓰였다.
⑤ ㉠은 부모에게 자신의 잘못을 고백하기 위해, ㉡은 자식에게 자신의 행동을 사과하기 위해 쓰였다.

02 윗글의 내용에 대한 이해로 적절하지 않은 것은?

① 장생은 위생이 지난밤 행한 일을 반복한다면 위생의 가문 전체가 위험해질 것이라고 보았다.
② 장생은 자신이 말로 설득해서는 위생이 소숙방을 단념하지 않을 것으로 판단했다.
③ 장생은 자신의 꾸짖음에도 위생이 반응을 보이지 않자 위생이 탄 배를 의도적으로 띄워 보냈다.
④ 위생의 부친은 위생이 공을 세우는 계기를 마련해 주고자 위생에게 함께 계문으로 가자고 제안했다.
⑤ 소숙방은 위생에게 자식 된 도리를 강조하며 전장으로 나아가야 한다고 말했다.

04 〈보기〉를 참고하여 윗글을 감상한 내용으로 적절하지 않은 것은?

> 보기
>
> 「위경천전」의 주인공은 유교적 가치관을 중시하던 당대 보편적인 사대부들과는 달리 자신의 자유 의지에 충실하여 애정 성취를 목표로 삼는 삶의 방식을 보여 준다. 그러나 주인공은 그러한 일탈적 면모를 지녔음에도 유교적 윤리 규범에서 완전히 자유롭지 못한 모습을 보인다. 윗글에서 윤리 규범의 준수와 애정 성취가 동시에 실현될 수 없는 것은 유교적 규범이 개인의 행복과 상충하기도 한다는 작가의 인식을 드러낸다.

① 장생이 위생에게 '입신양명해서 세상을 구하고 백성을 편안케' 해야 한다고 말하는 것에서, 관료가 되는 것이 당대 보편적인 사대부들의 목표였음을 확인할 수 있군.
② 위생이 '재상 댁의 문을 몰래 엿보'는 행동을 했다는 것에서, 자신의 자유 의지에 충실한 인물의 일탈적 면모를 확인할 수 있군.
③ 위생이 '죽이나 물도 입에 대지 않은 채 한을 품고 죽게 된' 것에서, 애정 성취를 중요한 가치로 인식하는 인물의 삶의 방식을 확인할 수 있군.
④ 위생이 부친이 전장으로 부르자 '눈물을 흘리며 식음을 전폐'한 채 고민하는 것에서, 유교적 윤리 규범에서 벗어나고자 하는 인물의 모습을 확인할 수 있군.
⑤ 위생이 '아들 된 사람'으로서 부친의 뜻을 어기지 않으면 소숙방과의 '슬픈 이별이 또 찾아'오는 것에서, 유교적 규범이 개인의 행복을 방해하는 상황을 확인할 수 있군.

5 작자 미상, 이대봉전

다음을 읽고 물음에 답하시오.

차시 왕희 아들 하나를 두었으니 이름은 석연이라. 풍채 늠름하고 문필이 뛰어나니, 왕희가 각별 사랑하여 숙녀를 널리 구하더니, 장 소저의 평판을 듣고 장 한림의 육촌인 장준을 청하여 극진히 대접하고 은근히 의논 왈,

"육촌 형이 일찍이 돌아가셨거니와 그 집안을 책임질 이는 그대니, 마땅히 **장 소저의 혼사를 이루게 하라**."

장준이 허락하고 집에 돌아와 그 처 진 씨를 보내니, 진 씨 장부(府)에 이르러 소저를 대하여 우승상 왕희의 청하던 말을 전하니, 소저가 놀라 말하기를,

"숙모가 소질(小姪)*을 위하여 정혼코자 하시니 감격하오나, 다만 부모가 살아계실 적에 모란동 이 시랑의 아들과 정혼하였기로 숙모의 말씀을 따르지 못하겠나이다."

하거늘, 진 씨 열없이 돌아와 준더러 소저의 하던 말을 전하니, 장준이 다시 장부에 이르러 좌정 후 소저를 달래어 왈,

"부부유별은 오륜의 떳떳한 일이라. 집안의 운수가 불행하여 일가족이 모두 없어 너의 평생이 외로운지라. 내 너를 위하여 봉황의 짝을 이루고자 하더니, 우승상 왕희가 아들 하나를 두었으니 기골이 준수하고 문장이 과인하여 짐짓 너의 배필이라. 내 심중에 마땅하나 감히 청치 못하여 주야 한탄하던 차에 승상이 마침 청혼하니 이는 너의 인연이라. 너는 고집한 마음으로 하늘이 정한 인연을 어기지 말라. 시랑 부자는 이미 수만 리 귀양지에 있어 생사를 알지 못할지니, 어찌 사지에 간 사람을 바라고 젊음을 헛되이 보내리오? 무정세월에 아름다운 얼굴이 헛되어라. 너는 너무 고집지 말라."

하고 타이르거늘, 소저가 물러나며 대답하기를,

"소질의 팔자 기구하여 일찍 부모를 여의고 혈혈단신이거늘, 혹 불가한 일이 있어도 숙부가 옳은 말로 인도하심이 당연하거늘, 왕희 같은 소인에게 아첨하여 고단한 조카의 마음을 꾀어내고자 하시니 그윽이 숙부를 위하여 한심하도소이다. 차후는 집안에 발을 들이지 마소서."

하니, 장준이 소저의 빙설 같은 절개를 탄복하고 돌아와 승상을 보고 소저의 하던 말을 전하니, 승상이 묵묵히 앉았다가 다시 장준에게 은근히 청하여 왈,

"아무쪼록 하여도 그 **혼사를 성사케 하라**."

하니, 장준이 말하기를,

"소저의 마음이 단단한지라. 말로는 유인키 어렵사오니, 비밀한 ⊙계교로써 길일을 가리어 노복과 가마를 갖추어 밤이 깊은 후에 남이 모르게 납치함이 어떠하니잇고?"

승상이 크게 기뻐하며 장준으로 더불어 언약하고 길일을 택하고 비밀한 묘책을 정하니라.

(중략)

상서가 다시 왕희를 꿇리고 눈을 부릅뜨며 말하기를,

"너는 우리 부친에게 무슨 원수가 있관대 ⓛ음모를 꾸며 천자께 모함하여 귀양을 보내고, 그래도 오히려 부족하여 재물로 뱃사람을 유혹하여 바다 중에 버려 죽게 하니, 네 어찌 하늘이 두렵지 않으랴? 우리 부자가 하늘이 도우심을 입어 서해 용왕이 구하여 우리 부자가 무사히 살아나, 나는 천축국에 들어가 팔 년을 수도하여 세상에 다시 나와 흉노족을 죽여 천

자를 구하고, 부친을 만나 뵈어 천륜을 완전히 하였으니, 너의 극악 대죄를 하늘이 어찌 무심하시리오? 네 오늘 죽음이 오히려 늦지 아니하랴?"

상서가 칼을 들어 왕희를 베고자 할 즈음에, 홀연 한 소년 대장이 군복을 정돈하고 장검을 집고 급히 들어오며 외쳐 왈,

"상공은 뉘신지 모르거니와 간적 왕희는 국가의 역적일 뿐 아니라 나의 철천지원수이오니, 이미 죽이고자 한 지 오랜지라. 원컨대 상공은 잠깐 손을 멈추시고 왕희를 나에게 맡기시면 지금 들고 있는 검으로 쾌히 죽여 여러 해의 한을 풀고자 하나니 능히 허하시겠습니까?"

상서가 듣고서는 깊이 생각하며 말하기를,

"그대는 무슨 일로 왕희를 죽이고자 하뇨? 나도 또한 저에게 원한이 사무쳐 왕희를 손수 죽여 설분코자 하거늘, 나의 쌓인 한은 아니하고 어찌 그대의 마음만 시원하게 하리오?"

그 장수가 홀연 눈물을 머금고 말하기를,

"저의 자취는 이미 천자께 아뢰어 세상 모든 사람들이 알고 있는지라. 어찌 상공께 감추리오? 저는 본디 남자가 아니요, 전 한림학사 **장공의 딸**이라. 우리 부친이 일찍이 이부시랑 이공의 아들인 대봉과 어릴 적에 정혼을 약속하였더니, 이공 부자가 왕희의 참소를 입어 귀양을 가매 부친이 이에 분함을 느끼고 병을 얻어 돌아가시니, 우리 모친이 뒤를 이어 세상을 버리신지라. 하루아침에 천지가 무너지매 혈혈단신으로 빈집을 지키며 부득이 부지하더니, 왕희가 나의 고독함을 업신여겨 수차 청혼하매 물리치니, 오히려 불측한 마음을 그치지 않고, 어느 밤에 돌연 **납치하려는 기미**를 미리 알고, **남복**을 입고 피신하여 은인을 만나 여자의 삶을 버리고 남자의 사업을 행하여 천행으로 벼슬에 있다가, 선우족의 침략을 당하매 자원으로 출전하여 천자의 덕과 장졸의 힘으로 항복을 받고, 돌아오는 길에 천자께 글을 올려 이공 부자의 원통함을 밝히고 귀양 간 곳에 사람을 보내었더니, 돌아와 흔적이 없음을 고하오니 어찌 통분치 않으리잇고? 오늘날 황성에 올라오기는 왕희를 베어 이공 부자의 원혼을 위로코자 하였더니, 듣자오니 상공이 먼저 왕희를 처치하신다 하오매, 여자의 체면을 무릅쓰고 **가슴에 막힌 한**을 풀고자 왔나이다."

상서가 듣고 놀라 두 손을 모아 고마워하며 말하기를,

"소저가 생의 집을 위해 여러 번 어려움을 지내시고 **왕희를 죽여** 생의 부자 원수를 갚고자 하시니 어찌 감사치 않으리오? 제가 과연 이 시랑의 아들 대봉이로소이다."

소저가 듣고 기뻐하더라.

- 작자 미상, 「이대봉전」 -

*소질 : 조카가 아저씨를 상대하여 자기를 낮추어 이르는 말.

01 윗글의 대화에 대한 설명으로 가장 적절한 것은?

① 인물의 내력을 요약적으로 제시하여 사건의 전모를 드러낸다.
② 반복되는 사건을 제시하여 인물의 내적 갈등이 심화되는 양상을 보여 준다.
③ 현재의 상황을 과거의 상황과 대비하여 변화한 인물의 태도를 부각한다.
④ 작중 인물이 아닌 서술자가 등장하여 인물 간의 갈등을 새 국면으로 이끌고 있다.
⑤ 새로운 인물이 다른 인물의 발화를 통해 등장함으로써 인물 간의 대립 구도를 전환한다.

02 윗글을 이해한 내용으로 적절하지 <u>않은</u> 것은?

① 왕희는 장 소저 집안의 상황을 근거로 들어 장 소저의 혼인을 결정할 권리가 장준에게 있다고 말했다.
② 장준은 왕희의 아들을 장 소저의 배필로 삼고자 고민 끝에 왕희에게 혼사를 제안했다.
③ 상서는 왕희의 죄를 나열하며 왕희를 처벌함이 정당하다는 생각을 드러냈다.
④ 장 소저는 상서에게 왕희에 대한 원한의 이유를 밝히고 왕희를 손수 죽이고자 하였다.
⑤ 장 소저는 이 시랑의 귀양지에 보낸 사람에게 기대하던 소식을 듣지 못하여 이 시랑 부자가 죽었다고 생각했다.

03 ㉠과 ㉡에 대한 설명으로 가장 적절한 것은?

① ㉠은 장준의 언변을 활용하여 장 소저의 마음을 움직이려는 계획을 포함한다.
② ㉡은 상서의 가족을 위험에 빠뜨린 후 그 죄를 뱃사람에게 덮어씌우는 계획을 포함한다.
③ ㉠은 장 소저가 집을 떠나는 원인을 제공하고, ㉡은 상서가 아버지와 헤어지는 원인을 제공한다.
④ ㉠은 왕희에 의해 제안되어 장준의 승인을 통해 실현되고, ㉡은 왕희에 의해 제안되어 천자의 승인을 통해 실현된다.
⑤ ㉠과 ㉡은 모두 왕희가 자신의 재물을 이용해 장 소저를 협박하여 아들과의 혼인을 성사하고자 실행한 것이다.

04 〈보기〉를 참고하여 윗글을 감상한 내용으로 적절하지 <u>않은</u> 것은?

> **보기**
>
> 늑혼 모티프는 권력자에 의해 주인공이 원치 않는 혼인을 할 위험에 처하는 이야기 단위이다. 「이대봉전」에서 늑혼 모티프는 남녀 주인공의 결연을 방해하는 기능을 하며, 늑혼의 위험은 여성 주인공이 권력자를 향해 적개심을 품고 남장을 결심하는 원인이 된다. 이는 결국 남녀 주인공이 한곳에서 만나 서로의 정체를 확인하는 계기를 제공하는 한편 두 인물의 정서적 연결을 강화하는 역할을 한다.

① 우승상 왕희가 장준에게 '장 소저의 혼사를 이루게 하라'고 말하는 데서, 여주인공이 원치 않는 혼인을 할 위험에 처했음을 알 수 있군.
② 우승상 왕희가 장 소저의 의사를 확인하고도 장준에게 '혼사를 성사케 하라'고 말하는 데서, 남녀 주인공의 결연을 방해하는 권력자의 모습이 드러나는군.
③ 상서가 왕희를 베려는 순간 장 소저가 나타나 자신이 '장공의 딸'임을 밝히는 데서, 남녀 주인공이 재회하여 서로의 정체를 확인하게 되었음이 드러나는군.
④ 장 소저가 자신을 '납치하려는 기미'를 눈치채고 '남복'을 입고 피신하였다는 데서, 늑혼의 위험으로 인해 여주인공이 남장을 결심하게 되었음이 드러나는군.
⑤ 상서가 '왕희를 죽여' '가슴에 막힌 한'을 풀고자 했다는 장 소저에게 고마워하는 데서, 늑혼에 대한 적개심을 지닌 남녀 주인공의 정서적 연결이 강화되었음이 드러나는군.

6 | 작자 미상, 정을선전

다음을 읽고 물음에 답하시오.

[앞부분 줄거리] 유추연은 정을선과 재회하여 혼인하지만, 을선과 먼저 혼인한 조 부인의 시기를 받는다.

차시, 정렬부인이 충렬부인을 해하고자 하여 한 **계교**를 생각하고, 시비 금련을 불러 귀에 대어 왈,

"너를 수족같이 믿나니 나의 가르치는 대로 시행하라."

금련이 대왈,

"부인의 분부하심을 어찌 마음을 다하지 않으리이까?"

조 부인 왈,

[A]
"승상이 유 부인을 각별 사랑하는 중, 겸하여 유 부인이 잉태하여 만삭하였고, 나는 상공의 조강지처이나 대접함이 소홀하고, **생산(生産)**의 길이 **망연**하니 유 부인이 만일 득남하면 그 **총애**가 백 배나 더 할 것이오, 나의 옛정은 아주 물것이 없으리니 이를 생각하면 통분함이 각골한지라. 여차여차하여 미리 소저를 행사하면 나의 평생이 영화로우리니, 네 만일 성사하면 천금으로 상을 주고 일생을 편케 하리라."

금련이 응낙하고 물러 나오더라.

차시 조 부인이 유 부인을 청하여 왈,

"㉠ 일기 화창하오니 후원에 나아가 춘경을 완상하여 울울한 마음을 위로하고자 하오니 부인의 의견은 어떠하시니까?"

유 부인이 좋음을 답하고 후원에 이르니, 조 부인이 마침 몸이 불편하다 하며 도로 내려가셨다 하거늘, 유 부인이 그 꾀를 모르고 즉시 내려가 보니 조 부인이 이부자리를 높이 덮고 누웠거늘, 유 부인이 곁에 나아가 문 왈,

"부인은 어디가 그리 불편하시뇨?"

조 부인이 더욱 **앓는 소리**를 엄엄히 하여 인사를 모르는 체거늘, 유 씨 일변 놀라고 민망하여 급히 왕비께 고하고 일변 **약을 달여 권**하니, 차시 밤이 깊었고 인적이 고요하더라.

조 씨 약을 마신 후 목 안의 소리로 가로되,

"나의 병이 나은 듯하니 부인은 침소로 가 편히 쉬소서. 첩의 병은 날이 오래면 자연 나으리라."

유 부인 왈,

"부인의 병이 저렇듯 위중하시니 어찌 가 자리이까."

하고 가지 아니하니 조 부인이 재삼 권하여 왈,

"㉡ 아까 약을 먹은 후 지금은 나은 듯하오니 염려 마시고 돌아가소서."

하거늘, 유 부인이 마지못하여 침소로 돌아와 누웠더니, 차시 금련이 유 부인이 돌아오기 전에 남복을 입고 유 부인 침소에 들어가 침병 뒤에 숨었는지라.

조 부인이 왕비 사촌 오라비 성복록을 청하여 **금은**을 많이 주고 계교를 가르쳐 이리이리 하라 하니, 성복록은 욕심이 많은 자라.

밤이 깊은 후 왕비 침소에 들어가 왕비께 고하되,

"정렬부인의 병이 중하매 소저가 저의 의약을 다스리며 보오니, 충렬부인이 간호하는 체하옵더니, 밤이 깊지 못하여 몸이 고달프다 하옵고 시비를 물리치고 가오매, 가장 괴이하옵기로 뒤를 따라 살피온즉 모양과 의포 이러이러한 남자가 한가지로 침소로 들어가옵더니 등촉을 물리치고 희락지성(喜樂之聲)이 낭자하오니 이런 변이 어디 있으리이까."

하니, 왕비 이르되,

"충렬부인은 이러할 리 만무하니 네 잘못 보았도다."

하고, 꾸짖으니 복록이 할 말이 없어 나왔다가 다시 들어가,

"㉢ 아까 잘못 보았다 꾸짖으시기로 다시 가 보오니 분명한 남자라. 어떠한 놈과 동침하여 희락이 낭자하오니 내 말을 믿지 아니하시거든 친히 가 보옵소서."

(중략)

금섬이 말하기를,

"명일 아침이 되면 왕비가 상소하여 죽일 것이니, 우리는 관계치 아니하나 충렬부인이 무죄히 죽으리니 불쌍하시고, 또한 복중에 있는 승상의 혈육이 아깝도다."

하며 충렬부인의 말씀을 설파하고 왈,

"이제 옥문 열쇠가 왕비 계신 침전에 있다 하니, 들어가 도적하여 줌을 바라노라."

월매 응낙하고 가더니 이윽고 열쇠를 가져왔거늘, 금섬 왈,

"너는 여차여차하라."

월매 눈물을 흘려 왈,

"㉣ 나는 너 가르친 대로 하려니와, 네 부모를 어찌하고 몸을 버리려 하는다?"

금섬이 한탄하기를,

[B]
"우리 부모는 동생이 여럿이니 설마 상태가 편하지 못하리오. 사람이 세상에 나매 장부는 입신양명하여 나라를 섬기다가 난세를 당하면 충성을 다하여 죽기를 무릅써 임금을 도움이 직분이요, 노주간(奴主間)은 상전이 급한 일이 있으면 몸이 마치도록 **섬기다가 죽는 것이 당연**하니, 내 이리하는 것은 나의 **직분**을 다함이니 너는 말리지 말라. 부디 내 말대로 시행하여 부인을 잘 보호하라."

하고 옥문을 열고 월매와 한가지로 들어가고 왈,

"부인은 빨리 나오소서."

"너는 어디로 가자 하는다."

금섬이 대왈,

"일이 급박하니 바삐 나옵소서."

부인이 예의를 알되, **애매히 죽음**이 원통한지라. 이에 나올새 월매는 부인을 뫼시고 나오되, 금섬은 도로 옥으로 들어가니 부인이 괴이 여기나 묻지 못하고 월매를 따라 한 곳에 이르니, 월매 부인을 인도하여 땅굴 속에 감추고 왈,

"㉤ 이목이 번거하오니 말씀을 마시고 일이 끝나길 기다리소서."

하더라.

- 작자 미상, 「정을선전」 -

01 윗글의 인물들에 대한 설명으로 가장 적절한 것은?

① '조 부인'은 '금련'이 자신을 배반할 것으로 생각하여 천금과 일생의 안락함을 약속했다.
② '성복록'은 '금련'이 남복을 입은 여인임을 알지 못하고 '왕비'에게 잘못된 사실을 고했다.
③ '왕비'는 '유 부인'이 부정을 저질렀다고 판단하였으나 옛정을 생각하여 처벌의 수위를 낮추었다.
④ '금섬'은 '유 부인'이 누명으로 죽게 되면 자신과 '월매' 역시 목숨의 위협을 받을 것으로 생각했다.
⑤ '유 부인'은 옥을 나가는 것이 예의에 어긋난다는 것을 알면서도 옥을 나와 땅굴 속으로 숨어들었다.

02 [A], [B]에 대한 이해로 가장 적절한 것은?

① [A]에서는 현재 상황에 대한 이해를 바탕으로 자신의 미래를 예상한다.
② [B]에서는 다른 해결책을 모색하려는 상대를 구체적인 근거를 들어 설득한다.
③ [A]와 [B]에서는 모두 자신을 걱정하는 상대의 마음에 대한 감사를 표한다.
④ [A]와 [B]에서는 모두 자신이 계획한 대로 일이 진행되지 않을 경우 수행해야 할 일을 언급한다.
⑤ [A]에서는 상대가 얻을 이득을, [B]에서는 상대가 얻을 불이익을 강조하며 당부의 말을 전한다.

03 ㉠~㉤에 대한 설명으로 적절하지 <u>않은</u> 것은?

① ㉠: 유 부인을 후원으로 꾀어냄으로써 유 부인의 침소에 금련이 들어갈 시간을 확보하고 있다.
② ㉡: 유 부인이 자신의 계략을 눈치챌 것을 염려하여 유 부인에게 침소로 돌아갈 것을 재촉하고 있다.
③ ㉢: 자신이 현장을 한 번 더 확인했음을 밝히며 왕비가 자신의 말을 믿도록 유도하고 있다.
④ ㉣: 유 부인을 구하려는 금섬의 계획에 동조하면서도 그 이후의 일을 걱정하고 있다.
⑤ ㉤: 금섬이 다시 옥으로 들어간 것에 대한 설명 없이 유 부인에게 기다릴 것을 제안하고 있다.

04 〈보기〉를 참고하여 윗글을 감상한 내용으로 적절하지 <u>않은</u> 것은?

> **보기**
>
> 「정을선전」에서 조 부인의 조력자들은 물질적 가치를 추구하는 악인으로, 유 부인의 조력자들은 맡은 소임을 다하는 선인으로 묘사된다. 이와 같은 대립적 인물의 배치는 유 부인과 조 부인의 대조적 면모를 부각하여 선과 악의 갈등을 더욱 뚜렷이 드러낸다. 한편, 조 부인이 보여 주는 악행은 근본적으로 가부장적 질서의 불합리성에서 비롯된 것인데, 선인으로 형상화된 인물은 이를 가림으로써 유교적 이념을 근간으로 하는 사회의 부조리를 은폐한다.

① 조 부인이 자신은 '생산의 길이 망연'하여 '총애'를 받지 못할 것이라며 '계교'를 꾸미는 데에서, 가부장적 질서의 불합리성이 악행의 계기로 작용하고 있음을 확인할 수 있군.
② 유 부인이 조 부인의 '앓는 소리'를 듣고는 '약을 달여 권하'며 정성껏 간호하는 데에서, 선악의 대립 구도를 부각하는 선인의 모습을 확인할 수 있군.
③ 성복록은 '금은'을 얻기 위해 조 부인을, 금섬은 '직분'을 다하기 위해 유 부인을 돕는 데에서, 중심인물의 대조적 면모를 부각하는 조력자들의 모습을 확인할 수 있군.
④ 금섬이 '상전'을 '섬기다가 죽는 것이 당연'하다고 말하는 데에서, 선인으로 형상화된 인물이 사회의 부조리에 순응하고 있음을 확인할 수 있군.
⑤ 유 부인이 '애매히 죽음'을 원통하게 여겨 월매를 따라 옥에서 나오는 데에서, 유교적 이념을 근간으로 하는 사회 질서에서 벗어나고자 함을 확인할 수 있군.

7 │ 이정작, 옥린몽

다음을 읽고 물음에 답하시오.

[앞부분 줄거리] 범경문의 첫째 부인 여 씨는 경문의 애정이 둘째 부인 유 씨에게 쏠리자 설생의 필적을 흉내내어 설생과 유 씨가 연인 관계인 것처럼 꾸민다.

범 상서가 놀라고 기운이 빠져 손으로 ⊙편지를 들어 거듭 보니 두 사람의 필적이 분명하여 추호도 의심할 바가 없더라.

[A]
유 씨의 화답하는 글귀는 채 이루지 못하여서 시어머니의 명령이 바빠 서두른 흔적이 분명하되 남을 해칠 마음을 품어서 그 말이 매우 흉악하고 참혹하더라. 이른바 꽃다운 마음의 은혜가 원수가 될까 두려워한다 함은 유 씨가 자기 때문에 설생에게 큰 화가 미칠까 두려워해서 틈을 타서 멀리 도망가라고 한 말이다. 교묘한 계교가 마침내 근심스러운 재앙으로 변하여 좋은 인연 됨을 생각한다고 한 것은 옛날 전국 시절에 태자 단이 형가로 하여금 진시황제를 찌르게 했으나 성공하지 못하자 고점이란 인물이 또 다른 계교를 사용하여 시황제를 치니 이는 선생이 운부사에서 일을 이루지 못하자 다시 계교를 도모하라는 뜻일 것이다.

상서가 이를 보니 다만 마음이 사라지고 춘풍의 화려한 기상이 변하여 안색이 찬 재와 같이 되어 뼈가 놀라고 기운이 막힘을 깨닫지 못하되 오직 생각하기를,

"재상 집안의 규방에 이 같은 변고가 있음은 진실로 역사상 듣지 못한 바다. 하물며 유 씨는 높은 가문에서 자라난 여자로서 부모의 사랑을 받고 입에 예가 아닌 말씀을 일컬음이 없고 눈에 부정한 일을 가까이하지 않았다. 그런데도 오히려 가슴속에 사악한 생각을 가득하게 담고 밖으로는 인의를 꾸미며 스스로 사람의 밝은 거울이 마침내 조고*의 마음속을 비추지 못함을 다행으로 여겨 하늘과 땅 사이에 용납하지 못할 행실로써 **조상을 욕보이고 풍속을 상하게 한 죄**를 기꺼이 받으려 하여 그 행적의 어지러움이 이 지경에까지 이르렀도다. 또 간사한 사람을 지시하여 **남편의 생명을 도모**하며 여 씨에게 독을 사용하는 등 음란하고 사악한 행실이 조금도 거리낌이 없으니 이것은 정말 윤리상의 큰 변고요 천지 귀신들이 함께 죽이기를 꾀할 것이다. 설생의 죄는 더욱 커서 일만 번 죽여도 오히려 죄가 남을 것이다. 이렇게 간사하고 악한 무리를 문하에 머물게 해서 세월이 이미 오래되었지만 오히려 그 음란하고 사악한 마음을 조금도 알지 못했으니 진실로 옛사람이 사람을 알아보던 맑은 안목에 크게 **부끄러워할** 바다. 내 이제 이 서찰을 가지고 가서 분명한 죄를 처리함에 누가 감히 긴 혀를 놀려 스스로 변명함이 있겠는가?"

(중략)

"**우리 집**에 풍습을 더럽히는 **큰 변**이 더러운 행실을 좇아 일어나 간사하고 악한 생각이 미치지 아니한 곳이 없게 되었고 위험한 일들이 소자의 몸에 이르게 되었으나 감히 스스로 결정하지 못하여 어머니의 **밝은 가르침**을 바라게 되었습니다."

상서가 말을 마치자 그 자리에 있던 사람들이 크게 놀라서 급히 그 까닭을 물으니 상서가 이제까지 지낸 일의 처음부터 끝까지를 낱낱이 이야기하고 주머니 속에서 설생의 편지를 꺼내어 어머니께 드리더라. 부인이 보기를 마치고 모든 형제들이 서로 돌려 가며 본 뒤에 서로 머리를 맞대고 말없이 얼굴빛이 차가운 재와 같더라. 부인이 놀란 빛을 띠며 말하기를,

"그중에 나타난 설생의 필적은 너희 또한 잘 알고 있을 것이니 정말 조금도 의심된 곳이 없느냐?"

경문이 대답하기를,

"분명 설생의 친필입니다. 어찌 의심할 여지가 있겠습니까?"

부인이 길게 탄식하고 상서를 대하여 말하기를,

[B]
"내 스스로 자식이 못났음을 깨닫지 못하고 분에 넘치게 어진 며느리를 구하였으나 뜻밖에 하늘이 복 없는 여자를 밉게 여기지 아니하여 우리 가문을 잘 돌봐 주셨다. 그런데 유 씨는 온화하고 부드러우며 영롱한 난초와 같이 아름다운 기품을 품수하였다. 뿐만 아니라 부모의 모범으로 가르치심을 힘입어 십사 세에 너의 부인이란 소임을 맡았으나 나이가 어리되 덕행이 숙성하여 모든 일에 예절을 어김이 없고 사덕을 두루 갖춘 여자였다. 역사상 **간사한 편지로 말미암아 지금의 눈과 귀를 증거한** 것이 마침내 이에 지나지 아니할 것이다. 미망인의 옅은 덕으로써 시어미 됨을 그윽이 부끄러워하는 바이다. 못난 자식과 짝이 됨을 또한 축하하더니 이제 더러운 행실로써 백옥의 결점으로 삼아 칠거지악의 으뜸 죄악을 범했다고 말할 것 같으면 중간에서 모함하여 사람을 부추기는 것은 본받지 아니할 것이다."

경완이 말하기를,

"어머니의 밝으신 생각이 진실로 역사상 드물게 간사한 사람의 간담을 꿰뚫을 것이니 제수씨의 빼어난 덕행으로 본다면 어찌 이를 의심할 수 있겠습니까? 이는 곧 **너의 집안일**이라 못난 형이 **간섭할 바가 아니**지만 혹시 너의 총명이 부족함이 있는가 싶으니 삼가고 삼가야 할 것이다."

최 부인이 이어서 말하기를,

[C]
"슬프다. 이 어찌 한심하지 않겠는가? 오빠가 평소에 부부간을 서로 잘 아는 친구라고 말하나 유 형을 자세히 아는 사람은 오직 저뿐인가 합니다. 만일 저의 현숙한 덕행을 오랫동안 감동하여 한 번 생각을 정한 뒤 어찌 차마 여자로서 씻지 못할 누명을 뒤집어씌우겠습니까? 오빠는 군자의 높은 식견으로써 도리어 조그마한 여자의 헤아림에 미치지 못함이 없을 것이니 모름지기 **세 번 생각하여 후회를 남기지** 마소서."

— 이정작, 「옥린몽」 —

*조고 : 진나라의 간신으로, 섬기던 황제를 시해함.

01 [A]에 대한 설명으로 가장 적절한 것은?

① 시간의 역전적 구성을 통해 사건을 입체적으로 조명하고 있다.
② 역사적인 사건을 바탕으로 특정 인물의 생각을 추측하고 있다.
③ 두 공간에서 동시에 일어나는 사건을 병렬적으로 제시하고 있다.
④ 인물의 행위를 연속적으로 나열하여 사건의 긴박감을 드러내고 있다.
⑤ 특정 사건에 대한 인물의 반응을 반어적으로 표현하여 상황의 반전을 암시하고 있다.

02 ㉠과 관련하여 윗글을 이해한 내용으로 적절하지 <u>않은</u> 것은?

① 상서는 ㉠을 거듭 본 후 유 씨의 행실에 대한 평가를 달리하고 있다.
② 상서는 ㉠을 읽은 후 자신이 그동안 유 씨의 잘못을 눈치채지 못했음을 자책한다.
③ 상서는 ㉠을 유 씨에게 보여 주면 유 씨가 자신의 저지른 행위를 변명하지 못할 것으로 생각한다.
④ 상서는 유 씨가 저지른 부정을 가족 구성원들에게 직접 말하지 못하고 ㉠을 꺼내 보임으로써 알린다.
⑤ 상서의 어머니와 형제들은 ㉠을 돌려 본 직후 예상치 못한 사건에 모두 말을 잇지 못한다.

03 [B], [C]에 대한 이해로 가장 적절한 것은?

① [B]에서는 상대를 낮추어 말함으로써 상대의 잘못을 비아냥거리는 태도를 보인다.
② [B]에서는 상대의 확신에 찬 말을 듣고 그 내용을 그대로 믿었던 것을 반성하는 마음을 드러낸다.
③ [C]에서는 상대와 자신의 차이점을 바탕으로 상대의 주장을 따를 수밖에 없음을 드러낸다.
④ [C]에서는 [B]와 달리, 상대의 총명함을 칭찬하면서 태도 변화를 유도한다.
⑤ [B]와 [C]에서 모두 상대가 문제로 언급하는 상황에 대한 운명론적인 태도를 드러낸다.

04 〈보기〉를 참고하여 윗글을 감상한 내용으로 적절하지 <u>않은</u> 것은?

> **보기**
>
> 「옥린몽」은 가정 내에서 벌어지는 갈등과 그 해결 과정을 다룬 가정 소설로, 가문의 여러 구성원이 관여하며 갈등이 진행된다. 그 과정을 거치며 개인의 인식적 한계가 보완된다는 점에서 작자가 지향하는 문제 해결 방식을 짐작할 수 있다. 또한 이는 가문을 중시하고, 가정 내 문제를 가문 전체의 유지와 번영에 영향을 미치는 일로 취급하는 사대부 작자의 인식을 반영한 것으로도 해석할 수 있다.

① 상서는 '남편의 생명을 도모'한 일을 '조상을 욕보이고 풍속을 상하게 한 죄'라고 말하며, 가정 내 문제를 가문 전체의 일에 연관 짓는 모습을 보이는군.
② 상서는 '우리 집'에서 발생한 '큰 변'에 관한 결정을 내리기 전에 어머니를 찾아가 '밝은 가르침'을 구하며, 가문의 여러 구성원이 갈등에 관여하는 계기를 마련하는군.
③ 부인은 '간사한 편지로 말미암아 지금의 눈과 귀를 증거한' 사례를 언급하며, 상서와는 다른 시각에서 사건을 파악하는 면모를 보이는군.
④ 경완은 상서에게 '너의 집안일'이라 '간섭할 바가 아니'라고 말하며, 가정 내 문제가 가문으로 확장되는 것이 바람직한 해결책이 아니라는 작가의 인식을 드러내는군.
⑤ 최 부인은 상서에게 '세 번 생각하여 후회를 남기지' 말라고 말하며, 유 씨의 편지에 대한 상서의 인식적 한계를 보완하는 역할을 하는군.

8 | 작자 미상, 조웅전

다음을 읽고 물음에 답하시오.

[앞부분 줄거리] 송나라 승상 조정인이 이두병에게 참소를 당하여 죽자, 조웅은 어머니와 함께 숨는다. 이후 황제가 서거하자 이두병은 송나라 태자를 유배 보낸 뒤 스스로 황제의 자리에 오르고, 온갖 고생을 하며 유랑하던 조웅은 월경 대사와 철관 도사로부터 술법과 무술을 전수받는다. 중간에 헤어진 어머니를 다시 만나기 위해 가던 조웅은 우연히 장 진사의 집에 들러 장 소저와 부모 몰래 백년가약을 맺는다.

소저가 탄식하여 말하기를,

"내 몸이 규중의 처자요, 사대부의 후예로서 이렇듯 죄인이 되어 가문에 욕을 끼치니 살아서 무엇하리오."

하며 슬피 울거늘, 웅이 위로하여 말하기를,

"난들 어찌 죄인이 아니리오? 부모에게 고하지 않고 부인을 맞았으니 불효가 이보다 더 큼이 없건마는 거문고 한 곡조를 통소로 화답하니 어찌 천생연분이 아니리오? 하늘이 정하신 바라. 어찌 내 마음대로 왔다하리오?"

"낭군께서 이번에 가시면 어찌 소식을 알리오. 사람의 연고를 모르오니 다음에 만날 때 증거로 삼을 것이 없사오니 무슨 표시를 주어 신물로 삼게 하소서."

웅이 옳게 여겼지만 행장에 가진 것이 없고 다만 손에 부채뿐이기에 ㉠부채를 펴 글 두어 구를 써주며 말하기를,

"이것으로 뒷날에 신표를 삼으소서." 하였다.

[중략 부분 줄거리] 조웅은 위왕을 도와 서번군을 격파한 뒤 유배 간 태자를 구출한다. 위왕의 청에 따라, 조웅은 위왕의 차녀를 부인으로 삼고, 모친과 장 소저를 찾는다. 이후 위왕과 연합하여 이두병이 있는 황성으로 향한다.

원수가 팔십만 대병을 몰아 황성을 짓쳐 들어오더니 황성 백성들이 남녀노소 없이 길을 막고 나와 원수께 치하하며 말하기를,

㉡"장하고 장하도다. 어디를 가셨다가 이제야 오십니까? 천우신조(天佑神助)로 대송(大宋)이 회복되도다."

하고 무수히 하례하거늘 원수가 위로하기를,

"살아서 너희를 다시 보니 반갑기 그지 없도다."

하시며 행군을 재촉하여 수일만에 황자강에 이르니 강산 풍경이 예와 같은지라. 문득 옛일을 생각하니 비회를 금치 못하고 사공을 재촉하여 강을 건넜더니 황성관 어귀에 만조백관이 이두병과 이관 등을 수레 위에 높이 싣고 원수의 군행(軍行)을 기다리다가 원수가 오심을 보고 나아와 땅에 엎드려 여쭈오되,

"소인 등은 군왕을 기만하였으므로 죽어 마땅하나 그때를 당하여서 도망치지 못하였고 또 두병의 형세를 당하지 못하여 참여하였사오나 매일 송 태자를 생각하오니 가슴 속이 막혀 한 순간인들 온전하리오? 천행으로 원수가 이리 오신다 하옴에 범죄 불고하고 두병의 부자를 결박하여 바치니 엎드려 바라건대 원수께서는 불쌍히 여기셔서 널리 용서해 주소서. 소인들의 잔명을 보전하여 주옵심을 바라나이다."

하며 애걸하거늘 원수가 이두병을 보니 분기충천한지라. 진을 머무르게

하고 군사를 호령하여,

"두병을 잡아들여라."

하니, 군사가 일시에 달려들어 두병을 잡아 진중에 꿇리니 원수가 호령하여 말하기를,

㉢"두병아 네 낯을 들어 나를 보라. 네 죄를 생각하니 죽여도 아깝지 않음이라. 태자를 귀양살이 보내고 사약을 내리니 그 죄가 어떠하며, 또 나를 잡으려고 장졸을 보내어 시절을 요란케 하니 무슨 일이뇨? 사실대로 똑바로 아뢰어라."

㉣"이미 일이 발각되었으니 무슨 말을 못 하겠는가? 당초에 신하들과 함께 옥새를 도모하여 황제의 자리를 노린 것과, 태자를 변방 땅에 멀리 귀양 보내고 사약을 내린 것도 모두 저들의 소견으로 하온 바인데 발각되니 저들은 죄를 면하려고 간계를 내어 내가 이 지경이 되었으니 다 저들의 죄요 실로 나는 송실을 해코자 함이 아닐러니 이제 나는 죄를 범하고 저들은 죄를 면하고자 함입니다."

원수가 들음에 분기충천하여 큰 소리로 꾸짖어 말하기를,

"이 간악한 놈아, 너를 잠신들 어찌 살려 두리요마는 아직 살려 두는 뜻은 태자를 모셔 온 후에 죽이려 함 때문이니라."

(중략)

이날 원수가 태자전에 숙배(肅拜)한 후에 여쭈오되,

"도성이 오래 비었사오니 급히 행군하사이다."

하고, 여쭈오니 태자가 웃으며 말하기를,

"이제 발행하려 하니 황후 모실 기구를 차리라."

하고 위왕께 하직하니 위왕이 못내 애연하여 아뢰기를,

㉤"소왕이 대왕을 모셔 행군 후에 돌아오고 싶으나 위국은 가달국의 접경이라서 한순간도 비우지 못하겠삽기로 모시지 못하오니 그 죄는 죽어도 아깝지 않습니다."

하니, 황제 떠나는 정을 못내 슬퍼하더라. 이날 원수는 태자와 황후와 모부인, 빙부인과 장씨와 금련 모녀를 함께 모시고 대국으로 향할 때 위왕이 백 리 밖까지 나와 이별하는 정은 못내 애연히 하더라. 위왕과 이별하고 황성으로 향할 때에 그 위의와 거동은 이루 다 형언치 못할러라. 황성에 다다르니 노소 충신과 장안 백성이 남녀노소 없이 도성 백 리 밖에 나와 못내 즐겨하며 격양가를 부르더라.

이날 환국하여 즉위하신 후에 이두병과 이관 등 오형제를 잡아들여 친히 심문하신 후에 진 밖에서 참형에 처하여 사지를 갈라 저자에 돌려 보인 후에 이 까닭을 여러 나라에 반포하니라. 또한 두병의 가솔을 적몰하여 각국에 소속시켜 종으로 삼았다.

황제 황극전에 나가 좌정하시고 태평연을 배설하여 출전한 여러 장수들에게 차례로 공을 기록하는데 조원수로 번왕을 봉하시고, 그 부인 장씨로 정숙 왕비를 봉하시고, 강백으로 대사마 겸 대원수 태학사를 삼으시고, 그 남은 여러 장수들은 차례로 공에 따라 등용하는데, 하나도 부족하다 하는 이 없더라.

- 작자 미상, 「조웅전」 -

01 윗글에 대한 이해로 가장 적절한 것은?

① 조웅은 이두병뿐 아니라 이두병의 가솔들도 참형하였다.

② 위왕은 자신의 아들을 구해준 조웅에게 고마움을 표현하고 있다.

③ 조웅은 행장에 가진 것이 없어 장 소저에게 신물을 전해 주지 못하였다.

④ 이두병의 신하들은 조웅이 황성으로 들어올 것을 미리 알고 행동을 취했다.

⑤ 조웅은 부모에게 고하지 않고 장 소저를 부인으로 맞은 것에 대해 후회하고 있다.

02 윗글의 ㉠~㉤에 대한 설명으로 가장 적절한 것은?

① ㉠ : '장 소저'와 자신이 다시 만나지 못할 것이라 여겨 마지막으로 장 소저의 부탁을 들어 주고 있다.

② ㉡ : 백성들은 '조웅'을 진심으로 반기며 송나라가 다시 제자리를 찾을 것을 기대하고 있다.

③ ㉢ : '조웅'은 '이두병'에게 자신의 아버지를 음해하였던 것에 대한 죄를 묻고 책망하고 있다.

④ ㉣ : '이두병'은 자신이 어차피 죽을 목숨이라 생각하여 신하들을 살리기 위해 모든 죄를 스스로 뒤집어쓰려 하고 있다.

⑤ ㉤ : '대왕'에게 자신의 부덕함으로 인해 나라의 존망이 위태하게 되었던 것에 대해 용서를 구하고 있다.

03 〈보기〉를 바탕으로 윗글을 감상한 것으로 적절하지 <u>않은</u> 것은?

> **보기**
>
> 「조웅전」은 다른 영웅담에 비하여 몇 가지 특이한 점을 보이는데, 먼저 주인공의 탄생에서 아들 낳기를 기원하는 정성이나 태몽, 혹은 천상인의 하강과 같은 모티프가 나타나지 않는다는 점과, 다른 군담 소설의 주인공들이 자신의 초인적인 능력을 발휘하여 위기를 극복하는 반면 조웅은 자신의 힘보다는 '초인'의 도움으로 운명을 개척한다는 점이 그러하다. 또한 「조웅전」의 애정담은 전통적 유교 윤리와는 어긋나는, 부모의 허락 없는 결혼을 그리고 있다는 점에서 이채로운 면을 보이기도 한다.

① '조웅의 어머니'는 아들을 낳을 때 태몽을 꾸지 않았겠군.

② '조웅'은 천상계에서 온 존재가 아니라 지상계의 인물이라고 할 수 있겠군.

③ '조정인'은 '조웅'을 얻기 위해 하늘에 기원하며 정성들여 기도를 올린 적은 없었겠군.

④ '조웅'은 '위왕'이라는 인물의 초인적인 능력을 통해 자신이 원하는 바를 이루게 되었군.

⑤ '장 소저'는 부모의 허락을 받지 않고 '조웅'과 결혼을 했다는 점에서 전통적 유교 윤리에 어긋나는 인물이군.

NiBS
수특 스페셜

변형문제 N제

정답과 해설

빠른 정답

PART 03. 고전시가

1 관서별곡   1 ①   2 ④   3 ③

2 우부가   1 ②   2 ①   3 ⑤   4 ⑤

3 우활가   1 ②   2 ②   3 ②   4 ②   5 ④

4 단가육장   1 ⑤   2 ③   3 ④   4 ③   5 ④
                                         6 ⑤

5 시집살이 노래   1 ④   2 ④   3 ②   4 ⑤   5 ③
                                         6 ①

6 농가월령가   1 ①   2 ③   3 ⑤   4 ③   5 ⑤
                                         6 ③

PART 04. 고전 산문

1 삼선기   1 ③   2 ②   3 ③   4 ⑤

2 서대주전   1 ④   2 ③   3 ②   4 ②

3 설홍전   1 ②   2 ⑤   3 ③   4 ③

4 위경천전   1 ③   2 ④   3 ④   4 ④

5 이대봉전   1 ①   2 ②   3 ③   4 ⑤

6 정을선전   1 ⑤   2 ①   3 ②   4 ⑤

7 옥린몽   1 ②   2 ④   3 ④   4 ④

8 조웅전   1 ④   2 ②   3 ④

Ⅰ. 현대시

1. 서정주, 꽃밭의 독백 / 김선우, 낙화, 첫사랑

1. ①

(가)에서는 '꽃아, 아침마다 개벽하는 꽃아.', '문 열어라 꽃아.' 등과 같이 '꽃'을 반복적으로 호명하여 중심 대상인 '꽃'으로 초점을 모으고 있으므로 선지의 내용은 적절하다.

오답풀이

② (나) X / (나)에서는 반어적 어조가 사용되지 않았으며, 이를 통해 현실에 대한 비관적 태도를 드러내고 있지도 않다. ③ (가) O, (나) X / (가)는 '문 열어라 꽃아. 문 열어라 꽃아.'라는 동일한 시행을 반복하여 운율감을 자아내고 있다. 반면 (나)는 동일한 시행의 반복을 통해 운율감을 자아내고 있지 않다. ④ (가) X, (나) X / (가)에서는 '꽃아, 아침마다 개벽하는 꽃아.'에서 점층적 표현을 확인할 수 있다. 그러나 이를 통해 대상과의 거리감을 강조하고 있지는 않다. 한편, (나)에서는 점층적 표현이 드러나지 않으며 대상과의 거리감을 강조하고 있지도 않다. ⑤ (가) X, (나) X / (가)에서는 하강 이미지를 활용하고 있지 않다. 한편, (나)에서는 '추락하는 그대의 속도'에서 하강 이미지를 제시하고 있을 뿐, 상승 이미지를 활용하고 있지는 않다.

2. ④

[B]에서 '벌써'는 화자가 잡은 '산돼지'와 '산새들', 즉 속세의 대상들에 '입맛을 잃었'음을 부각하는 표현으로, 화자가 현재 상황에 대해 만족하지 못하고 있음을 드러낸다. 이는 [D]에서 화자가 '꽃'을 향해 '문'을 열라고 요청하는 계기로 작용한다. 하지만 화자가 '꽃'에게 '문'을 열라고 반복하여 말하는 것은 '문'이 열릴 것을 확신하기 때문이 아니라, 화자가 '꽃'을 통해 이상향의 세계로 가기를 간절히 원하고 있기 때문이므로 선지의 내용은 적절하지 않다.

오답풀이

① [A]에서는 '노래'와 '말'이 각각 '구름'과 '바닷가'를 넘어서지 못하는 한계 상황이 제시되고 있다. 이때 '노래'와 '말'은 한계를 지닌 존재라는 점에서 동질성을 띤다고 볼 수 있다. 한편, [B]에서 '산돼지'와 '산새들'은 화자가 '입맛'을 잃은 대상이다. 이때 '산돼지'와 '산새들' 또한 화자가 속세에 관심이나 흥미를 잃었음을 보여 준다는 점에서 동질성을 띠므로 해당 선지의 내용은 적절하다. ② [A]에서 '노래'와 '말'이 각각 '구름'과 '바닷가'를 넘어서지 못하는 한계 상황을 인식한 화자는 [D]에서 '벼락과 해일만이 길일지라도' 이를 넘어서 이상향의 세계로 가고자 하는 의지를 드러내고 있다. 따라서 [A]에서 드러난 한계 상황은 [D]에서 제시된 '벼락과 해일'이라는 시련의 길을 통해 극복될 수 있음을 드러내는 것이라 할 수 있다. ③ [B]에서 '산돼지'와 '산새들'은 화자가 '입맛을 잃'은 대상으로, 화자가 속세에 관심이나 흥미를 잃었음을 보여 준다. 이러한 화자의 상태는 [D]에서 '아침마다 개벽하는 꽃'을 향해 '문'을 열라고 요청하는 계기로 작용하므로 선지의 내용은 적절하다. ⑤ [C]에서 화자는 자신을 '물낯바닥에 얼굴이나 비치는 / 헤엄도 모르는 아이'에 빗대어 표현하고 있다. 이는 '꽃'이 속한 '문' 너머의 세계로 갈 방법을 찾지 못하고 '닫힌 문에 기대섰을 뿐'인 화자의 무력한 상황을 드러내기 위한 표현이므로 선지의 내용은 적절하다.

3. ④

(나)에서 화자는 '추락하는 그대'를 위해 '가장 낮게 엎드린 처마를 끌고' '그대의 속도를 앞질러 '아주 조금만 먼저 바닥에 닿'고자 한다. 이때 '가장 낮게 엎드린 처마'는 '아기를 받'는 '강보'의 이미지로 연결되어, '그대'를 위해 먼저 추락을 감

내할 정도로 자신을 희생하려는 화자의 태도를 보여 주므로 선지의 내용은 적절하다.

오답풀이

① (나)에서 '그대가 아찔한 절벽 끝에서 / 바람의 얼굴로 서성'이는 것은 '그대'가 '추락'하기 전에 보이는 불안한 모습으로 볼 수 있다. 따라서 이를 자신의 추락을 미처 생각하지 못한 '그대'의 모습으로 보기 어렵다. ② (나)에서 화자는 '절벽 끝'에서 서성이는 '그대'를 '부르지 않'고, '옷깃 부둥키며 수선스럽지 않겠'다고 말하고 있다. 따라서 '옷깃 부둥키며 수선스럽'게 구는 것을 '그대'를 향한 화자의 진실한 마음을 드러내는 행위로 보기 어렵다. ③ (나)에서 화자는 '추락하는 그대'를 위해 자신이 '아주 조금만 먼저 바닥에 닿겠'다고 말하고 있다. 이는 '추락하는 그대의 속도를 앞질러 '그대'를 받아 내려는 화자의 태도를 부각할 뿐, 추락을 결심하기까지 망설였던 화자의 내면을 보여 준다고 할 수 없다. ⑤ (나)에서 화자는 '그대보다 먼저 바닥에 닿아'서 '강보에 아기를 받듯 온몸으로 나를 받겠'다고 말한다. 화자가 받으려고 하는 대상이 '추락하는 그대'라는 점에서, '온몸으로 나를 받겠습니다'는 '그대'와 '나'를 동일시하는 화자의 인식을 보여 준다고 할 수 있다. 따라서 화자가 추락한 뒤에야 '그대'보다 자기 자신이 중요하다는 사실을 알게 되었다고 보기는 어렵다.

4. ③

〈보기〉에 따르면 (나)는 사랑의 유한성을 수용함으로써 자기 삶을 긍정하고 성숙한 사랑으로 나아가려는 화자의 태도를 보여 준다. (나)에서 화자는 '그대'가 '절벽 끝'에서 '바람의 얼굴로 서성'이는 상황을 묘사하여 이별의 상황을 나타내고, '그대에게 무슨 연유가 있겠거니' 생각하며 '손 내밀지 않겠'다고 말한다. 이는 〈보기〉에서 설명한 사랑의 유한성을 수용하는 태도와 연결된다. 또한 '손 내밀지 않고 그대를 다 가지겠'다는 것은 사랑의 유한성을 수용하는 일이 오히려 성숙한 사랑의 자세라는 인식을 드러낸다고 볼 수 있다. 따라서 화자의 수용적 태도가 '그대'와의 재회를 위한 것이라고 보기는 어려우므로 선지의 내용은 적절하지 않다.

오답풀이

① 〈보기〉에 따르면 (가)는 꽃의 속성에 주목하여 인간이 삶에서 마주하는 한계에 대한 인식을 드러내고, 인간 세계의 유한성을 극복하고 영원의 세계를 갈망하는 화자의 태도를 보여 준다. (가)에서 화자는 자신이 '물낯바닥에 얼굴이나 비치는 / 헤엄도 모르는 아이와 같'아 '꽃'이 속한 영원의 세계로 가는 방법을 찾지 못하고 '닫힌 문에 기대섰을 뿐'이라고 말하고 있다. 이는 자신이 갈망하는 영원의 세계로 가고자 하지만 한계를 마주해 가지 못하고 있는 화자의 상황을 드러낸 것이므로 선지의 내용은 적절하다. ② 〈보기〉에 따르면 (가)는 꽃의 속성에 주목하여 인간이 삶에서 마주하는 한계에 대한 인식을 드러내고, 인간 세계의 유한성을 극복하고 영원의 세계를 갈망하는 화자의 태도를 보여 준다. (가)에서 화자는 '닫힌 문'에 기대선 채로 '꽃'에게 '문'을 열어 달라고 반복적으로 요구하고 있다. 이는 '꽃'이 속한 영원의 세계를 갈망하는 모습을 형상화한 것이므로 선지의 내용은 적절하다. ④ 〈보기〉에 따르면 (나)는 사랑의 유한성을 수용함으로써 자기 삶을 긍정하고 성숙한 사랑으로 나아가려는 화자의 태도를 보여 준다. (나)에서 화자가 '내 생을 사랑하지 않고는 / 다른 생을 사랑할 수 없음을 늦게 알았다'고 한 것은 사랑의 유한성을 수용함으로써 자기 삶을 긍정하게 된 화자의 태도를 보여 주는 것이라 할 수 있다. ⑤ 〈보기〉에 따르면 자연의 섭리에 따라 피고 지는 꽃은 인간사를 이해하는 단서를 제공하기도 하며, (가)와 (나)는 꽃의 속성에 주목하여 인간이 삶에서 마주하는 한계에 대한 인식을 드러낸다. (가)에서는 '꽃'을 '아침마다 개벽'하는 존재로 보고 있으며, (나)는 제목에서 알 수 있듯이 꽃이 지는 '낙화'를 '그대'와의 '마지막 순간'에 연결 짓고 있다. 따라서 (가)와 (나) 모두 자연의 섭리에 따라 피고 지는 꽃의 속성을 기반으로 하고 있다고 볼 수 있으므로 선지의 내용은 적절하다.

2. 정현종, 초록 기쁨-봄 숲에서 / 이준관, 가을 떡갈나무 숲

1. ③

(가)의 '싱글거리는 흙의 향기', '큰 향기로운 눈동자를 굴리며'와 (나)의 '눈부신 날개짓 소리', '산 아래 콩밭에 뿌려 둔 노래를 쪼아', '파릇한 산울림이 떠내려오는'에서 감각의 전이가 사용되었으며, 이를 통해 대상을 생동감 있게 묘사하고 있다.

오답풀이

① (가)는 '해여, 푸른 하늘이여.', '나뭇가지들의 초록 기쁨이여.'에서 말을 건네는 방식을 활용하고 있으나, 이를 통해 화자의 의지를 드러내고 있지는 않다. ② (나)에는 영탄적 표현이 사용되지 않았다. ④ (가)와 (나)는 모두 '나'라는 화자를 표면화하여 대상에 대한 친근감을 나타내고 있다. ⑤ (가)는 과거와 현재를 대비하고 있지 않다. 반면, (나)는 '이 숲에 그득했던 풍뎅이들의 혼례, / 그 눈부신 날개짓 소리 들릴 듯한데, / 텃새만 남아'에서 과거와 현재를 대비함으로써 '떡갈나무 숲'이라는 공간에서 일어난 변화를 그려내고 있다.

2. ②

ⓒ에서 잎이 달린 나뭇가지를 '공중에 뜬 물'로 비유하여 나뭇가지가 부드럽게 흔들리는 모습을 표현하고 있다.

오답풀이

① ㉠에는 반어법이 사용되지 않았으며, '해'와 '초록'과 '꽃'은 대립 관계를 이루고 있지도 않다. ③ ⓒ(깔대기)은 인공물이므로 '봄 숲'의 자연을 표현한 시의 전체적인 분위기와 어울리지 않는 소재라고 볼 수 있다. 그러나 '하늘의, 향기'가 '내 코에 댄 깔대기' 같다고 하였으므로, 이를 통해 변해버린 자연의 풍경에 대한 화자의 좌절감을 표현한 것이라는 이해는 적절하지 않다. ④ ②의 '떨어져'에서 하강의 이미지가 사용되었으며, 이를 통해 잎이 지는 가을 숲의 경경을 드러낸다는 부분은 허용할 수 있다. 그러나 '떡갈나무 잎'이 떨어짐으로써 '따뜻한 털'이나 '쐐기집', '알의 집'이 되고 있으므로, ②은 현실에 대한 화자의 비관적 인식을 암시하는 것이 아니라 자연의 여러 존재 간의 상호 의존성과 연대성을 암시하고 있다고 보는 것이 적절하다. ⑤ ⑩에서 숨을 들이키는 주체인 화자와 객체인 하늘이 전도된 상황을 제시하고 있으나, 이는 자연 속에서 느끼는 쓸쓸함을 보여 주는 것이 아니라 자연과 일체감을 느끼는 화자의 모습을 보여 주는 것이다.

3. ④

(나)에서 '노루 발자국'을 찾는 화자의 행위와 겨울의 추위를 피해 어디론가 떠나간 노루는 떡갈나무 숲의 계절을 보여줄 뿐, 자연과의 합일을 이루지 못한 화자의 모습을 나타낸다고 보기는 어렵다. 〈보기〉에 따르면 (나)에서 자연은 '화자의 삶에 위로를 주는 평화로운 공간'으로 형상화되었다고 하였으며, 떡갈나무와 소통하는 화자의 모습에서 자연과의 합일을 이루었음을 확인할 수 있다.

오답풀이

① (가)에서 화자는 '하늘 전체가 그냥 기쁨'이라고 하였으며, '하늘'의 '향기'를 '코'로 느끼고 있다. 이를 통해 화자에게 자연은 일상적이지 않은 기쁨의 원천 역할을 하고 있음을 알 수 있다. ② 인간과 자연이 하나의 공동체를 이루며 모든 존재가 그 공동체 안에서 상호 의존하고 연대하며 살아간다는 〈보기〉의 내용을 참고할 때, (가)의 '해'와 '푸른 하늘'과 '나뭇가지들'과 '흙'은 모든 존재가 하나의 공동체를 이룬 자연의

모습으로 볼 수 있다. ③ 〈보기〉의 내용을 참고할 때, '외롭다고 쓸쓸하다고 중얼거리는 '나'의 모습은 공동체 의식이 파괴된 고독한 현실을 살아가는 화자의 모습으로 볼 수 있다. ⑤ '떡갈나무'가 화자에게 '잎을 떨구'며 '밤에 대 봐, / 조금 따뜻해질 거야'라고 말하는 부분에서 화자의 삶에 위로를 주는 평화로운 공간으로서의 자연을 확인할 수 있다.

3. 조지훈, 화체개현 / 나희덕, 식물적인 죽음

1. ⑤

(가)에는 '석류꽃'의 개화를 관찰하는 화자의 모습이, (나)에는 '그녀'가 생을 마감하는 모습을 관찰하는 화자의 모습이 제시되고 있다. (가)의 화자는 '꽃망울 속에 새로운 우주가 열리는 파동!'이라고 표현함으로써 '석류꽃'의 개화에 대한 긍정적 태도를, (나)의 화자는 '그녀'가 '한 떨기 죽음으로 완성'되었다고 표현함으로써 죽음에 대한 긍정적 태도를 드러내고 있으므로 선지의 설명은 적절하다.

오답풀이

① (가)의 화자는 '석류꽃'의 개화를 관찰하며 경이로움을 느끼고 있을 뿐, 현실에 대한 비판적 인식을 드러내고 있지 않다. (나)의 화자 역시 '그녀'가 생을 마감하는 모습을 '완성'되었다고 표현하고 있으므로 현실에 대한 비판적 인식을 드러내고 있다고 볼 수 없다. ② (가)에서 화자가 '석류꽃'에 대한 인식을 전환하거나, 현실을 비관적으로 바라보는 모습은 나타나지 않는다. (나) 역시 화자가 '그녀'의 죽음에 대한 인식을 전환하거나, 현실에 대한 비관적 태도를 드러낸 부분은 나타나지 않는다. ③ (가)의 장소는 '방안'이며 (나)의 장소는 '병실'이다. (가)와 (나)는 해당 장소에서 각각 '석류꽃'이 개화하는 모습과 '그녀'가 생을 마감하는 모습을 현재 시선으로 그려내고 있을 뿐, 과거 사건에 대해 회상하고 있지는 않다. ④ (가)는 '석류꽃'이 피는 순간을 감각적으로 표현하고 있으므로 중심 제재의 심미적 속성(아름다움과 관련한 속성)을 강조하고 있다고 볼 수 있으나, 인간의 행위를 우호적으로 바라보고 있는 부분은 찾을 수 없다. 한편, (나)의 화자는 '그녀'가 숨이 가빠지고 입을 뻐끔거리는 모습을 묘사하고 있을 뿐, '그녀'의 행위에 대한 우호적 관점을 드러내고 있지 않다. 또한 '그녀'의 죽음에 대한 심미적 속성을 강조한 부분도 나타나지 않으므로 적절하지 않다.

2. ②

(가)에서 화자는 '짧은 여름밤'이 '촛불 한 자루도 못다 녹인 채 사라'진다고 표현함으로써, '여름밤'의 짧음을 부각하고 있다. 한편, (나)의 화자는 죽음을 앞둔 '그녀'가 '토해놓은 산소들'로 이루어진 '공기 방울'에서 '수레국화 비슷한 냄새가 났'으며, '그녀'의 죽음 이후 '수레국화 한 송이'가 '피어나기 시작'했다고 하였다. 따라서 '수레국화'를 '한 송이'라고 표현한 것은 '그녀'와 '그녀'가 죽은 후 새롭게 피어난 '수레국화'를 연결하려는 화자의 의도를 보여 준다고 할 수 있다.

오답풀이

① (가) X, (나) O / (가)의 '실눈'은 '석류꽃'의 개화에 집중하기 위해 몰입한 화자의 모습을 부각하기 위한 표현으로, (가)에서 화자의 내적 갈등으로 인한 괴로움은 나타나지 않는다. 한편, (나)에서 '그녀'는 삶의 수면 위로 입을 뻐끔거리는 모습을 보인다. 이때 '입'은 가쁜 '숨소리'와 함께 생명을 유지하려는 '그녀'의 노력과 연결된다. ③ (가) X, (나) X / (가)의 '문득'은 '어떤 행위가 갑자기 이루어지는 모양'을 나타내는 부사로, '석류꽃'이 '짧은 여름밤'에 갑자기 피어났음을 부각하는 표현이다. 화자는 이렇게 피어난 '석류꽃'을 보며 생명의 신비를 느끼고 있을 뿐, 당혹감을 드러내지 않았다. 한편, (나)의 '오로지'는 '오직 한 곬으로'라는 뜻의 부사로, '그녀'의 죽음을 '완성'으로 보는 화자의 인식을 부각하는 표현이다. 또한 '그녀'가 '죽음'을 갈망했다고 보기는 어렵다. ④ (가) X, (나) O / (가)에서 '꽃잎을 적시는 '물보래'의 모습은 동적

인 표현이므로, '석류꽃'의 정적인 모습을 부각하는 것으로 보기 어렵다. 한편, (나)에서 '수면'은 생사의 갈림길에서 힘겨운 숨을 쉬는 '그녀'의 모습을 부각하고 있는 표현이다. ⑤ (가) O, (나) X / (가)의 화자는 '방안'에서 '석류꽃 속으로 들어가 앉는' 것 같은 느낌을 받고 있으므로, '방안'은 화자가 '석류꽃'과 일체감을 느끼는 공간이라 할 수 있다. 한편, (나)의 화자는 '병실'에서 죽음을 맞이한 '그녀'를 '완성'되었다고 표현함으로써 이에 대한 긍정적인 태도를 보일 뿐, '그녀'에게 연민을 느끼고 있지는 않다.

3. ②

(가)는 '태고적 바다의 소리 없는 물보래가 꽃잎을 적신다'라는 표현에서 '태고적 바다'의 물살을 이제 막 탄생한 '석류꽃'이라는 생명에 힘을 부여하는 존재로 그려내고 있다. 하지만 이러한 힘의 근원이 다른 생명의 소멸에 있다는 인식은 드러나지 않으므로 선지의 설명은 적절하지 않다.

오답풀이

① 〈보기〉에 따르면 (가)는 '석류꽃'이 개화하는 모습을 통해, 생명의 탄생에 대한 인식을 드러낸 작품이다. 이를 고려할 때, '석류꽃'의 개화를 '꽃망울 속'에 '새로운 우주가 열리는' 것이라고 표현한 것은 새롭게 탄생한 생명인 '석류꽃'에 담겨 있는 자연의 질서를 드러낸 것으로 볼 수 있다. ③ 〈보기〉에 따르면 (가)는 화자가 '석류꽃'이 개화하는 모습에서 생명이 발산하는 힘을 목격하고 그 속에서 느낀 경이로움을 그려낸 작품이다. 이를 고려할 때, '아무것도 생각할 수가 없다'라는 표현은 '방안 하나 가득' 물들어 오는 '석류꽃'의 생명력에 경이로움을 느끼는 화자의 모습을 나타낸 것으로 볼 수 있다. ④ 〈보기〉에 따르면 (나)는 '그녀'가 생을 마감하는 모습을 '식물'이 시들어 가는 과정과 연결하여, 죽음이 삶을 완성한다는 인식을 드러낸 작품이다. 이를 고려할 때, '그녀'가 '한 떨기 죽음으로 완성'되었다는 표현은 죽음이 삶을 완성한다는 화자의 역설적 인식을 드러낸 것이라고 볼 수 있다. ⑤ 〈보기〉에 따르면 (나)는 죽음을 통해 생명이 순환한다는 인식을 드러낸 작품이다. 이를 고려할 때, '그녀'의 죽음 이후 '멀리서 수레국화 한 송이 피어나기 시작했다'는 것은 생명의 소멸이 또 다른 생명의 탄생으로 이어지는 순간을 보여 준다는 점에서 생명의 순환을 드러낸다고 볼 수 있다.

---

4. 백석, 북방에서-정현웅에게 / 정일근, 그리운 곳으로 돌아보라

1. ②

(가)는 5연의 '이미 해는 늙고 달은 파리하고 바람은 미치고 보래구름만 혼자 넋 없이 떠도는데'에서 다양한 자연물의 속성을 활용하여 변해 버린 북방에 도착한 화자의 상황을 구체화하고 있다. 한편, (나)는 '보리밭 위로 부는 바람에도 나는 어찌할 수 없네'에서 '바람'이라는 자연물의 속성을 활용하여 작은 자극에도 대처하지 못하고 무력함을 느끼는 화자의 상황을 구체화하고 있다.

오답풀이

① (가) X, (나) X / (가)와 (나)에서 음성 상징어를 사용한 부분은 확인할 수 없다. 음성 상징어는 '쾅쾅'과 같은 의성 부사나 '데굴데굴'과 같은 의태 부사를 말한다. (나)의 '지글거리는', '잉잉거리는'은 동사이므로 음성 상징어가 아니다. ③ (가) X, (나) X / (가)의 '아'에서 영탄적 표현이 사용되고 있으나, 이를 반복하고 있지 않다. 또한 (가)의 화자는 영탄적 표현을 통해 부정적 현실에 대한 인식을 드러내고 있을 뿐, 단호한 의지를 표출하고 있지도 않다. 한편, (나)에서는 '없으랴'의 반복을 통해 영탄적 표현이 반복적으로 사용됨을 알 수 있다. 그러나 이를 통해 (나)의 화자는

부정적 현실 극복에 대한 희망을 드러내고 있을 뿐, 단호한 의지를 표출하고 있지는 않다. ④ (가) O, (나) X / (가)의 '그동안 돌비는 깨어지고 많은 은금보화는 땅에 묻히고 가마구도 긴 족보를 이루었는데'에서 시간의 경과가 나타난다고 볼 수 있다. 또한 이는 '따사한 햇귀'에서 편안한 삶을 살던 화자의 삶이 반전되는 부분이기도 하다. 반면, (나)는 '어제는 들판에서 잠자고 오늘은 길 위에서 눈뜨는'에서 시간의 경과가 나타나고 있으나, 시적 분위기가 반전되고 있지는 않다. ⑤ (가) X, (나) X / (가)의 '하이얀 옷', '보래구름'과 (나)의 '붉은 달'에서 색채어가 제시되었으나, 동일한 색채어를 반복적으로 제시하지 않았다.

2. ④

〈보기〉에 따르면 (가)의 화자는 과거의 영광과 드높은 민족의 기개를 되찾을 길이 없는 현실에 대한 좌절감을 드러낸다고 하였다. ②에서 '아득한 새 옛날'은 화자에게 '참으로 이기지 못할 슬픔과 시름'을 느끼게 하는 현실의 상황이다. 이를 통해 좌절을 이겨내고 드높았던 기개를 되찾을 것이라 여겼던 우리 민족의 믿음을 확인하기는 어려우므로 선지의 내용은 적절하지 않다.

오답풀이

① 〈보기〉를 참고하면 ㉠에 나열된 다양한 나라와 지명이 모두 북방 지역에 위치해 있다는 점에서, 이는 과거 우리 민족이 무대로 삼아 활동했던 광활한 북방 지역을 나타낸 것으로 볼 수 있다. ② 〈보기〉를 참고하면 ㉡은 광활한 북방을 떠나 남하하여 소박한 안위를 찾으려 한 우리 민족의 모습을 드러낸 것이라 할 수 있다. 이때 삶의 터전이었던 공간을 떠나왔음에도 '슬픔과 시름'을 느끼지 못하는 우리 민족의 모습은 상황에 대한 문제의식을 지니지 못하고 현실의 문제를 회피하고자 했던 인식을 드러낸 것으로 볼 수 있다. ③ 〈보기〉를 참고하면 ㉢에서 따스하게 햇볕을 쬐며 하얀 옷을 입고 정갈하게 밥과 물을 마시고 낮잠을 자는 모습은, 남하하여 소박한 안위를 찾으며 살아온 우리 민족의 역사를 형상화한 것으로 볼 수 있다. ⑤ 〈보기〉를 참고하면 ㉤에서 '나의 자랑'과 '나의 힘'이 없는 현실을 한탄하는 화자의 모습은, 과거의 영광을 잃어버린 채 일제 강점기를 살아가는 우리 민족의 현실을 나타낸 것으로 볼 수 있다.

3. ①

ⓐ의 '우리를 부르는 소리가 있네'는 마지막 행에서 '우리가 부르는 소리가 있네'로 변주되고 있다. '우리'가 객체에서 주체로 바뀜으로써, '그리운 곳'에 가기를 소망하는 화자의 태도가 강조된다고 볼 수 있다.

오답풀이

② ⓑ의 '이미'는 '천상의 사랑'이 '빗장을 풀고 달아나버'린 상황이 벌써 이루어졌음을 나타내는 수식어이다. 이를 통해 '천상의 사랑'을 이루지 못한 화자의 아쉬움을 드러내고 있으므로 선지의 내용은 적절하지 않다. ③ ⓒ의 '없으랴'는 다음 행에도 반복됨으로써, 비록 현재는 '노숙의 세월'을 보내고 있으나 자신에게도 '꿈'이 있으며, '꿈속의 비단길'에는 '끝'이 있어서 언젠가는 '꿈'에 도달할 수 있을 것이라는 화자의 확신을 부각하고 있다. 이때 '지글거리는 고통의 맨발로 걸어가'는 '불사막'은 '꿈'과 대비되어 화자가 현재 처한 고통스러운 현실을 의미하므로 선지의 내용은 적절하지 않다. ④ ⓓ의 '외로운 쌍봉낙타'에서 '쌍봉낙타'를 외로움을 느낄 수 있는 존재처럼 표현하였으므로 대상에 인격을 부여한 것으로 볼 수 있다. 그러나 이는 '노숙의 세월'을 살아가고 있는 화자가 자신의 처지를 빗대어 표현한 것이므로, '노숙의 세월'과 대비되는 화자의 시선을 반영한다고 볼 수 없다. ⑤ ⓔ의 '지글거리는 고통의 맨발'에서 '지글거리는'이라는 수식어를 통해 '고통'이라는 감각을 구체화하고 있다. 그러나 이는 '고향'을 떠난 뒤 화자가 마주한 현실의 고난을 부각할 뿐, 화자가 '고향'을 떠난 이유와 관련짓기는 어려우므로 선지의 내용은 적절하지 않다.

4. ③

(가)에서 화자는 '또 한 아득한 새 옛날이 비롯하는 때'에 '참으로 이기지 못할 슬픔과 시름에 쫓겨'서 '나의 태반'인 고향으로 돌아왔다고 말한다. 따라서 〈보기〉를 참고할 때, '슬픔과 시름'은 부정적 현실에 처한 화자의 상황을 나타낸다고 볼 수 있다. 반면, (나)에서 화자는 '노숙의 세월'을 보내며 '도시의 불사막'을 걸어가는 이로 나타난다. 이때 '입 안에 풍화하는 모래가 씹히고 / 모래언덕 위로 붉은 달이 떠오'른다고 하였으므로, '모래언덕'은 여전히 부정적 현실에 처한 화자의 상황을 나타낸다고 볼 수 있다.

오답 풀이

① (가)에서 화자는 자신이 떠날 때 '자작나무와 이깔나무'가 슬퍼하고, '갈대와 장풍'이 붙들었다고 말하고 있다. 〈보기〉를 참고할 때, 이는 화자가 고향에서 자연 친화적인 삶을 살았음을 나타낸 것으로 볼 수 있다. ② (나)에서 화자는 '헐벗은 영혼들'이 '귀의할 안식이 있듯이' '상처뿐인 삶들'도 '돌아가 잠들 그리운 집'이 있다고 말하고 있다. 〈보기〉를 참고할 때, 이는 화자에게 있어서 고향이 지친 마음을 회복할 수 있는 근원적 공간임을 나타낸 것으로 볼 수 있다. ④ (가)에서 화자는 자신이 북방을 떠날 때 '오로촌'이 잔치를 하고, '쏠론'이 따라 나와 울었다고 말하고 있다. 이들이 북방에 거주했던 민족들이라는 점과 〈보기〉를 참고할 때, '오로촌'과 '쏠론'은 화자가 고향에서 함께했던 공동체 구성원을 나타낸다고 볼 수 있다. 한편, (나)에서 화자는 '모래언덕 위로 붉은 달이 떠오를 때 / 별에다 귀를 가져다 대면' '세상의 첫소리'와 '첫사랑 현옹수 떨리는 소리까지' 들린다고 말하고 있다. 화자가 '그리운 곳'을 회상하고 있다는 점과 〈보기〉를 참고할 때, '첫사랑 현옹수 떨리는 소리'는 화자가 고향에서 만든 소중한 추억을 의미한다고 볼 수 있다. ⑤ (가)에서 화자는 '나의 태반'인 고향으로 돌아오지만, '이미 해는 늙고 달은 파리하고 바람은 미치고 보래구름만 혼자 넋 없이 떠도는' 광경을 마주하게 된다. 〈보기〉를 참고할 때, '보래구름'은 '혼자 넋 없이 떠'돈다는 점에서 변해 버린 고향을 마주하고 상실감에 빠진 화자의 모습을 투영한 대상으로 볼 수 있다. 한편, (나)에서 화자는 '도시의 불사막'을 '고통의 맨발'로 걷다 보면 '두고 온 고향의 바닷별과 조우'한다고 말하고 있다. '귀를 가져다 대면' '혓속에서 잉잉거리는 세상의 첫소리'와 '첫사랑 현옹수 떨리는 소리까지' 들린다는 점과 〈보기〉를 참고할 때, '바닷별'은 부정적 현실을 살아가는 화자에게 희망을 주는 고향의 자연물로 볼 수 있다.

---

5. 김수영, 어느 날 고궁을 나오면서 / 정호승, 윤동주 시집이 든 가방을 들고

1. ②

(가)는 '왜 나는 조그마한 일에만 분개하는가' 등의 구절에서, (나)는 '강아지도 한 마리 용서하지 못하는가' 등의 구절에서 의문의 형식을 활용하여 삶에 대한 성찰을 제시하고 있다.

오답 풀이

① (가) X, (나) X / (가)는 '부산에 포로수용소의 제14야전 병원에 있을 때'라는 과거의 경험을 제시하고 있으나, 이를 통해 현실을 극복할 방안을 모색하고 있지는 않다. (나) 또한 '산에 개를 데려왔다고 시비를 거는 사내와 / 멱살잡이까지 했던' 과거의 경험을 제시하고 있으나, 이를 통해 현실을 극복할 방안을 모색하고 있지는 않다. ③ (가) X, (나) X / 일반적으로 대상을 호명할 때는 대상과의 친근감을 드러내는 경우가 많다. 하지만 (가)의 경우는 다르다. (가)의 화자는 '모래야', '바람아 먼지야 풀아'라며 대상을 호명하고 있으나, 이는 화자의 왜소한 모습을 상대적으로 부각하기 위한 표현일 뿐이므로 해당 대상들에 대한 친근감이 드러난다고 보기는 어렵다. 한

편, (나)에는 대상을 호명하는 부분이 나타나지 않는다. '이 개새끼'는 대상을 호명한 것이 아니라 강아지에게 화를 내기 위해 욕설을 했던 것을 인용한 것이다. ④ (가) X, (나) X / (가)는 '분개하고', '옹졸하게' 등과 같은 시어를 반복하여 화자의 자조적 태도를 나타낼 뿐, 대상을 향한 의지적인 태도를 나타내고 있지 않다. (나) 또한 '구두', '강아지' 등과 같은 시어를 반복하고 있으나 이를 통해 대상을 향한 의지적인 태도를 드러내고 있지는 않다. ⑤ (가) X, (나) X / (가)와 (나)의 화자는 스스로에 대해 비판적인 태도를 취하고 있을 뿐, 외적 대상에 대한 관조(관찰자 입장에서 대상을 있는 그대로 담담하게 표현함)를 통하여 얻은 깨달음을 제시하고 있지는 않다.

2. ⑤

(나)의 '인생의 순례자'는 화자가 되고자 하는 대상일 뿐, 극복의 대상이 아니며 강아지와 대비되는 존재도 아니다.

오답 풀이

① (가)의 '옹졸한 나의 전통'은 작은 것에만 분개하는 화자의 옹졸함이 전통처럼 유구하게(아득하게 오래) 지속되어 왔다는 사실을 의미하므로 적절한 설명이다. ② (가)의 '조그마한 일'이란 사소하고 비본질적인 일을 의미한다. '스펀지 만들기'와 '거즈 접고 있는 일'은 '부산에 포로수용소의 제14야전 병원에 있을 때' '나'가 했던 일들로, 사소하고 비본질적인 일에 해당하므로 적절한 설명이다. ③ (나)의 화자는 '아침 출근길'에 '구두에 질펀하게 오줌을 싸 놓은 / 강아지' 때문에 화를 내다가, '강아지'에게 화낸 자신의 모습을 성찰하고 있으므로 적절한 설명이다. ④ (나)의 '윤동주 시집이 든 가방'은 생명을 존중하고 용서를 중요하게 여기고자 하는 화자의 평소 신념을 보여 주는 시어이다. 이는 '강아지 한 마리 용서하지 못하는' 화자의 모습과 대비되어 화자의 이중성을 부각하므로 적절한 설명이다.

3. ⑤

(나)의 화자는 '아침 출근길'에 '강아지'에게 화를 냈던 일을 통해 '윤동주 시인'의 가르침과는 달리 약한 대상을 용서하지 못하고 함부로 대한 자신의 위선을 고백하고 있다. 한편, 화자가 '시비를 거는 사내와 / 멱살잡이까지 했던' 이유는 '생명의 무게는 다 똑같은 것이라고' 생각했기 때문이다. 따라서 '시비를 거는 사내'와 '멱살잡이'한 사건이 화자의 위선을 나타낸다고 볼 수는 없다.

오답 풀이

① 〈보기〉에 따르면 (가)의 화자는 부조리한 현실의 본질이 아닌 주변을 향해서만 부정적 감정을 표출하는 자신의 소시민적 근성을 비판하고 있다. (가)의 화자가 '붙잡혀 간 소설가를 위해서 / 언론의 자유를 요구'하지는 못하면서 '20원을 받으러 세 번씩 네 번씩 / 찾아오는 야경꾼들만 증오'하는 것은 부조리한 현실의 본질(부정한 권력)이 아니라 주변을 향해 부정적 감정을 표출하는 모습이라 볼 수 있으므로 적절한 설명이다. ② 〈보기〉에 따르면 (가)의 화자는 자신의 소시민적 근성을 비판하고 있으며, 이러한 '자기 풍자'는 독자로 하여금 자신의 삶을 비판적으로 되돌아보게 한다. (가)의 '이렇게 옹졸하게 반항한다', '나는 얼마큼 작으냐' 등의 표현은 화자가 자신의 소시민적 근성을 조롱의 대상으로 삼고 있음을 보여 주며, 독자는 이를 통해 자신의 삶을 비판적으로 되돌아보게 될 것이므로 적절한 설명이다. ③ 〈보기〉에 따르면 (나)의 화자는 생명을 존중하자는 평소의 신념과는 달리 약한 대상을 용서하지 못하고 함부로 대하는 자신의 위선을 고백적이고 자조적인 어조로 비판하고 있다. (나)의 화자가 '구두에 질펀하게 오줌을 싸 놓은 / 강아지'에게 화낸 후 강아지가 먼저 자신을 용서할까 봐 두렵다고 한 것은 자신이 강아지만도 못한 존재는 아닐까 염려하며 자조적으로 '자기 풍자'를 하는 모습이라고 볼 수 있으므로 적절한 설명이다. ④ 〈보기〉에 따르면 (나)의 화자는 생명을 존중하자는 평소의 신념과는 달리 약한 대상을 용서하지 못하고 함부로 대하는 자신의 위선을 고백적이고 자조적인 어조로 비판하고 있다. (나)의 화자는 '강아지'라는 약한 대상에게 욕하며 구두를 내던진 행동을

반성하며 자신을 비판의 대상으로 삼고 있으므로 적절한 설명이다.

---

6. 김광규, 희미한 옛사랑의 그림자 / 이근삼, 국물 있사옵니다

1. ③

'하얀 입김'에서 색채어가 사용되었으나, 색채의 대비가 드러나고 있지는 않다.

오답풀이

① '부끄럽지 않은가'라는 시구의 반복을 통해 화자의 심리를 강조하고 있다. ② 젊음과 열정을 지녔던 과거의 모습과 꿈과 이상을 잃어버린 채 현실에 안주하며 살아가는 현재의 모습을 대비하여 소시민적 삶에 대한 부끄러움이라는 주제를 드러내고 있다. ④ '세밑(한 해가 끝날 무렵)', '겨울밤' 등의 계절감을 드러내는 시어를 통해 시적 분위기를 형성하고 있다. ⑤ 화자는 과거를 회상하고 있으므로 회상적 어조를 사용했다고 볼 수 있으며, 이를 통해 자신의 삶을 성찰하고 있으므로 선지의 설명은 적절하다.

2. ②

과거의 화자는 '4·19' 혁명 이후 세상이 변화할 것이라 기대하며, '열띤 토론'을 벌이고, '때 묻지 않은' 순수한 고민을 할 줄 아는 이였다. 따라서 '아무도 귀 기울이지 않는 노래'는 정치에 무관심한 철없는 모습이 아니라, 현실적인 한계가 있더라도 자신의 이상을 좇았던 화자의 순수한 모습이라고 보는 것이 적절하다.

오답풀이

① '열띤 토론'은 사회에 대한 관심에서 비롯된 것이므로, 화자가 과거에는 순수한 희망과 열정을 가지고 있었음을 알 수 있다. ③ '목소리를 낮추어' 이야기를 주고받는 모습은 젊은 시절에 '하얀 입김'을 뿜으며 '열띤 토론을 벌였던' 화자의 모습과 대조적으로, 자유롭지 않은 사회 분위기 속에서 소시민적 삶에 길들여진 사람들의 모습을 드러낸다. ④ '플라타너스'는 변해버린 화자의 현재 모습과 대조되는 대상으로, 화자와 달리 과거에도 현재에도 변함없이 '아직도' 그 자리를 지키고 있는 존재로 형상화되어 있다. 이를 통해 화자는 '고개를 떨구'며 현재 자신의 모습을 반성하게 되므로 선지의 내용은 적절하다. ⑤ '바람의 속삭임'은 화자에게 반성의 계기를 만들어 주는 대상이므로, 이를 귓전으로 흘린다는 것은 자신의 삶을 성찰하여 젊은 시절의 의지를 회복할 가능성을 외면하는 행위로 볼 수 있다.

3. ④

(나)의 '김상범'은 자신이 살고 있는 사회가 상식을 용납하지 않는 부정적 사회이기 때문에, 기존의 가치관과 신념이 자신의 삶을 더 힘들게 만든다고 믿게 된다. 즉, '김상범'은 그가 속한 사회의 '새 상식'을 받아들이기로 결심하여 당대 사회의 권력에 편입하는 복종형 인물이다.

오답풀이

① (가)의 화자는 과거에 '하얀 입김'을 뿜으며 '열띤 토론'을 벌였던 불복종형 인물이었다. 한편, (나)의 '김상범'은 과거에 부정적인 사회에서도 자신의 상식에 따라 살았으므로 복종형 인물로 보기 어렵다. ② (가)의 화자는 현재 '혁명이 두려운 기성세대'로서 소시민적인 삶을 살고 있으므로 당대 사회의 권력에 맞서 싸우는 인물이라고 보기 어렵다. 한편, (나)의 '김상범'은 현재 '새 상식'에 복종하여 권력을 가지게 되었으므로 불복종형 인물이라고 보기 어렵다. ③ (나)의 '김상범'이 자신이 그동안 추구해

왔던 기존의 상식이 통하지 않는 현재 사회에 대해 불합리함을 느낀 것은 맞지만, '새 상식'으로 사회에 복종하였으므로 불복종형 인물이 되었다고 볼 수 없다. ⑤ (가)의 화자는 과거에 '하얀 입김'을 뿜으며 '열띤 토론'을 벌였던 불복종형 인물이었으나, 현재는 기성세대로서 현실에 복종하는 모습을 보이고 있다.

4. ⑤

김상범은 '기존 상식'을 가지고 살다가 손해만 보게 되자, 자신이 살아가는 사회가 올바른 상식이 통용되지 않는 부조리한 사회임을 깨닫는다. 그 후 '새 상식'을 통해 부정적인 사회에 녹아들어 권력을 가지게 되므로, 이야기가 진행될수록 사회와 인물 간의 갈등이 심화되는 것이 아니라 약화되고 있다고 볼 수 있다.

오답풀이

① '무대 좌측 사무실에 불이 켜진다.'에서 조명을 통해 '형과의 대화 장면'에서 '아미와의 대화 장면'으로 장면을 전환하였다. 조명을 통한 장면 전환은 무대의 제약이 있는 희곡 지문의 특징이다. ② "이제부터 물에 빠진 놈에겐~한 번 실험해 보았습니다.", "사장의 며느리요~활짝 여는 겁니다."에서 김상범의 발화를 통해 앞으로 벌어질 사건(새 상식으로 살아가는 주인공)이 암시되고 있다. ③ 김상범이 관객에게 작품에서 일어나는 사건에 대해 해설하면서 극이 진행되고 있다. ④ 김상범과 김상학의 대화, 김상범과 사장의 대화 후에 김상범은 방백(등장인물이 말을 하지만 관객만 들을 수 있는 것으로 약속되어 있는 대사)을 통해 자신이 처한 상황을 요약적으로 전달하고 있다.

5. ⑤

〈보기〉에 따르면 (나)는 산업 사회의 대두와 더불어 고조되기 시작한 출세주의 풍조를 역설적으로 투시한 서사극이며, 작가의 의도에 따라 인물의 성격이나 가치관은 변화하기도 한다. 윗글의 '김상범'은 기존에 자신이 가지고 있었던 가치관과 '새 상식' 사이의 괴리를 느끼며 내면의 변화를 겪게 되는데, 이는 작가가 새로운 것을 받아들이자는 의도를 보여 주기 위해서가 아니라 오히려 '새 상식'에 대한 부정적인 측면을 보여 주기 위한 의도라고 보는 것이 적절하다.

오답풀이

① 〈보기〉에 따르면 (나)에서는 인물의 성격이나 가치관은 변화하기도 하며, 작가는 인물이 그 변화 원인에 대해 고찰하는 과정을 드러냄으로써 독자로 하여금 현재 사회를 비판하게 하는 문학적 효과를 의도한다. '김상범'이 부조리한 사회에 적응하기 위해 선택한 '새 상식'은 일반적인 사람들의 입장에서 불합리하고 비도덕적인 것에 해당하므로, 독자로 하여금 자신이 살아가고 있는 현재 사회를 돌아보게 만든다. ② 윗글은 '김상범'이 '사장'에게 '배영민'을 모함하여 출세하는 것을 부정적으로 조명하고 있으므로 선지의 내용은 적절하다. ③ 일반적인 가치관을 가졌던 과거에는 손해를 보고, 일반적이지 않은 가치관인 '새 상식'을 기준으로 살아가는 현재에는 보상을 얻게 되는 '김상범'의 모습을 통해, 작가가 도덕적 기준을 지킬 수 없게 만드는 사회 풍조를 비판하고자 했음을 알 수 있다. ④ '김상범'은 본래 지니고 있던 상식으로는 '성아미'의 행동을 이해할 수 없다고 했지만, 그가 '새 상식'으로 살기로 한 뒤에는 '성아미'에 대한 평가도 달라질 수 있으므로 선지의 내용은 적절하다.

---

7. 신경림, 나목 / 박성룡, 과목

1. ⑤

(가)에서는 '나무'를 '팔을 내뻗고 있'거나, '깊은 울음을 터뜨'리는 대상으로 의인화하였으며, 나무가 처한 문제 상황을 '터진 살갗에 새겨진 고달픈 삶이나 / 뒤

틀린 허리에 배인 구질구질한 나날' 등과 같이 구체적으로 제시하고 있다.

오답풀이

① (가)의 '알고 있을까~멀리서 같이 우는 사람이 있다는 것을'에서 문장 성분의 순서를 뒤바꾸어 표현하였지만, 이를 통해 시적 대상에 대한 예찬적 태도를 드러내지는 않았다. 해당 부분은 '나무'의 고통에 공감하는 화자의 태도를 강조하기 위해 어순의 도치를 사용한 것이다. ② (가)의 '말끔히 씻어내리는 것이겠지'에서 추측을 나타내는 표현이 사용되었다. 그러나 이는 '별빛'을 받아 몸을 씻어 내리는 '나무'의 행위를 제시할 뿐, 현실과 이상의 거리감을 드러내지는 않는다. ③ (가)의 '한밤에 내려 몸을 덮는 눈 따위 / 흔들어 시원스레 털어 다시 알몸이 되겠지만'을 대상의 변화로 볼 여지가 있으나, 시간의 흐름이 드러나 있지 않다. ④ (가)에는 자연물인 '나무'가 고난으로 '깊은 울음'을 터뜨릴 때 이에 공감하여 '멀리서 같이 우는 사람'이 등장하므로, 인간과 자연의 대비가 나타난다고 보기 어렵다. 또한 이를 통해 바람직한 삶의 태도를 제시하고 있지도 않다.

2. ③

ⓒ의 '알고 있을까'는 물음의 형식을 취하고 있다. 그러나 이는 나무들에게 닥칠 미래에 대한 화자의 염려를 드러내는 것이 아니라, 나무들의 고난과 슬픔에 공감하며 '멀리서 같이 우는 사람이 있다는 것'을 알려 주고 싶어 하는 화자의 마음을 드러내고 있는 것이다.

오답풀이

① ㉠에서 나무가 하늘을 향해 팔을 내뻗고 있다는 데에서 상승적 이미지를 확인할 수 있다. 나무가 하늘을 향해 팔을 내뻗는 것은, 아름다운 별빛을 받아 몸통부터 뿌리까지 말끔히 씻어 내리는 의지가 담긴 행위이다. ② 화자는 '터진 살갗', '뒤틀린 허리'로 대변되는 고난의 삶을 살아온 나무에 대한 인상을, ⓒ의 '고달픈', '구질구질한'과 같은 부정적인 정서를 내포한 시어로 표현하고 있다. ④ ㉢에는 '~은 없다'와 같은 단정적인 어조가 활용되는데, 이를 통해 '과목에 과물이 무르익어 있는 사태'라는 자연 현상에 대해 화자가 느낀 경이로움을 부각하고 있다. ⑤ ㉣은 '가지'들이 '출렁거리는 모습으로 역동적 이미지를 환기하고 있다. 이러한 '가지'의 모습을 통해 '비바람'이라는 외부의 상황에 의해 '과목'이 위협받는 상황을 드러냄으로써 긴장감이 고조되고 있다.

3. ①

(가)에서 나무들의 '메마른 손끝'에 내리는 '아름다운 별빛'은 나무들의 몸통과 뿌리를 말끔히 씻어 낸다는 점에서 희망을 상징하는 긍정적 시어로 볼 수 있다. 반면 '눈'은 나무들이 '흔들어 시원스레 털어' 내려 하는 대상이라는 점에서 부정적 시어로 볼 수 있으므로, 희망을 나타내는 시어라고 할 수 없다.

오답풀이

② (가)의 화자는 '깊은 울음'을 터뜨리는 나무들의 모습에 주목하며, '멀리서 같이 우는 사람이 있음'을 언급한다. '깊은 울음'을 터뜨리는 나무들이 힘겹게 살아가는 이들을 상징한다는 〈보기〉의 내용을 고려할 때, 함께 울어 주는 것은 이들을 향한 화자의 위로를 의미한다고 볼 수 있다. ③ (나)의 화자는 '과목에 과물들이 무르익어 있는 사태'를 보고 '경악'한다. 〈보기〉에 따르면 (나)의 화자는 열매를 매달고 있는 과목에서 역경을 딛고 결실을 이루어 낸 존재의 경이로움을 발견하므로 선지의 설명은 적절하다. ④ (나)의 '박질 붉은 황토'는 과목이 처한 열악한 환경을 나타낸다. 이때 '황홀한 빛깔'과 '무게의 은총', 즉 '과물'은 과목이 역경을 딛고 이루어 낸 결실을 의미하므로 선지의 설명은 적절하다. ⑤ 〈보기〉에 따르면 (나)의 화자는 열매를 매달고 있는 과목에서 역경을 딛고 결실을 이루어 내는 존재의 경이로움을 발견하고, 생명력을 잃어버렸던 자신의 모습을 반성한다고 하였다. 따라서 (나)의 '시를 잃고 저무는 한 해'는 생명력을 잃어버렸던 화자의 모습을, '과목의 기적'은 역경을 딛고

결실을 이뤄내는 존재의 경이로움을 의미하므로, 이를 보고 화자가 '시력'을 회복하는 것은 생명력을 잃어버렸던 자신의 모습에 대한 반성을 나타낸다고 할 수 있다.

---

8. 정지용, 장수산 1 / 이성부, 산길에서

1. ②

(가)의 '오오 견디랸다 차고 올연히 슬픔도 꿈도 없이 장수산 속 겨울 한밤내~'에서 화자는 슬픔도 꿈도 모두 장수산 속 한밤의 적막 속에 묻어 버리고 시름을 이겨 내려는 의지를 드러낸다. 한편, (나)의 '왜 내가 지금 주저앉아서는 안 되는지를 나는 안다'에서 화자는 힘들어도 주저앉지 않고 자신의 걸음을 포기하지 않겠다는 의지를 드러낸다. 따라서 (가)와 (나) 모두 상황에 대한 의지적인 삶의 자세를 보여 주고 있으므로 선지의 설명은 적절하다.

오답풀이

① (가) O, (나) X / 색채어는 반드시 표면적으로 구체적인 색상이 제시되어야 한다. (가)에서는 '희고녀', '흰'과 같은 색채어를 확인할 수 있지만, (나)에서는 색채어를 확인할 수 없다. ③ (가) X, (나) X / (가)와 (나) 모두 부정적인 현실에 대한 비판적인 태도를 보여 주고 있지 않다. ④ (가) X, (나) O / 동일한 시구의 반복은 두 개 이상의 단어가 동일하게 반복되어야 한다. (나)에서는 '나는 안다'라는 동일한 시구가 반복되고 있으나, (가)에서는 동일한 시구가 반복되지 않는다. ⑤ (가) X, (나) X / (가)와 (나) 모두 시각적 심상은 드러나지만, 이를 활용하여 자연친화적 태도를 드러내고 있지 않다.

2. ③

영탄적 어조는 〈보기〉가 아니라 (가)의 '눈과 밤이 종이보다 희고녀!' 등에서 나타나므로 선지의 내용은 적절하지 않다.

오답풀이

① (가)의 화자는 속세를 벗어나 고요한 세계에서 시름을 이겨 내려는 의지를 표현했으므로 화자에게 초점을 맞추어 시상을 전개했다고 볼 수 있다. 반면, 〈보기〉는 화자가 아닌 인동차를 마시는 '노주인'의 모습에 초점을 맞추어 시상을 전개하고 있으므로 선지의 내용은 적절하다. ② (가)의 화자는 고요한 세계에서 시름을 이겨 내기 위한 자세를, 〈보기〉의 화자는 '노주인'의 모습을 통해 혹독한 겨울을 참고 견디는 자세를 드러내고 있다. 따라서 (가)에서 나타난 상황에 대한 화자의 대응 방식이 〈보기〉에서도 일관되게 이어지는 것으로 볼 수 있다. ④ (가)에서 화자는 '눈과 밤'을 '눈과 밤이 종이보다 희고녀!'라고 표현하여 눈이 내린 장수산의 밤 풍경을 시각적 이미지로 나타내고 있다. 한편, 〈보기〉의 '삼동이 하이얗다.'에서도 시간적 배경인 겨울을 시각적 이미지를 활용하여 표현하고 있으므로 선지의 설명은 적절하다. ⑤ (가)의 공간적 배경인 '깊은 산'과 마찬가지로 〈보기〉는 '산중'을 공간적 배경으로 제시하여 속세가 아닌 고요한 공간에서의 삶을 그려 내고 있다.

3. ②

이 시에서 ⓒ(바람)은 '풀꽃'과 마찬가지로 '내 가슴'을 '벅차게 하는' 긍정적 소재이다. 〈보기〉를 고려해 볼 때 ⓒ은 화자가 산길에서 떠올린 역경을 견디며 가치 있는 삶을 살아갔던 민중을 의미하므로, ⓒ을 민중의 삶을 고통스럽게 하는 '부도덕한 지배 세력'으로 해석한 선지의 내용은 적절하지 않다.

오답풀이

① ㉠(길)은 화자보다 먼저 산에 오른 사람들이 만든 길을 의미한다. 따라서 ㉠은 먼저 간 이들이 지속적으로 만들어 낸 과업으로 볼 수 있으므로, 〈보기〉를 고려해 볼 때

이는 '역사'로 해석할 수 있다. ③ ⓒ(풀꽃)은 화자의 '가슴'을 '벅차게 하는' 대상이므로, 〈보기〉를 고려해 볼 때 시인이 한없는 사랑을 보인 대상인 '민중'을 상징한다고 볼 수 있다. ④ ②(옛 내음)은 길을 만든 사람들의 자취를 의미한다. 따라서 ②은 의미 있는 삶을 살아갔던 민중들의 발자취를 시적 상상력과 결합하여 후각적 심상으로 표현한 것이라고 볼 수 있다. ⑤ ⑩(부질없이 쌓이고 쌓여져서 마침내 길을 만들고)은 무수한 민중들의 걸음이 '길'을 만든 것을 의미한다. 따라서 ⑩은 의미 없어 보이는 많은 민중들의 삶이 모이고 모여 역사를 만들어 간다는 시인의 명징한(깨끗하고 맑은) 역사 의식을 내포한 구절로 볼 수 있다.

---

9. 송수권, 나팔꽃 / 문정희, 찔레

1. ⑤

> (가)의 '푸른 종소리'는 '종소리'라는 청각적 심상을 '푸른'이라는 시각적 심상으로 전이한 표현이며, (나)의 '아픔이 출렁거려'는 '아픔'이라는 추상적 관념을 시각적으로 형상화한 표현으로 볼 수 있다.

오답 풀이

① (가)의 화자는 '우리의 아픔도 더 한 번 길게 꼬여서 푸른 종소리는 나는 법일까.'에서 자신에게 질문을 던지고 있으나, 이에 대한 대답은 드러나지 않았으므로 선지의 설명은 적절하지 않다. ② (나)에는 음성 상징어가 사용되지 않았다. '송이송이'는 '여럿 있는 송이마다 모두'라는 의미의 시어로, 사물의 모양이나 움직임을 흉내 낸 의태어나 사물의 소리를 흉내 낸 의성어가 아니다. 또한 '송이송이'가 '찔레꽃'의 역동적 성격을 보여 주고 있지도 않다. ③ (가)와 (나) 모두 화자가 감정을 절제한 담담한 어조를 활용하여 내면세계를 드러내고 있으며, 영탄적 어조를 활용하여 대상을 예찬하고 있지 않다. ④ (가)는 '다음 날 아침에 나가 보면', '있는 것이다'에서, (나)는 '꿈결처럼 / 초록이 흐르는 이 계절에', '서 있고 싶다'에서 동일한 시구가 반복되고 있으나, 이를 통해 순환의 의미를 강조하고 있지는 않다.

2. ②

> (가)에서 화자는 '바지랑대 끝'에 '덩굴손까지 흘러나'온 '나팔꽃'을 보고 끝이라고 생각했으나, 다음 날 '가냘픈 줄기에 두세 개의 종'이 매달린 것을 발견하게 된다. 따라서 ㉠(다음 날 아침)은 '나팔꽃'에 대한 화자의 예측이 빗나가는 시간이라 볼 수 있다. 한편, (나)에서 화자는 과거에 '사랑하던 그 사람'과 사랑을 이루지 못한 것에 대한 아쉬움을 드러내면서 현재 '이슬을 털듯 추억을 털'고 '아픔'까지 끌어안으려고 한다. 따라서 ㉡(오늘)은 화자가 '그 사람'으로 인한 고뇌를 극복하려는 시간이라 할 수 있다.

오답풀이

① ㉠ X, ㉡ X / (가)에서 화자는 ㉠에 거리를 두고 '나팔꽃'을 관찰하고 있을 뿐, '나팔꽃'과 소통을 시도하고 있지는 않다. 한편, ㉡은 지난날의 아픈 사랑을 포용한 현재로, 화자가 '그 사람'과의 거리를 좁히려는 시간으로 보기는 어렵다. ③ ㉠ O, ㉡ X / (가)에서 화자는 '나팔꽃'의 '가냘픈 줄기에 두세 개의 종'이 매달린 것을 발견한다. 이때 화자가 '두세 개의 종(줄기 끝에 피어난 나팔꽃)'이 '은은한 종소리'를 낸다고 표현한 점을 고려해 볼 때, ㉠은 화자가 '나팔꽃'의 아름다운 모습을 발견하는 시간으로 볼 수 있다. 반면, (나)에서 화자가 '이슬을 털듯 추억을 털'려고 한다는 점에서 ㉡을 화자가 '그 사람'에게 집착하는 태도를 보이는 시간으로 보기는 어렵다. ④ ㉠ X, ㉡ X / (가)에서 화자는 나팔꽃 줄기가 더 이상 자라지 못할 것이라 생각하였으나 ㉠에 나팔꽃이 줄기에 매달린 것을 발견하고 깨달음을 얻고 있다. 따라서 ㉠을 '나팔꽃'에 대한 화자의 부정적 인식이 심화되는 시간으로 보기는 어렵다. 한편, (나)에서 화자가 '추억을 털'어 내고 '아픔'까지 끌어안은 채 '찔레'처럼 '무성한 사랑으로 서

있고 싶'어 한다는 점에서 ㉡은 지난날의 아픈 사랑을 수용하고자 하는 시간일 뿐, '그 사람'과의 재회에 대한 화자의 기대감이 고조되는 시간이라고 보기는 어렵다. ⑤ ㉠ O, ㉡ X / (가)에서 화자가 '나팔꽃'을 통해 '우리의 아픔'에 대해 성찰한다는 점에서 ㉠은 화자가 '나팔꽃'을 매개로 자기반성을 수행하는 시간으로 볼 여지가 있다. 반면, (나)에서 화자는 '슬퍼하지' 않는 태도를 가지려 하고 있으므로 ㉡을 '그 사람'과의 관계를 바탕으로 자신에게 연민을 느끼는 시간이라고 보기는 어렵다.

3. ①

> 〈보기〉에 따르면 (가)의 화자는 '나팔꽃'과 인간의 삶을 동일시하고 이를 통해 한계에 부딪힌 상황에서도 포기하지 않고 결실을 맺는 의지를 보여 준다. (가)에서 화자는 끝인 줄 알았던 '나팔꽃'이 '허공을 감아쥐고' 가냘픈 줄기에 '두세 개의 종', 즉 꽃을 피워 낸 광경을 보고 '우리의 아픔도 더 한 번 길게 꼬여서 푸른 종소리는 나는 법일까.'라며 인간의 삶에 대해 성찰하는 모습을 보인다. 이때 '우리의 아픔도 더 한 번 길게 꼬'인다는 것은 '바지랑대 끝'이라는 한계 상황에서도 포기하지 않고 '허공'으로 줄기가 자라는 '나팔꽃'의 속성과 관련된 것이므로, 이를 시련이 반복되는 인간의 삶을 나타낸다고 보기는 어렵다.

오답 풀이

② 〈보기〉에 따르면 (나)의 화자는 자신이 추구하는 삶의 태도를 '찔레'로 표상하고, 이를 통해 지나간 사랑의 아픔과 슬픔을 감싸안으려는 자세를 보여 준다. (나)에서 화자는 '그대'를 '사랑하는 동안' 생겼던 '아픔'을 '예쁘고 뾰족한 가시'로 '꽃 속에 매달고' 싶다고 한다. 이는 '가시'를 가지고 있는 '찔레'가 삶의 시련을 수용하는 태도를 표상하고 있음을 보여 주는 것이다. ③ 〈보기〉에 따르면 식물은 시인에게 상상력의 주요한 원천이 되는데, 시인은 식물의 외양이나 생리에 대한 관찰을 바탕으로 인간 세계에 대한 인식을 드러내곤 한다. (가)에서 화자는 '나팔꽃'의 '덩굴손'이 '바지랑대를 찾는' 듯이 뻗어 있는 모습을 발견하는데, 이는 지지할 '바지랑대'가 없어도 뻗어 나가는 나팔꽃의 생리를 드러낸다고 볼 수 있다. 한편, (나)에서 화자는 '송이송이 흰 찔레꽃'의 시각적 이미지를 활용하여 하얗게 여럿 핀 찔레의 외양을 드러내고 있다. ④ (가)의 '바지랑대 끝 더는 꼬일 것이 없어서 끝이다 끝'에서 화자는 '바지랑대 끝'에서 더 올라갈 곳이 없는 '나팔꽃'을 바라보고 있는데, 〈보기〉에 따르면 이는 한계에 부딪힌 상황을 보여 준다고 할 수 있다. 한편, 〈보기〉에 따르면 (나)는 지나간 사랑의 아픔과 슬픔을 감싸안으려는 자세를 보여 준다. (나)의 화자는 '그대 사랑하는 동안'에 '내겐 우는 날이 많았었다'고 말하는데, 이때 '우는 날'은 지나간 사랑으로 인해 슬픔을 겪은 상황을 보여 준다고 할 수 있다. ⑤ 〈보기〉에 따르면 (가)는 한계에 부딪힌 상황에서도 포기하지 않고 결실을 맺는 의지를 보여 준다. (가)에서 화자는 끝인 줄 알았던 '나팔꽃'이 줄기에 '종'을 매달고 '은은한 종소리'를 내는 모습을 바라보는데, 이때 '은은한 종소리'는 포기하지 않은 끝에 맺은 결실을 의미한다고 볼 수 있다. 한편, 〈보기〉에 따르면 (나)는 지나간 사랑의 아픔과 슬픔을 감싸안으려는 자세를 보여 준다. (나)에서 화자는 '슬퍼하지 말고' '무성한 사랑으로 서 있고 싶다'고 말하는데, 이는 지난날의 아픈 사랑을 풍성하고 성숙한 사랑으로 승화하고자 하는 화자의 의지를 드러낸 것이다. 따라서 '무성한 사랑'은 아픔까지도 포용한 성숙한 사랑을 보여 준다고 할 수 있다.

---

10. 김광균, 추일 서정 / 이상, 거울 / 김기림, 바다와 나비

1. ①

> (나)와 (라)는 시적 화자의 감정이 드러나지 않고 있다는 점을 허용할 수 있지만, (다)는 '섭섭하오' 등에서 화자의 감정이 드러나 있으므로 적절하지 않다.

오답 풀이

② (나)가 쓰인 시대가 1930년대임을 고려해 볼 때, '급행열차', '공장의 지붕', '철책'과

같은 시어는 매우 도시적인 것들에 해당한다. 따라서 해당 시어를 활용하여 도시의 풍경을 묘사한 것은 ⓐ(도시적 감수성의 형상화)라고 할 수 있다. ③ ㉠은 '사물이나 현상을 새롭게 해석하고 표현하여 인간으로 하여금 그것들을 새롭게 경험하고 인식하도록 해주는' 것이다. (다)의 화자는 '거울'에 비친 자신의 모습을 통해 '거울속'에 있는 자신의 무의식을 이야기하며, 거울 밖에 있는 '나'와 구분하여 분열된 자아를 표현하고 있다. 이러한 내용은 기존 시에서는 다루지 않았던 사물이나 현상에 대해 새로운 해석을 한 것이라고 할 수 있다. ④ (가)에 따르면 1930년대 모더니스트들은 카프 계열의 시를 사회주의 이념의 전파를 위한 도구로 이용하여 시의 자율성에 손상을 가했다며 비판하였다. 하지만 (나), (다), (라)는 사회주의와 같은 특정 이념을 전달하려는 목적을 가지고 있지 않다는 점에서 ㉡(시의 자율성)을 구현했다고 할 수 있다. ⑤ (가)에 따르면 김기림으로 대표되는 비판적 모더니스트들은 새로운 이미지를 만들어 내는 것이 시인의 역할이라고 보았다. 따라서 김기림의 작품인 (라)에서 '바다'를 '청무우밭'에 비유한 것은 ㉢(새롭고 창의적인 표현 방식 추구)이라고 할 수 있다. 또한 시각적 이미지인 '초생달'을 촉각적 이미지인 '시리다'로 감각을 전이시켜 표현한 것도 ㉢의 예에 해당한다.

2. ②

> ⓐ(1930년대 모더니스트들)는 김소월과 같은 '한국적 낭만주의' 시인들의 시는 지나치게 '음악 지향적'이어서 시가 창의성을 확보할 수 있는 공간을 너무 축소시켰다고 지적하였다. 따라서 ⓐ의 관점으로 〈보기〉의 시를 볼 때는 '음악 지향적'과 '직설적'이라는 판단을 갖고 들어가야 한다. 이 시는 전체적으로 3음보 율격을 바탕으로 하고 있으며 '이름이여', '사랑하던 그 사람이여', '설움에 겹도록 부르노라' 등의 문장을 반복하여 운율을 만들어 내고 있으므로 '음악 지향적'임을 알 수 있다.

① (가)에서 말하는 시의 '함축미'와 '절제미'는 시인이 지성으로써 감성을 통제하려 할 때 구현되는 것이다. 〈보기〉의 시에서 '사랑하던 그 사람'의 '이름'을 화자가 끝내 밝히지 않는 것은 시의 함축미나 절제미와는 아무런 관련이 없다. ③ 화자의 감정을 직설적으로 표현하고 있는 부분이므로 적절하지 않은 진술이다. ④ '하늘과 땅 사이가 너무 넓구나.'는 화자의 슬픔을 직접적으로 표출하는 부분이다. 시의 제목이 '초혼'이라는 점과 '불러도 주인 없는 이름'이라는 부분을 통해 화자의 슬픔은 대상의 죽음으로 인한 것임을 알 수 있다. 도시인의 우울한 내면과 고독은 시에서 드러나지 않으며, (가)에 따르면 이러한 내용은 김소월과 같은 '한국적 낭만주의' 시인들이 아니라 비판적 모더니스트들이 담으려 했던 내용이다. ⑤ (가)에 따르면 김소월의 작품은 '한국적 낭만주의' 시에 해당한다. '이념을 전파하려는 시인의 모습'은 낭만주의가 아닌, 카프 계열의 시에 해당하므로 적절하지 않다.

3. ①

> '나비'는 '바다'를 '청무우밭'으로 착각하여 내려갔다가 '날개가 물결에 절은 채 지쳐서 돌아온다. 이때 '청무우밭'은 '나비'가 다가가고자 하는 공간으로 '근대화' 혹은 '현대 문명'을 의미하며, '바다'는 '나비'가 '청무우밭'으로 착각한 공간으로 '일본 제국주의'를 상징한다.

② '나비'의 '날개'를 절게 만들고, 꽃이 피지 않는 '바다'는 긍정적인 대상이라고 볼 수 없다. 〈보기〉에 따르면 '바다'는 지식인들을 현혹하던 '일본 제국주의'라고 볼 수 있다. ③ 〈보기〉에 따르면 (라)는 근대화를 기대하던 우리 지식인들의 순진한 모습과 그들의 어두운 미래를 그려냈다고 하였으므로 '나비 허리에' 칼처럼 걸린 시리고 새파란 '초생달'은 지식인들의 비극적 운명을 형상화한 것으로 볼 수 있다. ④ 연약한 이미지를 드러내는 '어린 날개', '공주' 등의 시어는 〈보기〉의 정보를 통해 순진한

지식인의 모습으로 해석할 수 있다. ⑤ 푸른색을 다양하게 변주하여 표현하고, 그것을 흰 색과 대비시켜 색채 대비를 이룬 것은 참신한 표현 방법이라고 할 수 있으며, 이는 회화적인 부분을 강조한 이미지스트의 모습이다. 참고로 '참신하다'는 표현에 주목할 필요는 없다. 두 대상을 놓고 상대적 우위를 논하는 경우가 아닌 상태에서, 한 대상의 참신성은 객관성을 논하기 어렵기 때문이다. 평가원에서 이런 경우 절대 정오답의 절대적 근거로 제시하지 않으니, 이 부분은 힘을 빼고 접근해야 한다.

4. ⑤

> (다)의 화자는 마지막 행에서 '나는거울속의나를근심하고진찰할수없으니퍽섭섭하오'라며 자신의 감정을 직접적으로 드러내고 있다. 반면, (라)의 화자는 감정을 절제한 채 '나비'를 바라보고 있다. 따라서 대상에 대한 태도를 절제하며 시상을 전개한 것은 (다)보다는 (라)에 가깝다.

① (다)에는 거울 안과 거울 밖이라는 대립적인 공간이 설정되어 있다. '거울속'에 있는 무의식과 거울 밖에 있는 자신의 모습을 이야기하며 시상을 전개하고 있다. ② '흰 나비', '청무우밭', '새파란'에서 색채어를 확인할 수 있다. 이때 흰색은 대상의 여리고 순수한 속성을 부각시키고 있다. ③ (다)에서는 '나'라는 화자가 표면에 등장하고 있지만, (라)에는 시적 화자가 표면에 드러나지 않는다. ④ (다)는 종결 어미 '-소', '-오'를 반복하고, (라)는 종결 어미 '-다'를 반복하고 있다.

---

11. 백석, 적막강산 / 이기철, 청산행

1. ④

> (가)에서는 '들썩'이라는 음성 상징어를 반복적으로 사용함으로써 운율을 형성하고 있으나, (나)에서는 음성 상징어를 사용하고 있지 않다. 참고로, 음성 상징어는 의성 부사나 의태 부사를 말한다.

① (가) O, (나) X / (가)는 화자가 '산'과 '벌'로 이동하고 있다고 볼 수 있으나, (나)는 화자의 시선이 이동하고 있을 뿐, 공간의 이동에 따라 시상을 전개하고 있지 않다. ② (가) X, (나) X / (가)에서는 '오이밭에 벌배채 통이 지는 때'라는 시간이 제시될 뿐, 시간의 흐름을 통해 상황의 변화를 암시하고 있지 않다. 한편, (나)는 '저녁연기'에서 시간이 제시될 뿐, 시간의 흐름을 통해 상황의 변화를 암시하고 있지는 않다. ③ (가) X, (나) X / (가)와 (나) 모두 공감각적 심상을 활용하여 자연 경관의 생동감을 부각하고 있지 않다. ⑤ (가) X, (나) X / (가)는 한 대상을 다른 대상에 빗대어 표현함으로써 자연에 대한 화자의 예찬을 나타내고 있지 않다. 한편, (나)에서는 '가늘게 흩어지는 저녁연기'를 '나무들의 잔숨결'에 빗대어 표현하고 있으나, 이를 통해 자연에 대한 화자의 예찬을 나타내고 있지 않다.

2. ②

> (가)의 화자는 풍요로운 자연 속에서 외로움과 쓸쓸함을 느끼고 있다. '뻐꾸기', '딜거기', '물닭', '갈새'는 현재 풍요로운 자연의 일부일 뿐, 화자로 하여금 과거의 풍요롭던 시절을 회상하게 하는 매개체로 볼 수 없다.

① (가)의 화자는 '정주 동림 구십여 리 긴긴 하로 길'에서 온갖 자연물의 소리를 듣지만 자신을 둘러싼 자연은 '적막강산'이라고 표현한다. 따라서 '구십여 리'와 '긴긴 하로 길'은 화자가 느끼는 외롭고 쓸쓸한 내면을 구체적으로 형상화한 것으로 볼 수 있다.

③ (나)에서 '흐리던 산길이 잘 보인다'는 것은 화자가 속세를 떠나 '청산'에 온 후에 겪은 긍정적 변화에 해당한다. ④ (나)에서 '여울물'은 속세에서 방황하던 과거의 화자를 상징한다. 따라서 '길을 놓치고' '허우적거리는 여울물'은 삶의 올바른 방향성을 잃고 방황했던 자신의 과거를 떠올린 것으로 볼 수 있다. ⑤ (나)의 화자는 속세를 떠나 청산에서 현재 마음의 안정을 찾고 있다. 따라서 '서른 번 다져 두고 서른 번 포기했던 관습들'은 다짐과 포기의 교차 속에서 힘겹게 살아갔던 과거 속세에서의 화자의 모습으로 볼 수 있다.

3. ⑤

'나무들의 잔숨결'은 '가늘게 흩어지는 저녁연기'의 모습을 표현하기 위한 보조 관념일 뿐, 순수한 공간으로서의 자연을 의미하는 시어가 아니다. 따라서 이를 통해 화자가 자연을 현실과 대비되는 순수한 공간으로 인식함을 드러내고 있다고 볼 수 없다. 참고로, '가늘게 흩어지는 저녁연기'는 '한 가정의 고민의 양식으로 피어오르고' 있다는 점에서 현실 세계의 고단한 삶을 의미한다고 볼 수 있다.

오답풀이

① (가)의 '산이 들썩 산 소리'와 '벌이 들썩 벌 소리'는 '산'과 '벌'에서 여러 생명체가 내는 소리를 묘사한 것이므로 자연의 활기와 생명력을 나타낸 부분으로 볼 수 있다. ② (가)의 화자는 '산 소리'와 '벌 소리'가 들림에도 불구하고 '적막강산'에 있다고 말한다. <보기>의 내용을 고려할 때, 이는 생명력 넘치는 자연의 모습이 대비적으로 환기하는 인간 존재의 근원적 고독감의 표현이라고 볼 수 있다. ③ (나)에서 '이 세상을 앓아 보지 않은 것들'은 세상에 대한 번뇌와 집착이 없는 순수한 자연을 의미한다. <보기>의 내용을 고려할 때, '이 세상을 앓아 보지 않은 것들과 함께 / 잠들고 싶'어 하는 모습에는 자연에 동화되고 싶은 화자의 욕망이 드러나 있다고 볼 수 있다. ④ (나)에서 '쓰다 둔 편지 구절과 버린 칫솔'은 화자가 '인가'를 내려다보고 떠올린 대상으로 현실 세계에 대한 화자의 미련을 나타낸다고 볼 수 있다.

---

12. 백석, 가무래기의 낙 / 기형도, 질투는 나의 힘

1. ①

(가)는 '춥다', '추운 거리', '이 추운 세상' 등과 같이 촉각적 이미지를 통해 빈곤에 시달리고 있는 화자의 부정적 상황을 암시하고 있다. 한편, (나)는 '구름 밑을 천천히 쏘다니는 개', '공중' 등과 같은 시각적 이미지를 통해 방황의 시기를 보내고 있는 화자의 부정적 상황을 암시하고 있다.

오답풀이

② (가) X, (나) X / (가)의 '이 못된 놈의 세상을 크게 크게 욕할 것이다'에서 가정의 진술이 사용되었으나, 이는 현실에 대한 부정적인 인식을 드러낸다. 한편, (나)의 '아주 오랜 세월이 흐른 뒤에 / 힘없는 책갈피는 이 종이를 떨어뜨리리'에서 가정의 진술이 사용되었으나 이를 통해 미래의 일을 가정하여 현재의 삶을 회상하고 있음을 드러내고 있을 뿐, 현실에 대한 긍정적 인식을 드러내고 있지는 않다. ③ (가) X, (나) X / (가)에서 '가무락조개'라는 소재는 '맑고 가난한 친구'로 의인화되어 화자의 처지를 위로하고 있으므로 화자와 대립적 관계에 있다고 볼 수 없다. 한편, (나)에 등장하는 소재들은 화자의 처지를 드러내는 데 활용되고 있을 뿐, 화자와 대립적 관계를 이루지 않는다. ④ (가) O, (나) X / (가)는 독백적 어조로 시상을 전개하고 있다. 반면, (나)는 주로 영탄의 어조로 시상을 전개하고 있을 뿐, 명령적 어조를 사용하지는 않았다. ⑤ (가) X, (나) X / (가)에는 '빚', '우쭐댄다', '크게' 등의 동일한 시어의 반복은 나타나지만, 동일한 시구의 반복이 나타나지는 않는다. 시구는 2어절 이상을 말한다. 한편, (나)에서 '-으니', '-구나'와 같은 어미가 반복해서 사용되고 있으나, 이를 통해 화자의 현실 극복 의지를 나타내고 있지는 않다.

2. ②

ⓐ는 빚을 얻어야 하는 춥고 궁핍한 상황임에도 불구하고 인식의 전환을 통해 낙천적 태도를 보이는 화자의 모습을, ⓑ는 미친 듯이 사랑을 찾아 헤맸으나 단 한 번도 스스로를 사랑한 적이 없었던 자신의 삶에 대해 반성적 태도를 보이는 화자의 모습을 나타낸다.

오답풀이

① ⓐ X, ⓑ O / ⓐ는 '가무래기'라는 '맑고 가난한 친구'를 두어 기뻐하는 화자의 태도를 나타낼 뿐, 화자가 이룬 과거의 성취를 환기하지는 않는다. 반면, ⓑ는 스스로를 사랑하지 못한 채 타인을 질투하며 살아온 화자의 결핍을 환기한다. ③ ⓐ X, ⓑ X / ⓐ는 '가무락조개'를 '친구'로 생각하여 물질적 빈곤을 견뎌낼 정신적 여유로움을 얻은 화자의 내면을 보여 주고 있으므로, 물질적 빈곤에서 비롯된 화자의 박탈감은 확인하기 어렵다. 한편, ⓑ에서 화자는 사랑에 대해 거부감을 드러내고 있지 않으며, 오히려 자기애의 결핍을 자각하는 내면을 보여 주고 있다. ④ ⓐ X, ⓑ O / ⓐ에서 화자는 '가무래기'라는 '맑고 가난한 친구'를 두어 기뻐하고 있을 뿐, 세상과 화합하여 기뻐하는 자신의 상태를 드러내고 있지 않다. 마지막 행의 '이 못된 놈의 세상을 크게 크게 욕할 것이다'를 통해서도 세상과 화합하지 않았음을 알 수 있다. 반면, ⓑ는 스스로를 사랑하지 못하고 타인을 질투하며 공허하게 살아온 화자의 삶을 드러낸다는 점에서 암울하고 고단한 화자의 처지를 드러낸다고 볼 수 있다. ⑤ ⓐ O, ⓑ X / ⓐ는 부정적 상황에서 자신에게 위로가 되는 '가무락조개'라는 친구를 둔 화자의 자부심을 보여 준다. 반면, ⓑ는 자신의 결핍을 고백하는 화자의 모습을 보여 줄 뿐, 이를 통해 삶의 이치를 깨달은 화자의 심리적 충격을 확인할 수는 없다.

3. ⑤

(나)의 '그리하여 나는 우선 여기에 짧은 글을 남겨둔다'에서는 '그리하여'와 같이 인과 관계를 나타내는 표현을 활용하고 있다. 이때 화자가 '짧은 글'을 남겨 두는 이유는 '단 한 번도 스스로를 사랑하지 않았'던 자신의 과거를 고백하기 위함이다. 즉, '짧은 글'이 두려움의 결과인 것은 아니므로 선지의 내용은 적절하지 않다.

오답풀이

① 화자는 미래에 '힘없는 책갈피'에서 '짧은 글'이 쓰인 '종이'가 떨어지는 상황을 가정하고 있다. 여기서 '그때'에 해당하는 시점은 '현재'이므로 '어리석게도'라는 직설적인 표현을 통해 현재 상황에 대한 화자의 판단을 드러낸 것으로 볼 수 있다. ② 화자는 미래의 일을 가정하면서 미래 시점에서 과거가 되는 현재의 자신을 '구름 밑을 천천히 쏘다니는 개'에 빗대고 있다. 이러한 비유적 표현은 '공중에서 머뭇거'리는 이미지와 연결되어 뚜렷한 삶의 방향을 찾지 못한 채 방황하는 화자의 불안정한 상태를 나타낸 것이다. ③ '나 가진 것 탄식밖에 없어', '내 희망의 내용은 질투뿐이었구나'는 탄식과 질투로 이루어진 화자의 삶을 드러낸다. 이때 '밖에', '뿐'은 다른 삶의 가능성을 좇지 못한 화자의 모습을 드러냄으로써 화자의 공허한 내면 세계를 부각하고 있다. ④ '저녁 거리마다 물끄러미 청춘을 세워 두고'에서 화자는 '청춘'을 마치 세워 둘 수 있는 구체적 대상으로 형상화하고 있다. 이때 화자가 시간의 흐름에 따라 흘러가는 '청춘'을 세워 둔 것은 자기 삶을 성찰하고 있음을 드러내기 위함이다.

4. ①

(가)의 화자는 '빚을 얻으려' '뒷간거리'로 향하지만, 결국 '빚이 안 되어(돈을 빌리지 못하여)' 떠난다. 하지만 이후 인식을 전환하여 '가무락조개'를 '맑고 가난한 친구'로 생각한다. 즉, '뒷간거리'는 인식의 전환이 일어나기 전 경제적인 어려움을 겪고 있는 화자의 고달픈 상황을 드러낸 것이므로 의지적 자세로 '뒷간거리'에 왔다고 보기 어렵다. 한편, (나)에서 '공장'은 무언가 '기록할 것'이 많은 열정으로 가득 찬 화자의 내면을 나타내는 시어로, 화자가 무기력한 태도로 '마음'의 '공장'

을 세웠다고 볼 수 없다.

오답풀이

② 〈보기〉에 따르면 (가)는 경제적 어려움을 겪는 화자의 모습을 보여 주는데, 이는 화자가 '빚을 얻으려' '뒷간거리'에 왔다는 진술을 통해 확인할 수 있다. 한편, (나)의 화자는 미래 시점에서 현재를 회상하면서 자신이 '공중에서 머뭇거렸다'고 고백한다. 이는 '쏘다니는 개'와 마찬가지로 갈피를 못 잡고 주저하며 방황하는 화자의 상태를 보여 준다. ③ (가)의 화자는 '빚'을 얻지 못한 암울한 처지에 놓이지만 '추운 거리'의 한편에서 '가무래기'를 발견하고, 그를 친구로 생각함으로써 고단한 삶을 위로받고 있다. 한편, (나)의 화자는 '가진 것'이 '탄식'밖에 없다고 고백하는데, 이는 별다른 삶의 희망을 찾지 못하는 화자가 공허한 자신의 내면을 토로하는 것으로 볼 수 있다. ④ (가)의 화자는 '빚'을 얻지 못하지만, 인식을 전환하여 '가무락조개'를 '맑고 가난한 친구'로 생각함으로써, 고단한 삶을 위로받고 있다. 한편, (나)에서 '살아온 날들'을 세어 보던 화자가 '희망의 내용'이 '질투'뿐이었음을 깨닫는 것은 화자가 자신의 삶을 성찰한 내용을 보여 주는 것이다. ⑤ 〈보기〉에 따르면 (가)에서는 대상을 의인화하는 방식을 활용하는데, 이는 화자가 '가무래기'를 '맑고 가난한 친구'로 여기는 데에서 드러난다. 한편, (나)에서 화자는 '아주 오랜 세월이 흐른 뒤'를 가정하고, 그러한 미래의 시점에서 현재의 상태에 해당하는 '그때 내 마음'을 회상하고 있으므로 선지의 내용은 적절하다.

---

13. 김광섭, 산 / 고정희, 무너지는 것들 옆에서

1. ②

(나)의 1연에서는 '내가 ~는 날은 ~ㅂ니다'의 문장 구조가, 2연에서는 '나는 내 ~에 ~ㄹ 수는 없으므로'의 문장 구조가 반복되고 있다. 이를 통해 자신이 한 '말'과 자신이 나눈 '정' 때문에 상처 입은 화자의 내면 심리를 효과적으로 드러내고 있으므로 적절하다.

오답풀이

① (가) X / (가)에서 영탄적 표현을 사용한 부분은 찾을 수 없으며, 이를 사용하여 대상을 향한 경외감(공경하면서 두려워하는 감정)을 표출하고 있지도 않다. ③ (가) X, (나) X / (가)와 (나) 모두 색채어가 사용된 부분을 찾을 수 없으며, 색채어를 나열하여 시적 공간의 분위기를 드러내고 있지 않다. ④ (가) O, (나) X / (나)에서는 '말'과 '정'을 '씨앗'이라는 자연물에 비유하고 있지만, 이를 통해 '말'과 '정'의 움직임을 묘사하고 있지는 않다. 반면, (가)에서는 '산' 그림자가 생기고 사라지는 모습을 '학', '기러기'와 같은 자연물에 비유하고, '산'이 봉우리로 올라가는 모습을 '달팽이'와 같은 자연물에 비유하여 표현하고 있음을 알 수 있다. ⑤ (가) X, (나) O / (가)에는 표면에 드러난 청자가 나타나지 않는다. 반면, (나)는 '오 하느님'에서 표면에 드러난 청자를 확인할 수 있으며, 이후 말을 건네는 방식으로 바람직한 삶의 자세에 대한 화자의 정서를 드러냈음을 알 수 있다.

2. ③

3연을 포함하여 시 전체적으로 삶의 무상감을 느끼는 화자의 모습은 드러나지 않는다. 3연의 '양지바른 쪽'과 '높은 꼭대기'는 각각 '사람을 묻고', '신을 뫼신다'는 점에서 대조를 이룬다고 볼 수는 있으나, 이는 '산'이 '사람'의 죽음을 받아주는 포용력 있는 존재이면서도 '신'을 매개하는 신성한 존재임을 부각하고 있는 것이므로 선지의 설명은 적절하지 않다.

오답풀이

① 1연에서는 '산'의 그림자가 '내가 사는 데'로 표현된 곳에 '날아와서' 가깝게 닿아 있는 모습을 묘사하여 '산'이 인간에게 가까이 오려고 하는 모습을 드러내고 있다. 또한 4연에서는 '산'이 '사람들과 친하고 싶어서 / 기슭을 끌고 마을에 들어오'는 모습을 통해 인간과 가까이 지내고 싶어 하는 '산'의 모습을 묘사하고 있다. ② 2연에서는 '산'에 있는 '꽃잎 하나 다치지 않고', '흙 한 줌', '돌 한 개'까지도 '들썽거리지 않'도록 배려하는 '산'의 모습을 보여 주고 있다. ④ 5연에서는 '산'이 '나무를 기르는 법'과 '벼랑에 오르지 못하는 법'으로 '사람을 다스린다'라고 표현하고 있다. '산'이 '사람'을 다스리는 주체로 설정되어 있긴 하지만, 이는 '사람'이 '산'을 통해 배려와 사랑의 정신, 겸손함 등을 배우길 바라는 화자의 인식을 보여 준다고 할 수 있다. ⑤ 6연과 7연에서 '산'은 '울적'함을 느끼고 '신경질'도 낼 줄 아는 존재로 그려지고 있다. 이는 '산'을 마냥 고고한 존재가 아니라 인간처럼 감정을 느끼는 주체로 나타낸 것으로 볼 수 있다.

3. ④

ⓔ(철없는)은 화자가 현재의 자신을 설명하기 위해 사용한 표현으로, 이는 화자의 나이가 '마흔'이라는 것과 연결되어 '말을 제대로 건사'하지 못하고, '정을 제대로 건사'하지 못하는 등 나이에 걸맞은 삶을 살지 못하는 자신을 성찰하는 화자의 태도를 보여 준다.

오답풀이

① ㉠(질겅질겅)은 누군가가 화자의 발등을 밟는 행동을 표현하는 음성 상징어로, 이는 '화'와 '성'이 나 있는 화자의 상황과 연결된다. 따라서 ㉠이 화자가 스스로 '화'와 '성'을 해소하고자 하는 노력을 드러낸다고 보기는 어렵다. ② ㉡(딱딱)은 누군가가 화자의 뺨을 때리는 행동을 표현하는 음성 상징어로, '위로'와 기댈 곳을 찾는 화자를 좌절시키는 행동과 연결된다. 따라서 ㉡이 타인에게 '위로'를 받는 화자의 모습을 드러낸다고 보기는 어렵다. ③ ㉢(제대로)은 1연에서 반복적으로 사용됨으로써 화자가 자신의 현재 상황을 불만족스럽게 여기고 있음을 부각하고 있다. 하지만 화자는 '분별 없'던 과거의 일을 회상하고 있지 않고, 태도 변화를 다짐하고 있지도 않으므로 적절하지 않다. ⑤ ㉣(돌)은 화자가 자신의 사지에 '눌러둘 수' 있는 대상으로, 문맥상 화자가 '분별 없이' '말'이나 정'을 부리지 못하도록 스스로를 억제할 수 있는 것이라 할 수 있다. 그런데 화자는 자신이 '부처님이 될 수는 없'어 사지에 '돌을 눌러둘 수' 없다고 말하며 자신의 현재 상태를 받아들이려 하므로, 화자가 '돌'이라는 외부의 억압을 받고 있는 상황에 처한 것으로 보기는 어렵다.

4. ⑤

〈보기〉에 따르면 (가)는 산의 다양한 면모를 고찰하여 바람직한 삶의 자세를 부각하고, (나)는 이상과 현실의 괴리에 주목하여 바람직한 삶의 자세를 지니는 것이 얼마나 어려운지를 드러내고 있다. (가)에서 화자는 '산'을 '사람을 다스'리는 존재로 표현하고 있는데, 이는 '산'이 화자가 추구하는 바람직한 삶의 자세를 지닌 이상적 존재임을 나타낸다고 볼 수 있다. 한편, (나)에서 '슬픔의 광야'는 '어눌한 상처들'이 덧나고 덧난 결과 화자가 이르게 되는 공간이다. 하지만 '슬픔의 광야에 이른다 해도'라는 표현을 통해 화자는 아직 '슬픔의 광야'에 이르지 못했음을 알 수 있다. 또한 '슬픔의 광야'는 상처들로 인해 화자의 '슬픔'이 깊어진 상황을 보여 주는 시어이므로, 이를 이상적인 가치를 삶에 구현한 모습으로 보기는 어렵다.

오답풀이

① 〈보기〉에 따르면 (가)는 산의 다양한 면모를 고찰하여 바람직한 삶의 자세를 부각하고 있다. (가)에서 '봄'과 '여름'이라는 서로 다른 계절이 '사이좋게' 공존하는 '산'의

모습은 포용력 있는 삶의 자세를 잘 보여 주며, 이는 화자가 바라는 삶의 모습으로 볼 수 있다. ② 〈보기〉에 따르면 (나)는 이상과 현실의 괴리에 주목하여 바람직한 삶의 자세를 지니는 것이 얼마나 어려운지를 드러내고 있다. (나)에서 화자는 '말'과 '정'을 '제대로 건사하'지 못하고 '외로움을 제대로 바로 잡'지 못하는 자신을 한탄하고 있다. 이를 고려할 때 화자는 자신이 이상적으로 여기는 삶에서 '말'과 '정'을 '제대로 건사'하고 '외로움'을 잘 다스릴 것임을 알 수 있다. ③ 〈보기〉에 따르면 (나)는 이상과 현실의 괴리에 주목하여 바람직한 삶의 자세를 지니는 것이 얼마나 어려운지를 드러내고 있다. (나)에서 화자는 '포르말린', '옥시풀', '유한 락스'와 같은 화학 약품의 이미지를 활용하여 '미련과 정을 헹'궈 낼 수 없음을 나타내며, 이는 바람직한 삶의 자세를 지니는 것의 어려움을 드러낸다고 볼 수 있다. ④ 〈보기〉에 따르면 (가)는 산의 다양한 면모를 고찰하여 바람직한 삶의 자세를 부각하고 있다. (가)에서 '산'이 '부동의 자세'를 취하는 이유는 '새나 벌레나 짐승들'을 놀라게 하지 않기 위함이다. 즉, '부동의 자세'는 다른 생명체를 존중하고 배려하는 바람직한 삶의 자세를 보여 준다. 한편, 〈보기〉에 따르면 (나)는 이상과 현실의 괴리에 주목하여 바람직한 삶의 자세를 지니는 것이 얼마나 어려운지를 드러낸다. (나)에서 화자는 자신은 '부처님'이 될 수 없어 '내 사지에 돌을 눌러둘 수는 없'다고 말하는데, 이는 '부처님'처럼 평정심을 유지할 수 있는 이상과 그러지 못하는 현실의 괴리를 부각한 것이라 할 수 있다.

1. 윤흥길, 날개 또는 수갑

1. ②

'어린 녀석이~살아온 셈이었다.'에서 우기환의 말을 듣는 민도식의 내면을 묘사하고 있다. 이를 통해 '자신이기를 일찌감치 포기'한 채 '오직 제복에만 매달리면서 평생을 살아온' 아버지의 삶을 떠올리며 마음 아파하는 민도식의 정서적 반응을 보여 주고 있다.

오답 풀이

① '빈번한 장면 전환'을 허용하려면 장면이 3회 이상 교체되어야 한다. (중략) 이전에는 민도식, 우기환, 장상태 등의 사원들이 다방에 모여 제복에 대한 불만을 드러내는 장면, (중략) 이후에는 민도식, 우기환과 사장이 대화를 나누는 장면이 제시되고 있으므로 빈번한 장면 교체가 이루어졌다고 보기 어렵다. 또한 긴박한 분위기가 나타나지도 않는다. ③ 윗글에 우기환, 민도식, 사장의 대화가 제시되고 있는 것은 맞으나, 과거로 돌아가려 하는 인물의 심리는 나타나지 않는다. ④ 윗글에서 인물의 반복되는 행동이 제시된 부분은 찾을 수 없으며, 갈등의 해소가 암시되고 있지도 않다. ⑤ (중략) 전후로 다방에서 사장실로의 공간 이동은 드러나나 이에 따라 서술자를 달리하고 있지는 않다.

2. ②

민도식이 "제복에 눌려서 개성이 위축되고 단결력에 밀려서 자유로운 창의력이 퇴보"된다며 제복으로 인한 문제를 제기하자, 사장은 "아주 좋은 말을 했어. 하지만 그건 일이 실천에 옮겨지기 전에 했어야 할 얘기야."라고 답한다. 이는 민도식이 제기한 문제에 대해 나중에 생각할 일이라며 무시한 것이 아니라, 그 문제는 실천에 옮겨지기 전, 즉 지금보다 전 단계에서 말했어야 함을 의미하므로 적절하지 않다.

오답 풀이

① 우기환이 "평생을 제복만 걸친 채 세상을 살아가는 사람도 많"다고 말하자, 민도식은 '우중충한 회색의 제복을 입은 '교도관'이었던 아버지를 떠올린다. ③ 사장이 "일찍이 제복 제도를 도입한 K직물이 창의력 없이 그저 눈감땡감으로 오늘날의 위치에 올라섰다고 생각하나?"라며 'K직물'이라는 다른 기업을 근거로 들어 '제복 제도'를 도입해야 한다는 자신의 주장을 정당화하자, 우기환은 "K직물은 사정이 다릅니다."라며 그 사례가 자신들과는 다르다고 주장하였다. ④ 우기환이 "그런 면에서 K직물의 기업 정신은 아주 훌륭하다고 봅니다."라며 'K직물'이라는 다른 기업을 긍정적으로 평가하자, 사장은 "우군이 K직물을 동경하는 그 심정은 나도 알아. 허지만 앞으로 가까운 장래에 다른 사람들이 자네들을 동경하도록 만들기 위해서는 나도 노력하고 자네들도 적극 협조해야 되잖겠나."라며 자신들도 'K직물'같이 동경받을 수 있는 기업이 되기 위해선 사원들의 협조가 필요하다고 말하였다. ⑤ 사장이 "그 동안을 못 참아서 협조할 수 없다면 별수 없지. 이런 일엔 누군가 한 사람쯤 희생이 따른다는 사실을 각오해야 돼."라며 '제복 제도'를 도입하려는 의견을 굽히지 않으려 하자, 우기환은 "제가 희생이 되죠."라고 말하며 '분연히 소파에서 일어나 빠른 걸음으로 도어를 향해' 갔다. 이는 '제복 제도' 도입에 반발하는 마음을 행동으로 표출한 것으로 볼 수 있다.

3. ⑤

[A]에서 우기환은 "유니폼과 사복을 동시에 지참하고 다니"는 "이중생활"에 사람

들이 "번거롭다는 느낌"을 받으면 곧 ㉠(타성)이 생기며, 이후 ㉠에 젖은 사람들은 "유니폼 쪽으로 쉽게 기울게" 되고 조직사회가 이를 이용한다고 말하였다. 조직사회가 ㉠을 이용한다는 말은 조직에서 벗어나 있을 때도 개인을 '조직의 일원'이 되게 만든다는 것을 의미하므로 선지의 내용은 적절하다.

오답 풀이

① [A]에서 조직사회는 ㉠을 "인간이 가진 치명적인 약점"으로 보고 "적절히 이용"한다고 하였다. 따라서 조직사회가 ㉠을 최대한 억압하려고 한다는 설명은 적절하지 않다. ② [A]에서 우기환은 "유니폼과 사복을 동시에 지참하고 다니"는 "이중생활"이 "번거롭다는 느낌"을 들게 하고, 그로 인해 ㉠이 생긴다고 말하였다. 따라서 ㉠에 젖으면 "이중생활"을 하게 된다는 것은 인과 관계가 뒤바뀐 진술이다. ③ [A]에서 우기환은 ㉠에 빠진 인간은 "곧 어느 한쪽 방향으로 쉽사리 기울고", 이는 "임의의 선택이 아니라"고 말하였다. 따라서 개인이 ㉠에 빠지면 '개인생활'과 '조직생활' 중에서 하나를 임의로 선택하게 된다는 설명은 적절하지 않다. ④ [A]에서 우기환은 "유니폼과 사복을 동시에 지참하고 다니면서 필요에 따라 수시로 갈아입"는 "이중생활"이 지속하기 어려우며, 시간이 지나 ㉠이 생긴다고 말하였다. 따라서 유니폼과 사복을 자신의 '필요에 따라' 갈아입게 되는 것이 ㉠에서 벗어나기 위한 개인의 행동이라는 설명은 적절하지 않다.

4. ⑤

윗글에서 우기환은 '제복' 착용을 반대하는 자신의 의견에 사장이 "이런 일엔 누군가 한 사람쯤 희생이 따른다"라고 답하자, 자신이 "희생이 되"겠다고 말한다. 이후 "피고용자한테도 권리는 있다"며 순식간에 문을 향해 가버린 것을 통해 여기서 말하는 '희생'은 퇴사, 즉 집단 내에서의 방출을 의미함을 알 수 있다. 즉, 우기환은 개인의 권리를 제약하는 사회 현실을 변화시키려는 의지를 드러낸 것이 아니라, 개인의 권리를 제약하는 사회 현실에 맞서다가 뜻을 이루지 못하고 나간 것이다.

오답 풀이

① 우기환은 '제복'을 걸치고 살아가는 삶을 "조직의 일원으로서 그 조직을 대표하고 그 조직을 위해서 봉사하는 시간이 압도적으로 많은 생활"이라고 말하였다. 유니폼이 여러 사람이 하나의 소속임을 드러내는 수단이라는 〈보기〉의 설명을 참고할 때, '조직의 일원'으로 '조직을 대표'한다는 것에서 개인이 특정 집단에 소속되어 있음을 드러내는 유니폼의 기능을 확인할 수 있다. ② 민도식은 '제복에만 매달리면서 평생을 살아온' 아버지의 삶을 떠올리면서, '제복'을 입는 '교도관'과 '죄수들' 사이에 별다른 차이점이 없다고 생각한다. 유니폼의 장단점은 보는 관점에 따라 달라진다는 〈보기〉의 설명을 참고할 때, 이는 '제복'이 마치 '죄수들'이 그러한 것처럼 개인의 자유를 억압하는 단점이 있음을 나타낸 것이라고 볼 수 있다. ③ 민도식은 사장에게 '제복'을 입어서 '단결력'을 얻기보다는 '개성'과 '자유로운 창의력'을 잃어서 오는 '손실'이 더 클 것 같다고 말하고 있다. 유니폼의 장단점은 보는 관점에 따라 달라진다는 〈보기〉의 설명을 참고할 때, '단결력' 상승은 유니폼 착용 시의 장점이고, '개성'과 '창의력'의 퇴보는 유니폼 착용 시의 단점이므로, 민도환은 유니폼을 착용할 시 장점보다 단점이 더 크다고 여긴다고 할 수 있다. ④ '제복' 착용을 반대하는 민도식과 우기환의 의견을 듣고, 사장은 "그 동안을 못 참아서 협조할 수 없다면 별수 없지. 이런 일엔 누군가 한 사람쯤 희생이 따른다는 사실을 각오해야 돼."라고 말하였다. 윗글이 유니폼 착용과 관련된 의사 결정 과정을 보여 줌으로써 개인의 자유와 권리를 제약하는 사회 현실을 우회적으로 비판하고 있다는 〈보기〉의 설명을 참고할 때, '협조'하지 않는 사원들의 '희생'을 당연시하는 사장의 모습은 의사 결정이 강압적인 방식으로 이루어짐을 나타내는 것으로 볼 수 있다.

2. 선우휘, 단독 강화

1. ③

> '중공군'에 맞서고자 양이 있는 동굴로 돌아온 장에게 양이 "넌 배반자야."라고 하는데도 장이 "괜찮아요."라고 말하는 장면, 장이 '중공군'을 향해 총을 쏜 후 양을 향해 웃는 장면 등에서 '중공군'에게 몰려 위험에 처한 양의 편에 서서 그들에게 맞서려는 장의 결연한 태도가 드러나므로 선지의 설명은 적절하다.

오답풀이

① 양과 장은 서로의 정체에 관해 알지 못하다가 각각 국군과 인민군이라는 사실을 알게 된 후 대립한다. 하지만 양과 장이 다른 인물의 잘못을 비난하는 부분은 찾을 수 없으므로 선지의 설명은 적절하지 않다. ② 양은 장의 정체에 관해 알지 못하다가 "동무, 이거 굴러떨어진 호박인데, 이 새끼들 잘도 먹지?"라는 장의 발화로 인해 장이 인민군이라는 사실을 알게 된다. 따라서 대화를 통해 정보가 드러난 것은 맞으나, 인물들이 서로 적군이었으므로 선지의 설명은 적절하지 않다. ④ 양은 장을 살리기 위해 "날 죽이려고, 죽이려고 되돌아왔군, 그렇지?"라고 말하며 그를 '엠원총'으로 위협하는 모습을 보이지만, 장은 이를 알지 못하고 "아니야! 아니야 아니야!"라고 울부짖으며 양에게 달려든다. 이를 통해 양이 장을 위기로부터 구해 주려고 했음을 알 수 있으나, 이것이 서로 간에 오해를 푸는 계기가 되지는 않았으므로 선지의 설명은 적절하지 않다. ⑤ 양은 장을 살리기 위해 "날 죽이려고, 죽이려고 되돌아왔군, 그렇지?"라고 말하며 그를 '엠원총'으로 위협하는 모습을 보이지만, 장은 이를 알지 못하고 "아니야! 아니야 아니야!"라고 울부짖으며 양에게 달려든다. 이는 두 인물이 서로를 믿지 못해 갈등하다가 함께 죽음을 맞이하게 된 것이 아니므로 선지의 설명은 적절하지 않다.

2. ④

> 서로의 정체가 드러난 후, 인민군 병사는 자신을 위협하는 국군 병사에게 ⓔ라고 질문한다. 하지만 국군 병사는 앞으로 인민군 병사를 어떻게 처리할 것인지에 관한 대답을 회피하고, '잠깐 말을 못 잇는' 모습을 보이며 ①와 같이 '되레 인민군 병사에게 반문하는 조로 중얼거'리는 모습을 보인다. 이는 인민군 병사를 죽이고 싶지 않은 마음과 살려 두면 안 될 것 같다고 생각하는 마음이 부딪쳐 섣불리 결단을 내리지 못하는 국군 병사의 내면을 보여 주는 것이다. 따라서 ①를 국군 병사가 인민군 병사에게 자신이 상대보다 우위에 있음을 알려 주기 위한 발언으로 볼 수 없다.

오답풀이

① ⓐ는 '가냘픈 편(장)'이 전쟁 상황에서 '비스킷'과 같은 식량을 갑자기 얻게 된 상황에 대한 놀라움을 드러내며 '키 큰 편(양)'에게 공감을 구하고자 한 말이다. 이때 장은 양을 "동무"라고 부르며 "이 새끼들 잘도 먹지?"라고 묻는데, ⓓ를 고려하면 이러한 발언은 장이 양을 '인민군'으로 착각한 것에서 비롯되었음을 알 수 있다. ② ⓑ는 ⓐ에서 장이 자신을 "동무"라고 부른 것을 다시 확인하고자 양이 장에게 질문한 것이다. 이는 상대가 '인민군'인지 확실히 알고자 하는 장의 의도를 반영한 질문으로 볼 수 있다. ③ ⓒ와 ⓓ에서 양과 장은 서로가 '인민군'과 '국군'임을 알고서는 상대를 "괴뢰"라고 부르고 있다. '괴뢰'는 상대를 향한 적대감을 보여 주는 단어이므로, 상대가 소속된 집단에 대한 부정적 인식을 드러낸다고 볼 수 있다. ⑤ ⓖ는 '인민군'임이 밝혀진 장을 묶으려다 그만둔 양이 식량을 먹지 못하고 있는 장에게 한 말이다. 이때 양은 장에게 "먹고 싶은 대루 처먹어."라고 말하면서 식량을 공유하고 있다는 점에서, ⓒ에서 드러났던 장에 대한 적개심(적에 대하여 느끼는 분노와 증오)을 어느 정도 누그러뜨린 모습을 보여 준다고 할 수 있다.

3. ③

> [A]에서 '중공군은 산개대형으로 동굴 가까이 올라오'다가 '둘로 갈라지며 이쪽 골짜구니와 저쪽 골짜구니로 몸을 숨기고 기어'올라 동굴 안에 있는 양과 장에게 접근하며 '거의 삼백 야드 안으로 밀려들었'음을 확인할 수 있다. 이러한 중공군의 이동에 따라 중공군과 양, 장 사이의 공간적 거리가 좁혀지며 긴장감이 고조되고 있으므로 선지의 내용은 적절하다.

오답풀이

① [A]에는 양과 장이 중공군에 맞서는 사건만이 제시되고 있으므로, 동시에 진행되는 사건이 병렬적으로 구성되어 있다고 볼 수 없다. ② [A]에서 장은 내려가라는 양의 말에 응하지 않고 오히려 중공군을 향해 총을 쏘며 '양을 건너보고 방긋 웃는' 모습을 보인다. 이는 양의 편에 서려는 장의 심리가 행동으로 나타난 것이므로, 인물이 심리와 행동의 괴리를 겪고 있다고 보기는 어렵다. ④ [A]에서 중공군과 양, 장 사이의 갈등이 지속되고는 있으나, 서술자가 인물의 내면 심리를 묘사하고 있지는 않다. ⑤ [A]에서는 중공군에 맞서는 양의 연속적인 행위가 서술되고 있으나, 양이 장과 중공군에 대한 태도를 바꾸는 부분은 드러나지 않는다.

4. ③

> 〈보기〉에 따르면 윗글에는 긴장 관계의 해소에 대한 기대감을 고조시켰다가, 결말에서 이를 좌절시키는 서사 구조가 나타나며, 이때 외세를 등장시키는 등의 서사적 장치가 확인된다. 국군인 양과 인민군인 장이 함께 '중공군'에 맞선다는 점에서, '중공군'은 양과 장을 결속시키는 역할을 한다고 볼 수 있다. 하지만 '중공군'은 공동체에 위협을 가하는 외세를 의미할 뿐, 우리 민족에게 닥친 문제를 해결할 수 있는 외부의 존재를 의미하는 것이 아니므로 선지의 설명은 적절하지 않다.

오답풀이

① 〈보기〉에 따르면 윗글에는 긴장 관계의 해소에 대한 기대감을 고조시켰다가, 결말에서 이를 좌절시키는 서사 구조가 나타나며, 이 과정에서 관계 변화의 계기가 되는 소재를 활용하는 서사적 장치가 확인된다. 국군 병사인 양과 인민군 병사인 장은 우연히 하룻밤을 보내게 되면서 서로의 정체를 알게 된다. 이후 양은 장을 "묶어야겠"다고 말하다가도, "묶어 놓고 내 손으로 먹일 수도 없"으니 "우선 제 손으로 먹고 싶은 대루 처먹어."라며 장에게 '통조림'을 내민다. 이때 '통조림'은 양과 장 사이의 긴장감을 해소하는 소재로 볼 수 있으므로 선지의 설명은 적절하다. ② 〈보기〉에 따르면 윗글에는 긴장 관계의 해소에 대한 기대감을 고조시켰다가, 결말에서 이를 좌절시키는 서사 구조가 나타나며, 이 과정에서 인물 간 호칭의 변화를 보여 주는 방식을 활용한다. 국군 병사인 양과 인민군 병사인 장은 우연히 하룻밤을 보내게 되면서 서로의 정체를 알게 되는데, 서로를 '괴뢰'나 '너'로 부르던 양과 장은 이후 동굴에서 재회할 때는 서로를 '양형'과 '장'으로 부른다. 이는 긴장 관계의 해소에 대한 독자의 기대를 고조시키므로 선지의 설명은 적절하다. ④ 〈보기〉에 따르면 윗글에서 장과 양은 마지막까지 서로를 위하다가 죽는 결말을 맞는다. 중공군이 동굴로 올라오자 양은 자신을 도와주기 위해 위험을 무릅쓰고 동굴로 돌아온 장에게 "손 들고 내려가."라며 설득한다. 그런데도 장이 말을 듣지 않자 양의 얼굴에 '어찌할 수 없는 안타까운 빛이 흘렀'으나, 이는 곧 '환희에 가까운 회심의 빛'으로 변한다. 이후 양이 갑자기 돌변해 "그렇군, 날 죽이려고, 죽이려고 되돌아왔군, 그렇지? 그렇다면—"이라고 말하며 장을 위협하는 것은, 장이 자신을 도와주러 동굴에 온 것이 아니라는 점을 중공군에게 보여 주어 장이라도 살리려는 양의 의도가 담긴 것이다. 즉, 양의 얼굴에 흐른 '안타까운 빛'이 '환희에 가까운 회심의 빛'으로 변화한 것은 양이 장을 위해 자신이 할 수 있는 일을 생각해 내기 때문으로 볼 수 있으므로 선지의 설명은 적절하다. ⑤ 〈보기〉에 따르면 윗글에서 장과 양이 마지막까지 서로를 위하다가 죽는 결말은 전쟁의 폭력성을 극대화하면서도, 공동체적 유대감이 우리

민족에게 닥친 문제를 해결할 수 있는 실마리임을 드러낸다. 양의 노력에도 불구하고 결국 장도 중공군에게 총을 맞아 '얽힌 두 몸에서 뿜어 나오는 피'가 '서로 섞이면서 희디흰 눈 속으로 배어들어' 가는 장면은 전쟁의 폭력성을 극대화하면서도 두 사람이 한 공동체에 속해 있음을 나타낸다고 할 수 있으므로 선지의 설명은 적절하다.

---

3. 최인호, 모범 동화

1. ④

[A]의 '그러나 이내 그는 키만 큰 유치원 생도처럼 쓸데없는 데에 겁을 먹고 있는 자신에 화를 내었다.', '강씨는 가슴이 긴장으로 죄어드는 것을 의식했다.' 등에서 서술자는 강씨의 내면을 묘사하며, 소년으로 인해 갈등을 겪는 강씨의 상황을 제시하고 있다.

오답풀이

① [A]에서 인물의 외양을 상세하게 묘사한 부분은 없으며, 이를 통해 인물을 희화화하고 있지도 않다. ② [A]에서 인물의 반복적 행위를 서술한 부분은 없으며, 이를 통해 인물의 성격을 구체화하고 있지도 않다. ③ [A]에서 서술자가 추측의 진술을 사용한 부분은 없으며, 이를 통해 다른 인물에 대한 반감을 드러내고 있지도 않다. ⑤ [A]에는 강씨와 소년의 대화가 제시되지만, 이를 통해 두 인물 사이의 심리적 거리가 변화되고 있지는 않다.

2. ④

ⓔ에는 아이들이 '열쇠 구멍으로 어른들을 엿보기 좋아'한다는 사실이 제시되어 있다. 이때 아이들이 '열쇠 구멍'을 통해 '비루'한 어른들의 모습을 마주하게 된다는 점에서 '열쇠 구멍'은 어른들의 실체를 엿보는 통로를 의미한다고 할 수 있다. 하지만 ⓔ이 숨겨진 가치를 발견할 수 있는 안목을 갖추지 못한 아이들의 상태를 드러내고 있지는 않으므로 선지의 설명은 적절하지 않다.

오답풀이

① ㉠에는 강씨의 '눈'에 'D 국민학교 어린애들 삼천 명이 모두 동전'으로 보이곤 했다는 사실이 제시되어 있다. 이때 '동전'은 강씨의 시선으로 바라본 아이들의 모습을 나타내므로, ㉠은 아이들을 돈벌이 수단으로 여기는 강씨의 물질 지향적 태도를 보여 준다. ② ㉡에는 강씨가 '그의 과목(과일나무) 모두를 사랑'했다는 사실이 제시되어 있다. 이때 '과목'은 열매를 맺음으로써 가치가 생기는 대상으로, D 국민학교 아이들을 비유적으로 표현한 것으로 볼 수 있다. 아이들에게서 얻을 수 있는 열매는 '동전'이므로, ㉡은 아이들을 향한 강씨의 애정이 이익 추구를 기반으로 하고 있음을 보여 준다. ③ ㉢에는 강씨가 다른 이들과 '같은 장사치'이지만 홀로 '어린이 국회의 치외 법권자로서 행세'하였다는 사실이 제시되어 있다. 이때 '치외법권자'는 잡화상 철거 문제에 대한 어린이회의 결정을 적용받지 않는 강씨를 가리키는 표현이므로, ㉢은 아이들에게 인정받아 홀로 국민학교 정문 앞에서 장사판을 벌이는 특권을 누리고 있는 강씨의 상황을 보여 준다. ⑤ ㉣에는 아이들이 '어른들의 은밀한 모범을 갈구'한다는 사실이 제시되어 있다. 이때 '은밀한 모범'은 열쇠 구멍을 통해 마주하게 된 어른들의 '비루'한 모습에 지친 아이들이 보고 싶어 하는 어른들의 모습에 해당하므로, ㉣은 아이들이 어른들에게서 본받을 점을 찾길 바라고 있음을 보여 준다.

3. ④

소년은 돈을 내지 말고 '놀이'를 하라는 강씨의 권유를 물리치고 동전 한 닢을 지불한 후 '놀이'에 참여한다. 소년이 캐러멜을 배치한 숫자와 주사위의 숫자가 일치해 자신이 지불한 '일 원의 십 배인 포도 캐러멜'을 가져갔다는 점을 미루어

볼 때, '놀이'는 소년이 돈을 내지 않아도 된다는 강씨의 권유를 물리치고 지불한 대가인 일 원보다 훨씬 웃도는 이익을 얻게 되는 것이라고 볼 수 있다.

오답풀이

① 강씨와 소년은 '놀이'를 시작하기 전에 '돈'을 지불하는 것을 두고 의견 대립을 보였으나, '놀이'의 진행 과정을 두고 강씨와 소년이 의견 대립을 보인 부분은 없다. ② [중략 부분 줄거리]에서 강씨가 '전학 온 소년에게 처참히 패배한 후 복수를 다짐'했다고 하였으므로, 강씨가 소년에게 제안한 '놀이'는 소년에게 복수를 하려는 강씨의 계획에 해당함을 알 수 있다. 하지만 강씨가 우연을 가장하여 '놀이'를 진행하지는 않았으므로 선지의 설명은 적절하지 않다. ③ 소년이 캐러멜을 배치한 숫자와 주사위를 굴려 나온 숫자가 일치하자 자신이 지불한 '일 원의 십 배인 포도 캐러멜'을 가져갔다는 점에서, '놀이'는 그것에 참여하는 이의 정성과 노력이 아닌 운에 따라 승패가 좌우됨을 알 수 있다. ⑤ 강씨는 '놀이'를 제안하기도 전부터 소년을 보고 '이 아이를 불러야 하는가, 아니면 그냥 보내야 하는가 하는 생각'으로 인해 망설이고 '쓸데없는 데에 겁을 먹고 있는' 모습을 보인다. 따라서 평온했던 강씨의 마음이 '놀이'로 인해 심리적으로 불안한 상태에 빠지게 되었다고 볼 수 없다.

4. ①

〈보기〉에 따르면, 윗글의 강씨는 아이들에게서 경제적 이익을 취하기 위해 '아이다움'을 이용하는 어른이다. 윗글에서 '아이다움'을 이용하여 자신들에게서 경제적 이익을 취하려는 강씨의 속내를 알지 못하는 아이들은 그의 '처세'와 '연기력'에 속아 '강씨 이외의 장사치들'에게 '철거'를 요구하고, 요구가 받아들여지지 않을 경우 '불매운동'을 하는 모습을 보인다. 이러한 아이들의 모습은 '아이다움'을 잃은 것이 아니라 오히려 '아이다움'과 관련되어 있다고 할 수 있으므로 선지의 설명은 적절하지 않다.

오답풀이

② 윗글에서 강씨는 '어른들의 은밀한 모범을 갈구하는' 아이들의 마음을 알고, '아침마다 학교 앞을 손수 비로 쓸'고 '어린이 회의에서 수재의연금 모집 안건이 통과되면 아깝지 않다는 듯 헌금을' 해서 그들의 '찬사'를 받는다. 〈보기〉에 따르면, 이와 같은 강씨의 행동은 아이들에게서 경제적 이익을 취하기 위해 '아이다움'을 이용하는 것이므로 위선적으로 행동하는 인물의 의도를 드러낸다고 할 수 있다. ③ 윗글에서 강씨는 소년에게 '놀이'를 제안하며 '투정하는 어린애처럼 억지를 부리는' 모습을 보이는데, 이는 '아이다움'이 없는 소년의 모습과 대비된다. 〈보기〉에 따르면, 이러한 모습은 '아이다움'이 없는 소년의 등장으로 인해 강씨가 위선과 기만으로 구축한 세계가 무너지고 그 과정에서 둘의 관계가 역전되고 있음을 보여 주는 것이라고 할 수 있다. ④ 윗글에서 소년은 '놀이'를 진행하면서, '흔들고 배치하는 과정에 익숙한 숙련공의 모습'을 보여 준다. '오랫동안 그런 일만 해온 듯이 추호의 망설임도 주저함도 없는' 소년의 모습은 오히려 어른의 모습에 가까우므로 천진함을 지닌 '아이다움'과는 거리가 멀다고 할 수 있다. ⑤ 윗글에서 소년은 강씨가 제안한 '놀이'에서 이겨 자신이 지불한 '일 원의 십 배인 포도 캐러멜'을 가져간다. 〈보기〉에 따르면, 이는 '아이다움'이 없는 소년의 등장으로 인해 강씨가 위선과 기만으로 구축한 세계가 무너지는 순간이므로 이 과정에서 서사적 긴장이 고조됨을 알 수 있다.

---

4. 최일남, 서울 사람들

1. ③

윗글은 1인칭 시점으로, 이야기 내부 서술자인 '나'가 '그는 더 말은 안 했지만 서울서 떠나올 때의 마음과는 달리 누가 자기의 생활을 이런 곳으로 끌어내릴까 봐 겁을 먹고 있는 것 같기도 했다.'라며 다른 인물인 윤경수의 심리를 추측해서

제시하고 있다.

오답풀이

① 윗글에 구체적 지명은 제시되지 않았다. ② (중략) 이후에 '주인집'이라는 공간적 배경이 제시되고 있다. 하지만 윗글에 인물 간 대립은 드러나지 않으므로 선지의 내용은 적절하지 않다. ④ 윗글은 동시에 일어나는 두 개의 사건을 병치하고 있지 않으며, 이를 통해 사건의 긴장감을 조성하고 있지도 않다. ⑤ 윗글에 제시된 '우리'의 대화는 시골 생활을 꿈꿨던 '우리'의 심리가 실제 시골 생활을 통해 변화하는 과정을 드러낼 뿐, 인물들 사이의 심리적 거리가 변화하는 과정을 드러내고 있지는 않다.

2. ①

'나'는 '우리'가 마른안주에 생맥주를 마시며 옛날에 먹던 시골 반찬에 대해 이야기하는 상황을 두고 '자기들은 어쨌거나 이제 그런 상황에서 벗어나 멀찌거니 서서 한가히 풍경화를 그리고 있는 것 같은 언짢음이 없지도 않았다'고 생각한다. 이는 '어느 구석엔가' 아직도 '촌놈 근성'을 지닌 '우리'가 마치 도시 사람이 다 되어 '그런 상황에서 벗어나' 있는 듯이 구는 것을 못마땅하게 여기는 것일 뿐, 도시 생활에서 벗어나고 싶어 하는 '우리들'을 못마땅하게 여기는 것이 아니다.

오답풀이

② '나'는 어제까지만 해도 '그리 넓지 않은 들판에 섰을 때' 속이 시원함을 느꼈으나, 이틀째부터는 '별다른 감흥'을 느끼지 못했다고 말한다. '아침과 비슷한 밥상과 옥수수 술'을 받았을 때의 반응을 함께 고려하면, ⓑ는 시골의 정경에서 느꼈던 흥취가 어느새 잦아들어 시들해진 상태임을 나타낸다. ③ '나'는 시골 생활을 지루해하는 '우리들'을 보며, '우리들의 마음을 들뜨게 하고 몰아세웠던 힘이 이렇게 쉽게 허물어지는 데 대해서 자기혐오 비슷한 감정이 있었다'고 하였다. 이때, '쉽게 허물어지는' 것은 시골 생활을 간절히 염원했던 마음이므로, ⓒ는 이에 대해 부끄러움을 느끼는 감정을 표현한 것으로 볼 수 있다. ④ '나'는 시골에서 '가슴속에 간직해 왔던 그 낯익고 신선한 경이를 즐기기에'는 '우리'가 '너무 소시민적인 안일에 젖어 있었음을' 확인하게 된다. 이때 '가슴속에 간직해' 온 '낯익'은 것은 시골 출신인 '우리들'에게 시골 생활이 그리움의 대상이었음을 의미하고, '신선한 경이'는 도시 생활에 익숙해진 '우리들'이 시골 생활을 통해서 다시 체험하게 될 것에 대해 기대했던 감정을 가리키므로 선지의 설명은 적절하다. ⑤ '나'는 꿈꾸던 시골 생활을 다시 겪은 뒤 느낀 감정이, '자고 먹는 것의 불편'뿐만이 아니라 ⓔ에서 왔다고 말하였다. ⓔ에서 '지금까지 우리들이 쌓아 온 생활'은 도시 생활을 가리키는 것이므로, ⓔ는 도시 생활에 익숙해진 '우리들'이 시골 생활과 조화를 이루지 못한다고 여기고 있음을 나타낸다.

3. ④

㉠(그날 밤)은 '우리'가 다양한 시골 반찬들에 관한 이야기를 하며 '오래 잃었던 자연의 미각을 되찾고, 단공기와 그런저런 정경에 몸을 담그자고 맹세'한 시간이다. 이때 '우리'가 '옛날 입맛이나 그런 정황을 어느 구석엔가에 지니고 있'으며, 서로는 그러한 '내력'을 안다는 점에서, ㉠은 '우리'가 과거의 기억을 공유한 시간으로 볼 수 있다. 한편 ㉡(이날 저녁)은 '김성달', '윤경수와 최진철'이 '서울'에서 누릴 수 있는 것들에 대한 그리움을 드러낸 시간이다. 또한 서술자인 '나'가 '불과 이틀 밤을 보내면서 우리는 벌써 서울을 생각하고 있었던 것이다.'라고 말하는 것으로 보아, ㉡은 원래 생활로 돌아가고 싶은 '우리'의 뜻이 통한 시간으로 볼 수 있다.

오답풀이

① ㉠ O, ㉡ X / ㉠은 '우리'가 시골 반찬들과 '여행'에 관한 이야기를 하며 '단공기와 그런저런 정경에 몸을 담그자고 맹세'한 시간이므로, '우리'가 결속을 다진 시간으로

볼 수 있다. 한편 ㉡은 '우리'가 모두 시골 생활에 불편함과 지루함을 느끼며 '서울'을 생각하게 된 시간이다. 이때 '우리'의 유대감이 주변 환경으로 인해 깨지지 않았으므로 선지의 설명은 적절하지 않다. ② ㉠ X, ㉡ X / ㉠은 '우리가 자란 고향으로 가자는 측'과 '전혀 딴 데로 가보자고 하는 측'으로 의견이 나뉘었으나, '결국은 후자로 결정을 보고' '마침내는 모두가 이에 동의하고 나'선 시간이다. 따라서 '우리'의 의견이 합치를 보지 못한 시간으로 보긴 어렵다. 한편 ㉡에 '우리'가 대립하거나 대립 끝에 의견이 합치된 모습은 보이지 않는다. ③ ㉠ O, ㉡ X / ㉠은 이번 '여행'에서는 며칠이라도 '커피'를 마시고 싶지 않다는 '김성달'의 말에 '그렇다고 맞장구'를 친 시간이므로, '우리'가 '김성달'에게 동조한 시간으로 볼 수 있다. 한편 ㉡은 '윤경수와 최진철'이 '커피 한 잔만 했으면 딱 좋겠는데.'라고 말한 '김성달'에게 동조한 시간일 뿐, '김성달'의 마음을 달래려고 한 시간이 아니다. ⑤ ㉠ X, ㉡ O / ㉠은 '우리'가 '오래 잃었던 자연의 미각을 되찾고, 단공기와 그런저런 정경에 몸을 담그자고 맹세'한 시간일 뿐, 이러한 맹세가 행동으로 표출되고 있는 시간이 아니다. 한편 ㉡은 '아침과 비슷한 밥상과 옥수수 술'을 들고 오며 '찬이 변변치 않다고' 말하는 '주인'에게 '우리'가 '그게 무슨 말씀이냐고, 이런 걸 맛보기 위해서 일부러 여기까지 왔노라고, 조금도 그런 생각 마시라고' 말한 시간이다. 이때 '우리'는 '아침이나 어젯밤'에 '호들갑'을 떤 것과 달리 벌써 질린 기분을 느끼고 있었으나, 이러한 변화를 '주인'에게 드러내지는 않았다.

4. ⑤

〈보기〉에 따르면 윗글에 등장하는 인물들이 그토록 소망했던 시골 생활에 금방 싫증을 느끼는 모습은, 지배 문화를 받아들여 도회적 삶에 동화된 이들의 귀향 의식이 이상화된 것이었음을 보여 준다. 윗글에서 '우리'는 '길을 떠나면서' '우리가 자란 그런 두메에 언젠가는 내려가'려는 꼬투리를 만들기 위해서는 그럴 만한 야산이라도 사두는 것이 어떻겠냐는 '진담 반 타산 반의 약속까지 하고' 왔으나, '막상 현지에 와서는 아무도 그런 말을 꺼내지 않는다. 이때, '우리가 자란 그런 두메'에 내려갈 꼬투리를 만들려 한 것은 시골에 도착하기 전에 한 약속으로, '우리'가 시골 생활을 이상화된 것으로 여기고 있었음을 보여 준다. 이를 통해 시골 생활에 대한 이상과 현실 사이에서 발생한 괴리감을 좁히려 한 '우리'의 노력을 드러낸다고 보기는 어렵다.

오답풀이

① 〈보기〉에 따르면 고향을 떠나 상경한 이들은 시골을 도시와 대비되는 공간으로 인식하면서 귀향을 꿈꾸기도 한다. 윗글에서 '우리'가 언급한 '풀떼죽', '호박떡', '호박잎 쌈', '고춧잎 버무린 것'은 모두 시골의 음식이며, '마른안주에 생맥주'는 도시의 음식에 해당하므로 이 둘의 차이는 시골과 도시의 대비를 부각한다고 할 수 있다. ② 〈보기〉에 따르면 윗글에 등장하는 인물들은 잃어버린 감각을 회복하기 위해 시골로 여행을 떠난다. 윗글에서 '우리'가 '우거짓국, 간갈치나 간고등어, 새우젓, 풀떼죽, 호박잎으로 오래 잃었던 자연의 미각'을 되찾자며 시골 여행을 계획한 것은, '우리'가 시골을 도시에 살면서 잃어버린 감각을 회복할 수 있는 공간으로 여기고 있음을 나타낸다. ③ 윗글에서 '김성달'은 "커피 한 잔만 했으면 딱 좋겠는데."라고 말하고, '윤경수와 최진철'은 "오늘 밤 텔레비전에서 쇼를 하는데 놓쳤군.", "쇼뿐야? 프로레슬링도 있다구."라고 말하며 아쉬움을 드러낸다. 이때 '커피 한 잔', '텔레비전'에서 하는 '쇼', '프로레슬링'은 도시에서 즐길 수 있는 지배 문화를 나타내므로, 이를 즐길 수 없음에 아쉬움을 드러내는 인물들의 모습은 '우리'가 도시에서 향유할 수 있는 지배 문화에 익숙해져 있음을 보여 준다. ④ 윗글에서 '나'는 '우리들의 마음을 들뜨게 하고 몰아세웠던 힘이 이렇게 쉽게 허물어지는' 것에 대해 '가슴속에 간직해 왔던 그 낯익고 신선한 경이를 즐기기에는 우리는 너무 소시민적인 안일에 젖어 있었음을 확인한 꼴이 되고 말았다'고 생각한다. 이때, '소시민적인 안일에 젖어 있었음'은 도회적 삶에 동화된 '우리'의 상태를 가리키며, 이는 우리가 그토록 소망했던 시골 생활을 계기로 오히려 깨닫게 된 것이므로 선지의 내용은 적절하다.

5. 양귀자, 비 오는 날이면 가리봉동에 가야 한다

1. ④

'임씨'는 '아내'에게 오늘 일을 하자 없이 잘해 드릴 테니 겨울에는 자기네 연탄을 사용해 달라고 부탁했을 뿐, 다른 공사도 맡겨 달라고 부탁하지는 않았다.

오답풀이

① '그러고 보면 임씨는 아내가 분명 아리랑 한 갑을 건네줬는데도 그것은 뜯지도 않고 피우던 담배를 꺼내 놓고 있다.'에서 확인할 수 있다. ② '임씨'는 '젊은 인부'에게 '건재상에 가서 새 파이프를 가져오라고 시'킨 후 그가 심부름을 하러 나간 사이에 '아내에게 냉수 한 컵을 청했'으므로 적절하다. ③ '일을 다 한 거나 진배없다는 일꾼의 말에 기분이 좋아진 아내가 청량음료를 한 컵 따라 주며 다짐했다.'에서 확인할 수 있다. ⑤ '임씨가 사장님으로 부르는 소리에 그는 얼떨떨했다. 사장님은커녕 여태도 말단사원인데 이 사람은 집주인은 무조건 사장님으로 부르기로 내심 통일시킨 모양이었다.'에서 확인할 수 있다.

2. ⑤

'일'의 마무리를 둘러싸고 '아내'와 '임씨'가 갈등을 보인 부분은 제시되지 않았다. '그'가 불편함을 느낀 것은 '아내'와 '임씨' 때문이 아닌, '껄렁한 말씨'로 담배를 피우는 '젊은 인부'의 태도 때문이었으므로 선지의 내용은 적절하지 않다.

오답풀이

① "터진 데 찾았으니 일은 다 한 거나 마찬가지라구요."라는 '임씨'의 말에서 확인할 수 있다. ② "왔다갔다 하지만 말고 가서 지켜보세요. 일꾼들이란 원래 주인이 안 보면 대충대충 엎어 버리는 못된 구석이 있다구요."라는 '아내'의 말과, 이를 듣고 공사가 이루어지고 있는 목욕탕을 들여다본 '그'의 행동에서 확인할 수 있다. ③ "지물포 주씨가 칭찬하던 대로 일을 잘하시네요."라는 '그'의 형식적인 말에 "뭘입쇼. 누가 와서 일해도 마찬가지니까요. 목욕탕 하자 공사는 순서가 있어요."라고 답하는 '임씨'의 말을 통해 확인할 수 있다. ④ '단순한 육체 노동자야말로 이런 귀 간지러운 말에 자신의 온 힘을 바칠 것이라고 예상하며 임씨를 칭찬한 '그'는 '임씨의 반응'이 '계산과는 다르게 빗나'가자 '할 말이 마땅치 않아 주춤거렸'으므로 적절하다.

3. ①

ⓐ에는 '임씨'를 슬쩍 추켜세워 그를 들뜨게 만듦으로써 '일에 정성을 쏟아 완벽한 공사'를 하게 만들려는 '그'의 의도가 담겨 있으므로 적절한 설명이다.

오답풀이

② '그는 방으로 돌아오면서 또 한번 미심쩍음에 시달렸다. 저런 잡역부를 데리고 다니는 임씨 또한 별다를 바가 없으리라.'에서 확인할 수 있듯이, '그'는 앞서 '임씨'를 미심쩍게 생각하였으므로 적절하지 않은 설명이다. ③ ⓐ에는 '임씨'를 구슬려 공사를 잘 마무리하게 만들려는 '그'의 의도가 반영되어 있을 뿐, '그'가 '임씨'에게 우회적으로 경고하고 있다고 보기는 어렵다. ④ '그'는 ⓐ를 통해 계산적으로 '임씨'를 칭찬하고 있을 뿐, '임씨'에게 인간적인 관심을 드러내고 있지는 않다. ⑤ '임씨'는 일을 수월하게 끝낼 수 있다는 확신을 드러냈을 뿐, 공사를 서둘러 끝내려고 하지는 않았다. 또한 '그'가 '임씨'의 태도에 불만을 품었다고 보기도 어려우므로 적절하지 않은 설명이다.

4. ②

〈보기〉에 따르면 윗글에서 독자는 서술자가 선택한 '초점자'의 내면만을 들여다볼 수 있으며, 이를 통해 초점자의 가치관을 읽어낼 수 있다. 그런데 ⓒ은 단순히 '그'가 '임씨'의 옷차림을 관찰한 것일 뿐, 초점자인 '그'의 가치관에 따라 '임씨'의 특성이 왜곡되어 있지는 않으므로 적절하지 않은 설명이다.

오답풀이

① 〈보기〉에 따르면 윗글은 내적 초점화의 서술 방식을 취하여 독자가 초점자인 '그'의 편견과 이중적 태도를 확인할 수 있게 한다. ⓐ은 '그'의 시선이 담긴 것으로, '임씨'가 불량한 태도를 보이는 '젊은 인부'와 크게 다를 것 없다고 생각하는 '그'의 편견이 드러나 있으므로 적절하다. ③ 〈보기〉에 따르면 윗글은 서술자가 소설 속 특정 인물의 시선을 통해 이야기를 전달하는 내적 초점화의 서술 방식을 취하고 있다. ⓒ에서 '저 단순한 육체 노동자'인 '임씨'가 '귀 간지러운 말에 자신의 온 힘을' 바칠 것이라고 생각하는 주체는 '그'이다. 따라서 서술자가 '그'의 시선을 통해 이야기하고 있음을 알 수 있다. ④ 〈보기〉에 따르면 윗글은 내적 초점화의 서술 방식을 취하여 독자가 초점자인 '그'의 편견과 이중적 태도를 확인할 수 있게 한다. '그'는 겉으로는 '임씨'를 칭찬하면서, 속으로는 ⓓ과 같이 자신의 말이 '임씨'에게 어떻게 받아들여질지를 계산하고 있다. ⓓ을 통해 서술자의 진술 속에 담긴 초점자 '그'의 이중적 태도를 엿볼 수 있으므로 적절한 설명이다. ⑤ 〈보기〉에 따르면 윗글은 내적 초점화의 서술 방식을 취했기 때문에 서술자는 자신이 선택한 '초점자'의 내면만을 들여다볼 수 있다. ⓔ에서 서술자는 '스스로의 대답이 궁색해졌다.'와 같이 초점자인 '그'의 내면은 자세히 들여다보는 반면, '아내'에 대해서는 '웬일인지 굳어진 표정이었다.'라며 관찰된 사실만을 서술하고 있으므로 적절한 설명이다.

6. 임철우, 아버지의 땅

1. ④

유골을 발견하여 수습하는 현재의 사건과 아버지를 그리워하던 어머니와 대화를 나눴던 과거의 사건을 교차하여 제시하고 있다. 따라서 사건의 전개 과정을 시간의 흐름에 따라 서술하고 있다는 선지의 설명은 적절하지 않다.

오답풀이

① '초겨울의 야산이 헐벗은 등을 까 내놓고 죽은 듯이 엎드려 있었다.'에서 비유적 표현을 사용하여 배경을 묘사하고 있으므로 적절하다. ② "이치도 아마 빨갱이였겠구만."이라는 말에서 반공주의에 빠진 소대장의 태도를, "죽은 사람이 뭣을 알길래…… 죄다 부질없는 짓이지."라는 말에서 이념의 허무함을 인식하고 있는 노인의 태도를 확인할 수 있으므로 적절하다. ③ 내적 독백이 제시되면 시간의 흐름은 지연된다. '아, 나는 까맣게 잊고~울고 있는 것이었다.'에서 '나'의 내적 독백이 제시되고 있으므로 적절하다. ⑤ 작품 내부의 서술자인 '나'가 자신이 겪은 사건을 서술하고 있으므로 적절하다.

2. ⑤

"이치도 아마 빨갱이였겠구만."이라는 소대장의 말에, 인사계는 "그걸 누가 압니까. 그때야 워낙 피차에 서로 죽고 죽이던 판인데……."라고 대답하며 신중한 태도로 판단을 유보하였다. 따라서 인사계가 유해에 대한 소대장의 의견에 동의하고 있다는 설명은 적절하지 않다.

오답풀이

① '줄거리'는 출제자가 문제를 풀 때 쓰라고 주는 전제다. [앞부분의 줄거리]를 통해 '나'가 노인과 함께 유골을 수습하고 있는 상황임을 알 수 있다. ② '꿈속에서처럼 나는 그녀의 뒤를 바짝 따라오고 있는 한 사내의 환영을 보았다. 그건 아버지였다.~

어디로 황황히 떠나가 버렸다는 사내.', '내 유년 시절의 퇴락한 고가의 마루 밑~그 증오스런 사내의 이름을,' 등에서 확인할 수 있듯이 '나'는 유해를 수습하는 과정에서 아버지를 떠올리고 있으므로 적절하다. ③ "이치도 아마 빨갱이였겠구만."이라는 말에서 소대장이 유해를 부정적인 대상으로 인식하고 있다는 것을 알 수 있다. ④ "이렇게 죽어 누운 다음에까지 이쪽이니 저쪽이니 하고 그런 걸 굳이 따져서 무얼 하자는 말이오."라는 말에서 노인은 유해의 신원에 대해 관심이 없다는 것을 알 수 있다.

3. ⑤

> ⓔ는 '나'가 갖고 있는 아버지에 대한 실제의 기억이 아니라, 유골을 보고 아버지에 대해 떠올린 상상이므로 적절하지 않다.

오답풀이

① ⓐ에서 유골을 수습하는 현실에서 과거와 관련된 환상적 기억으로 장면이 바뀌고 있으므로 적절하다. ② 아버지가 '나를 어머니의 배 속에 남겨 놓은 채' 떠났다는 것에서 '나'가 아버지를 실제로 만난 적은 없다는 것을 짐작할 수 있다. ③ 아버지의 이름이 '깊숙한 상흔'으로 찍혀 있고, '증오스'럽다고 표현하는 것에서 '나'가 아버지를 부정적으로 여겨왔다는 것을 알 수 있다. ④ 아버지를 부정적으로 인식하는 '나'와 달리, 어머니는 아버지를 '곱고 자상한 눈매'와 '나직한 음성'으로 기억하고 있으므로 적절하다.

4. ⑤

> '나'가 이념의 폭력으로 인해 희생된 '아버지'의 고통을 이해하고 있다고 볼 수는 있다. 하지만 현재 '나'가 서 있는 '얼어붙은 땅'은 유해를 수습한 뒤 돌아가는 길일 뿐, 실제 아버지의 무덤 앞이 아니다.

오답풀이

① "죽어 누운 다음에까지 이쪽이니 저쪽이니 하고 그런 걸 굳이 따져서 무얼 하자는 말이오."라는 노인의 말을 통해 죽은 후에는 이념이 아무 의미가 없음을 드러내어 이념 대립의 허위성을 비판하고 있다고 볼 수 있다. ② <보기>에 따르면 윗글은 '나'가 유골을 발견하고 수습하는 과정에 어머니에 대한 기억이 중첩되는 이중 구조로 전개된다. 노인과 함께 유골을 수습하는 상황에서 어머니를 떠올리는 것은 현재 '나'의 시점에 어머니에 대한 과거 기억이 중첩되는 것이므로 적절하다. ③ <보기>에 따르면 '나'의 어머니는 '아버지'라는 굴레에 평생 얽매어 있었다. 살아 있기만 한다면 언젠간 만나게 될 것이라는 어머니의 발화를 통해 어머니가 오랫동안 아버지를 기다려 왔음을 알 수 있으며, 이는 아버지의 존재가 평생 어머니를 얽매고 있었음을 의미한다. ④ <보기>에 따르면 윗글은 전쟁의 허위와 이념의 폭력으로 인해 상처받은 이들의 고통이 사라지지 않고 현재형으로 진행되고 있음을 보여 준다. '나'는 총구의 냉혹하고 폭력적인 속성과 어둠의 깊이를 생각하고 있는데, 이때 어둠의 깊이는 전쟁과 이념 대립이 오랫동안 만들어낸 깊은 상처이며, 이로 인한 고통이 현재 군인인 '나'에게도 이어지고 있음을 드러내는 것이므로 적절하다.

---

7. 최윤, 속삭임, 속삭임

1. ④

> 윗글의 마지막 문단은 '나'가 청자인 '이애'에게 말을 건네는 부분이다. 이러한 장면을 삽입하여 아재비에 대한 이야기를 하고 싶어 하는 '나'의 심리를 생생하게 드러내고 있으므로 선지의 설명은 적절하다.

오답풀이

① '또 국민학교의 뒷문……에 이르는 길을 물었는지', '보여 줄 수 없었던……', '그들은

여러 번 이사했다……', '그만 땅에 틈이 생기더니……'에서 말줄임표를 반복적으로 활용하고 있는 것을 확인할 수 있다. 그러나 서술자가 이를 활용하여 사건의 내막을 감추고 있지는 않다. ② 윗글의 서술자는 '나'로 고정되어 있으며, 장면에 따라 서술자가 달라지고 있지 않다. ③ 윗글에는 아재비의 편지를 전달하러 간 '나'의 경험이 제시되고 있으나, 이는 어른이 된 '나'의 시선을 통해 서술되고 있으며 다른 인물의 시선을 통해 서술된 부분은 없다. ⑤ 윗글에서 서술자 '나'는 과거 상황을 회상하며, 그때 자신이 했던 생각과 심정을 드러내고 있다. '모든 게 이해되는 듯했다.'는 추측의 의미를 담아 과거 상황을 진술한 것이 아니라 당시의 심정을 드러낸 것이다.

2. ④

> '어떤 일'은 '나'가 아재비의 부탁에 따라 '그 집을 찾아가서 아무도 없기를 기다려 편지를 안에 던져 넣'는 일을 의미한다. '세 번째의 편지를 전할 때'라는 '나'의 진술을 통해 이 일이 반복적으로 수행되었음을 알 수 있다. 그런데 '나'는 그 '편지'가 '단지 그가 살아 있음을 알리'려는 의도로 전달된 것이며, '내가 그 사실을 용납할 수 없다는 마음을 먹었을 때'는 '그가 이미 저세상 사람이 된 후'였다고 하였다. 즉, '나'는 '등대지기 노릇'을 한 아재비의 의도를 용납할 수 없게 되었으나, 이는 '어떤 일'을 반복적으로 수행하는 동안이 아니라, 아재비가 죽고 난 이후이므로 선지의 설명은 적절하지 않다.

오답풀이

① '나'는 아재비에게 '어떤 일'을 부탁받으면서, 그 일은 '어머니가 원하지 않는' 일이며, 아재비가 '절대 않기로 약속을 한 무언가를' 어기고 있음을 알았다고 하였다. 따라서 '어떤 일'은 아재비가 '나'의 '어머니'의 의사에 반하면서까지 '나'에게 부탁한 일이라고 할 수 있다. ② '나'가 '어떤 일'을 아재비에게 부탁받고 '그 집'을 찾아가다가, '국민학교 안으로' 들어가서 '내가 해내야 하는 일의 실체를 알기 위해' 편지를 꺼내 읽어 보았다. 따라서 '어떤 일'은, '나'가 영문을 모르는 상태에서 그 진상을 파악하고자 했던 일이라고 할 수 있다. ③ '나'는 아재비에게 '어떤 일'을 부탁받고 '그 집'을 찾아가면서, 처음에는 '길을 잃고 허둥'댔으나 '그 집에 점차 가까워'지면서는 '냉정함을 되찾았고' 아재비의 편지를 열어본 후에는 '빈 운동장이 무한히 넓어 보이고' '지극한 무서움을 맛보았다'고 하였다. 따라서 '어떤 일'은 '나'가 처음 수행하는 과정에서 몇 차례 감정의 변화를 겪은 일이라고 할 수 있다. ⑤ 아재비는 '나'에게 '미리 준비해 온 종이 한 장을 꺼내 놓고' '내가 찾아가야 하는 집의 주소와 약도'를 설명하였고, 이후 '나'는 '어떤 일'을 수행하기 위해 길을 떠났다. 따라서 '어떤 일'은 '나'가 도달해야 할 목적지와 '나'가 해야 하는 행동에 관한 아재비의 설명이 선행된 일이라고 할 수 있다.

3. ⑤

> 아재비가 죽은 후에 '나'는 충동적으로 그의 가족을 찾아갔지만, 그들은 '해외 이주'로 이미 집을 비운 상태였다. '나'는 그 후에 '더 이상 아재비 가족의 뒤를 쫓지 않았다'고 하면서, 이것이 '아재비의 방식'이며 '비극적으로 소모된 그들의 과거에 대한' ⓔ(최소한의 예우)이라고 하였다. 아재비 가족을 더 이상 찾지 않는 일이 '최소한의 예우'라면, '그들'의 행방을 찾는 일은 '아재비의 방식'을 거스르는 것이자, '그들'을 존중하지 않는 것으로 볼 수 있으므로 선지의 설명은 적절하다.

오답풀이

① '나'는 아재비의 지시에 따라 '그 집을 찾아가서 아무도 없기를 기다려 편지를 안에 던져 넣어야 하는' 일을 ㉠(죽음의 나라로의 여행)이라고 표현하였다. 이는 영문을 모르는 일을 수행해야 하는 상황에 대한 '나'의 두려움을 나타내는 것일 뿐, '나'가 아재비의 태도를 못마땅해하며 거부감을 느꼈다고 볼 수는 없다. ② '나'가 '그 집'을 찾아갔던 길을 ㉡(악몽 속의 길)이라고 표현한 것은 '그 일을 잘못 수행하면' '어떤 위험이 닥칠지도 모른다고 생각했기 때문'이며, '주소와 약도'에만 의존해 '그 집'을

찾아가는 것이 어려웠기 때문이다. '나'는 '그 집'을 찾아가기 전에 이미 '어떤 일'을 해야 하는 지에 대해 아재비로부터 들었으므로, 자신이 해야 할 일이 명확하지 않아 막막함을 느꼈다고 보기는 어렵다. ③ '나'는 '그'가 '편지'를 통해 '단지 그가 살아 있음을 알리는' 것을 ⓒ(등대지기 노릇)이라고 표현하여 '멀리서나마' 가족들을 잊지 않고 있음을 전달하려는 '그'의 상황을 비유적으로 나타내었다. '나'는 '그'가 가족들에게 단지 자신의 생존만을 알릴 뿐, 절대 얼굴을 '보여 줄 수 없었다'고 말했으므로, 아재비가 가족들과의 재회를 꿈꾸며 외로움을 견뎠다고 보기는 어렵다. ④ '나'는 아재비가 죽고 난 후 '어느 날 저녁'에 '마지막 편지를 던져 넣었던 그 집까지 뛰어간 적이 있었'으며, 이는 그저 뒤늦게나마 ⓔ(내면에서 아우성치는 소리)를 전달해 줄 목적이었다고 하였다. '나'는 아재비가 죽은 뒤 그가 '등대지기 노릇'을 했다는 점에 대해 '용납할 수 없다는 마음을 먹었다'는 점을 고려할 때, ⓔ은 아재비의 삶에 관한 말을 그의 가족들에게 직접 전달하고 싶은 바람을 의미한다고 추측할 수 있다. 따라서 '나'가 아재비를 찾지 않은 '그들'을 원망했다고 보기는 어렵다.

4. ②

> '나'는 '내가 해내야 하는 일의 실체를 알기 위해' 아재비가 전달해 달라고 부탁한 '딱지 편지'를 꺼내서 그 내용을 읽었던 일을 떠올린다. 그곳엔 '흐르는 냇물에 달이 뜰 틈이 없네.'라는 '똥딴지같은 내용'이 적혀 있었고, 이를 읽은 '나'는 '지극한 무서움을 맛보았다'고 말하였다. 이는 아재비의 의도를 파악하지 못한 채 아재비의 부탁을 수행해야 했던 어린 시절 '나'의 내면을 드러낸 것이라고 볼 수 있다. 따라서 '똥딴지같은 내용'을 아재비가 살아온 흔적으로 보거나, '지극한 무서움'이 '나'의 부담감을 나타낸다고 보기는 어렵다.

오답풀이

① '나'는 아재비에게 '그 집을 찾아가서 아무도 없기를 기다려 편지를 안에 던져 넣어' 달라는 부탁을 받고, '빙수집'을 나서며 '부들부들 떨고 있었다'고 하였다. 이는 '그 일을 잘못 수행하면 아재비에게뿐만 아니라 우리 가족 모두에게 매우 결정적인 어떤 위험이 닥칠지도 모른다고 생각했기 때문'이므로 '나'가 아재비와 비밀을 공유하는 일이 가져올 위험성을 짐작했음을 알 수 있다. ③ '나'는 시간이 흐른 뒤 아재비가 '편지'를 통해 '단지 그가 살아 있음을 알리'려 했음을 깨닫는다. '나'가 이를 '절망적인 신호'라고 표현한 것은, 아재비가 그들에게 얼굴을 '보여 줄 수 없었던' 상황에 놓여 있었기 때문이다. 즉, 아재비가 겪었던 고통은 가족들을 만나지 못하는 상황으로 인한 것이라고 볼 수 있다. ④ '나'는 '너를 흔들어 깨'워서 '자꾸 수다를 떨고 싶다'고 말한다. 이는 딸에게 자신의 기억을 전달하고 싶어 하는 '나'의 내면을 보여 준다고 할 수 있다. ⑤ '나'는 딸에게 '옛날 이야기가 되어 버린 오늘의 이야기'를 들려주고자 하는데, '어떻게 얘기를 해줄지 '아직도 찾지 못했다'고 말한다. '나'가 자신의 기억과 아재비의 삶을 딸에게 어떻게 전달할지 고민한다는 〈보기〉의 내용을 고려할 때, '폭풍의 이야기', '가벼운 봄비 이야기', '여름 햇살의 이야기'는 '나'가 딸에게 들려주고 싶은 자신의 기억과 아재비의 삶을 비유적으로 표현한 것으로 볼 수 있다.

---

8. 이태준, 해방 전후

1. ①

> '현은 약간 우울했다.', '해방 이전에는, 현 자신이 기인여옥이라 예찬한 김 직원은, 지금에 와서는, 돌과 같은 완강한 머리로 조금도 현의 말을 이해하려 하지 않고,' 등에서 서술자가 특정 인물인 현의 시각에 의존하여 그의 내면을 묘사하고 있음을 알 수 있다.

오답풀이

② '독립', '임시 정부', '탁치' 등 시대적 배경을 드러내는 소재가 제시된 것은 맞으나,

이를 통해 시간의 역전을 보여 주고 있지는 않다. ③ 현과 김 직원의 대화를 통해 인물들 간의 갈등이 드러나고 있을 뿐, 특정 인물의 생각과 행동을 희화화하고 있지는 않다. ④ 회상 장면은 제시되지 않았으며, 이를 통해 인물 사이에 감춰져 있던 갈등이 표면화되고 있지도 않다. ⑤ 풍자적 어조가 드러난 부분은 없으며, 이를 활용하여 중심인물에 대한 비판적 입장을 드러내고 있지도 않다.

2. ③

> ⓒ은 현이 공산당에게 "이용당허는 거라"는 소문이 나돌고 있음에도, 김 직원은 현이 "남헌테 넘어갈 양반"은 아니라고 생각하고 있음을 보여 준다. 이는 현을 주체적인 인물로 여기는 김 직원의 인식을 드러내고 있는 것이므로, 현이 섣부르게 판단을 내린 것에 대한 불만을 우회적으로 드러낸 것이라고 볼 수는 없다.

오답풀이

① ⓐ은 김 직원이 오랜만에 만난 현에게 하는 질문으로, 김 직원이 현과 재회하기 전에 이미 현이 공산당으로 넘어갔다는 소문을 들었음을 드러낸다. ② ⓑ은 "조선 민족에 대한 독립을 얼마나 갈망했소? 임시 정부 들어서길 얼마나 연연절치 고대했소?"라는 김 직원의 이전 발화를 고려해 볼 때, 갈망했던 독립이 이루어지고 고대했던 임시 정부가 들어선 상황에서 공산주의를 지지하는 것은 우리 민족에게 도움이 되지 않는다는 김 직원의 생각이 반영된 것이다. 따라서 현이 택한 노선이 우리 민족에게 바람직한 방향과는 반대된다는 생각이 담긴 말로 볼 수 있다. ④ ⓓ에서 김 직원은 "해방 후에도 의연히 처세만 하고 일하지 않는 덴 반대"라는 현의 의견에 반박하며, 해방 후에도 사람으로서 지켜야 할 도리가 있다고 말한다. 이는 격동기(사회의 발전이나 역사가 급격하게 움직이는 시기), 즉 해방 이후에도 변함없이 추구되어야 하는 가치가 있다는 김 직원의 소신을 보여 준다. ⑤ ⓔ은 앞서 자신이 한 말을 듣고 지금은 "민족의 가장 긴박한 시기"이므로 "위험이라도 무릅쓰고 일"을 해야 한다며 부정적 반응을 보이는 현에게 김 직원이 한 말이다. 김 직원은 현의 부정적인 반응을 보고도 그래도 사람은 "명분을 지켜야" 한다는 자신의 견해를 확고히 유지하고 있다.

3. ④

> 현은 '탁치'를 통해 얻을 수 있는 공공의 이익 즉, '모처럼 얻을 수 있는 자유를 완전 독립에까지 국제적으로 보장받을 수 있다는 점을 제시하며 '탁치'에 대한 지지의 뜻을 밝히고 있다. 하지만 김 직원은 이러한 현의 발언을 듣고도 상황을 주관적으로 해석하여 '그것은 반드시 공산주의의 농간'이라며 '자가류의 해석을 고집'하고 있으므로 선지의 내용은 적절하다.

오답풀이

① 김 직원은 "그러면 즐겁지 않은 것도 임정에서 반탁을 허니 임정에서 허는 건 덮어놓고 반대하기 위해서 나중엔 탁치꺼지를 지지헌단 말이지요?"라고 말하며, 탁치를 지지하는 세력이 임정의 결정에 무조건적인 반대를 하는 것을 비판하고 있다. 하지만 '탁치'를 지지하는 세력이 임정의 눈치를 본다는 점을 비판하고 있지는 않으므로 선지의 내용은 적절하지 않다. ② 현은 '탁치'가 이루어지지 않아 '급히 이름만 좋은 독립을 주어 놓고 소련은 소련대로, 미국은 미국대로, 중국은 중국대로 정치·경제 모두가 미약한 조선에 지하 외교를 시작'한다면 '다시 이조말의 아관파천식의 골육상쟁과 멸망의 길'을 겪게 될 것이라고 생각한다. 즉, 현은 '탁치'가 이루어지지 않을 경우 발생할 수 있는 위기 상황을 언급하고 있을 뿐, '탁치'로 인해 발생할 수 있는 위기 상황을 전제로, 그러한 위기 상황조차 우리 민족이 감내해야 한다고 발언하고 있지는 않으므로 선지의 내용은 적절하지 않다. ③ 현은 '탁치'를 지지하는 자신에 대한 불만을 표하는 김 직원에게 '되도록 흥분을 피하'는 자세로 자신이 탁치를 지지하는 이유를 설명하고 있으므로 적절하지 않다. ⑤ 김 직원은 '탁치'를 지지하는 것은 "삼국 외상헌테 매수"되었기 때문이라며 이를 부정한 일로 여긴다. 이에 현은 '우리

민족의 해방은 우리 힘으로가 아니라 국제 사정의 영향으로' 이루어졌기에 '탁치'는 어쩔 수 없이 받아들여야 하는 것이며, 자신은 '삼상회담'을 지지하는 것이지 '탁치'를 자청하는 것은 아니라고 말한다. 즉, 현은 '탁치'를 우리 민족이 자발적으로 받아들여야 하는 것으로 인식하고 있지 않으므로 선지의 내용은 적절하지 않다.

4. ②

〈보기〉에 따르면 윗글은 현과 김 직원의 대립을 통해 해방 이후의 변화 양상을 구체화하고 있다. 윗글에서 김 직원은 "군자는 불처험의간"이라고 말하며 좌익 계열 단체에 몸을 담은 현을 나무라고 있다. 이때 현은 "지금 이 시대에선 이하에서라고 비뚤어진 갓을 바로잡지 못하는 것은 현명이기보단 어리석음"이라고 말하면서, 지금은 "위험이라도 무릅쓰고 일해야 될, 민족의 가장 긴박한 시기"라고 반박한다. 이는 현이 김 직원과의 의견 차이를 고수하고 있음을 보여 주므로 선지의 내용은 적절하지 않다.

오답풀이

① 〈보기〉에 따르면 윗글은 시대적 변화 속에서 공동체가 내부 분열을 겪었던 해방 이후의 상황을 잘 보여 준다. 현은 이전부터 알고 지냈던 김 직원이 자신을 보고 "그간 많이 변허셨다구요?"라고 묻자 '약간 우울'함을 느낀다. 이어서 현은 '정치적 동향이 보수적인 것과 진보적인 것이 뚜렷이 갈리면서부터' '말 한두 마디에 벌써 딴사람처럼 서로 경원(겉으로는 공경하는 체하면서 실제로는 꺼리어 멀리함)이 생기고 그것이 대뜸 우정에까지 거리감을 자아내는 것을 이미 누차 맛보'았다고 하였다. 이는 당시 공동체 내에서 정치적 견해의 차이로 인해 발생했던 분열의 구체적 양상을 보여 주므로 선지의 내용은 적절하다. ③ 〈보기〉에 따르면 윗글은 해방 이후 우리 나라에 대내외적으로 다양한 세력이 혼재하며 혼란스러운 정국이 펼쳐졌던 상황에서 민족과 관련된 여러 사안을 두고 인물들의 의견이 갈리는 모습을 보여 준다. 윗글에서 김 직원은 현에게 "당신넨 탁치 받기를 즐기시오?"라고 말하며, '탁치'에 대한 지지가 "삼국 외상헌테 매수"된 결과라고 주장한다. 이를 통해 소련, 미국, 중국의 영향 아래 '탁치'를 받는 상황을 어쩔 수 없이 받아들여야 한다고 여기는 현과 달리, 김 직원은 우리 민족의 운명에 외세가 개입하는 일을 부정적으로 여기고 있음을 알 수 있다. ④ 〈보기〉에 따르면 해방 이후 우리나라는 민족과 관련된 여러 사안을 두고 의견이 갈리면서 개인 간의 인간관계가 크게 변화했다. 윗글에서 현이 김 직원을 '기인여옥'이라 예찬했었다는 데서, 해방 전에는 현이 김 직원을 긍정적으로 여기며 김 직원과 화목하게 지냈었음을 알 수 있다. 그러나 현은 해방 후 김 직원과 갈등하면서, 김 직원을 '돌과 같은 완강한 머리로 조금도' 자신의 말을 이해하려 하지 않는 사람으로 여기고 있다. 이는 현과 김 직원의 관계가 해방 전후 변화했음을 보여 준다. ⑤ 〈보기〉에 따르면 해방 이후 우리나라는 민족과 관련된 여러 사안을 두고 의견이 갈리면서 개인 간의 인간관계가 크게 변화했는데, 윗글에서는 현과 김 직원의 대립을 통해 그 변화의 양상을 구체화하고 있다. 윗글에서 현은 김 직원이 자신의 말을 전혀 이해하려 하지 않으며, '대한'을 비판하는 것을 '반드시 공산주의의 농간'이라며 '자가류의 해석을 고집'한다고 하였다. 이는 민족의 정체성과 관련된 사안을 두고 현과 김 직원이 의견을 달리하고 있음을 보여 주므로 선지의 내용은 적절하다.

9. 박완서, 해산 바가지

1. ③

'나는 효부인 척 위선을 떨지 않음으로써 조금은 숨구멍을 만들 수가 있었다.', '위선을 떨지 않고 마음껏 못된 며느리 노릇을 할 수 있고부터 신경 안정제가 필요 없게 됐다.'는 부분을 통해 '나'가 더 이상 외부의 시선을 의식하지 않고 '시어머니'를 대하게 됨으로써 정신적 고통에서 벗어날 수 있었음을 알 수 있다.

오답풀이

① '아들을 낳았을 때에도 더도 아니고 덜도 아닌 똑같은 영접을 받았을 뿐이었다.'에서 '시어머니'는 손자를 맞이할 때에도 손녀를 맞이할 때와 동일하게 경건한 태도로 해산 준비를 하였음을 알 수 있다. ② '나'가 '아줌마' 앞에서 '시어머니'를 거칠게 목욕시킨 이유는 자신의 위선에 대한 절망과 지금까지 받았던 스트레스를 표출하기 위함일 뿐, 자신이 효부(시부모를 잘 섬기는 며느리) 표창을 받지 못한 것에 대한 분노를 풀기 위함이 아니다. ④ '시어머니'가 자신이 요양원에 가게 되었음을 알게 된 부분은 나오지 않는다. 또한 '시어머니'와 '나'의 갈등은 '나'의 내적 갈등에서 비롯된 것이므로, '시어머니'가 '나'와의 갈등 관계를 해소하기 위해 노력했다는 설명은 적절하지 않다. ⑤ [중략 부분 줄거리]를 통해 '나'의 신경증 증세가 점차 악화되어 결국 '나'와 '남편'이 시어머니를 요양원에 맡길 결심을 하게 되었음을 알 수 있다. 하지만 윗글에서 '남편'이 어머니를 요양원에 맡길 것을 제안한 부분은 나오지 않으므로 선지의 설명은 적절하지 않다.

2. ①

[A]의 '나는 벌써부터 내 속에서 증오와 절망적인 쾌감이 지글지글 끓어오르는 걸 느끼고 있었다.' 등에서 1인칭 주인공 서술자인 '나'가 자신의 심리를 독백적 진술로 드러내고 있으므로 적절하다.

오답풀이

② [B] X / [B]에서는 딸을 낳고 면목 없어 하는 '나'의 모습이 나타나고 있을 뿐, 타인의 행위로 인해 상처받는 인물의 내면은 드러나지 않는다. ③ [A] O, [B] X / [A]에서는 '나'와 '아줌마' 혹은 '나'와 '시어머니' 사이의 갈등이 목욕 행위를 통해 고조된다고 할 수 있다. 반면, [B]에서는 '시어머니'로 인한 '나'의 내적 갈등이 해소되는 계기가 나타나고 있다. ④ [A] X, [B] O / [A]에서는 인물의 내적 갈등이 해소되고 있음을 확인할 수 없다. 반면 [B]에서는 '그분이 아직 살아 있지 않은가.~한때 얼마나 아름다운 정신이 깃들었나를 잊고 있었던 것이다.' 등을 통해 '나'의 깨달음이 내적 독백으로 나타나고 있다. ⑤ [A] X, [B] O / [A]에서는 '시어머니'에 대한 '나'의 증오가 드러날 뿐 연민의 정서는 드러나지 않는다. 반면, [B]에서는 치매에 걸린 '시어머니'를 '빈 그릇'에 비유하여 연민의 정서를 드러냈다고 할 수 있다.

3. ③

'해산 바가지'는 성별과 상관없이 모든 생명을 평등하게 대하며 존중했던 '시어머니'의 태도를 상징하는 소재이다. 따라서 시어머니가 '해산 바가지'를 사용해 손주의 탄생을 축복해 준 것을 딸을 낳아 편치 않은 마음을 갖는 '나'를 배려하고자 한 것으로 보기는 어렵다.

오답풀이

① '그분은 어디서 배운 바 없이, 또 스스로 노력한 바 없이도 저절로 인간의 생명을 어떻게 대접해야 하는지를 알고 있는 분이었다.'에서 확인할 수 있다. ② '그분의 여생도 거기 합당한 대우를~아름다운 정신이 깃들었었나를 잊고 있었던 것이다.'에서 확인할 수 있다. ④ '그러나 그분은 여전히 희색이 만면했고 경건했다. 다음에 아들을 낳았을 때도 더도 아니고 덜도 아닌 똑같은 영접을 받았을 뿐이었다.'에서 확인할 수 있다. ⑤ '나'는 박을 보고 시어머니의 '해산 바가지'를 떠올리며 '큰일을 저지를 뻔했다. 그분의 망가진 정신, 노추한 육체만 보았지 한때 얼마나 아름다운 정신이 깃들었었나를 잊고 있었던 것이다.'라며 시어머니에 대한 인식이 변화함을 드러낸다. '나'는 이러한 인식의 변화를 바탕으로 내적 갈등을 해소하고 있으므로 적절하다.

4. ⑤

'나'가 과거 '해산 바가지'와 관련된 기억을 떠올림으로써 '시어머니'를 요양원에 보내기를 포기하고 시어머니를 돌보게 된 것은 당대의 현실에 기반을 둔 서사 진행이라 할 수 있다. 하지만 '나'가 '남편'과 함께 '시어머니'를 돌본 것은 아니므로 선지의 설명은 적절하지 않다.

① 대외적으로 효부로서의 모습을 보이기 위해 신경 안정제까지 복용하면서 위선을 떨며 살았던 '나'는 '아줌마'로부터 원치 않는 칭찬을 들은 후 절망감을 느낀다. 〈보기〉의 내용을 참고할 때, 이는 며느리로서 짊어져야 하는 당대의 사회적 굴레로부터 비롯된 것이라 할 수 있다. ② '나'는 '시어머니'에게 학대에 가까운 행위를 하기 이전에 '내 속에서 증오와 절망적인 쾌감이 지글지글 끓어오르는 걸 느끼고 있었'음을 밝히고 있다. 〈보기〉의 내용을 참고할 때, 이는 며느리로서 짊어져야 하는 사회적 굴레로 인해 여성이 느끼는 정신적 고통을 여과 없이 표현한 것이라고 할 수 있다. ③ 〈보기〉에 따르면 윗글은 결말에서 보이는 주인공의 태도로 인해 가부장제를 옹호하는 한계를 지닌 작품으로 평가되기도 한다. 윗글의 결말에서 '나'는 결국 '시어머니'가 임종에 이르기까지 수발을 들며 사는 모습을 보여 주고 있으므로 가부장적 가족 제도의 틀에서 벗어나지 못했다는 비판을 받을 수 있다. ④ 〈보기〉에 따르면 윗글은 아이의 탄생에서부터 시어머니의 임종에 이르기까지 모든 과정에서 주체일 수밖에 없는 여성의 역할에 대한 인식이 여실히 드러난다. '첫아기의 탄생'부터 '시어머니'의 임종까지의 모든 사건이 '나'와 '시어머니'의 관계 속에서만 설명되는 것을 통해 이를 확인할 수 있다.

---

10. 김광규, 상행 / 김유정, 만무방

1. ③

(가)의 '황혼 속에 고함치는 원색의 지붕들'에는 사물에 인격을 부여하는 표현법이, '잠자리처럼 파들거리는 TV 안테나들'에는 특정한 대상을 다른 대상에 빗대어 나타내는 표현법이 사용되었다. (가)는 이러한 표현법을 통해 대상을 생생하게 묘사하고 있으나, 대상을 향한 화자의 친근감을 나타내고 있지는 않다. 대상에 대한 화자의 친근감은 기본적으로 '대상이 긍정적 존재'라는 전제일 때 가능하다.

① (가)는 '말아 다오'라는 동일한 시구를 반복함으로써 운율을 형성하고, 부정적 현실에 대한 화자의 비판적 태도를 부각하고 있다. ② (가)는 '상행 열차'가 '가을 연기 자욱한 저녁 들판'을 지나가는 특정한 상황을 설정한 후, 그 상황 속의 청자 '너'에게 말을 건네며 시상을 전개하고 있다. ④ (나)는 과거의 사건인 '작년' '지주 문전에서 타작을 하던' 일을 제시함으로써, 남들은 벼를 베어서 털기(탈곡)까지 한 데 반해 벼를 벨 생각조차 없는 응오의 현재 상황에 대한 원인을 추측하게 하고 있다. ⑤ (나)는 전지적 작가 시점으로, 이야기 외부의 서술자가 응오와 응칠의 행위를 해설하고 사건의 의미를 직접 제시하고 있다.

2. ④

ⓐ는 '상행 열차'에서 '흔들리는 차창'을 바라보던 '너'가 문득 발견할지도 모르는 자신의 얼굴이며, ⓑ는 '오징어를 씹으며 화투판을 벌이는' 사람들의 얼굴이다. '낯선'과 '낯익은'이라는 단어는 서로 대조적인 의미를 지니는데, 반어적으로 쓰인 글의 전체적인 맥락을 고려하였을 때 화자는 ⓐ를 긍정하고, ⓑ를 부정한다는 것을 알 수 있다. 따라서 ⓐ는 현실에 대한 비판 의식을 지닌 본질적 자아로, '너'가 추구해야 할 모습에 해당한다. 반면 ⓑ는 일상적 삶에 묻혀 참된 자아를 잊고

안일하게 살아가는 현실적 자아로, 부정적 현실에 영합(사사로운 이익을 위하여 아첨하며 좇음)하며 살아가는 사람들의 모습에 해당한다.

① ⓐ는 화자가 '너'에게 기대하는 모습이라고 볼 수 있다. 하지만 ⓑ는 '너'가 화자에게 기대하는 모습이 아니라 '너'를 둘러싼 사람들의 소시민적 모습이다. ② ⓐ는 '너'의 본질적 자아이므로 '너'의 내면이 투영된 대상임을 허용할 수 있다. 하지만 ⓑ는 '오징어를 씹으며 화투판을 벌이는' 모습을 보이므로 화자에게 긍정적 전망을 환기하는 주체라고 보기는 어렵다. ③ ⓐ는 '너'의 본질적 자아를 의미하므로, '너'가 소망하는 이상적인 주변인들을 의미한다고 볼 수 없다. 한편 ⓑ는 '네 곁에 있'다고 하였으므로 '너'의 곁에 존재하는 소시민적 사람들이라고 볼 수 있다. ⑤ ⓐ는 '너'의 본질적 자아를 의미하므로 화자가 '너'를 부정적으로 인식하게 되는 계기라고 볼 수 없다. 한편 ⓑ의 경우 '너'의 '곁에 있'는 대상들로, '너'는 이들의 모습을 통해 현실에 무감각한 소시민들의 모습을 발견할 수 있다. 따라서 ⓑ는 '너'에게 현실의 부정적 성격을 환기해 준다고 볼 수 있다.

3. ③

소설에서 인물의 판단에 대한 근거는 집요하게 출제되는 요소다. ⓒ에서 지주는 '있어도 고만 없어도 고만'인 도지를 일부러라도 받아내고자 한다. 이는 '한번 버릇을 잘못 해놓으면 여느 작인까지 행실을 버릴까 염려하여'에서 볼 수 있듯, 응칠의 부탁으로 응오의 상황을 고려해 도지를 감해 주면 다른 소작인들에게 나쁜 영향을 줄 것을 염려한 지주의 행동일 뿐이다. 따라서 ⓒ을 응칠의 비뚤어진 인성을 바로잡으려 한 데서 기인한 행동이라고 볼 수 없다.

① ⓐ에서 서술자는 아내가 죽을 지경이라 벼를 벨 수 없는 상황이라고 말한 응오에 대해, 응오가 현재 돈이 없어서 약을 못 쓰는 상황이니 진작 벼를 털어 아내의 약을 샀어야 했다고 말한다. 이는 아내가 아파서 벼를 털 수 없다는 응오의 말이 앞뒤가 맞지 않음을 지적하는 것이다. 이를 통해 서술자는 응오가 벼를 털지 않는 것에 아내의 병환이 아닌 다른 이유가 있다는 사실을 암시하고 있다. ② 응오는 한 해 동안 애를 졸이며 알뜰하게 가꾸던 벼를 친구들의 도움으로 거두어들였으나, 도지, 장리쌀, 색초를 제하고 나니 남는 것은 아무것도 없어 좌절하였다. 따라서 응오가 흘리는 눈물은 열심히 가꾼 수확물을 자신이 가져갈 수 없는 현실에 대한 허탈함과 자신을 도와준 친구들 앞에서 느끼는 민망함, 부끄러움 등이 뒤섞인 복합적 감정에 의한 것으로 볼 수 있다. ④ 응칠은 응오의 벼가 없어진 사건을 발견하고 ⓓ과 같이 사건이 소문나면 자기가 혐의를 받을 것이라며 걱정하는 모습을 보인다. 이는 응칠을 동생네 벼를 훔친 도둑으로 의심할 정도로 응칠에 대한 세간의 평가가 부정적이라는 사실을 의미한다고 볼 수 있다. ⑤ ⓔ은 자신의 벼를 훔치다가 걸린 응오가 한 말이다. 응오는 벼를 정상적으로 수확해봤자 어차피 빚쟁이들에게 모두 빼앗길 것을 예상하고 자기 벼를 도둑질하게 된다. 따라서 ⓔ은 자신이 땀 흘려 수확한 농작물을 도둑질할 수밖에 없는 현실에 대한 응오의 억울한 심정이 드러난 것으로 볼 수 있다.

4. ⑤

소설은 다양한 독자가 읽지만, '독자의 기대'라는 표현이 나왔을 때는, 일반적인 정서에 호소하는 보편적인 문학의 입장에서 접근해야 한다. 이것은 수능 출제의 기본 전제이기 때문이다. 독자의 일반적인 정서는 '약자의 편'이다. 강자(지주)에게 대항하는 약자(응칠)의 모습은 독자의 기대(약자의 저항과 승리)에 따른 일반적인 서사 전개에 해당하므로 독자의 기대와 서사 전개의 간극이 나타나지 않는 부분이다. 또한 이 작품에서 이야기하고자 하는 일제 강점기 사회의 구조적 모순은 응칠이 지주의 뺨을 때리는 것에서 드러나는 것이 아니라, 자신이 땀 흘려 수확한 농작물을 도둑질하는 응오의 모습에서 드러난다.

오답풀이

① (가)에서 '농약으로 질식한 풀벌레의 울음'은 무분별한 근대화로 인한 폐해인 환경 파괴를 의미한다. 이에 '귀 기울이지 말라'는 표면적 진술은 작가의 실제 의도(무분별한 근대화에 대한 문제 제기)와 간극이 있으므로 선지의 설명은 적절하다. ② '확성기마다 울려 나오는 힘찬 노래'는 경제 개발이 강요되는 현실을 상징하는데, 화자는 이를 '경쾌하'다고 표현한다. 이렇게 표면적으로 납득하기 어려운 진술을 하면 독자는 이후의 시상 전개를 통해 반어법이었음을 깨닫게 되고, 자연스레 독자의 해석은 지연된다. 〈보기〉에 따르면 이러한 전략은 독자를 작품의 이면적 주제에 집중하게 만드는 것이므로 선지의 설명은 적절하다. ③ '고개를 끄덕여 다오', '되도록 생각을 하지 말아 다오'라는 표면적 진술에 담긴 작가의 실제 의도는 '고개를 끄덕'이지 말고, '생각'하라는 것이다. 〈보기〉의 내용을 참고할 때 이는 1970년대 개발 독재 시대의 폐해에 침묵하는 소시민들에 대한 비판이라는 이면적 주제를 부각하기 위한 전략으로 사용한 표현이라고 볼 수 있다. ④ (나)의 작가는 처음에 응오의 벼가 도둑맞은 상황을 먼저 제시하고, 응칠로 하여금 이를 추적하게 만든 후, 마지막에 응오가 사실은 벼 도둑이었다는 결말을 설정하였다. '진실한 농군'이었던 응오가 알고 보니 벼를 훔친 도둑이었다는 서사적 반전을 통해 독자는 작품의 이면적 주제에 집중하게 된다. 〈보기〉에 따르면 작가는 '평범한 농민을 만무방으로 만드는 1930년대 농촌의 참혹한 현실'에 대한 부정적 인식을 드러내기 위해 이러한 서사 전략을 활용한 것이므로 선지의 설명은 적절하다.

11. 최인훈, 어디서 무엇이 되어 만나랴

1. ④

ⓓ 이후에 장교가 병사에게 "편하게 해드려라."라고 말하자 병사가 공주를 칼로 찔렀으므로, ⓓ는 공주를 궁으로 안전하게 데려오라는 것이 아니라 죽여도 된다는 의미임을 알 수 있다. 또한 (가)에 따르면, (나)에서 공주는 '정적에게 살해'된다고 하였지 아버지에 의해 죽음을 맞이한다고 하지 않으므로, "왕명을 받들고" 왔다는 '장교'의 발화가 사실인지 알 수 없다.

오답풀이

① (가)에 따르면, (나)는 '평강 공주가 왕궁에서 나온 것을 정치적 암투에서 밀려난 것으로 해석'하였으므로, ⓐ를 통해 공주가 정치적인 암투에서 밀려나 왕궁에서 쫓겨나게 되었음을 짐작할 수 있다. ② (가)에 따르면, (나)에서 공주는 '신비한 힘에 이끌려 온달을 만난'다. ⓑ에서 온달의 집이 있는 길목에서 공주의 발길이 저절로 멈춰진 것은 '공주'와 '온달'과의 만남이 신비한 힘에 이끌린 것임을 드러낸다. ③ (가)에 따르면, (나)에서 공주는 온달을 '자신의 정치적 동반자로 삼는'다고 하였다. ⓒ에서 공주는 대사에게 자신의 시어머니와 남편이 될 사람에게 자신의 신분을 밝히지 말라고 하면서까지 온달과 부부의 연을 맺으려는 의지를 드러내고 있다. ⑤ (가)에 따르면, (나)에서 '온달은 정치적 음모로 인해 같은 고구려인에게 암살당하고, 결말에 이르러서는 평강 공주마저도 정적에게 살해되'며, 이를 통해 작가는 '정치적 권력에 희생당한 개인의 비극성'이라는 주제를 드러낸다고 하였다. ⓔ는 '온달'과 '공주'가 죽은 후 홀로 남은 온모의 대사로, 현실의 권력에 희생당한 개인의 비극성을 부각하고 있다고 볼 수 있다.

2. ⑤

희곡 지문에서 지시문의 내용은 항상 출제되는 요소다. '병사들 일부 대사를 끌고 퇴장.'이라는 지시문을 봤다면, '대사'가 자발적으로 퇴장한 것이 아님을 알 수 있다.

오답풀이

① "그 옛날 아버님께서도 온달에게 시집 보내신다던 그 말이 이렇게, 이렇게 이루어질 줄이야."에서 확인할 수 있다. ② 대사는 공주에게 "지엄한 몸을 생각하"라며 온달과의 혼인을 "안 될 일"이라고 반대하고 있다. ③ 공주가 갓을 벗고 모습을 드러내자 온달이 놀라며 "꿈에 본 그 여자"라며 독백하는 부분을 통해 확인할 수 있다. ④ 장교가 "온달 장군도 돌아가신 이 마당에~거동하셨소?"라고 말하자 온모는 "무엇이? 온달이, 온달이……"라고 하였으며, 이어서 장교가 "모르고 계셨습니까? 온달 장군은 한 달 전에 세상을 떠났습니다."라고 말하자 온모는 "온달이, 온달이……"라며 쓰러진 것을 통해 알 수 있다.

3. ②

소설에는 서술자가 있지만, 극에는 서술자의 역할을 지시문이 대신한다. 따라서 인물의 심리, 장면, 조명과 관계된 지시문은 꼼꼼하게 체크해야 한다. 평가원은 이 부분을 집요하게 출제한다. 마지막 부분의 '흰 눈, 진홍빛 배자, 백발이 이루는 색채의 덩어리를 인상적으로 나타낼 수 있도록 조명을'에서 조명을 통해 자연스럽게 관객이 '온모'에게 집중하도록 유도하고 있음을 알 수 있다.

오답풀이

① 언어는 일상의 언어와 시적인 언어로 나뉜다. 암시적이고 비유적인 대사는 후자의 언어로 대표적인 사례로 소설 '광장'을 떠올리면 된다. 이런 선지가 등장했을 때는 학생들이 고민하지 않도록 지문 전체적으로 추상적인 개념이나 비유적인 표현들이 남발될 것이니, 굳이 애써 찾으려 하지 말고 가볍게 넘어가도 된다. ③ [중간 부분의 줄거리] 전후로 '온달의 집 → 산속'의 장소의 변화가 나타나지만, 갈등이 해결되는 양상을 보이고 있지는 않다. ④ 극의 인물들이 관객에게 말을 건네고 있는 부분은 나타나지 않는다. ⑤ '궁'은 공주가 쫓겨난 공간이고 '온달의 집'은 공주를 받아들이는 공간이므로 대비를 이룬다고 볼 여지가 있으나, 두 공간을 동시에 보여 주고 있지는 않다.

4. ②

공주는 정치적 암투로 인해 ㉠을 떠나게 되었지만, 그 과정에서 자신이 원하던 온달과의 만남을 얻게 된다. 한편, 온달이 죽은 뒤 ㉡을 떠나 산속으로 간 공주는 자신을 찾아온 군사들에 의해 죽임을 당하므로 선지의 내용은 적절하다.

오답풀이

① ㉠ X, ㉡ X / 공주와 온달의 만남 및 이별은 궁에서 이루어지지 않았다. ③ ㉠ X, ㉡ X / 공주는 왕궁의 정치적 암투 때문에 ㉠에서 떠난 것이므로 갈등은 ㉠을 떠나기 이전에 시작되었다고 볼 수 있다. 또한, 공주는 ㉡으로 돌아가지 못하고 죽음을 맞이하였다. ④ ㉠ X, ㉡ X / 공주는 "나라는 한 몸이 궁에 없으면 될 것이 아니옵니까?"라며 ㉠을 떠나고자 했으며 결국 떠나게 되었다. 한편, 공주는 ㉡을 지키지 않고 산속으로 떠났다. ⑤ ㉠ O, ㉡ X / 공주는 정치적 암투에 밀려나 ㉠을 떠나게 된 것이므로, ㉠은 떠나고 싶지 않아도 떠나야 했던 공간으로 볼 수 있다. 반면, ㉡은 공주가 돌아가고 싶지 않아 하는 공간이다.

5. ⑤

(가)에 따르면 신라와의 전쟁으로 온달이 죽는 설화의 내용과는 달리, (나)에서 온달은 정치적 음모로 인해 같은 고구려인에게 암살당하며, '정치적 권력에 희생당한 개인의 비극성'이라는 주제를 보여 준다고 하였다. (나)는 (ㅁ)과 달리 공주가 정적에 의해 죽임을 당하는 결말을 보여 주는데, 이는 정치적 권력에 희생당한 개인의 비극성을 드러내기 위함일 뿐, 온달과 공주의 절대적 사랑과는 관련이 없다. 온달과 공주 사이의 절대적인 사랑을 강조하기 위한 장치는 움직이지 않던

온달의 관이 공주의 위로를 받은 후에 움직인 것이다. 이는 (ㅁ)의 '움직이지 않던 온달의 관이 공주의 위로를 받고서야 비로소 움직여', (나)의 [중간 부분의 줄거리] 중 '공주는 움직이지 않던 온달의 관을 위로하여 옮겨 준 다음'에서 확인할 수 있다.

오답풀이

① (가)에 따르면 (나)의 작가는 상상력을 동원하여 '온달 설화'를 더욱 견고하고 개연성이 높은 이야기로 재구성했다고 하였다. (ㄱ)과 같이 공주가 어릴 때 평강왕에게 들었던 말만을 근거로 정혼자를 거부하고 온달에게 시집을 가겠다고 하여 쫓겨나는 것보다, 정치적인 암투로 인해 쫓겨난다는 (나)의 설정이 더 개연성이 있다고 할 수 있다. ② (가)에 따르면 (나)는 쫓겨난 공주가 신비한 힘에 이끌려 온달을 만나는 내용을 담고 있다. 따라서 (ㄴ)과 달리 (나)에서 온달이 공주를 만나기 전 공주에 대한 꿈을 미리 꾸는 것은 둘의 만남을 더욱 신비롭고 필연적인 것으로 부각한다고 볼 수 있다. ③ (가)에 따르면 (나)는 설화의 내용과는 달리 평강 공주가 왕궁에서 나온 것을 정치적 암투에서 밀려난 것으로 해석한다. 또한 온달은 정치적 음모로 인해 같은 고구려인에게 암살당하며, 결말에 이르러서는 평강 공주마저도 정적에게 살해되는 내용으로 구성되어 있다. 즉, (ㄷ)과 달리 (나)는 정치적 반대 세력의 존재로 인해 온달뿐 아니라 평강 공주까지 죽게 되므로 본래 설화보다 더욱 비극적인 결말로 이어지게 된다고 볼 수 있다. ④ (가)에 따르면 (나)에서 온달은 정치적 음모로 인해 같은 고구려인에게 암살당하며, '정치적 권력에 희생당한 개인의 비극성'이라는 주제를 보여 준다고 하였다. (ㄹ)에서는 고구려를 위해 싸우다 죽는 온달의 영웅적인 면모를 볼 수 있지만, (나)에서는 고구려를 위해 싸웠음에도 같은 고구려인에게 암살당하는 온달의 모습이 나타난다. 이를 통해 권력에 희생당하는 개인의 비극성을 확인할 수 있다.

---

12. 차범석, 산불 / 장진, 웰컴 투 동막골

1. ③

(가)에 따르면 역사적 기억은 현재적 관점에서 재구성되기에, 동일한 역사적 기억이라 하더라도 그것이 문화적으로 재현되는 시대적 상황에 따라 매우 다르게 형상화될 수 있다. (다)는 남북의 관계 개선이 이루어지던 2000년대의 시대적 상황과 당대의 관객이 한국 전쟁이라는 역사적 기억을 간접적으로 체험한 세대임을 고려하여 한국 전쟁이라는 역사적 기억을 재현한 작품이므로 선지의 설명은 적절하지 않다.

오답풀이

① (가)에 따르면 (나)는 이념 대립에서 자유로울 수 없었던 1960년대의 시대적 상황을 고려하여 한국 전쟁이라는 역사적 기억을 재현한 작품이므로 선지의 설명은 적절하다. ② (가)에 따르면 (나)는 공동체의 균열이라는 비극을 보여 주는 방식으로 한국 전쟁이라는 역사적 기억을 재현한 작품이다. (나)에서 곡물 추렴 문제를 두고 나타나는 양 씨와 최 씨의 대립 구도는 전쟁으로 인해 균열된 공동체의 모습을 드러낸다고 할 수 있다. ④ (가)에 따르면 (다)는 공동체의 회복을 염원하며 화합의 가능성을 제시하는 방식으로 한국 전쟁이라는 역사적 기억을 재현한 작품이다. (다)에서 대치하고 있는 국군과 인민군을 동등하게 대하며 그들의 대립을 완화시키는 노모를 통해, 공동체 화합의 가능성을 확인할 수 있으므로 선지의 설명은 적절하다. ⑤ (가)에 따르면 문학 작품은 공동체가 경험한 특정한 기억을 저장하는 '문화적 재현'으로 기능하기도 한다. (나)와 (다)는 모두 좌우의 이념 대립이 극단으로 치달은 한국 전쟁 시기를 배경으로 하는 작품으로, (나)의 '반동', (다)의 '괴뢰들'이라는 단어는 그러한 극단적인 이념 대립에서 파생된 단어에 해당한다.

---

2. ④

(가)에 따르면 (나)의 공간적 배경인 P부락은 둘로 나뉜 채 갈등을 지속하는 한반도를 표상하며, 곡물 추렴 문제를 두고 헐뜯고 싸우는 인물들의 갈등의 근원에는 인민군의 편과 국군의 편을 가르는 분할과 배제의 논리가 자리하고 있다. 점례는 최 씨와의 다툼으로 저녁이 되도록 곡식을 다 모으지 못한 시어머니 양 씨에게 "안 할려면 몰라도 책임을 맡은 이상은 정해진 시간에 해내야" 한다며 타박하는 모습을 보인다. 이때, 좌우의 이념 대립으로 인해 갈등을 벌이는 인물은 양 씨와 최 씨, 점례와 최 씨이다. 즉, 점례는 양 씨와 대립 관계에 있지 않으므로 이들의 모습에서 좌우의 이념 대립이 극심했던 한반도의 상황이 드러난다고 볼 수 없다.

오답풀이

① (가)에 따르면 (나)의 P부락은 생존의 위기에 직면한 주민들이 첨예하게 대립하는 공간이다. 최 씨는 어려운 살림에 "큰맘 먹고 퍼" 온 쌀을 공출로 내놓았으나 기준 미달이라며 양 씨가 지적을 하자 화를 낸다. 이는 생존의 위기에 직면한 주민들이 첨예하게 대립하는 모습으로 볼 수 있다. ② (가)에 따르면 (나)에서 곡물 추렴 문제를 두고 헐뜯고 싸우는 인물들의 모습은 인간성을 파괴하는 전쟁의 비극을 드러낸다. 양 씨가 공출 문제로 갈등을 일으킨 최 씨를 두고 "자위대에서 나오면 이렇게들 협력을 안하니까 못하겠다고 사실대로 말하"겠다고 하는 모습은 인간성을 파괴하는 전쟁의 비극을 드러내는 것이라 할 수 있다. ③ (가)에 따르면 (나)에서 곡물 추렴 문제를 두고 헐뜯고 싸우는 인물들의 갈등의 근원에는 인민군의 편과 국군의 편을 가르는 분할과 배제의 논리가 자리하고 있다. 최 씨가 점례네 집안을 '반동'이라고 몰아세우는 것은 인민군에게 협조하는 이들과 협조하지 않는 이들을 '분할'하고, 인민군에게 협조하지 않는 이들을 '배제'하는 행위이므로 선지의 설명은 적절하다. ⑤ (가)에 따르면 (나)에서 P부락의 주민들은 유사한 처지이면서도 서로를 위로하거나 화합하는 모습으로 그려지지 않는다. 최 씨는 사위를 잃은 인물이며, 양 씨는 아들을 잃은 인물이므로, 둘 다 이념 대립으로 인해 가족을 잃었다는 점에서 유사한 처지라고 볼 수 있다. 그럼에도 불구하고 양 씨의 죽은 자식을 들먹이며 '반동'이라고 몰아세우는 최 씨의 모습은 균열된 공동체의 모습을 보여 준다고 할 수 있다.

3. ②

(가)에 따르면 (다)의 동막골은 이념과 거리가 먼 순박하고 천진한 주민들이 살아가는 공간으로, 전쟁 이전의 평화로웠던 공동체를 표상한다. 그런데 '크게 하품을 하는 영희. 하품이 옳았는지 상상도 쩍-'은 순박하고 천진한 주민들의 모습이 아니라, 서로 대치하느라 밤을 새운 인민군과 국군의 모습을 보여 준다. 긴장 속에서 피로를 느끼는 이들의 모습을 전쟁 이전의 평화로웠던 공동체를 표상한다고 보기는 어렵다.

오답풀이

① "왜놈이냐……? 떼놈이냐……?"라는 촌장의 대사를 통해, 촌장은 현재 우리 민족이 둘로 나뉘어 싸우고 있는 상황을 모르고 있음을 알 수 있다. 이는 이념과 거리가 먼 동막골 주민들의 순박함과 천진성을 드러낸다고 볼 수 있다. ③ "그래하믄 밥이 나오나, 옥시기가 나오나?"는 인민군과 국군이 "밤새 으르렁대고 소래기 질러대고" 해 봤자 아무런 도움도 되지 않음을 드러내는 노모의 대사이다. 이는 좌우의 이념 대립이 무의미하다는 주제 의식을 전달한다고 볼 수 있다. ④ '부락민에게 적대적이었던 인민군들. 노모로 인해 격한 감정이 봄눈 녹듯 살짝 풀린다.'는 노모가 인민군 치성의 얼굴을 손수 닦아준 이후의 진술로, 날이 서 있던 긴장감이 조금 풀리고 화해의 분위기가 조성되고 있음을 나타낸다. ⑤ (가)에 따르면 (다)에서는 국군과 인민군의 치열한 대립으로 인한 경직된 상황이 동막골 주민의 개입으로 인해 곧 희극적으로 전환된다. 현철은 노모의 행동을 강하게 제지하는데, 이로 인해 조금 누그러지는 듯하던 분위기는 다시 냉기가 흐르게 된다. 이때 현철의 "…… 물 갈아서요! 한 바가

지로 지금 몇 명짼니까!"라는 대사는 예기치 못한 웃음을 자아냄으로써 경직된 상황을 다시 희극적으로 전환하는 계기에 해당한다고 볼 수 있다.

4. ④

(다)에서 영희는 '또 뭔짓을 하려는 거지 하는 심정'으로 노모를 경계하는 치성에게 "어떻게 난처해질지 모르니 그냥 대 주시라요."라며 노모의 뜻을 따르라고 요구했으므로 선지의 설명은 적절하다.

오답풀이

① (나)에서 양 씨는 쌀을 내놓은 최 씨에게 한 홉은 채워야 한다며 쌀이 없으면 보리, 감자라도 가져오라고 말한다. 즉, 양 씨는 최 씨에게 다른 품목을 가져와서라도 정해진 공출량을 맞출 것을 요구했을 뿐, 공출 품목을 변경해 오라고 한 것은 아니므로 선지의 설명은 적절하지 않다. ② (나)에서 "자네보다 나가 열 살 위인데 반말 좀 썼기로 어때?"라는 양 씨의 발화를 고려해 볼 때, 양 씨가 최 씨보다 나이가 많음을 알 수 있으므로 선지의 설명은 적절하지 않다. ③ (나)에서 "내 아들이 반동으로 몰린 게 누구 때문이었지?"라는 양 씨의 질문에 최 씨가 "내 사위를 빨갱이로 몰아 죽인 놈들은 모두 웬수야! 내 딸 사월이를 청상과부로 만든 놈을 왜 내가 가만둬!"라고 답한 것을 통해 최 씨는 자위대의 압력에 의해 어쩔 수 없이 양 씨의 아들을 반동으로 몰아세운 것이 아니라, 복수를 하기 위해 반동으로 몰아세웠음을 알 수 있다. ⑤ (다)에서 노모가 '얼굴을 찰싹 치며 머리를 들이대고'한 대상은 현철이 아니라 치성이다. 노모는 자신의 행동을 강하게 제지하는 현철을 물끄러미 바라보았으므로 선지의 설명은 적절하지 않다.

5. ③

ⓒ에서는 김 선생을 위협하며 부락을 방문한 '손님'이 인민군들인 상황을 보여 주고 있다. ⓒ 이후에 부락에 먼저 와 있던 국군 현철과 상상이 인민군과 마주하자 다급하게 총을 겨누고, 생각지도 못한 국군을 발견한 인민군들 또한 총을 겨누는 장면이 제시되는 것으로 보아 이들의 첫 만남은 예기치 못한 것임을 알 수 있다. 따라서 ⓒ에서 국군에게 노골적으로 적대감을 드러내며 다가오는 인민군들의 얼굴을 화면에 가득 담는다는 연출 계획은 적절하지 않다.

오답풀이

① ㉠에서 부락민들은 호기심 어린 표정으로 상상을 주시하고 있는데, 이어지는 내용으로 보아 이는 상상이 들려주는 전쟁 관련 이야기를 듣기 위함이다. 이를 상상의 시점에서 촬영하면 부락민들의 호기심 어린 표정을 화면에 담아냄으로써 그들이 전쟁이 났다는 소식에 관심을 갖고 있음을 보여 줄 수 있다. ② ㉡은 부락민들과 국군이 이야기를 나누는 도중, 멀리서 아이들의 노랫소리가 들려오고 있는 상황을 표현하고 있다. 이어지는 내용으로 보아 아이들은 김 선생, 인민군들과 함께 오는 중인데, 점점 크게 들려오는 아이들의 노랫소리를 효과음으로 처리하면 인민군과 국군의 만남이라는 새로운 사건 발생을 암시할 수 있다. ④ ㉣은 국군과 인민군이 서로를 발견하고 놀라 위협하는 상황을 표현하고 있다. 마주서서 날카롭게 대립하는 인민군과 국군의 모습을 빠르게 번갈아서 비추는 방식은 서로에게 총을 겨누고 있는 일촉즉발의 상황을 역동적으로 보여 줄 수 있다. ⑤ ㉤을 본 부락민들과 군인들은 모두 당황하며 노모를 주시하는데, 이들이 위치한 촌장 집 마당 전체를 한 화면에 담아내면 노모의 등장이라는 새로운 사건과 등장인물들의 반응을 보여 줌으로써 전환된 분위기를 표현할 수 있다.

13. 함세덕, 무의도 기행

1. ①

"사월에 연평서 첫등을 보구,~데구리를 줄줄이 쳐냈데 그려."에서 노틀할아범이 천명 아버지의 과거를 압축적으로 이야기하고 있음을 확인할 수 있다.

오답풀이

② 인물의 내적 독백은 나타나지 않는다. ③ 공주학의 처가 등·퇴장을 하고 있으나, 이를 통해 인물의 성격 변화를 보여주고 있지는 않다. ④ 과장된 행동을 통해 비극적 분위기를 반전시키는 인물은 나타나지 않는다. ⑤ '가도', '마루', '부엌' 등의 공간적 배경이 설정되어 있으나, 이는 극중에서 현실적인 공간에 해당하므로 비현실성을 드러낸다고 볼 수 없다.

2. ④

㉣은 배 임자를 향한 노틀할아범의 말로, 문맥상 배 임자는 천명 아버지(낙경)의 처남인 공주학이다. 노틀할아범은 근 삼 년 동안 매부를 먹여 살리는 공주학의 속이 아마 짤 것(마음이 편하지만은 않을 것)이라고 추측하고 있으므로 배 임자의 처지를 안타까워한다는 부분은 허용할 여지가 있다. 그러나 노틀할아범과 일행의 대화로 미루어볼 때, 천명 아버지는 처남인 공주학을 몹시 아껴 공주학이 그물을 장만하고 중선을 부릴 수 있도록 도움을 주었음을 알 수 있다. 즉, 공주학이 매부인 천명 아버지를 먹여 살리고 있는 이유는 천명 아버지가 자신에게 준 도움을 알기 때문이므로 '아무 도움도 받은 것 없이 단지 가족이라는 이유로' 매부를 부양하고 있다는 선지의 설명은 적절하지 않다.

오답풀이

① 주학은 지금 어업은 예전과는 다르다며, 총독부와 배 임자, 그물 주인들이 어항마다 수산 학교를 짓고 있는 데는 다 이유가 있을 것이라는 이야기를 하고 있다. 하지만 낙경 어부는 고기만 잘 잡으면 된다고 이야기하며 근대적 교육이 필요하다는 주학의 생각에 동의하지 않음을 드러내고 있으므로 선지의 설명은 적절하다. ② ㉡은 새우젓의 시세가 낮아지자 새로 이득을 취할 수 없었던 과거의 경험을 상기시키면서, 어업 조합을 통한 판매의 중요성을 강조하는 주학의 발화이므로 선지의 설명은 적절하다. ③ ㉢에서 노틀할아범은 고기잡이가 안 될 때는 안 되고, 잘 될 때는 아주 잘 되는 것이라고 말하고 있다. 이는 운수에 따라 고기잡이의 결과가 달라진다는 말로, 고기잡이의 결과가 좋을 때는 큰돈을 만지기가 쉽다는 사실을 의미한다. ⑤ ㉤은 "그런데 어떻다, 천명 아버지가 실패하셨나요?"라는 어부의 물음에 대한 노틀할아범의 답변이다. 노틀할아범의 이야기에 따르면, 천명 아버지는 노틀할아범의 만류에도 불구하고 일본 중선의 쟁기 사이로 조기떼가 몰려갈 것을 예상하여 쟁기 사이로 쫓아갔으며, 결국 일본 중선의 그물을 망쳐 버렸다. 따라서 ㉤은 노틀할아범이 천명 아버지가 실패한 이유가 자신의 말에 귀 기울이지 않았기 때문임을 알려 주는 것이라 할 수 있다.

3. ④

〈보기〉에 따르면 1930년대 후반에는 조선의 어업 시장 규모가 크게 확장되어, 어업을 통해 부를 축적할 수 있는 자본주의적 형태로 접어들었다. 낙경이 어업을 일자무식한 사람들이나 하는 것으로 여겼던 것은 맞지만, 그가 몰락한 이유는 일본 어민들과의 경쟁 끝에 그들의 그물을 훼손하여 물어 주었기 때문이므로 선지의 설명은 적절하지 않다.

오답풀이

① 〈보기〉에 따르면 윗글은 시대적 변화와 이에 대처하는 인간상을 사실적으로 보여

주는 작품이다. 공주학은 어업이 일자무식한 사람들이나 하는 일이라고 생각하는 낙경의 말에 반기를 들며, 총독부에서는 어항마다 수산 학교를 짓고 있다고 말한다. 지금 어업은 예전과는 다르다는 그의 말에서 변해 가는 시류(그 시대의 풍조나 경향)를 감지하는 인물의 인식이 드러난다고 볼 수 있다. ② 〈보기〉에 따르면 1930년대 후반에는 조선의 어업 시장 규모가 확장되어 어업을 통해 부를 축적할 수 있는 자본주의적 형태로 접어들었고, 이를 포착한 일본인들은 근대화된 설비를 갖추고 한반도 근해에 들어와 조선 어민들과 경쟁하였다. 낙경이 조기떼를 잡으려다가 일본 중선의 그물을 망쳐 그물 값을 물어 준 상황을 통해 한반도 근해를 장악한 일본 어민들과 조선 어민들의 경쟁 양상을 확인할 수 있으므로 적절하다. ③ 〈보기〉에 따르면 윗글은 시대적 변화와 이에 대처하는 인간상을 사실적으로 보여 주는 작품이다. 공주학이 자신에게 발동기를 장만할 계획이 있다는 것을 낙경에게 말하는 것은 시대적 변화에 대한 대책으로 근대화된 설비가 필요하다는 사실을 인식하는 인물의 모습을 나타내므로 적절하다. ⑤ 〈보기〉에 따르면 1930년대 후반에는 조선의 어업 시장 규모가 크게 확장되어 어업을 통해 부를 축적할 수 있는 자본주의적 형태로 접어들었다. 싸전(쌀과 그 밖의 곡식을 파는 가게)을 내고 돈놀이를 하는 정 첨지, 비단집을 낸 황 서방, 땅을 산 칠성 할아버지는 노틀할아범과 같이 일했던 사람들 중 잘된 이들에 해당한다. 이들은 어업을 통해 부를 축적한 인물들로, 이들을 통해 1930년대 후반 조선의 자본주의적 어업 상황을 확인할 수 있다.

1. 백광홍, 관서별곡

1. ①

> ㉠의 '칼 하나뿐이로다'에서 영탄적 표현이 사용되었음을 알 수 있다. 이를 통해 무관으로 임명된 화자가 행장을 간단하게 꾸려 떠났음을 드러내고 있을 뿐, 초라한 행장으로 인해 위축된 화자의 심리를 표출하고 있지는 않다.

오답풀이

② ㉡에서 화자는 눈앞에 흐르는 '백두산 내린 물'을 '노룡이 꼬리 치며 바다로 흐르는' 것에 비유하여, '백두산 내린 물'의 역동적인 성격을 부각하고 있다. ③ ㉢의 '거문고 가야금 생황 피리'를 불고 타는 모습을 묘사한 부분에서 감각적(시각, 청각적) 표현이 사용되었음을 알 수 있다. 이를 통해 기생들이 악기를 연주하는 공간의 경쾌한 분위기를 드러내고 있으므로 적절하다. ④ ㉣에서는 대구적 표현을 통해 해가 지고 달이 뜨는 시간의 흐름을 나타내고 있다. ⑤ ㉤의 '근심인들 있을쏘냐'에서 설의적 표현을 사용하여 근심이 느껴지지 않을 만큼 자연 경관이 주는 즐거움이 크다는 것을 부각하고 있다.

2. ④

> '영중이 무사커늘 산수를 보려'고 한다는 것은 진영이 아무 탈 없이 편안하기에 자신이 마음 놓고 자연을 즐기러 갈 수 있음을 밝히고 있는 것이므로 선지의 설명은 적절하다.

오답풀이

① 화자는 '백상루'에 올라가 마주한 '청천강'을 바라보며 풍경을 감상하고 있을 뿐, 자신의 책무(직무에 따른 책임이나 임무)를 다하려는 의지를 드러내고 있지는 않다. ② 화자는 부임지 주변의 형세를 살피기 위해 '결승정'에서 내려와 '철옹성'을 둘러보며 '사방의 진영'이 '팔도에 으뜸'이라고 평가하고 있다. 이는 '철옹성' 주변의 험한 산세가 적을 방어하기에 뛰어남을 강조하여 표현한 것이므로, 화자가 외세의 침입에 대비하는 방비가 허술함을 염려하고 있다는 선지의 설명은 적절하지 않다. ③ 화자가 '사방의 진영과 웅장한 경관이 팔도에 으뜸'이라고 표현한 것은 자신이 목격한 경관이 훌륭함을 강조한 것이므로, 현재 상황을 반어적으로 제시하려 했다는 선지의 설명은 적절하지 않다. ⑤ 화자는 '약산동대'에 올라 눈 아래 펼쳐진 풍경을 바라보며 '구름 덮인 하늘이 아득하여 끝이 없다'고 표현하고 있다. 이는 자연 경관의 광활하고 장엄한 모습을 드러낸 것일 뿐, 현실의 문제가 지속되리라는 부정적 전망을 드러낸 것이 아니다.

3. ③

> 〈보기〉에 따르면 윗글은 화자가 여정에 따라 공간을 이동하면서 느낀 정서를 형상화하고 있다. 화자가 '약산동대에 술을 싣고 올라가'는 자신의 행동을 표현한 것은 '산수를 보'러 가는 자신의 흥취를 드러낸 것일 뿐, 여정에서 느낀 불안감을 해소하려 한 것이 아니다. 윗글에서 화자가 여정에서 느낀 불안감을 형상화한 부분은 찾아볼 수 없다.

오답풀이

① 〈보기〉에 따르면 윗글은 장면마다 비중을 달리하여 특정 장면은 간결하게 묘사하고 있다. 화자의 이동 경로를 '벽제에 말 갈아 임진에 배 건너'로 표현한 것은 화자가 부임지로 이동하는 장면을 간결하게 제시한 것으로 볼 수 있다. ② 〈보기〉에 따르면

윗글은 화자가 여정에 따라 공간을 이동하면서 느낀 정서나 감상을 각 장면에 어울리는 표현 방식을 동원하여 형상화하고 있다. '배나무 정원에 꽃 피고 두견화 못다 진 때'는 자연물인 '배나무', '꽃', '두견화'를 활용하여 계절적 배경인 봄을 표현한 것이므로 선지의 설명은 적절하다. ④ 〈보기〉에 따르면 윗글은 장면마다 비중을 달리하여 특정 장면은 확장적으로 진술하고 있다. 화자는 '선녀처럼 아름다운 기생들'의 모습을 '비단으로 단장하고 좌우에 벌여있'다고 표현하면서 그들의 행위를 상세히 묘사하고 있는데, 이는 특정 장면을 확장적으로 진술한 것으로 볼 수 있다. ⑤ 〈보기〉에 따르면 윗글은 여정에서 포착된 경물과 화자의 체험이 개성적으로 재현되고 있다. 화자가 '아름다운 기생들이 교태 머금고 잔 받드는' 모습을 마치 '낙포선녀 양대에 내려와 초왕을 놀래는 듯'하다고 표현한 것은 자신의 체험을 개성적으로 재현한 것으로 볼 수 있다.

---

2. 작자 미상, 덴동어미화전가 / 작자 미상, 우부가

1. ②

> '병술년 괴질'로 인해 남편을 잃은 '나'는 '죽어도 같이 죽고 살아도 같이' 살자던 남편의 '말만 명심하고' 살았던 '타관객지'에서의 '삼사 년 일'이 '헛일'이라며 한탄한다. 이는 남편을 떠나보낸 '나'의 절망감이 드러나는 부분이므로 선지의 설명은 적절하다.

오답풀이

① 병술년에 닥친 괴질로 '사흘 만에 깨어'난 '나'는 죽은 남편의 시체를 붙잡고 자신만 두고 '죽는단 말이 웬 말'이냐며 슬퍼하고 있으므로, '나'가 살아남은 것에 대해 안도감을 느끼고 있다고 보기는 어렵다. ③ '나'는 '일수 월수 장변 체계 돈 쓴 사람' 즉, 자신에게 돈을 빌려 갔던 사람들이 '다 죽었'음을 떠올리지만, 이에 대해 '돈 받은들 무엇할꼬'라며 돈을 돌려받는다고 해도 그것이 무용하다는 생각을 하고 있다. 따라서 미리 돈을 받지 않은 것에 대한 회한(뉘우치고 한탄함)이 드러난다는 선지의 설명은 적절하지 않다. ④ '나'는 남편과 함께 도부 장사를 하며 부지런히 돈을 모으지만 '돈 백이나 될 만하면 둘 중 하나'가 병에 걸리거나 탈이 나 돈 한 푼 남기지 못하고 다 쓰게 되는 절망적 상황에 놓여 있음을 토로한다. 남편뿐만 아니라 자신 역시 병치레를 하였으므로, 병치레가 잦은 남편을 향한 '나'의 원망이 드러난다고 보기는 어렵다. ⑤ '나'는 '산 밑 주막 주인'과 함께 '궂은비가 오는 날' 도부를 간다. 그날 소낙비가 쏟아지면서 '주막 뒷산'이 무너지는 산사태가 발생하고 그로 인해 '나'는 또 한 번 남편을 잃게 된다. 이때 남편의 죽음은 자연재해로 인한 것일 뿐, '나'가 병든 남편을 주막에 두고 갔기 때문에 죽음에 이르렀다고 보기는 어려우므로 선지의 설명은 적절하지 않다.

2. ①

> '기웃기웃'이라는 음성 상징어를 사용하여 재산을 낭비한 '개똥이'가 권력이 있는 가문을 찾아다니는 상황을 구체화하고 있으므로 선지의 설명은 적절하다.

오답풀이

② 반어적 표현은 사용되지 않았으며, 이를 반복적으로 사용하여 대상인 '개똥이'를 희화화하고 있지도 않다. ③ 의인화된 대상은 드러나지 않으며, 이를 통해 세태에 대한 부정적 시각을 진술하고 있지도 않다. ④ '대모관자 어디 가고~하인 어디 간고'에서 '대모관자', '통영갓'을 쓰던 과거의 옷차림과 '물렛줄', '통모자'를 쓰는 현재의 옷차림을 비교하는 등 대비되는 소재를 통해 과거와 달라진 '개똥이'의 현재 상황을 드러내고 있음을 알 수 있다. 그러나 계절의 변화를 통해 과거와 대비되는 현재의 상황을 드러내고 있지는 않다. ⑤ '내 말씀 광언이나 저 화상을 구경허게'에서 말을 건네는

방식이 사용되고 있으나, 명시적 청자는 드러나지 않았다.

3. ⑤

[A]에서 '개똥이'는 '조상'을 팔아 위세를 떨고 있으므로 '조상'은 '개똥이'가 위세를 부릴 수 있는 근거를 나타낸다고 할 수 있다. 하지만 [B]에서 '개똥이'는 부유했던 과거와 달리, 문을 바를 창호지가 없어서 '호적 종이'로 문을 바르는 가난한 모습을 보인다. 이때 '호적'은 패가망신한 '개똥이'의 현재 모습을 보여 주는 소재로 사용된 것일 뿐, '개똥이'가 지키고자 하는 신념을 나타내는 것이 아니므로 선지의 설명은 적절하지 않다.

오답풀이

① [A]에서 '남촌 한량 개똥이는 부모 덕에 편히 놀고' 있다고 하였으므로, '편히 놀고'는 '개똥이'가 유복한 생활을 누리고 있음을 나타낸다고 할 수 있다. 한편, [B]에서는 부유했던 과거와 달리, 패가망신하여 가난한 처지에 놓이게 된 '개똥이'의 모습이 드러난다. '앞뒤 하인 어디 간고'는 더 이상 '개똥이'가 부릴 수 있는 하인이 없음을 드러낸 표현이므로, '어디 간고'는 '개똥이'가 곤궁한 처지에 놓여 있음을 나타낸다고 할 수 있다. ② [A]에서 '나'는 '부모 덕에 편히 놀고 / 호의호식'하는 '개똥이'를 '무식하고 미련하고 어리석'다며 부정적으로 평가하고 있다. 한편, [B]에서 '나'는 '하루아침에 거지'가 된 '개똥이'를 보고 '가련'하다고 말한다. 이때 '나'는 '개똥이'를 부정적으로 바라보고 있으므로, '가련타'는 '개똥이'의 처지에 대한 조소를 드러낸 것이라 볼 수 있다. ③ [A]에서 '개똥이'는 '유행 따라 의관'하며 '남의 눈만 위하는' 모습을 보이는데, 이는 '개똥이'의 무절제하고 사치스러운 성향을 보여 주는 것이라 할 수 있다. 한편, [B]에서 '개똥이'는 사치스러운 생활을 하던 과거와 달리, '헌 삿갓에 통모자'를 쓴 초라한 모습을 보이므로 선지의 설명은 적절하다. ④ [A]에서 '개똥이'는 '기생첩 살림'을 하고, '사랑'에는 심부름하거나 여자를 소개하여 주는 '조방꾼'이 머물도록 하고 있다. 이는 '개똥이'가 방탕한 생활을 하고 있음을 드러내는 것이라고 볼 수 있다. 한편, [B]에서는 방탕한 생활을 했던 과거와 달리 '벽 떨어진 단칸방'에서 초라한 생활을 하는 '개똥이'의 모습이 드러난다. '벽 떨어진 단칸방'은 '개똥이'의 여의치 않은 형편을 보여 주므로 선지의 설명은 적절하다.

4. ⑤

〈보기〉에 따르면 조선 후기에 창작된 (가)와 (나)는 가사의 서사성이 정서의 환기와 교훈의 전달이라는 특정한 목적을 달성하는 데에 기여한다는 사실을 보여 준다. (나)에서 방탕한 생활로 재산을 탕진하고 '거지'가 된 '개똥이'의 모습은 독자에게 교훈이 될 수 있다. 하지만 (가)에서 '나'는 '천인(예전에, 사회의 가장 낮은 신분에 속하던 사람)'이 되어 빚을 진 것이 아니라, 천인의 신분으로 '만여 금돈'을 벌어 다른 사람에게 돈을 빌려준 것이므로 선지의 설명은 적절하지 않다.

오답풀이

① 〈보기〉에 따르면 (가)에는 등장인물의 입을 빌려 현실적 고난을 토로함으로써 독자의 공감을 획득하려는 작가의 욕구가 반영되어 있다. (가)에서 '나'가 '도부 장사'로 '한 십 년'을 보내고 나니 '모가지가 자라목 되고 발가락이 무지러졌다'고 한 것은, 녹록하지 않은 생활로 인해 '나'가 느끼는 고통을 보여 준 것이므로 적절하다. ② (가)에서 '나'가 '병술년 괴질'이 닥쳐 '삼십 식솔'이 다 죽고 남편 역시 잃었음을 언급하는 것은 〈보기〉에서 설명하는 '현실적 고난을 토로함으로써 독자의 공감을 획득하려'는 작가의 욕구를 반영한 것이므로 적절하다. ③ (나)에서 '나'는 '노름'과 '투전질'을 일삼고, '허욕으로 장사'를 하여 '빚이 태산'과 같은 '개똥이'를 '화상'이라고 표현하며 인물에 대한 부정적 시선을 드러내고 있다. 〈보기〉에 따르면 (나)는 '개똥이'와 같은 부정적 인물을 형상화하였다고 하였으므로 선지의 설명은 적절하다. ④ 〈보기〉에 따르면 (나)에는 '개똥이'와 같은 부정적 인물을 형상화함으로써 독자를 경계하려는 작가의 욕구가 반영되어 있다. (나)에서 '개똥이'는 '부모 덕에 편히 놀'며 '호의호식'하다가

'하루아침에 거지'가 되는데, 이는 '개똥이'와 같은 삶을 살지 않도록 독자를 경계(옳지 않은 일이나 잘못된 일들을 하지 않도록 타일러서 주의하게 함)하려는 작가의 의도가 반영되어 있다고 할 수 있다.

---

3. 정훈, 우활가 / 윤선도, 어부사시사

1. ②

(가)는 '우활도 우활할샤 그토록 우활할샤' 등에서, (나)는 'ᄇᆡ 젹여라 ᄇᆡ 젹여라', 'ᄇᆡ 떠라 ᄇᆡ 떠라' 등에서 동일한 구절을 반복하여 운율감을 형성하고 있다.

오답풀이

① (가) X, (나) X / (가)와 (나) 모두 부정적 현실에 대응하는 극복 의지는 나타나지 않는다. ③ (가) O, (나) X / (가)는 '희황천지에 잠깐이나 놀아보면 / 요순일월을 조금이나마 쬘 것을'에서 가정적 진술을 활용하여 태평성대에서 살고 싶어 하는 화자의 소망을 드러내고 있다. 반면, (나)에서는 가정적 진술이 사용되지 않았으며, 이를 활용하여 화자의 소망을 보여 주고 있지도 않다. ④ (가) O, (나) X / (가)에서는 '희황', '주공' 등 역사적 인물들을 언급하여 회고적(지나간 일을 돌이켜 생각하는) 분위기를 조성하고 있다. 반면, (나)는 역사적 인물들을 언급하고 있지 않으며, 회고적 분위기를 조성하고 있지도 않다. ⑤ (가) X, (나) X / (가)는 '봄', '여름', '가을', '동설'에서, (나)는 '낙홍(떨어지는 꽃)', '츄강(가을 강)' 등에서 계절적 배경을 알려 주는 시어가 사용되었다. 하지만 (가)와 (나) 모두 이를 활용하여 시간에 따라 달라지는 화자의 처지를 드러내고 있지는 않다.

2. ②

'송조의 미색을 얽은 얼굴이 잘 할런가'는 화자가 '송조'와 같이 잘생긴 미모를 갖추더라도 자신에게는 이러한 능력을 발휘할 기회조차 없기에 쓸모가 없음을 드러낸 표현이다. 화자가 자신을 '얽은 얼굴'로 표현하며 스스로를 폄하하는 듯한 모습을 보인 것은 맞으나, '송조의 미색'을 본받고자 하지 않았으며 '송조의 미색'을 화자가 추구하는 내면적 이상이라고 보기도 어렵다.

오답풀이

① '인간에 혼자 깨어 눌더러 말을 할고'에서 화자는 세상에 깨어 있는 사람이 자신밖에 없어 어느 누구에게도 말을 건넬 수 없음을 토로하고 있다. 〈보기〉의 내용을 고려해 볼 때, 이는 자신이 다른 이들보다 정신적으로 우월하다고 여기는 화자의 인식을 드러낸 것이라 할 수 있다. ③ '현순백결이 부끄러움 어이 알며'에서는 해진 누더기 옷을 입어도 부끄러움을 느끼지 못할 정도로 가난한 화자의 처지가, '동설에 시흥 겨워 추위를 어이 알리'에서는 시를 짓고 싶은 마음에 겨울의 추위를 느끼지 못하는 화자의 모습이 드러난다. 이러한 표현들은 화자가 인식하는 자기 삶의 모습이라 할 수 있다. ④ '그림마다 그렷더라'에서 화자는 어부의 모습이 그림마다 그려져 있을 정도로 어부의 삶을 즐기는 사람이 예로부터 많았음을 근거로 들어, '어옹을 읃디' 말라며 어부의 삶을 이해하지 못하는 이들을 나무라고 있다. 〈보기〉의 내용을 고려해 볼 때 이는 자연에서 누리는 소박한 삶을 이해하지 못하는 현실을 비판하는 것으로 해석할 수 있다. ⑤ 화자가 술에 '취하야 누워' 있는 모습을 보여 주는 것은 〈보기〉의 내용을 고려해 볼 때, 혼란스러운 현실을 의미하는 '인세홍딘'에서 벗어나 유유자적하게 지내는 자신의 삶에 대한 긍정적 인식을 유도하기 위한 전략으로 볼 수 있다.

3. ②

ⓛ의 '하늘이 삼긴 우활을 내 설마 어이하리'에서 화자는 자신의 우활함이 하늘에 의해 만들어진 것이기에 극복할 수 없다고 생각한다. 따라서 ⓛ에서는 자신의 모

습을 운명론적으로 받아들이려는 화자의 자세가 드러난다고 할 수 있다.

오답풀이

① ㉠의 '봄 산의 꽃을 보고 돌아올 줄 어이 알며'는 자연의 아름다움에 빠져 그 정취를 즐기는 화자의 모습을 드러낸 것으로, 화자의 미래 지향과는 관련이 없다. ③ ㉢의 '요순일월을 조금이나마 쬘 것을'은 태평했던 '요순시대'를 그리워하는 화자의 모습을 드러낸 것으로, 화자의 절개와는 관련이 없다. ④ ㉣의 '주공은 어디 가고 꿈에도 보이지 않는고'는 '주공'이 있던 시절을 그리워하는 화자의 모습을 드러낸 것이므로, 대상인 '주공'을 향한 화자의 원망이 드러난다고 볼 수 없다. ⑤ ㉤의 '만리에 눈 뜨고 태고에 뜻을 두니'는 속세가 아닌 먼 곳에 마음을 두고 과거를 그리워하는 화자의 태도를 보여 주고 있으므로, 화자의 의지적 태도가 드러난다고 보기 어렵다.

4. ②

ⓐ(어리고 미친 말)은 화자가 과거 자신의 말을 평가하는 표현이다. 반면, ⓑ(축타의 영언)는 축타의 아첨하는 말이라는 뜻으로 '축타'의 말에 대한 평가를 담고 있으므로 선지의 설명은 적절하다.

오답풀이

① ⓐ : X, ⓑ : X / ⓐ와 ⓑ 모두 미래에 대한 화자의 의지를 강조하는 말이 아니다. ③ ⓐ : X, ⓑ : X / ⓐ와 ⓑ 모두 화자에게 삶에 대한 태도를 바꾸게 되는 계기를 제공하지는 않는다. ④ ⓐ : X, ⓑ : X / ⓐ는 타인에 대한 화자의 긍정적인 시선이 아닌, 화자가 과거 자신의 말에 대해 한 부정적인 평가에 해당한다. 한편, ⓑ는 축타의 아첨하는 말이라는 뜻으로, 화자에 대한 타인의 부정적인 시선이 드러난 것으로 볼 수 없다. ⑤ ⓐ : O, ⓑ : X / '어리고 미친 말이 남의 미움 받을 줄 알았던가'는 ⓐ로 인해 화자가 타인에게 미움을 받았음을 드러내므로 적절하다. 한편, '축타의 영언을 이제 배워 어이하며'는 '축타'의 아첨하는 말솜씨를 배워도 화자는 이러한 능력을 발휘할 기회조차 없어 쓸모없음을 드러내는 것이다. 따라서 ⓑ를 화자가 타인의 부러움을 받게 된 원인이라고 볼 수 없다.

5. ④

'옷 우희 서리오딕 추운 줄을 모롤로다'는 옷 위에 서리가 내릴 정도로 추운 날씨임에도 가을의 강을 즐기느라 추운 줄도 모르는 화자의 모습을 나타낸다. 해당 부분에서는 자연을 즐기는 화자의 모습만 제시되고 있으므로, 이를 출사에 대한 희망을 포기하지 않는 것에 대한 작가의 자부심을 나타낸 것으로 볼 수 없다.

오답풀이

① '근심은 상대부 드르려다'는 간신들이 들을까 걱정된다는 의미이다. 〈보기〉의 내용을 고려해 볼 때, 이는 반대 세력의 비방을 걱정하는 작가의 마음을 드러낸다고 볼 수 있다. ② 〈보기〉에 따르면 (나)는 자연의 아름다운 경치와 어부 생활의 흥취를 노래한 '어부가' 계열 작품들을 계승했다. 따라서 '들외예 조흔 일이 어부 싱애 아니러냐'와 같이 자연 속에서 욕심 없이 사는 어부의 삶에 대한 만족감을 드러낸 부분은 다른 '어부가' 계열 작품에도 있을 것으로 추측할 수 있다. ③ 〈보기〉의 내용을 고려해 볼 때, '인간'은 치열한 당쟁으로 굴곡을 겪었던 속세의 삶을 의미한다고 볼 수 있다. 따라서 속세가 멀수록 더욱 좋다는 화자의 인식은 자연 속에서 은거하는 삶을 선택한 것에 대해 만족감을 드러낸 것으로 볼 수 있다. ⑤ 〈보기〉에 따르면 작가는 출사를 시도했으나 이는 번번이 좌절되었다고 하였으므로, '압개를 건너고쟈 몃 번이나 혜여본' 것은 끊임없이 정계에 진출하고자 했던 작가의 시도를 의미한다고 볼 수 있다.

4. 이호민, 서호가 / 이신의, 단가육장 / 구봉령, 촉견폐일설

1. ⑤

(가)는 '네 밥이 곧 쉬이 되면 이 잠을 채 잘소냐'에서 설의적 표현으로 밥이 쉽게 완성되면 잠을 다 자지 못할 것이라는 화자의 상황을 부각한다. 한편 (나)는 '효제충신밖에 하올 일이 또 있는가'에서 설의적 표현으로 효제충신 외에는 할 일이 없는 화자의 상황을 부각하고, '인간에 유정한 벗은 명월밖에 또 있는가'를 통해 달 외에는 벗이 없는 화자의 상황을 부각한다. 또한 (다)는 '그것은 마침내 화가 나라에까지 흘러가니, 어찌 참혹하지 않겠는가?'에서 설의적 표현으로 소인에 의해 나라에 화가 미친 글쓴이의 상황을 부각하고 있다.

오답풀이

① (가) X / (가)에서 '짧은 밤', '아침밥' 등의 시어를 통해 시간의 흐름을 드러낸다고 볼 수 있으나, 계절감을 드러내는 표현을 사용해 시간의 흐름을 드러낸 부분은 확인할 수 없다. ② (가) O, (나) X / (가)는 '반기노라 할 말 없고 느끼노라 한숨 지어'에서 유사한 문장 구조를 반복하여 꿈속에서 임을 만난 화자의 정서를 부각하고 있다. 그러나 (나)에서 동일한 시행을 반복하여 화자의 정서를 부각하는 부분은 확인할 수 없다. ③ (가) △, (나) X / (가)의 '보리밥 늦는다고 아이야 걱정 마라'에서, 명시적 청자에게 말을 건네고 있음을 확인할 수 있다. 또한 '세상의 이 재미를 늦게야 알았구나'에서 화자의 태도 변화가 드러난다고 해석할 여지가 있어 △로 처리하였다. 한편 (나)에서는 〈제4장〉의 '널로만 하노라', 〈제5장〉의 '넌가 하노라'에서 명시적 청자에게 말을 건네는 방식이 사용되었다고 볼 수 있다. 하지만 화자의 태도가 변화하는 부분을 확인할 수 없으므로 적절하지 않다. ④ (나) X, (다) X / (나)는 '남산에 많던 솔', '창밖에 세우 오고 뜰 가에 제비 나니', '섞인 꽃 여윈 속에 잦은 것이 향기로다'와 같은 서술에서 자연을 감각적으로 묘사하고 있음을 확인할 수 있다. 그러나 (나)에서 자연은 부정적 현실이나 화자의 쓸쓸한 처지를 부각하고 있을 뿐, 평온한 분위기를 드러낸다고 볼 수 없다. 한편 (다)는 '해가 한 번 뜨면 개들은 해를 괴상히 여기고 짖는다.', '구름이 끼어 비가 오는 것에 가려서 볼 수 없는 것'과 같은 서술에서 자연을 감각적으로 묘사하고 있다고 볼 여지가 있다. 그러나 자연의 평온한 분위기를 제시하는 것이 아니므로 적절하지 않다.

2. ③

㉠(꿈)에서 깨어난 화자는 '봉래산 제일봉의 어느 님'에게 자신의 '서러운 사설'을 '사뢰려다 못 사뢴' 것에 '한숨짓고' 있다. 따라서 ㉠은 화자에게 행하지 못한 일에 대한 아쉬움을 불러온다고 할 수 있다. 한편 ㉡(꿈)에서 깨어난 화자는 '영욕(영예와 치욕)이 다 지나' 자신의 '몸이 탈이 없'음을 생각하며 '모래 위 물오리와 막 오른 죽순'을 더욱 어여쁘게 여기고 있다. 따라서 ㉡은 화자에게 현재 누릴 수 있는 자연에 대한 즐거움을 불러온다고 할 수 있다.

오답풀이

① ㉠ X, ㉡ △ / ㉠에서 깨어난 화자는 '봉래산 제일봉의 어느 님'에게 자신의 '서러운 사설'을 '사뢰려다 못 사뢴' 것을 안타까워할 뿐, 자신의 상황을 새롭게 인식하고 있지 않다. 한편, ㉡에서 인생에 대한 무상감을 느낀 화자는 ㉡에서 깨어난 후 '영욕이 다 지나' 자신의 '몸이 탈이 없'음을 생각하며 '물오리'와 '죽순'이 더욱 어여쁘다고 하였다. ㉡을 꾼 후 자연을 더욱 어여쁘게 바라본다는 점에서 자신의 상황을 이전과 달리 새롭게 인식하게 되었다고 볼 여지가 있다. ② ㉠ X, ㉡ X / ㉠에서 깨어난 화자는 그리던 '님'에게 자신의 '서러운 사설'을 전하지 못한 것에 대한 아쉬움을, ㉡에서 깨어난 화자는 아름다운 자연을 바라보며 느끼는 즐거움을 드러내고 있다. 화자가 ㉠과 ㉡에서 각각 깨어난 후 과거 자신의 잘못을 반성하는 모습은 드러나지 않으므로 선지의 설명은 적절하지 않다. ④ ㉠ X, ㉡ X / ㉠에서 그리던 '님'을 만나 반가워 흐느끼느라 자신의 '서러운 사설'을 전하지 못한 화자는 ㉠에서 깬 후

'한숨짓'는 모습을 보인다. 따라서 ㉠이 화자에게 내적 갈등이 해소되는 경험을 제공한다고 할 수 없다. 한편, ㉡에서 깨어난 화자는 자신의 현실에 대한 만족감을 드러내고 있으므로 ㉡이 화자에게 내적 갈등이 심화되는 경험을 제공한다고 할 수 없다.
⑤ ㉠ X, ㉡ O / ㉠에서 깨어난 화자는 그리던 '님'에게 자신의 '서러운 사설'을 전하지 못한 것을 두고 '한숨짓고' 있을 뿐, '님'과의 재회를 확신하고 있지는 않다. 반면, ㉡에서 화자는 '괴안국의 풍속과 화서국의 세월'이 '남가의 공명인 듯 순식간에 금자러니'라며 인생무상의 감정을 드러내고 있다. 따라서 ㉡은 화자가 인생에 대한 무상감을 느끼게 되는 계기를 제공한다고 할 수 있다.

3. ④

〈제4장〉에서 화자는 '벗이 없'는 자신의 외로운 처지를 '제비'에게 하소연하는 모습을 보이므로, '벗이 없'는 상황에서 화자가 외로움을 느끼고 있다고 볼 수 있다. 한편 〈제5장〉에서 화자는 '명월'을 자신의 '반가온 옛 벗'이라고 표현하며 명월이 '천 리를 멀다 아녀 간 데마다 따라오'는 것을 통해 귀양살이의 외로움을 강조하고 있다. 따라서 〈제4장〉에서 '벗이 없'는 화자의 외로운 상황이 〈제5장〉에서 '반가온 옛 벗'이 찾아옴으로써 해소된다고 할 수 없다.

오답풀이

① 〈제1장〉에서 화자는 '장부의 하올 사업'과 '인도(사람으로서 마땅히 지켜야 할 도리)'에 하올 일은 다만 '효제충신'뿐임을 드러내고 있다. 이를 통해 화자가 추구하는 가치가 '효제충신'임을 밝히고 있으므로 선지의 설명은 적절하다. ② 〈제2장〉에서 화자는 '난'으로 인해 '남산에 많던 솔'이 날랜 '부근(도끼)'으로 베어져 사라진 것을 안타깝게 여기고 있다. 따라서 '난'의 화로 인해 피해를 입게 된 '솔'을 통해 화자의 부정적 현실 인식을 드러낸다고 할 수 있다. ③ 〈제3장〉에서 화자는 '뜰 가'에 날아다니는 '제비'를 보며 끝없는 '적객의 회포'에 '한숨 겨워'하고 있으므로, 이때의 '제비'는 화자의 시름을 심화하는 대상이라고 할 수 있다. 반면 〈제4장〉에서 화자는 종일 우는 '제비'를 자신과 처지가 유사한 대상으로 인식하고 자신의 시름을 풀어내고 있다. 따라서 이때의 '제비'는 화자가 시름을 풀어내도록 하는 대상이라고 할 수 있다. ⑤ 〈제6장〉에서 화자는 '설월(눈 위에 비치는 달빛)'의 매화'를 보기 위해 창을 열고, 눈 속에서 '향기'를 내는 '매화'를 마주하게 된다. 따라서 '설월'은 화자가 '창'을 열고 바라본 자연물인 '매화'의 속성을 부각한다고 할 수 있다.

4. ③

(가)의 '사설'은 화자가 '봉래산 제일봉의 어느 님'에게 전하고자 했던 자신의 서러운 이야기이다. '님'과 떨어져 지내며 그를 그리워하는 화자의 마음이 담긴 것이므로, '사설'은 화자가 대상에게 전달하려는 자신의 외로운 처지가 담겨 있다고 할 수 있다. 반면, (나)의 '사설'은 화자가 듣고 있는 '제비'의 지저귀는 소리를 비유한 표현이므로, 이를 대상으로부터 전달받은 속세의 정치 현실이 담긴 것으로 볼 수는 없다.

오답풀이

① 〈보기〉에 따르면 (가)의 화자는 임을 그리는 마음을 표현하여 자신의 충심을 보여 준다. (가)의 화자가 꿈속에서 '봉래산 제일봉의 어느 님'을 보고 반가워 흐느끼느라 자신의 '서러운 사설'을 전하지 못한 점을 고려해 볼 때, '봉래산 제일봉의 어느 님'은 화자가 충심을 표현하기 위해 설정한 그리움의 대상이라고 볼 수 있다. ② 〈보기〉에 따르면 (나)의 화자는 현재 귀양살이를 하는 상황으로, 정치 현실에서 멀어진 사대부임을 알 수 있다. (나)의 '적객'은 귀양살이하는 사람이라는 뜻으로, 화자 자신을 의미하므로 '적객'은 유배로 인해 정치 현실에서 멀어진 화자의 현재 상황을 나타낸다고 할 수 있다. ④ 〈보기〉에 따르면 (가)의 화자는 자연에서의 소박한 삶에 대한 만족감을, (나)의 화자는 귀양살이하는 상황에서 느끼는 시름을 드러낸다. (가)의 화자가 '세상의 이 재미를 늦게야 알'게 된 것은 자연에서의 소박한 삶에 대한 즐거움을

뒤늦게나마 깨닫게 되었음을 보여 주는 것이다. 따라서 이는 현재 상황에 대한 만족감을 드러낸 것이라 할 수 있다. 한편 (나)의 화자가 자신과 달리 자유롭게 날아다니는 '제비'를 보고 '한숨 겨워하'는 것은 유배 상황에서 느끼는 자신의 시름을 보여 주는 표현이므로 선지의 설명은 적절하다. ⑤ 〈보기〉에 따르면 (가)의 화자는 임을 그리는 마음을 표현하여 자신의 충심을 보여 주고, (나)의 화자는 임금에 대한 변함 없는 충정을 드러내며 정계 복귀에 대한 기대를 표현한다. (가)의 화자는 '봉래산 제일봉의 어느 님'을 꿈에서 만나 '반기노라' 말이 없는 모습을 보인다. 이는 그리워하던 임을 만난 기쁨에 화자가 말을 잇지 못하는 모습을 드러낸 것이라 할 수 있다. 한편, (나)의 화자는 '난'으로 인해 '남산에 많던 솔'이 날랜 '부근'으로 베어져 사라진 상황을 묘사한 후 '우로 곧 깊으면' 솔을 '다시 볼' 수 있을 것이라 말하고 있다. '솔'은 충신을, '우로'는 임금의 은혜를 상징한다는 점을 고려해 볼 때 '다시 볼까 하노라'는 임금의 은혜가 깊으면 귀양살이를 하고 있는 자신이 곧 정계에 복귀할 수 있을 것이라는 기대를 표현한 것이라 할 수 있다.

5. ④

ⓓ에서 글쓴이는 '개'는 해를 보고 '울고 짖다가 그'치지만, '소인'은 군자를 보고 '짖을 뿐만 아니라 반드시 씹어 삼킨 후에야 그만두므로, 나라에 화가 미친다고 말한다. 이는 '개'의 행동과 인간의 행태를 대비하여, '소인'의 행동이 부정적 세태(나라에 화가 미친 상황)의 원인임을 지적하는 것이라고 볼 수 있다.

오답풀이

① ⓐ를 통해 글쓴이는 '개'가 '괴이한 것'을 보고 '짖는' 것은 자연스러운 일인데, 촉나라의 개들이 해를 보고 짖는다면 '해'도 '괴이한 물건'이냐는 질문을 던진다. 그러나 글쓴이는 '해'를 '만물'을 밝혀 주는 '순수한 것'이라고 생각하며, '해'가 '괴이한 것'이기 때문이 아니라, '해를 볼 수 없었기 때문'에 촉나라의 '개'들이 짖는 것이라 말하고 있다. 즉 ⓐ에서 글쓴이가 '개'의 행동을 근거로 제시한 것은 맞지만, '해'를 '괴이한 것'으로 여겨 새롭게 해석해야 함을 주장하고 있는 것은 아니다. ② ⓑ를 통해 글쓴이는 '해가 '살아 있는 것'을 밝히는 '빛'을 지녔으며, '그 덕에 순수'함까지 지녔다고 말한다. ⓑ에서 글쓴이가 '해'가 지닌 두 가지 속성을 언급하였다고 볼 수는 있으나, 그 속성들이 대조를 이루는 양면성을 나타내는 것은 아니다. ③ ⓒ를 통해 글쓴이는 '해가 없는 땅'은 없다는 견해를 제시하고 있다. '촉나라에 해가 없'기에 촉나라의 '개'들이 '해'를 보고 짖는 것이 아니라, '구름이 끼어 비가 오는 것에 가려 '해'를 볼 수 없었기에 짖는다는 것이다. 즉 ⓒ에서 글쓴이는 앞서 '개들이 으르렁거리며 짖는 것'이 '해를 볼 수 없었기 때문'이라고 설명한 자신의 견해를 강화하고 있을 뿐, 자신의 견해를 반박하고 있지 않다. ⑤ ⓔ를 통해 글쓴이는 사람이 만물 중 '영물'임에도 소인들은 개와 같이 '군자'를 향해 짖고 '헐뜯고 아첨'하니 부끄럽다고 말한다. 따라서 글쓴이가 인간보다 못한 개의 행동을 비판하고 있다고 볼 수 없다.

6. ⑤

〈보기〉에 따르면 문학 작품에서 자연물은 인간의 삶과 밀접한 관련을 맺는 소재로 제시됨으로써 특정 정서나 상황을 유발한다. (가)의 화자가 '구름 지난 후'에 다시 '산'을 보고자 하는 것을 생각해 볼 때, 화자는 '관악산'이 '구름'에 가려진 현실을 안타깝게 여기고 있다고 볼 수 있다. 그러나 화자는 '구름'이 지나가기를 바라고 있을 뿐, 자신이 현실에서 도피하고자 하는 태도를 드러내고 있지 않다. 한편 (다)의 글쓴이는 '구름이 끼어 비가 오는 것에 가려 '해'를 볼 수 없는 것은 '촉나라의 불행'이라고 말하고 있다. '만물'을 밝히며 순수함을 지닌 '해가 그 속성을 드러낼 수 없기 때문이다. 즉 (다)에서는 '구름'이 현실의 불행을 초래하는 소재로 제시되었다고 볼 수 있다.

오답풀이

① 〈보기〉에 따르면 문학 작품에서 자연물은 실제 대상을 가리키기도 한다. (가)에서

129

화자는 '봉래산 제일봉의 어느 님'을 만나는 꿈을 꾸고 있던 중 '비바람'에 의해 잠에서 깨었으며, '괴안국의 풍속과 화서국의 세월'에 관한 꿈을 꾸고 있던 중 '강바람'에 의해 잠에서 깨었다. 이처럼 '비바람'과 '강바람'은 현실의 삶에서 화자의 잠을 깨우는 것이므로, 인간의 삶과 연관된 실제의 자연물로 제시되었다고 볼 수 있다. ② 〈보기〉에 따르면 문학 작품에서 자연물은 특정 정서를 유발할 수 있다. (나)에서 화자는 '벗이 없'는 쓸쓸한 상황에서, '천 리를 멀다' 하지 않고 자신이 가는 곳마다 따라오는 '명월'을 '벗'으로 여기고 있다. 따라서 '명월'은 화자가 친밀감을 느끼는 대상으로 제시되었다고 볼 수 있다. ③ 〈보기〉에 따르면 문학 작품에서 자연물은 인간이 지향해야 할 가치를 강조하기도 한다. (다)의 글쓴이는 '해'가 '구천에 떠다니면서 만물에 임하여 살아 있는 것을 밝혀주고 눈이 있는 것에게는 모두 볼 수 있게' 하는데, '능히 높게 숭상할 수 있는 군자' 역시 '어진 덕을 크게 써서 밝고 맑음을 돕고, 어둡고 간특한 것을 억누르니, 그 도는 해가 중천에 떠 있는 것과 같다고 주장한다. 이를 볼 때, (다)의 글쓴이는 '해'의 속성을 바탕으로 자신이 이상적으로 여기는 군자의 태도를 부각한다고 볼 수 있다. ④ 〈보기〉에 따르면 문학 작품에서 자연물은 다른 소재와의 관계 속에서 상징적인 의미를 지니기도 한다. (가)의 화자는 '마을의 닭'이 아침을 알림에도 '할 일이 전혀 없어' 다시 '잠'에 들었다가, '동산의 일출토록 호접'이 되는 꿈을 꾼다. 즉 이때의 '호접'은 화자의 '잠'과 연결되어, 현실의 삶에서 무료함을 느끼는 화자 자신을 상징한다고 볼 수 있다. 한편 (나)에서 화자는 창 밖에 '설월의 매화'가 '향기'를 내고 있음을 인식하게 된다. 그리고 눈 속에서도 꽃을 피워내는 매화의 가치를 모르던 '호접'이 이를 알게 되면 '애 끊일' 것이라 말한다. 따라서 (나)의 '호접'은 '매화'와 연결되어, 화자와 달리 매화의 가치를 알지 못하는 다른 인물을 상징한다고 볼 수 있다.

---

5. 작자 미상, 시집살이 노래 / 작자 미상, 어이 못 오던다 / 이희승, 딸깍발이

1. ④

(가)는 '외나무다리 어렵대야 시아버니같이 어려우랴 / 나뭇잎이 푸르대야 시어머니보다 더 푸르랴'에서 '-랴'라는 의문형 어미를 사용하여 시부모님을 모시는 것의 어려움을 토로하는 화자의 정서를 강조하고 있다. 한편, (나)는 '어이 못 오던다 무슨 일로 못 오던다', '잠갔더냐', '네 어이 그리 아니 오던다', '날 보러 올 하루 없으랴'에서 '-ㄴ다', '-더냐', '-랴'와 같은 의문형 어미를 사용하여 자신을 보러 오지 않는 '너'에 대한 원망을 드러내는 화자의 정서를 강조하고 있다.

오답풀이
① (가) X, (나) X / (가)와 (나) 모두 대상에 감정을 이입하고 있지 않으며, 이를 통해 화자의 애상감(슬퍼하거나 가슴 아파하는 감정)을 심화하고 있지도 않다. ② (가) X, (나) X / (가)와 (나) 모두 시간적 배경을 나타내는 자연물은 나타나지 않는다. ③ (가) O, (나) X / (가)에서는 '형님 동생'인 '나'와 '형님'의 문답을 통해 '시집살이'에 대한 한과 체념이라는 주제 의식을 부각하고 있다. 반면, (나)에서는 화자와 대상 간의 문답이 나타나지 않는다. ⑤ (가) O, (나) X / (가)의 '배꽃'과 '호박꽃', '삼단'과 '비사리춤', '백옥'과 '오리발'은 서로 대조되는 어휘로, 결혼 전과 후의 모습을 비유적으로 표현한 것이다. 이는 '석삼년'의 '시집살이'로 인해 초라해진 화자의 상황을 부각한다. 반면 (나)에는 대조적 어휘가 사용되지 않았다.

2. ④

[A]에서 '분고개'는 '형님'이 '형님 동생'인 '나'를 향해 오면서 넘어야 하는 공간일 뿐, 이를 통해 '형님'의 험난한 과거를 드러낸다고 보기 어렵다. 한편, [B]에서 '외나무다리'는 '시아버니'를 대하는 어려움을 부각하기 위해 사용된 소재일 뿐,

---

이를 통해 가족과 떨어진 인물의 외로운 처지를 드러낸다고 보기 어렵다.

오답풀이
① [A]에서 '형님 온다'라는 말을 반복하고 '형님 마중 누가 갈까 형님 동생 내가 가지'와 같이 표현한 점을 통해 화자가 '형님'과의 만남을 기대하고 반가워하고 있음을 알 수 있다. ② [B]의 '오 리', '십 리', '아홉 솥', '열두 방'은 모두 화자가 실제로 수행해야 하는 시집살이의 육체적 노동을 구체화한 표현이다. ③ [B]에서는 시댁 식구들을 '호랑새', '꾸중새', '할림새', '뾰족새', '뾰중새', '미련새'로 비유함으로써 각각 '호랑이처럼 무서움', '꾸중을 잘함', '고자질을 잘함', '성을 잘냄', '퉁명스러움', '미련함'이라는 부정적인 속성을 강조하고 있다. 이때 화자는 자신을 '나 하나만 썩는' 새라고 표현하였는데, 이는 '시집살이'라는 힘들고 고통스러운 상황에 처한 화자의 상황을 부각한 것이라 할 수 있다. ⑤ [A]의 '더 어렵더라'는 '도리소반'에 '수저'를 놓는 행위에 대한 화자의 감상으로, 집안일을 수행하는 화자의 고충을 부각한다. 한편, [B]에서 '더 푸르랴'는 '시어머니'가 '나뭇잎'보다 더 푸르다는 화자의 판단이다. 이는 '서슬이 푸르다'라는 의미로, 시어머니의 권세나 기세가 아주 대단함을 표현한 것이다. 즉, 이를 통해 '시어머니'가 집안에서 지니는 위세를 부각하였다고 볼 수 있다.

3. ②

㉠(소)은 '작은 연못'을 뜻하며, 화자가 고된 '시집살이'로 눈물을 많이 흘리는 상황과 연결된다. 즉, 화자가 ㉠을 이룰 만큼 눈물을 흘린다는 표현은 '시집살이'를 겪는 상황을 부정적으로 인식하는 화자의 내면을 부각한다고 볼 수 있다. 한편, ㉡(성)은 화자의 상상 속에서 '너'가 갇힌 장소로, '너'가 돌아오지 않는 상황을 부정적으로 인식하는 화자의 내면을 부각한다.

오답풀이
① ㉠ X, ㉡ X / ㉠은 화자가 흘린 눈물로 이뤄진 대상으로, 화자의 슬픔을 형상화한다. 이때 세월의 흐름은 나타나지 않으며, 인생의 무상함이 드러나고 있지도 않다. 한편, ㉡은 화자의 상상 속에서 '너'가 갇힌 장소로, 세월의 흐름을 나타내는 소재로 보기는 어렵다. ③ ㉠ X, ㉡ O / ㉠은 화자가 '시집살이'를 겪으며 느끼는 울분이 형상화된 소재로, 여기서 화자의 울분이 완화되고 있다고 보기는 어렵다. 한편, ㉡은 화자의 상상 속에서 '너'가 갇힌 장소로, ㉡에서 이어지는 연쇄적 표현('성'→'담'→'집'→'뒤주'…)을 통해 화자의 울분을 심화하는 양상이 드러난다고 볼 수 있다. ④ ㉠ X, ㉡ X / ㉠은 화자가 '시집살이'를 겪는 현재 상황을 인식한 결과일 뿐, 계기에 해당하지 않는다. 한편, ㉡은 화자의 상상 속에서 '너'가 갇힌 장소일 뿐, 과거의 사건에 대한 회고의 계기가 되지는 않는다. ⑤ ㉠ X, ㉡ X / (가)의 화자는 ㉠을 통해 현재의 상황이 나아질 것이라는 낙관적 추측을 드러내고 있지 않다. 한편, (나)의 화자는 ㉡을 통해 '너'와의 재회를 확신하고 있지 않다.

4. ⑤

ⓔ에서 글쓴이는 '현명한 것이 아니요', '우매하기 짝이 없는 일이다'와 같은 유사한 의미의 문장을 반복함으로써 대상의 어리석음을 부각하고 있다. 그런데 여기서 글쓴이가 비판하는 대상은 '딸깍발이'가 아니라 '딸깍발이'의 '의기'와 '강직'을 갖추지 못한 '현대인'이다. 따라서 ⓔ에서 글쓴이가 '딸깍발이'의 한계를 지적하고 있다는 선지의 내용은 적절하지 않다.

오답풀이
① ⓐ에서 글쓴이는 '추위'를 견디려 노력하는 '딸깍발이'의 행위를 '꽁꽁', '박박'과 같은 음성 상징어를 활용하여 생생하게 나타내고 있다. ② ⓑ에서 글쓴이는 '사육신', '삼학사', '포은 선생', '민충정'을 열거하며 역사적 인물들을 헤아려 봄으로써 딸깍발이 정신이 과거로부터 이어져 왔음을 드러내고 있다. ③ ⓒ에서 글쓴이는 '단발령'이 내려졌을 때 죽음을 무릅쓰고 적극적으로 저항하던 '유림들'의 말을 인용하여 그들의

높은 기개를 드러내고 있다. ④ ⓓ에서 글쓴이는 앞서 말한 내용을 요약하여 제시함으로써, 딸깍발이들이 '못생긴 짓'을 하면서도 '훌륭한 점도 적지 않게 가지고 있었'다는 복합적인 평가를 제시하고 있다.

5. ③

> 〈보기〉에 따르면 (다)의 글쓴이는 '딸깍발이'에 관한 일화를 통해 겉으로 드러나는 모습과 대비되는 '딸깍발이'들의 성격을 부각하고 있다. (다)에서 글쓴이는 '딸깍발이'가 '가명인'이 아니며, '우리나라를 소중화로 만든 것'은 '관료들의 죄'일 뿐, '딸깍발이'들의 '허물이 아니었다'고 하였다. 이는 '딸깍발이'가 '강직하'게 '기개'를 지키던 과거의 상황을 부각하기 위한 일화이므로 선지의 내용은 적절하지 않다.

오답풀이

① 〈보기〉에 따르면 (다)의 글쓴이는 '딸깍발이'에 관한 일화를 제시하여 '딸깍발이'들의 성격을 부각하고 있다. (다)에서 글쓴이는 '딸깍발이'가 '추위'에 떨면서도 '겻불'을 마다하는 일화를 전하며 이를 '딸깍발이'의 '성격을 단적으로 가장 잘 표현한 이야기'라고 하였다. 이를 통해 '앙큼한 자존심'과 '꼬장꼬장한 고지식', '지조'를 '생활신조로 삼은 '딸깍발이'의 강직한 성격을 부각하고 있다. ② 〈보기〉에 따르면 (다)의 글쓴이는 '딸깍발이'들에 대한 인식을 역사적 차원으로 확대한다. (다)에서 글쓴이는 '국가의 운명'이 위기에 처했을 때 '각지에서 봉기한 의병의 두목들'과 '단발령'에 반대한 '유림들'을 '딸깍발이'의 '기백'이 구현된 사례로 제시하여 '딸깍발이'에 대한 인식을 역사적 차원으로 확대하고 있다. ④ 〈보기〉에 따르면 (다)의 글쓴이는 겉으로 드러나는 모습과 대비되는 '딸깍발이'들의 성격을 부각하고, '딸깍발이'가 표상하는 인간상에 긍정적 가치를 부여하고 있다. (다)의 글쓴이는 '딸깍발이'들이 겉으로 보기에는 '쾨쾨한 샌님'으로 보일 수 있지만 '너무도 좋은 일면을 지니고 있'음을 강조하며, 초라해 보이지만 훌륭한 성품을 지닌 인간상에 긍정적 가치를 부여하고 있다. ⑤ 〈보기〉에 따르면 (다)의 글쓴이는 '딸깍발이'를 현대인과 대비함으로써 현대 사회의 문제점을 지적한다. (다)에서 글쓴이는 '너무 약'고 '극단의 이기주의에 밝은 '현대인'의 모습과 '전체'를 위하고 '백년대계를 위하여 영리한 '딸깍발이'들의 모습을 대비하여 '당장 눈앞의 일, 코앞의 일에만 아름아름하는' '현대인'의 문제점을 부각하고 있다.

6. ①

> 〈보기〉에 따르면 상황을 해학적으로 표현하는 방식은 웃음을 유발하여 긴장감을 완화함으로써 독자가 거리를 두고 상황을 관찰할 수 있도록 만든다. 그리고 이를 통해 독자는 부정적 상황(이상과 현실의 괴리)으로 인한 화자의 불만족스러운 내면(억제된 욕구)을 파악하고 작가의 의도를 이해하게 된다. (가)에서는 '시집살이'로 고통받는 '형님'을 화자로 삼아 당대 여성들의 삶을 생생하게 전달하고 있다. 이때 화자는 '석삼년'에 걸쳐 '배꽃 같'은 '얼굴'이 '호박꽃'으로, '삼단 같'은 '머리'가 '비사리춤'으로, '백옥 같'던 '손길'이 '오리발'로 각각 변했다고 말하고 있다. 이는 비유를 활용하여 상황을 해학적으로 표현한 것에 해당한다. 그런데 〈보기〉에서 이러한 표현 방식을 통해 독자는 거리를 두고 상황을 관찰할 수 있다고 하였다. 따라서 해학적 표현이 독자가 인물의 처지에 자신을 대입하도록 유도한다는 선지의 내용은 적절하지 않다.

오답풀이

② (가)에서 '시집살이'로 인해 화자가 '열새 무명 반물치마'를 '눈물'로 '두 폭 붙이 행주치마'를 '콧물'로 다 적셨다는 것은 화자의 슬픔을 과장되게 표현한 것으로 볼 수 있다. 이는 〈보기〉를 참고할 때, 독자에게 웃음을 유발하고 화자가 현재 겪고 있는 고된 '시집살이'의 긴장감을 완화하는 기능을 한다. ③ (나)에서 화자는 '너'가 자신에게 돌아오지 않는 이유를 궁금해하고 있다. 이때 화자는 '너'의 상황을 상상하며 '너'

가 '결박'된 장소를 연쇄적 표현을 활용하여 묘사한다. 이는 〈보기〉를 참고할 때, 연쇄의 방식을 사용하여 상황을 해학적으로 표현한 것으로 독자의 웃음을 유발한다. 이를 통해 독자는 우스운 상황 이면에 있는, '너'를 기다리는 화자의 간절함을 인식하게 된다. ④ (다)에서 글쓴이는 '딸깍발이'라는 별명을 가진 '남산골' 양반의 일화를 설명하고 있다. 이때 '딸깍발이'는 '겻불을 안 쬔다는' '양반'으로서의 '지조'를 지키기 위해 '추위'에 떨면서 '추위'에게 "어디 내년 봄에 두고 보자."라고 엄포를 놓는다. 이는 〈보기〉를 참고할 때, '딸깍발이'의 행동을 묘사하여 상황을 해학적으로 표현하고 독자의 웃음을 유발하고 있는 것이다. 이를 통해 독자는 부정적 현실에도 '양반'으로서 '지조'를 지키고자 하는 인물('딸깍발이')의 내면을 인식하게 된다. ⑤ 〈보기〉에 따르면 상황을 해학적으로 표현하는 방식은 웃음을 유발하여 긴장감을 완화함으로써 독자가 거리를 두고 상황을 관찰할 수 있도록 만들며, 그로 인해 독자는 작가가 말하고자 하는 바를 이해하게 된다고 하였다. (다)에서 글쓴이는 '딸깍발이'라는 별명을 가진 '남산골' 양반의 일화를 설명하고, 그들의 '의기'와 '강직'을 '현대인'이 배워야 한다고 주장하고 있다. 그런데 그 이후 글쓴이가 '지나치게 청렴한 미덕'은 '분간을 하여 가며 배워야' 한다고 말한 것은 독자의 웃음을 유발하려는 글쓴이의 의도가 반영된 표현으로, 이러한 해학적 표현은 독자의 이해를 유도할 수 있다.

---

6. 정학유, 농가월령가 / 이휘일, 전가팔곡 / 이장재, 세모서

1. ①

> (가)는 '팔월'에서 시간적 배경이 가을임을 드러내며, '백곡에 이삭 패고'와 '황운이 일어난다' 등을 통해 수확할 시기가 도래한 현재의 상황을 부각하고 있다. 참고로, 음력 8월은 '중추'라고 달리 이르는데, 이는 가을이 한창인 때라는 뜻이다. (나)는 '봄', '여름날', '가을'이라는 시간적 배경을 통해 각각 봄을 맞아 이웃과 농사일을 하는 상황, '달구어진 땅'이 불같이 뜨거운 상황, '곡식'이 익은 상황을 부각하고 있다. 한편, (다)에서는 '올해도 벌써 저물어 간다.'라는 표현을 통해 현재의 계절이 겨울임을 드러내어 글쓴이의 현재의 상황을 부각하고 있다.

오답풀이

② (가) X, (나) X, (다) X / (가)~(다)는 모두 고사를 활용하고 있지 않으며, 이를 통해 추구하고자 하는 가치를 드러내고 있지도 않다. ③ (가) X, (나) X, (다) X / (가)에서는 '백설 같은 면화 송이 산호 같은 고추 다래'에서 비유적 표현이 반복되고 있으나, 이를 통해 변화된 태도를 드러내고 있지는 않다. (나)의 〈제3수〉에서는 '달구어진 땅'을 '불'에 비유하고 있으나, 이러한 표현을 반복하거나 변화된 태도를 드러내고 있지 않다. 한편, (다)에서는 자신을 '종벌레'에 빗대어 표현하고 있으나, 이러한 표현을 반복하거나 변화된 태도를 드러내고 있지 않다. ④ (가) X, (나) O, (다) O / (가)에는 의문형 어미가 사용되지 않았다. (나)는 '이 밖에 천사만종을 부러 무엇하리오', '이 중의 즐거운 뜻을 일러 무엇하리오'에서 의문형 어미를 활용하여 작품의 주제 의식을 부각하고 있다. 한편, (다)는 '스스로 부끄러운 생각이 들지 않을 도리가 있겠는가?'에서 의문형 어미를 활용하여 작품의 주제 의식을 부각하고 있다. ⑤ (가) X, (나) X, (다) O / (가)에서는 '발채'와 '바구니', (나)에서는 '쟁기'와 '따비' 등의 일상적 사물을 확인할 수 있으나 삶에 대한 성찰을 보여 주고 있지 않다. 한편, (다)는 '아침저녁 거리 죽'에서 일상적 사물을 확인할 수 있으며, 이를 통해 삶에 대한 성찰의 태도를 드러내고 있다.

2. ③

> 〈제4수〉의 중장에서 화자는 스스로의 힘으로 수확을 거둔 것에 즐거움을 느끼고 있다. 반면, 〈제7수〉의 종장에서 화자는 굶주린 농부들을 위해 밥을 대접하고 있

을 분, 스스로 수확을 거둔 데에 따른 즐거움을 드러내고 있지 않다. 또한 〈제4수〉가 농사일을 마무리하며 수확하는 시점인 데 반해, 〈제7수〉는 농사일을 해 나가는 시점임을 고려할 때 〈제4수〉의 중장이 〈제7수〉의 종장으로 구체화된다고 보기는 어렵다.

오답풀이

① 〈제2수〉에서 화자는 이웃의 농사일을 돕고 있으며, 〈제7수〉에서 화자는 자신을 도우러 온 이웃의 '농부'들에게 대접할 밥을 준비하고 있다. 따라서 〈제7수〉에 제시된 상황은 〈제2수〉에서 남을 도운 화자의 행위를 배경으로 한다고 볼 수 있다. ② 〈제3수〉의 중장에서는 무더운 여름날에 땀을 흘리며 농사일을 이어가는 화자의 모습을 사실적으로 드러내고 있다. 이때 화자는 계절적 요인으로 인해 농사일의 어려움을 겪지만, 〈제4수〉에서는 추수할 '곡식'을 보며 농사일에 대한 만족감을 느낀다. 따라서 〈제3수〉의 중장에서 화자가 겪는 어려움은 〈제4수〉의 초장에서 드러나는 결과를 위해 불가피한 조건으로 볼 수 있다. ④ 〈제5수〉의 종장에서 화자는 내년에도 농사일에 힘쓰리라고 다짐하고 있다. 이러한 화자의 다짐은 '농기 좀 손 보'며 다음 농사일을 준비하는 것으로 구현되는데, 이는 봄에 해당하는 〈제2수〉의 상황에 대한 준비를 암시한다고 볼 수 있다. 또한 다음 계절을 미리 준비하는 자세는 계절의 순환성을 드러낸다. ⑤ 〈제8수〉에서는 하루의 농사일을 마무리하고 귀가하는 화자의 모습이 묘사되고 있다. 이러한 화자의 모습은 농사일이 한창 이루어지는 봄부터 가을까지 볼 수 있는 것으로, 봄과 가을까지에 대응하는 〈제2수〉부터 〈제4수〉에 이르는 동안 반복되는 양상으로 볼 수 있다.

3. ⑤

(가)에서 '고개 숙'인 '백곡'은 '중추'를 맞아 무르익은 곡식의 모습을 묘사한 것이다. 이는 풍요로운 '팔월'의 모습을 묘사한 것일 뿐, 농사일을 게을리해서는 안 된다는 당위성을 드러낸 것이 아니다. 한편, (나)에서 화자는 '입립신고', 즉 직접 힘들게 농사일을 하여 얻은 농부들의 결실에 대해 '어느 분이 아실까'라고 말한다. 이는 무더운 여름날 땀 흘리며 하는 농사일의 어려움을 알아주지 않는 현실에 대한 탄식으로 볼 수 있다. 따라서 '입립신고'를 알아주는 '어느 분'을 통해 농사일로써 얻을 수 있는 정신적 가치가 드러난다고 보긴 어렵다.

오답풀이

① (가)에서는 '팔월'에 '중추'를 맞아 가을에 접어드는 상황을 '이슬'이 '만물을 재촉'한다고 표현한다. 이때 '만물을 재촉'한다는 것은 곡식이 무르익어 수확할 만한 상태에 이르는 것을 의미하며, 자연의 이치에 따라 계절의 기운이 완연해지면서 농사일에 결실을 맺을 때가 이르렀음을 알 수 있다. 따라서 이를 통해 자연의 이치가 농사일에 맞닿아 있다는 작가의 인식을 확인할 수 있다. ② (가)에서 '수의'와 '혼수'는 관혼상제(관례, 혼례, 상례, 제례를 아울러 이르는 말)를 위해 필요한 것들이다. 직접 농사지은 '면화'를 뽑아 만든 '명주'로 이를 마련하는 것은 농사일과 생활이 밀접하게 연결되어 있음을 드러낸다고 할 수 있다. ③ (나)에서 화자는 '봄 왔네 밭에 가세'라는 '농인'의 권유에 따라 '밭'으로 나선다. 이때 화자는 '내 집부터 하랴 남하니 더욱 좋다'라고 말하며 농민들과 상부상조하는 모습을 보이므로, 화자를 농사일에 직접 임하는 사람으로 볼 수 있다. ④ (나)의 〈제4수〉에서 화자는 가을에 '곡식'을 보며 '내 힘의 이룬 것'이 맛이 좋다며 자부심을 드러낸다. 이를 통해 고된 노동 끝에 결실을 거둔 화자의 보람과 만족감을 확인할 수 있다.

4. ③

(나)에서 화자는 농사일을 마치고 귀가를 하면서 하루 일과를 마무리하는 만족감과 즐거움을 ⓐ(즐거운 뜻)과 같이 표현하고 있다. 이는 일상으로 삼은 농사일이 비록 힘든 것임에도 이를 긍정적으로 수용하려는 화자의 태도를 반영한다고 볼 수 있다. 한편, (다)의 글쓴이에게 ⓑ(느낌)가 생긴 이유는 학업을 위해 오랜 시

간을 보냈음에도 자신의 성품으로 인해 제대로 된 성과를 이루지 못하였기 때문이다. 따라서 ⓑ에는 학업에 열중하지 못했던 과거의 모습에 대한 성찰적 태도가 반영되어 있다고 볼 수 있다.

오답풀이

① ⓐ O, ⓑ X / ⓐ는 하루 동안 농사일에 열중한 화자가 느끼는 뿌듯한 마음을 의미한다. 이러한 마음은 (나)에서 화자가 생업(농사일)에 열중하는 원동력이 된다고 할 수 있다. 한편, ⓑ는 학업에 힘썼음에도 변변한 생계 수단을 마련하지 못한 것에 대한 글쓴이의 후회를 의미한다. 따라서 ⓑ가 생업을 포기하는 원인으로 작용한다고 보기는 어렵다. ② ⓐ X, ⓑ X / (나)의 화자는 농사일을 마치고 귀가를 하면서 ⓐ를 느끼고 있는 것이므로, 이를 화자가 주변 사람의 시선을 의식한 반응으로 보기는 어렵다. 한편, (다)의 글쓴이는 뜻한 바를 이루지 못하고 ⓑ를 느끼므로 ⓑ는 글쓴이가 겪는 내면의 혼란 그 자체로 볼 수 있다. 따라서 ⓑ를 내면의 혼란을 해소한 결과로 보기 어렵다. ④ ⓐ X, ⓑ X / ⓐ는 (나)의 화자가 농사일을 마치고 귀가하면서 하루 일과를 마무리하는 만족감과 즐거움을 드러낸 것이다. 이때 화자가 추수를 통해 경제적 풍요를 누리고 있는지는 알 수 없다. 한편, ⓑ는 (다)의 글쓴이가 생계 수단을 제대로 마련하지 못한 상황에서 비롯된 감정이다. 이때 글쓴이가 생계를 유지하기 어려운 경제적 상황인지는 확인하기 어렵다. ⑤ ⓐ X, ⓑ X / ⓐ와 ⓑ 모두 화자가 자기 삶을 돌아보며 스스로 느끼는 감정으로, 타인과의 관계와는 무관하다.

5. ⑤

'나'는 '장성해서도 제 한 몸 먹고살지도 못하'고 '뜻한 바와 학업이 어긋나는 것'에 대해 '한탄'을 하며 '한 해가 저무는 것을 슬퍼하'고 있으므로 선지의 설명은 적절하다.

오답풀이

① '나'는 '성품'이 '거칠고 못난' 것을 '원래' 그러한 것으로 여긴다. 또한 '형세에 눌려 남들 하는 대로 행동'하는 것은 '때때로' 범하는 실수이다. 따라서 '나'가 '거칠고 못난' '성품'을 지니게 된 까닭이 '형세에 눌려' 살았던 과거에서 연유한다고 보기는 어렵다. ② '나'는 '재물과 여색에는 무덤덤하'다고 하였으므로 '나'가 '재물과 여색'을 좋았다고 보기는 어렵다. ③ '나'는 '열심히 힘껏 배'워도 '문장'은 '재능을 가진 자에 눌'릴 수밖에 없음을 인정하고 있다. 또한 '나'는 '도학'을 '가장 나은 것'이며 '그보다 더 높은 것이 없'다고 하였으므로 선지의 설명은 적절하지 않다. ④ '나'는 자신의 과거를 돌아보며 '게으름이 아예 성품으로 변한' 것에 대해 자책하고 있으며, 자신을 '옛사람이 말한 천지 사이의 한 마리 종벌레'로 지칭하고 있다. 따라서 '한 마리의 종벌레'는 '게으름이 아예 성품으로 변한' 자신을 의미하므로 선지의 설명은 적절하지 않다.

6. ③

ⓒ에서 화자는 무더운 여름날 땀을 흘리며 하는 농사일을 알아주지 않는 현실에 대한 안타까움을 드러낸다. 〈보기〉에 따르면 청자가 설정되지 않는 경우, 대상과의 거리가 가까우면 말하는 이는 자신의 감정을 직접적으로 표출한다. ⓒ에서 말하는 이인 '나'는 청자를 따로 설정하지 않고 자기 자신을 대상으로 삼고 있으며, 의문형 종결 어미를 활용하여 자신의 한탄을 직접적으로 표출하고 있다. 따라서 ⓒ에서 농사일에 대한 어려움을 알아주는 청자를 설정하여 공감을 유도하고 있다고 볼 수 없다.

오답풀이

① ㉠에서 화자는 가을이 와 '선선한 조석(아침과 저녁) 기운'이 돌며 '추의(가을다운 기분이나 멋)'가 완연'해진 변화를 제시하고 있다. 이때 말하는 이는 청자를 따로 설정하지 않고, 감정을 직접적으로 표출하지 않은 채 자연의 외적인 상태에 주목하고 있다. 따라서 말하는 이와 대상 간의 거리가 비교적 멀다고 볼 수 있다. ② ㉡에서

화자는 '안팎 마당 닦아 놓고 발채 망구'를 '장만하'라고 누군가에게 권유하고 있다. 〈보기〉를 참고할 때, 이는 말하는 이가 청자보다 우위에 있는 것이라 볼 수 있다. ④ ⓔ에서 화자는 '아희'에게 '한 그릇' 달라고 명령하고 있는데 〈보기〉를 참고할 때, 이는 말하는 이가 청자인 '아희'보다 우위에 있는 것이라 볼 수 있다. ⑤ ⓜ에서 '나'는 자신의 '게으름'이 '성품으로 변'해 버렸으며 '품성'이 '엉성'하다고 말하고 있다. 이때, 말하는 이인 '나'는 청자를 따로 설정하지 않고 자기 자신을 대상으로 삼고 있으며, '아!'라는 감탄사를 활용하여 자신의 감정을 직접적으로 표출하고 있다.

IV. 고전 산문

2025 수능 국어 대비
실전 국어 전형태

1. 작자 미상, 삼선기

1. ③

> [A]의 '손바닥에 침도 탁 뱉어~일시에 날치는 양'에서 이춘풍을 위협하는 한량들의 행위를 묘사하여 그들의 거친 성격을 부각하고 있다. 한편, [B]에서는 '빙설 같은 절개, 철석같은 심장' 등의 비유적 표현을 활용하여 신념을 굳게 지키는 이춘풍의 성격을 부각하고 있다.

오답풀이

① [A] X, [B] X / [A]의 '손바닥에 침도 탁 뱉어~일시에 날치는 양'에서 이춘풍을 위협하는 한량들의 행위가 묘사되고 있을 뿐, 한량들의 외양을 세밀히 묘사하고 있는 부분은 나타나지 않는다. 한편, [B]에서도 세밀한 외양 묘사를 통해 장면을 극대화하는 부분은 확인할 수 없다. ② [A] X, [B] X / [A]의 '어찌 놓으리오.'에서 서술자의 개입을 확인할 수 있으나, 이는 한량들의 행동에 대한 부정적인 인식을 드러낸 것이라 볼 수 있다. 한편, [B]에서는 '정성이 지극하면~산 사람도 혼을 뺄지라.', '옛말에 하였으되~풀무에는 녹느니라.'를 서술자의 개입으로 볼 여지가 있다. 하지만 이를 통해 벽도 낭랑에게 마음을 뺏긴 이춘풍의 모습을 드러내고 있을 뿐, 이춘풍에 대한 긍정적인 인식이 드러난다고 보기는 어렵다. ④ [A] X, [B] X / [A]에서 '높은 툇마루'라는 공간적 배경이 제시되고 있으나, 공간의 이동은 드러나지 않는다. 한편 [B]에서는 공간에 대한 묘사가 드러나지 않으며, 인물들의 외적 갈등을 심화하고 있지도 않다. ⑤ [A] O, [B] X / [A]에서는 현재형 진술을 사용하여 이춘풍을 겁박하는 한량들의 행위를 생생하게 전달하고 있다. 한편, [B]에서는 시간의 경과만 나타날 뿐, 꿈과 현실의 교차는 나타나지 않는다.

2. ②

> 한량들은 이춘풍이 '주력(사람을 취하게 하는 술의 힘)'을 못 이겨 쓰러'지자 이춘풍의 도학을 깨뜨리고자 모의한다. 하지만 그들은 "술만 깨면 그 빙설 같은 마음을 누가 능히 돌리요."라며 이춘풍이 술에서 깨면 그의 굳은 절개를 깨뜨릴 수 없을 것이라고 생각한다. 즉, 한량들은 술에서 깬 이춘풍의 도학을 깨뜨릴 수 없을 것을 염려했을 뿐, 술에서 깬 이춘풍이 보복할 것을 염려하며 대책을 모의한 것이 아니므로 선지의 설명은 적절하지 않다.

오답풀이

① 이춘풍은 '손바닥에 침도 탁 뱉어 주먹을 불끈 쥐고', '팔뚝을 쑥 뽑아 마룻바닥'을 치는 등 자신을 위협하는 한량들의 태도에도 '지은 죄'가 없으니 '조금도 겁날 것'이 없다고 생각하며 '바삐 빠져나갈 계획'으로 술을 마셨으므로 적절하다. ③ 이춘풍은 한량들의 협박으로 인해 어쩔 수 없이 술을 마시고 '주력을 못 이겨 쓰러'졌었다. 이후 선녀로 가장한 홍도화를 만난 이춘풍은 홍도화가 술을 권하자 "학생이 본디 술을 먹지 못하나이다."라고 말하며 술을 거절하였으므로, 한량들과 술을 마신 뒤에도 이춘풍이 술에 대한 경계심을 갖고 있었다고 볼 수 있다. ④ 홍도화는 이춘풍에게 "낭군이 몇 해를 지상에 계신 동안에 백병을 소각하시고 좋은 도리가 많을 것이니 너무 고집"하지 말라고 말하면서 이춘풍이 술을 마시도록 유도하고 있으므로 적절하다. ⑤ [중략 부분 줄거리]를 통해 홍도화는 자신과 유성군이 선녀이며, 이춘풍과는 천상에서 연을 맺었다고 말함으로써 그를 속였음을 알 수 있다. "허황하오나 낭랑이 말씀하던 유성군도 뵐 날이 있"냐는 이춘풍의 물음에 홍도화는 유성군이 자신과 "처소가 다르옵고 매인 몸이 임의로 못하"여 동행하지 못함을 설명하였다. 이러한 홍도화의 발화는 이춘풍에게 자신과 유성군을 선녀라고 설명했던 이전 발언에 대한 설득

> 력을 강화한다고 할 수 있다.

3. ③

> ㉠에서 이춘풍은 자신을 겁박하는 한량들로부터 '바삐 빠져나'가기 위해 그들이 건넨 술을 마시며 "감사하"다고 말한다. 이는 술을 마시고 싶지 않았던 자신의 본심을 숨김으로써 상황을 빨리 모면하고자 하는 이춘풍의 의도가 반영된 것이다. 한편, ㉣에서 홍도화는 자신의 일이 "시각을 어기오지 못하와 날이 밝으면 난처한 일이 있"을 것이라고 말하며 이춘풍에게 자신이 떠나는 이유를 밝히고 있으므로 선지의 설명은 적절하다.

오답풀이

① ㉠에서 이춘풍은 자신을 "학생"이라고 칭하며 한량들에게 겸손한 모습을 보일 뿐, 자신의 위세(지위와 권세)를 드러내고 있지는 않다. 한편, ㉡에서 한량은 이춘풍에게 술을 더 먹이기 위해 술을 "안 먹으면 주먹당상"이라고 협박하며 자신의 말을 따를 것을 종용하고 있다. 하지만 자신의 위세를 드러내고 있지는 않으므로 적절하지 않다. ② ㉡에서 한량은 이춘풍에게 술을 더 먹이기 위해 협박을 하고 있을 뿐, 이춘풍이 겪은 과거 사건을 자신이 알고 있음을 밝힘으로써 이춘풍과의 친근감을 형성하고 있지는 않다. 반면, ㉢에서 홍도화는 한량과 있었던 일을 어떻게 알고 있느냐는 이춘풍의 물음에 "하도 결연하고 차마 잊삽지 못하와 낭군의 일동일정을 유심히 살피"었다고 답한다. 이는 홍도화가 자신이 이춘풍이 겪은 과거의 사건을 알고 있음을 밝힘으로써 이춘풍과의 친근감을 형성하고자 한 것으로 볼 수 있다. ④ ㉡에서 한량은 이춘풍에게 "반 남아 늙었으니 다시 젊든 못 하리라."라고 말하며 술을 권하는 모습을 보이는데, 이는 이미 술을 마셨으니 술을 마시기 전으로 돌아갈 수 없으며 남은 술을 이어 마셔야 함을 드러낸 것으로 볼 수 있다. 또한 이후 이춘풍에게 술을 더 먹이기 위해 술을 "안 먹으면 주먹당상"이라고 말하며 협박한 것을 고려해볼 때, ㉡은 한량이 자신의 제안을 이춘풍이 거절할 수 없음을 강조한 것이라 할 수 있다. 반면, ㉣에서 홍도화는 "유성군도 뵐 날이 있으리까?"라는 이춘풍의 물음에 유성군을 언젠가 만날 일이 있을 것이라 설명하고, 자신이 떠나는 이유를 밝히고 있다. 이때 이춘풍은 홍도화에게 어떠한 제안도 하지 않았으며, 홍도화 역시 이춘풍의 제안을 우회적으로 거절하고 있지 않으므로 선지의 설명은 적절하지 않다. ⑤ ㉢에서 홍도화는 자신을 "첩"이라고 칭하였는데, 이는 자신을 낮춤으로써 이춘풍에 대한 존중을 보이고자 함이다. 반면, ㉣에서 홍도화는 자신의 일이 "시각을 어기오지 못하와 날이 밝으면 난처한 일이 있"을 것이라고 말하며 이춘풍에게 자신이 떠나는 이유를 밝히고 있다. 이때 홍도화가 말한 난처한 일은 문맥상 이춘풍의 안위가 위험하다는 말이 아니라, 자신의 안위가 위험해질 수 있다는 의미이므로 선지의 설명은 적절하지 않다.

4. ⑤

> 홍도화는 자신이 이춘풍과 전생에 연을 맺었다고 속이며 이춘풍에게 술을 권하고, 이춘풍은 결국 홍도화의 말에 넘어가 밤새워 술을 마시게 된다. 그런데 윗글에서 성사된 내기는 홍도화가 이춘풍을 훼절시킬 수 있는지를 두고 홍도화와 한량들 사이에 이루어진 것이다. 이때 홍도화가 이춘풍을 훼절시킴으로써 내기에 실패한 것은 홍도화가 아닌 한량들이다. 즉, 이춘풍이 '엄위'와 '절개'를 잃은 것이야말로 홍도화가 바라던 결과였으므로 이로 인해 홍도화의 목적이 달성되지 못했다고 보기는 어렵다.

오답풀이

① <보기>에 따르면 윗글은 주인공의 절조를 깨뜨리기 위해 그를 둘러싸고 있는 주변 인물들 사이에서 내기가 이루어지는 구조를 취하고 있다. "이 사람의 도학이 대단히 고명하다 하니, 우리 그 도학을 깨뜨림이 어떠하뇨."라며 모의하는 한량들의 모습에서, 주인공 이춘풍의 절조를 훼손하려는 주변의 방해가 존재하는 상황을 확인할 수 있다. ② <보기>에 따르면 윗글에서는 주인공의 절조를 깨뜨리기 위해 주인공을 둘러

싸고 있는 주변 인물들 사이에서 내기가 이루어짐을 알 수 있다. 중략 이전 부분에서 이춘풍은 한량들에게 술을 강요받고, 결국 주력을 이기지 못해 쓰러진다. 한량들은 이춘풍의 도학을 깨뜨리고자 모의하려 하는데, 이때 홍도화가 나타나 이춘풍의 "절개를 변하게 하리니, 나와 백년해로하여도 아무 양반도 시비 말" 것을 제안한다. 이는 주인공인 이춘풍을 둘러싸고 있는 주변 인물인 한량들과 홍도화 간의 내기가 성립하는 양상을 보여 주므로 선지의 설명은 적절하다. ③ 〈보기〉에 따르면 윗글은 주인공을 둘러싸고 있는 주변 인물들의 '내기'와 '속임수'에 의해 주인공이 훼절 당하는 구조를 취하며, 속임수가 기생의 애정 실현이라는 목표를 위해 이루어진다는 특징을 지닌다. 이춘풍의 도학을 깨뜨리고자 모의하는 한량들에게 "내 능히 절개를 변하게 하리니, 나와 백년해로하여도 아무 양반도 시비 말"라고 말하는 홍도화의 모습에서 홍도화의 목적이 이춘풍과의 애정 실현에 있음을 짐작할 수 있다. ④ 〈보기〉에 따르면 윗글은 주인공을 둘러싸고 있는 주변 인물들의 '내기'와 '속임수'에 의해 주인공이 훼절을 당하는 구조를 취한다. 홍도화는 자신이 선녀이며, 전생에 이춘풍과 천상에서 연을 맺었다고 말하며 그를 속이고 그에게 술을 권한다. 이춘풍은 결국 홍도화의 말에 넘어가 술을 마시며 절조가 훼손되는데, 이때 홍도화가 '전생연분'을 언급한 것은 이춘풍을 훼절시키기 위한 속임수에 해당하므로 선지의 설명은 적절하다.

---

2. 작자 미상, 서대주전

1. ④

오답풀이

① 타남주가 "앞으로 어찌한단 말이냐?"라고 말한 것을 자신의 무리에게 의견을 구한 것으로 볼 수 있으나, 타남주는 '보물'이 아닌 '몇 년 동안 뼈 빠지게 모아 둔 양식'을 도둑맞은 것에 대해 걱정하고 있다. 이는 "보물이야 없어도 그만이지만"이라는 타남주의 발화에서도 알 수 있다. ② 늙은 다람쥐는 타남주가 서대주를 당장 고발해야겠다고 말하자, "앞뒤 사정을 확실하게 알아"볼 것을 권하고 있을 뿐, 양식이 사라진 원인에 관해 다른 가능성을 제시하고 있지는 않다. 또한 "어르신의 말씀이 백번 옳습니다만"이라고 말하고 있으므로 타남주의 말에 반박했다고 보기도 어렵다. ③ 염탐꾼이 문을 두드리자 '문지기 쥐 하나'가 나오더니 '별 의심 없이 문을 열어 주었다'고 하였으므로 문지기가 염탐꾼의 행동을 수상히 여겼다고 볼 수 없다. ⑤ 사령은 술을 대접하고자 하는 서대주의 제안을 처음엔 '손을 저으며' "빨리 떠날 준비를 하"라며 거절하였으나, 서대주가 계속 끈질기게 청하자 결국 '그의 뒤를 따라 들어'갔다. 따라서 사령이 서대주의 제안을 끝까지 거절했다는 선지의 설명은 적절하지 않다.

2. ③

ⓒ이 서대주의 외양을 묘사하고 있는 것은 맞다. 하지만 서대주는 사령이 자신을 잡아가기 위해 관청에서 온 인물임을 '관청의 도장이 찍힌 문서'를 본 후에야 알게 되었으므로, 서대주가 권력자에게 의도적으로 나약한 모습을 보이고자 ⓒ의 행색을 했다고 볼 수는 없다.

오답풀이

① ⊙에서는 '똘똘한' 다람쥐를 염탐꾼 삼아 '쥐 모양으로 꾸민 후 소토산으로 보냈다'고 하였는데, 이는 "영리한 자를 골라 염탐을 시켜 앞뒤 사정을 확실하게 알아"보자는 늙은 다람쥐의 말을 따른 것이다. 따라서 ⊙은 특정 다람쥐의 능력에 대한 평가를 제시함으로써, 그 다람쥐가 사건의 자초지종을 알아보는 데 적합한 이유를 드러낸 것으로 볼 수 있다. ② ⓛ은 "다람쥐한테 밤을 훔쳐" 왔다는 문지기 쥐의 말을 들은

염탐꾼 다람쥐가 속으로 기뻐하는 부분이다. 문지기 쥐의 말을 들은 염탐꾼 다람쥐가 '더 이상 염탐할 것이 없'겠다고 생각하고 있으므로, 타남주 무리의 양식을 훔쳐 간 것이 서대주 무리라는 정보를 얻게 되어 기뻐한 것임을 알 수 있다. ④ ⓔ에서 사령은 '관청의 도장이 찍힌 문서'를 서대주에게 제시하였다. 사령이 방문한 목적은 서대주를 관청으로 데려가는 것이므로, '관청의 도장이 찍힌 문서'는 인물이 방문한 목적과 관련된 사물에 해당한다. 또한 ⓔ 전에는 "네 놈은 누구인데 허락도 없이 남의 집 문 앞에서 내 별명을 함부로 부르"냐며 소리치던 서대주가 ⓔ 후에는 몸을 덜덜 떨며 "바로 나와 모시지 못한 것에 대해서는 죄송할 따름"이라고 사죄하는 것을 볼 때, 사령이 서대주에 비해 신분적 우위에 있음을 알려 준다고 볼 수 있다. ⑤ ⓜ은 호통을 치며 서대주를 '꽁꽁 묶는' 사령의 행동에 따른 서대주의 반응이다. 서대주는 사령의 정체를 알지 못해 사령을 무시하다가, 사령이 자신을 관청으로 끌고 가기 위해 찾아온 사람임을 알게 된 후 "바로 나와 모시지 못한 것에 대해서는 죄송"하다며 굽신거리는 태도를 보인다. 즉, ⓜ에서는 서대주의 반응을 제시하여, 자신의 예상과는 다른 상황을 마주하여 태도를 바꾸는 서대주의 모습을 보여 주고 있다.

3. ②

[A]의 '서대주란 자가 지난밤 4경쯤 그 무리를 끌고 와선 알밤은 물론 각종 물건들을 도적질해' 갔다는 데서, 사건이 발생한 시간적 배경이 언급되어 있음을 확인할 수 있다. 이는 서대주를 고발하는 타남주의 주장에 설득력을 더할 수 있다.

오답풀이

① [A]의 '각종 물건들을 도적질해 간 것이 아니겠습니까?'에서 질문의 방식을 활용하고 있다. 그러나 이는 서대주가 타남주 무리의 양식을 도적질해 간 상황을 강조하기 위한 것이지, 사건의 정황에 대한 의심을 드러내는 것이 아니다. ③ [A]의 '저희는 워낙 가난해서 풍년이 들어도 살기가 쉽지 않습니다.', '험한 산을 누비며 고생고생해서 간신히 알밤 50여 석을 모았지요.'에서 타남주는 자신이 속한 공동체 전체의 어려운 상황을 언급하고 있다. 이를 통해 상대인 원님의 동정을 유발하려 하였다고 볼 수 있으나, 타남주가 공동체의 어려운 상황을 꾸며낸 것은 아니다. ④ [A]의 '그놈에게 죄를 물으시고 잃어버린 저희 물건들을 찾아주시길 부탁드립니다.'에서 타남주는 원님에게 서대주가 초래한 문제를 해결해 줄 것을 요청하고 있다. 그러나 [A]에 서대주의 부정적 성품이 나열되어 있지는 않다. ⑤ [A]의 '이미 계절은 한겨울로 들어섰고, 당장 딸린 식구들이 굶어 죽게 생겼습니다.'에서 타남주는 문제가 해결되지 않을 경우 자신이 겪어야 할 시련을 언급하고 있다. 그러나 이는 서대주의 잘못을 지적하기 위함이지, 상대인 원님의 잘못을 간접적으로 지적하는 것은 아니다.

4. ②

오답풀이

① 〈보기〉에 따르면 이 작품은 백성을 수탈하는 양반과 어려운 상황에서도 성실하게 살아가는 평민을 대비하고 있다. 서대주가 '도적놈들을 모아 마을의 부자는 물론 백성들의 집까지 몰래 다니며 닥치는 대로 훔치며 살'아가는 모습은 스스로 노동하지 않고 백성이 성실하게 모은 재물을 수탈하는 양반을 모습을 형상화 것이라고 볼 수 있다. ③ 〈보기〉에 따르면 이 작품은 백성을 수탈하는 양반과 어려운 상황에서도 성실하게 살아가는 평민을 대비하고 있다. 타남주 무리가 '곡식 한 줌이 없는 지경'에 이르러서도 '험한 산을 누비'면서 '알밤 50여 석'을 모은 것은, 가뭄이라는 어려운

상황에도 포기하지 않고 성실하게 살아가는 평민의 모습을 드러낸다고 볼 수 있다. ④ 〈보기〉에 따르면 이 작품에는 죄인에게 매수되어 죄인의 편의를 봐주는 관리가 등장한다. 서대주가 자신을 관청으로 끌고 가기 위해 찾아온 사령에게 '술 한 잔'을 권하며 '대접'하려는 것은, 관리를 매수하여 자신의 편으로 만듦으로써 자신이 처한 문제를 해결하려는 모습이라고 볼 수 있다. ⑤ 〈보기〉에 따르면 이 작품은 죄인에게 매수되어 죄인의 편의를 봐주는 관리를 등장시킴으로써, 사건의 시비를 가리는 일보다 사익을 우선시하는 관리들의 부정부패를 부각한다. 사령이 '술 한 잔'을 대접하겠다는 서대주의 권유를 받아들여 서대주의 '결박'을 풀어 주는 것은 사건의 시비를 가려 서대주의 잘못을 밝히는 일보다 사익을 우선시하여 서대주의 편의를 봐주는 부패한 관리의 모습이라고 볼 수 있다.

---

3. 작자 미상, 설홍전

1. ②

> 왕 소저는 자신을 구하러 온 설홍을 보자마자 그를 한눈에 알아보며 "공자는 금릉땅 앵무동 설홍 공자 아니요?"라고 물었다. 이에 설홍이 "소저는 저를 어찌 아십니까?"라고 대답한 것을 통해 설홍과 왕 소저는 이전에 본 적이 없는 사이임을 알 수 있으므로 선지의 내용은 적절하다.

오답 풀이

① 왕 소저는 자신의 꿈에 나타난 왕 승상을 통해 왕 승상이 죽은 이유가 '돌쇠의 흉계' 때문임을 알게 되었으며, 이를 자신의 시비인 난양에게 알렸으므로 선지의 내용은 적절하지 않다. ③ 돌쇠는 왕 승상을 죽인 후 왕 소저를 찾아갈 때 이미 '삼척검을 들고' 있었으므로 왕 소저가 자신을 거절하자 무기를 가져왔다는 선지의 내용은 적절하지 않다. ④ 돌쇠는 '둔갑장신을 베풀어 칼을 피한 후에~용두 뒤에 삼중석으로 돋우어 높이'는 설홍을 보고도 '분함을 이기지 못하여 소리를 벽력같이 지르며' '온 힘을 다하여 칼을 들어 용두를' 쳤다. 따라서 돌쇠가 설홍의 기이한 능력을 확인하고 두려움을 느꼈다고 보기는 어렵다. ⑤ '유숙할 곳이 없었'던 설홍은 마침 눈에 띈 '한 집'의 객실에서 잠이 든 후 꿈에서 왕 승상을 만난다. 이때 '한 집'은 왕 승상의 집이며, 설홍이 왕 승상이 등장하는 꿈을 꾼 것은 왕 승상의 집에 도착한 후의 일이므로 선지의 내용은 적절하지 않다.

2. ⑤

> [A]에서 왕 승상이 왕 소저에게 "설홍 공자가 이곳에 와 나의 원수를 갚아 주고 너의 분함을 풀 것이니 모쪼록 목숨을 보존하"고 있으라고 부탁한 발화에서, 왕 승상은 왕 소저가 제삼자인 설홍을 통해 상황을 해결하기를 바라고 있음을 알 수 있다. 한편, [B]에서 왕 승상은 설홍에게 "내정에 들어가 나의 여식을 살려 줌이 어떠하오?"라며 부탁의 말을 전한다. 이는 설홍에게 내정에서 돌쇠로부터 위협받고 있는 왕 소저를 직접 구해 달라고 부탁하는 것이므로, 설홍이 직접 상황에 개입하기를 바라고 있음을 알 수 있다.

오답 풀이

① [A]에서 왕 승상이 왕 소저에게 자신이 "돌쇠의 손에 죽었"다는 소식을 전한 것은 과거에 발생한 사건의 전모를 밝힌 것으로 볼 수 있다. 그러나 여기서 왕 승상이 상대인 왕 소저를 향한 원망을 드러내고 있지는 않다. ② [A]에서 왕 승상은 왕 소저에게 자신이 "돌쇠의 손에 죽었"다는 소식을 전한다. 이는 왕 소저와 왕 승상이 현재 만날 수 없는 처지임을 보여 준다. 그러나 왕 승상이 왕 소저와의 다음 만남을 기약하고 있지는 않다. ③ [B]에서 왕 승상은 설홍과 했던 약속을 언급하지 않았으며, 이를 이행하지 않는 설홍의 안일함을 지적하지도 않았다. "접대할 주인도 없는데 무슨 재미로 이다지 깊이 자는가?"라는 왕 승상의 발화는 자고 있는 설홍을 깨워 설홍에게

왕 소저를 구해달라고 부탁하기 위함이다. ④ [A]와 [B] 모두 왕 승상이 자신이 뜻한 바를 이루지 못했음을 밝히고 있지 않다.

3. ③

> ⓒ에서 돌쇠는 왕 소저가 "부친을 여의고 수일간 누워 잠자지 못한" 상태이니 자신이 찾을 때까지 기다리라고 말하자, "소저의 말씀이 당연하오니 사흘 후에 다시 오겠"다고 말한다. 이는 돌쇠가 왕 소저에게 자신이 찾아올 날짜를 알려 주는 것일 뿐, 왕 소저가 기다리는 대상(설홍)이 도착할 날을 알려 주는 것은 아니다.

오답 풀이

① ⓐ에서 왕 소저는 자신을 "천지를 이별한 사람"이라고 말한다. 이는 아버지인 왕 승상을 잃은 왕 소저가 '천지를 이별'했다는 과장된 표현을 사용하여 자신이 처한 괴로운 상황을 드러낸 것으로 볼 수 있다. ② ⓑ에서 돌쇠는 이전까지 왕 소저를 "소저"라고 부르던 것과 달리 그녀를 "너"라는 호칭으로 부르고 있다. 이는 왕 소저가 "너는 상하를 모르고 이러한 강상지죄를 범하니 하늘이 두렵지 아니하냐?"라고 말한 것에 대한 불쾌함을 표출한 것으로 볼 수 있다. ④ ⓓ에서 왕 승상 댁의 노복인 돌쇠는 설홍에게 "나는 이 집 주인이라"고 말하며 자신의 신분을 속이고 있다. 이는 왕 소저를 범하고자 하는 자신을 방해하려는 설홍을 저지하기 위한 의도를 반영한 것으로 볼 수 있다. ⑤ ⓔ에서 왕 소저는 자신을 구하러 온 설홍에게 돌쇠가 그간 자신에게 행한 일을 요약하여 전달하고 있다. 이는 자세한 상황을 알지 못하는 설홍에게 자신의 억울한 처지를 알려 설홍이 자신을 구해주기를 바라는 마음을 드러낸 것으로 볼 수 있다.

4. ③

> 〈보기〉에 따르면 윗글은 남녀 주인공의 결연 서사에 노비와 주인 간의 갈등을 결합하여 수평적 가치관에 대한 인식이 대두하던 당대 사회상을 드러낸다. 자신을 범하려 한 돌쇠에게 "상하를 모르고 이러한 강상지죄를 범하니 하늘이 두렵지" 않냐고 꾸짖던 왕 소저가 이후 "내가 찾을 때를 기다리라."라고 말한 것은 '부친의 원수'를 갚기 위해 돌쇠의 '마음을 달래어 나중'을 도모함이 옳다고 생각했기 때문이다. 즉, 왕 소저는 노비인 돌쇠가 자신의 부친을 해하고 자신마저 범하려 하는 것을 부정적으로 인식하고 있으므로 상층 계급인 왕 소저의 전근대적 인식이 변화하는 모습이 드러난다고 볼 수는 없다.

오답 풀이

① 〈보기〉에 따르면 윗글에서 노비의 반란이 결연 서사를 위한 도구로만 사용되는 것을 통해, 전근대적인 수직적 가치관이 당대에 여전히 지배적이었음을 알 수 있다. 하층 계급인 돌쇠는 상층 계급인 왕 소저를 해하려 하는데, 이때 왕 소저와 '배필이 될' 설홍이 나타나 왕 소저를 구함으로써 왕 소저는 돌쇠의 위협에서 벗어나게 된다. 이는 하층 계급인 돌쇠의 반란이 상층 계급의 결연을 돕는 도구로 사용됨을 보여주므로 선지의 내용은 적절하다. ② 〈보기〉에 따르면 윗글은 남녀 주인공의 결연 서사에 노비와 주인 간의 갈등을 결합하여 수평적 가치관에 대한 인식이 대두하던 당대 사회상을 드러낸다. 하층 계급인 돌쇠는 왕 소저의 부친인 왕 승상을 죽인 후 '삼척검을 들고'서 왕 소저를 위협한다. 이는 신분제를 따르던 전근대적인 수직적 가치관에 반하는 행동으로 볼 수 있으므로 선지의 내용은 적절하다. ④ 〈보기〉에 따르면 윗글은 남녀 주인공의 결연 서사에 노비와 주인 간의 갈등을 결합하여 수평적 가치관에 대한 인식이 대두하던 당대 사회상을 드러낸다. 윗글에서 하층 계급인 돌쇠는 "노복 간이 분명한데 너는 상하를 모르고 이러한 강상지죄를 범"냐고 꾸짖는 왕 소저에게 "왕후장상이 어디 씨가 있다더냐?"라고 대꾸한다. 이는 소설이 창작된 시기에 신분제에 반하는 수평적 가치관에 대한 인식이 존재했음을 보여 주므로 선지의 내용은 적절하다. ⑤ 〈보기〉에 따르면 윗글에서 관계의 역전을 꾀하던 노비가 자신보다 능력이 뛰어난 양반 자제에게 응징당하는 것을 통해, 전근대적인 수직적

가치관이 당대에 여전히 지배적이었음을 알 수 있다. 윗글에서 하층 계급인 돌쇠가 설홍을 공격하기 위해 '온 힘을 다하여 칼을 들'지만 설홍이 이에 '조금도 요동치 아니하고 들어오는 칼을 꺾어 방으로 던'지는 모습은 설홍이 노비인 돌쇠보다 뛰어난 능력을 지닌 양반 자제로 형상화되었음을 보여 주므로 선지의 내용은 적절하다.

---

4. 권필, 위경천전

1. ③

'구름에 싸인 산, 안개 자욱한 강이 아스라한 가운데 멀리 소 씨 낭자 집의 하얀 벽이 붉은 살구나무 동산 사이로 아른거렸다.'에서 감각적인 배경 묘사를 통해 '이별의 슬픔을 견딜 수 없어' 하는 위생의 정서가 부각되고 있으므로 선지의 설명은 적절하다.

오답풀이

① 인물의 회상은 나타나지 않으며, 이를 통해 인물의 갈등 원인을 보여 주고 있지도 않다. ② 서술자가 인물의 성품에 대한 평가를 제시한 부분은 없다. "자네의 기이한 재주는 강동 땅에서 제일이야."는 위생에 대한 장생의 평가에 해당한다. ④ 윗글에 과거 장면은 제시되지 않았으므로, 현재와 과거를 교차하였다는 선지의 설명은 적절하지 않다. ⑤ '어젯밤', '이해 8월' 등에서 시간 표지를 활용하고 있으나, 이를 통해 시간에 따른 인물의 성격 변화를 드러내고 있지는 않다.

2. ④

위생의 부친이 '위생에게 편지를 보내 함께 계문으로 가자고' 제안한 것은 맞으나, 이는 '막하에서 서기관의 임무를 수행할 만한 마땅한 사람을 구하기가 어려웠'기 때문이므로 선지의 설명은 적절하지 않다.

오답풀이

① '장생은 어젯밤 위생이 겪은 일을 자세히' 들은 후 "제멋대로 행동"한다면 "가문 전체에까지 재앙이 미칠" 것이라 말하였다. 이를 통해 장생은 위생이 지난밤 행했던 일을 반복한다면 위생뿐 아니라 위생의 가문 전체가 위험해질 것이라 보았음을 알 수 있다. ② '장생은 위생이 여인에게 매우 깊이 빠져 있어 좋은 말로 마음을 돌리게 하는 것이 불가능하다는 사실을 알아차'렸다고 하였으므로 선지의 설명은 적절하다. ③ 장생은 자신의 꾸짖음에도 위생이 '묵묵부답인 채 간절히 남쪽 하늘'을 바라보는 것을 보고, '좋은 말로 마음을 돌리게 하는 것이 불가능하다는 사실을 알아차'렸다. 이후 위생에게 억지로 술을 권하여 위생이 술에 취하도록 한 뒤 '노 젓는 아이를 불러 돛을 올리고 동쪽으로 내려가게 하였'으므로 선지의 설명은 적절하다. ⑤ 소숙방은 "지금 아버님께서 변경 먼 곳에서 근심을 안고 계시건만, 아들 된 사람으로서 아버님의 괴로움을 어찌 모른 척할 수 있겠어요?"라며 자식 된 도리를 강조하고 "속히 돌아올 수 있을 테니 아버님의 뜻을 어기지 마셔요."라며 위생이 전장으로 나아가야 함을 말했으므로 선지의 설명은 적절하다.

3. ④

위생은 소숙방을 다시 만날 수 없게 되자 몹시 상심하여 병이 들었으며, '죽이나 물도 입에 대지 않은 채 한을 품고 죽게 된 것을 분하게 여겨 ㉠(시 한 편)을 작성하였다. 따라서 ㉠은 위생이 소숙방과의 이별로 인한 자신의 한을 드러내기 위해 쓴 것이라 볼 수 있다. 한편, ㉡(편지)은 '왜군을 정벌하는 장군으로 임명'받은 위생의 부친이 '서기관의 임무를 수행할 만한 마땅한 사람을 구하기가 어려워' 위생에게 보낸 것이므로, 위생을 전장으로 부르기 위해 쓴 것으로 볼 수 있다.

오답풀이

① ㉠ X, ㉡ O / ㉠은 소숙방과 이별한 후 병이 든 위생이 '죽이나 물도 입에 대지 않은 채 한을 품고 죽게 된 것을 분하게 여겨' 작성한 것으로, ㉠에는 소숙방을 향한 위생의 마음이 담겨 있다고 볼 수 있다. 그러나 ㉠이 소숙방에게 전달된 것은 아니므로 적절하지 않다. 반면, ㉡은 위생의 부친이 위생을 전장으로 부르려는 목적을 달성하기 위해 위생에게 보낸 것이다. 위생이 ㉡을 읽었다고 하였으므로 선지의 설명은 적절하다. ② ㉠ X, ㉡ O / ㉠의 내용을 볼 때, 위생이 지닌 한은 소숙방과의 이별에서 비롯된 것이므로 장생을 향한 원망을 표출하려는 목적에서 ㉠이 쓰였다고 볼 수는 없다. 반면, ㉡은 위생의 부친이 왜군을 정벌하라는 황제의 명을 수행하기 위한 목적으로 위생에게 서기관의 임무를 맡기고자 작성한 것이므로 적절하다. ③ ㉠ X, ㉡ O / 위생은 소숙방과 만날 수 없는 한을 토로하기 위해 ㉠을 쓴 것이므로, 위생이 자신의 억울한 사연을 알리기 위해 ㉠을 썼다고 볼 수 없다. 반면, 위생의 부친은 '막하에서 서기관의 임무를 수행할 만한 마땅한 사람을 구하기가 어려'워서 위생에게 ㉡을 보낸 것이므로, ㉡은 위생의 부친이 처한 상황을 알리는 기능을 한다고 볼 수 있다. ⑤ ㉠ X, ㉡ X / 위생은 소숙방과 만날 수 없는 한을 토로하기 위해 ㉠을 쓴 것이므로, 위생이 부모에게 자신의 잘못을 고백하기 위해 ㉠을 썼다고 볼 수 없다. 한편, 위생의 부친은 '막하에서 서기관의 임무를 수행할 만한 마땅한 사람을 구하기가 어려'워 위생에게 ㉡을 보낸 것이므로, 위생의 부친이 자식에게 자신의 행동을 사과하기 위해 ㉡을 썼다고 볼 수 없다.

4. ④

〈보기〉에 따르면 이 작품의 주인공은 애정을 성취하려는 일탈적 면모를 지녔음에도 유교적 윤리 규범에서 완전히 자유롭지 못한 모습을 보인다. 이를 고려해볼 때, 부친이 자신을 전장으로 부르자 '눈물을 흘리며 식음을 전폐한 채 마음을 잡지 못하는 것은 위생이 소숙방과 애정 성취를 하는 것과 부친의 뜻을 따라 유교적 윤리 규범을 준수하는 것 사이에서 갈등하고 있음을 보여 주는 것이라 할 수 있다. 즉, 이는 위생이 유교적 윤리 규범에서 벗어나고자 하는 것이 아니라 그로부터 벗어날 수 없는 상황에서 갈등하는 모습을 드러내는 것이므로 선지의 설명은 적절하지 않다.

오답풀이

① 〈보기〉에 따르면 이 작품의 주인공은 유교적 가치관을 중시하던 당대 보편적인 사대부들과는 달리 자신의 자유 의지에 충실하여 애정 성취를 목표로 삼는 삶의 방식을 보여 준다. 장생은 위생이 지난밤 겪은 일을 들은 후, 위생에게 "입신양명해서 세상을 구하고 백성을 편안케 하는 것이 바로 평생의 뜻" 아니었냐며 소숙방을 단념하라고 타이른다. 이를 통해, 과거에 급제하여 입신양명하고 관료가 되는 것이 당대 보편적인 사대부들의 목표였음을 확인할 수 있다. ② 〈보기〉에 따르면 이 작품의 주인공은 자신의 자유 의지에 충실하여 애정 성취를 목표로 삼는 일탈적 면모를 지니고 있다. "재상 댁의 문을 몰래 엿보고 망령되이 사통하는 죄"를 범했다며 위생을 꾸짖는 장생의 발화를 통해, 소숙방을 만나고자 하는 의지에 충실히 행동하는 위생의 일탈적 면모를 확인할 수 있다. ③ 〈보기〉에 따르면 이 작품의 주인공은 당대 보편적인 사대부들과는 달리 자신의 자유 의지에 충실하여 애정 성취를 목표로 삼는 삶의 방식을 보여 준다. 위생은 소숙방과 이별하게 되자 상심하여 '죽이나 물도 입에 대지 않은 채 한을 품고 죽게 된' 상황에 놓인다. 이를 통해, 애정 성취를 중요한 가치로 인식하는 위생의 삶의 방식을 확인할 수 있다. ⑤ 〈보기〉에 따르면 이 작품은 윤리 규범의 준수와 애정 성취가 동시에 실현될 수 없는 상황을 통해 유교적 규범이 개인의 행복과 상충하기도 한다는 작가의 인식을 드러낸다. 위생은 소숙방과 혼인하여 기쁨을 누리던 중 부친의 편지를 받고 소숙방과 다시 이별하게 될 상황에 놓인다. "좋은 인연을 맺자마자 슬픈 이별이 또 찾아"온다는 소숙방의 발화를 통해, 위생이 "아들 된 사람으로서 아버님의 괴로움"을 모른 척하지 않고 부친의 뜻을 수용한다면 소숙방과 다시 이별하게 될 것을 알 수 있다. 이는 부친의 뜻을 거스르지 않아야

한다는 유교적 규범이 개인의 행복을 방해하고 있음을 드러내는 것이라 할 수 있다.

5. 작자 미상, 이대봉전

1. ①

> "너는 우리 부친에게 무슨 원수가 있관대~부친을 만나 뵈어 천륜을 완전히 하였으니"에서 상서가 왕희에 의해 목숨을 잃을 뻔하였다가 간신히 살아남아 부친과 재회하였음을, "저의 자취는 이미 천자께 아뢰어~가슴에 막힌 한을 풀고자 왔나이다."에서 장 소저가 왕희가 제안한 혼사를 거절하였다가 납치를 당할 위기에 처했으며 남복 후 전쟁에 출전하여 공을 세우고 자신의 한을 풀기 위해 왕희를 죽이러 왔음을 요약적으로 제시하고 있다. 따라서 인물의 내력을 요약적으로 제시하여 사건의 전모를 드러내고 있다는 선지의 설명은 적절하다.

오답 풀이

② 윗글의 대화에서 반복되는 사건을 제시함으로써 인물의 내적 갈등이 심화되는 부분은 나타나지 않는다. ③ 장 소저가 "부모가 살아계실 적에 모란동 이 시랑의 아들과 정혼"하였으나 "시랑 부자는 이미 수만 리 귀양지에 있어 생사를 알지 못"한다는 데서 과거와 현재의 상황이 대비된다고 볼 수 있다. 그러나 장 소저는 이 시랑의 아들 대봉과의 혼약을 지키고자 하고 있으므로, 상황에 따라 변화한 인물의 태도를 부각한다고 볼 수 없다. ④ 윗글의 대화에서 작중 인물이 아닌 서술자가 등장하여 인물 간의 갈등을 새 국면으로 이끄는 부분은 찾을 수 없다. ⑤ 윗글에는 왕희와 장준, 장준과 장 소저, 상서와 장 소저의 대화가 제시되었다. 하지만 새로운 인물이 다른 인물의 발화를 통해 등장하지 않으며, 이를 통해 인물 간의 대립 구도가 전환되지 않았다.

2. ②

> 왕희의 아들을 장 소저의 배필로 삼고자 혼사를 제안한 것은 장준이 아니라 왕희이다. 왕석연과 장 소저를 혼인시키자는 왕희의 제안을 장준이 허락하고 자신의 아내인 진 씨를 장 소저에게 보내 우승상 왕희의 혼사 제안을 전달한 것이므로 적절하지 않다.

오답 풀이

① 왕희는 아들 왕석연과 장 소저를 혼인시키기 위해 장 한림의 '육촌'인 장준을 불러 "육촌 형이 일찍이 돌아가셨거니와 그 집안을 책임질 이는 그대"라며, "장 소저의 혼사를 이루게 하라."라고 말하였다. 즉, 왕희는 장 소저 집안의 상황을 근거로 들어 장 소저의 혼인을 결정할 권리가 장준에게 있다고 말하였음을 알 수 있다. ③ 상서는 '왕희를 꿇리고'는 왕희가 자신과 자신의 부친에게 했던 일들을 나열하며 "너의 극악대죄를 하늘이 어찌 무심하시리오? 네 오늘 죽음이 오히려 늦지 아니하랴?"라고 말하였다. 즉, 상서는 왕희의 죄를 나열하며 자신이 왕희를 처벌하는 것이 정당하다는 생각을 드러냈음을 알 수 있다. ④ 장 소저는 상서가 "무슨 일로 왕희를 죽이"려 하냐고 묻자, 자신이 "전 한림학사 장공의 딸"임을 밝히고는, 자신이 "이공 부자의 원혼을 위로코자 하였"는데 "듣자오니 상공이 먼저 왕희를 처치하신다 하오매, 여자의 체면을 무릅쓰고 가슴에 막힌 한을 풀고자 왔"다고 답하였다. 즉, 장 소저는 상서에게 왕희에 대한 원한의 이유를 밝히고 왕희를 손수 죽이고자 하였음을 알 수 있다. ⑤ 장 소저는 선우족과의 전쟁에 "자원으로 출전하여" 선우족의 항복을 받고 돌아오는 길에 "이공 부자의 원통함"을 밝히는 글을 천자께 올리는 한편, 이공 부자가 "귀양 간 곳에 사람을 보내"었지만 이 시랑과 이대봉의 "흔적이 없"다는 말만 듣게 되었다. 이로 인해 장 소저는 "이공 부자의 원혼을 위로"하고자 왕희를 죽이려 하였으므로 장 소저는 이 시랑의 귀양지에 보낸 사람에게서 기대하던 소식을 듣지 못하여 이 시랑 부자가 죽었다고 생각했음을 알 수 있다.

3. ③

> ㉠(계교)은 "노복과 가마를 갖추어 밤이 깊은 후에 남이 모르게" 장 소저를 "납치"하는 것을 말한다. (중략) 이후 장 소저가 상서에게 자신이 겪은 일들에 관해 말하는 것을 통해, 장 소저는 자신을 "납치하려는 기미를 미리 알고, 남복을 입고 피신"했음을 알 수 있다. 따라서 ㉠은 장 소저가 집을 떠나는 원인을 제공했다고 볼 수 있다. 한편, ㉡(음모)은 이 시랑, 즉 상서의 아버지를 귀양 보내기 위해 왕희가 꾸민 것이다. (중략) 이후 상서가 왕희에게 말하는 것을 통해, 상서는 왕희로 인해 죽을 뻔하였으나 서해 용왕에 의해 구출 받았으며 "천자를 구"한 뒤에야 다시 아버지를 만나게 되었음을 알 수 있다. 따라서 ㉡은 상서가 아버지와 헤어지는 원인을 제공했다고 볼 수 있다.

오답풀이

① 장준은 어떻게든 "혼사를 성사"시키라는 왕희에게 장 소저의 "마음이 단단"하여 "말로는 유인"하기 어려우니 ㉠을 꾸며야 한다고 말하였다. 즉, ㉠은 장준의 언변(말을 잘하는 재주나 솜씨)으로는 장 소저의 마음을 움직일 수 없기에 꾸민 계획이므로 선지의 진술은 적절하지 않다. ② 상서는 왕희가 꾸민 ㉡으로 인해 부친이 귀양을 가게 되었으며 부자가 "바다 중에 버려"지는 위험에 처했었음을 밝히고 있다. 이때 ㉡에 상서 가족을 위험에 빠뜨리는 계획이 있었음을 알 수 있으나, ㉡이 상서의 가족을 위험에 빠뜨린 후 그 죄를 뱃사람에게 덮어씌우는 계획까지 포함하고 있음은 제시되지 않았으므로 적절하지 않다. ④ ㉠은 어떻게든 장 소저와 왕석연의 혼사를 성사시키라는 왕희의 말에 장준이 꾸민 계획이며, 이를 들은 왕희는 '크게 기뻐하며 장준으로 더불어 언약'하였다고 하였다. 즉, ㉠은 왕희가 아닌 장준에 의해 제안되고, 장준이 아닌 왕희의 승인을 통해 실현된 것이다. 한편, ㉡은 왕희가 이 시랑을 해하고자 꾸민 계획이며, 왕희는 이 시랑을 '천자께 모함하여 귀양을 보'냈다고 하였다. 즉, ㉡은 왕희에 의해 제안되고 천자의 승인을 얻어 실현되었다고 볼 수 있다. ⑤ ㉠은 왕희의 아들과 장 소저를 결혼시키기 위해 장준이 꾸민 계획이다. 이때 왕희가 자신의 재물을 이용했는지는 윗글에서 확인할 수 없다. 한편, ㉡은 이 시랑, 즉 상서의 아버지를 귀양 보내기 위해 왕희가 실행한 것이다. ㉡을 왕희가 아들과 장 소저의 혼인을 성사시키기 위해 실행한 것이라고 볼 수는 없다.

4. ⑤

> 상서는 "왕희를 베어 이공 부자의 원혼을 위로"하고 자신의 "가슴에 막힌 한을 풀고자" 한 장 소저에게 "왕희를 죽여 생의 부자 원수를 갚고자 하시니 어찌 감사치 않"냐며 고마움을 표하였다. 〈보기〉에 따르면 늑혼의 위험은 여성 주인공이 권력자를 향해 적개심을 품고 남장을 결심하는 원인이 된다고 하였으므로, 늑혼에 대한 적개심을 지닌 주체에는 남녀 주인공 둘 다가 아닌 여자 주인공인 장 소저만 해당한다.

오답풀이

① 〈보기〉에 따르면 윗글은 주인공이 원치 않는 혼인을 할 위험에 처하는 이야기 단위인 늑혼 모티프를 활용하고 있다. 우승상 왕희는 장준에게 "육촌 형이 일찍이 돌아가셨거니와 그 집안을 책임질 이는 그대"라며 "장 소저의 혼사를 이루게 하라."라고 말하였다. 이를 통해 장 소저가 원치 않은 혼인을 할 위험에 처했음을 알 수 있다. ② 〈보기〉에 따르면 윗글은 늑혼 모티프를 활용해 남녀 주인공의 결연을 방해하고 있다. 우승상 왕희는 아들 왕석연과의 혼사를 장 소저가 원치 않는다는 사실을 듣고도, 장준에게 "아무쪼록 하여도 그 혼사를 성사케 하라."라고 말하였다. 따라서 왕희는 장 소저에게 혼사를 강요함으로써 장 소저와 상서의 결연을 방해하는 권력자라고 볼 수 있다. ③ 〈보기〉에 따르면 윗글에서 여성 주인공은 늑혼의 위험으로 인해 남장을 하는데, 이를 계기로 남녀 주인공이 한곳에서 만나 서로의 정체를 확인하게 된다. 상서가 "무슨 일로 왕희를 죽이고자 하"는지 묻자, 장 소저는 자신이 "전 한림학사 장공의 딸"임을 밝히며 자신이 원치 않는 혼사를 거절하였다가 납치당할 위기에 처

해 남복을 입고 피신하였음을 알린다. 사건의 전모를 알게 된 상서 역시 "제가 과연 이 시랑의 아들 대봉이로소이다."라며 자신의 정체를 밝히는 데서, 남녀 주인공이 재회하여 서로의 정체를 확인하게 되는 모습을 확인할 수 있다. ④ 〈보기〉에 따르면 윗글에서 늑혼의 위험은 여성 주인공이 권력자에 대한 적개심을 갖고 남장을 결심하는 원인이 된다. 장 소저는 상서에게 자신이 왕희를 죽이려는 이유를 밝히면서, 자신이 왕희의 혼사 제안을 거절하자 납치당할 위기에 처하였으며 이를 미리 눈치채 "남복을 입고 피신"하였다고 말하였다. 따라서 장 소저는 늑혼의 위험으로 인해 남장을 결심하게 되었다고 볼 수 있다.

---

6. 작자 미상, 정을선전

1. ⑤

> 유 부인은 옥에서 빨리 나오라는 금섬과 월매의 재촉에 '예의'를 알지만 자신이 '애매히 죽'는 것을 원통하게 여겨 옥에서 나오고, 이후 월매가 유 부인을 인도하여 '땅굴 속에 감추'었다. 이때 '예의'란 자신을 옥에 가둔 왕비의 뜻을 따라야 하는 유 부인의 처지와 연결되므로, 유 부인이 옥을 나가는 것이 예의에 어긋난다는 것을 알면서도 옥을 나왔다는 선지의 내용은 적절하다.

오답풀이

① 조 부인은 시비 금련에게 "너를 수족같이 믿"는다고 말하며, 자신의 명에 따라 일을 성사시키면 "천금으로 상을 주고 일생을 편케" 해 주겠다고 약속했다. 따라서 조 부인은 금련을 신뢰했을 뿐, 금련이 자신을 배반할 것으로 생각하지 않았음을 알 수 있다. ② 조 부인은 성복록에게 '금은을 많이 주고 계교를 가르쳐 이리이리 하라' 하였다. 즉, 성복록은 조 부인의 계획에 따라 왕비에게 거짓을 고하고 있는 것이므로 선지의 내용은 적절하지 않다. ③ 왕비는 유 부인이 부정을 저질렀다는 성복록의 말에 "충렬부인은 이러할 리 만무하니 네 잘못 보았"다며 이를 믿지 않는 모습을 보인다. 그러나 (중략) 이후 금섬의 발화를 통해 왕비가 결국 유 부인이 부정을 저질렀다고 판단하고 "상소하여 죽"이려고 함을 알 수 있다. 하지만 왕비가 옛정을 생각하여 유 부인에 대한 처벌의 수위를 낮추었다는 내용은 찾아볼 수 없다. ④ 금섬은 월매에게 다음 날 아침이 되면 유 부인이 죽임을 당하는데, 이는 자신들과 "관계치 아니하"지만 무죄한 죽음이 불쌍하다고 말하였다. 이를 통해 유 부인의 죽음은 금섬과 월매에게 어떠한 영향도 미치지 않음을 알 수 있다.

2. ①

> [A]에서 조 부인은 현재 승상이 유 부인을 각별히 사랑하고 있을 뿐만 아니라 유 부인이 "잉태하여 만삭"인 상황이기에, 유 부인이 만약 '득남'을 한다면 자신의 "옛정은 아주 물것이 없"어질 것이라며 자신의 위치가 더욱 위협받을 것을 예상하고 있다.

오답풀이

② [B]에서 금섬은 "네 부모를 어찌하고 몸을 버리려 하"나는 월매의 질문에 "내 이리하는 것은 나의 직분을 다함"이라고 말하면서 자신을 말리지 말라고 한다. 한편 월매는 금섬에 대한 걱정을 하기 전 "나는 너 가르친 대로" 할 것이라고 말하였으므로, 다른 해결책을 모색하려 한다고 볼 수 없다. ③ [A]에서 조 부인은 금련이 자기 말을 따른다면 "천금으로 상을 주고 일생을 편케 하"겠다고 말하고 있다. 이때 금련이 조 부인을 걱정하는 모습은 확인할 수 없으며, 조 부인 역시 금련의 마음에 감사를 표하고 있지는 않다. 한편, [B]에서 금섬은 "네 부모를 어찌하고 몸을 버리려 하"나고 묻는 월매에게 "동생이 여럿이니" 괜찮을 것이라 말하고 있을 뿐, 자신을 걱정하는 월매의 마음에 감사를 표하지는 않는다. ④ [A]에서 조 부인은 금련에게 "미리 소저를 행사하면 나의 평생이 영화로우니, 네 만일 성사하면 천금으로 상을 주고 일생을

편케 하"겠다고 말하고 있다. 즉, 조 부인은 금련에게 자신의 계획을 실행해 달라고 말하고 있을 뿐, 자신의 계획대로 일이 진행되지 않을 경우 수행해야 할 일을 언급하고 있지는 않다. 한편, [B]에서도 금섬은 월매에게 "내 말대로 시행하여 부인을 잘 보호하라"고 말하고 있을 뿐, 자신의 계획대로 일이 진행되지 않을 경우 수행해야 할 일을 언급하고 있지 않다. ⑤ [A]에서 조 부인은 금련에게 자기 말을 따라 일을 성사시킨다면 "천금으로 상을 주고 일생을 편케 하"겠다고 말하면서, 금련이 얻을 이득을 강조하며 자신의 계획을 따라줄 것을 당부하고 있다. 하지만 [B]에서 금섬은 월매에게 "내 말대로 시행하여 부인을 잘 보호하라."라고 말하며 자신의 계획을 따라줄 것을 당부하고 있을 뿐, 월매가 얻을 불이익을 언급하고 있지는 않다.

3. ②

> ⓒ에서 조 부인이 유 부인을 침소로 돌려보내고자 한 이유는, 유 부인이 "시비를 물리치고" 돌아가 "어떠한 놈과 동침"하였다는 성복록의 말을 왕비가 믿을 수 있도록 상황을 만들기 위함이다. 즉 조 부인은 유 부인이 자신의 계략을 눈치챌 것을 염려한 것이 아니라, 자신의 계략을 계획대로 성사시키기 위해 유 부인을 침소로 돌려보내고자 한 것이므로 선지의 내용은 적절하지 않다.

오답풀이

① ㉠에서 조 부인은 유 부인에게 "춘경을 완상"하자며 유 부인을 후원으로 불러내는데, 후원으로 나왔던 유 부인은 조 부인이 아프다는 소식을 듣고 조 부인의 침소로 가서 조 부인을 간호한다. 그 사이 금련이 '남복을 입고 유 부인 침소에 들어가 침병 뒤에 숨었'다고 하였으므로 선지의 내용은 적절하다. ③ ㉢에서 성복록은 "충렬부인(유 부인)은 이러할 리 만무하니 네 잘못 보았도다."라며 자신의 말을 믿지 않는 왕비를 설득하기 위해 자신이 현장에 다시 다녀왔다고 말하고 있다. 이는 왕비가 자신의 말을 믿도록 유도하려는 발화이므로 선지의 내용은 적절하다. ④ ㉣에서 월매가 금섬에게 "나는 너 가르친 대로 하려니와"라고 말하는 것에서, 월매는 유 부인을 구하려는 금섬의 계획에 동조하고 있음을 알 수 있다. 또한 금섬이 "몸을 버"린 뒤의 일을 걱정하고 있으므로 선지의 내용은 적절하다. ⑤ ㉤에서 월매는 금섬이 '도로 옥으로 들어'간 것을 '괴이 여긴' 유 부인에게 "이목이 번거하오니 말씀" 말라고 할 뿐, 금섬이 다시 옥으로 들어간 상황에 대한 설명을 하지 않았다. 또한 유 부인을 '땅굴 속에 감추'며 유 부인에게 "일이 끝나길 기다리"라고 말하였으므로 선지의 내용은 적절하다.

4. ⑤

> 윗글에서 유 부인은 조 부인의 모함을 받아 남자를 처소에 들였다는 오해를 받게 되고, 만삭의 몸임에도 옥에 갇혀 죽을 위기에 처한다. 이에 월매와 금섬은 유 부인을 구할 계획을 세워 유 부인을 옥에서 빼내는데, 유 부인은 억울한 죽음을 원통하게 여겨 월매를 따라나선다. 〈보기〉에 따르면 해당 작품에서는 선인으로 형상화된 인물은 가부장적 질서의 불합리성을 가림으로써 유교적 이념을 근간으로 하는 사회의 부조리를 은폐한다고 하였으므로, 유 부인이 월매를 따라 옥에서 나온 것을 유교적 이념을 근간으로 하는 사회 질서에서 벗어나고자 한 것으로 해석할 수는 없다.

오답풀이

① 〈보기〉에 따르면 해당 작품에서 조 부인이 보여 주는 악행은 근본적으로 가부장적 질서의 불합리성에서 비롯된 것이다. 윗글에서 조 부인은 자신이 "상공의 조강지처"임에도 상공이 "유 부인을 각별 사랑"하며 "유 부인이 잉태하여 만삭"하였다는 점을 근거로 앞으로의 자신의 처지를 불안해하고, 이에 따라 유 부인을 해칠 계획을 세운다. 즉, '득남'으로 인해 한 가정 내의 부인들이 지닌 지위가 흔들릴 수 있는 가부장적 질서의 불합리성이 조 부인의 악행을 초래했다고 볼 수 있다. ② 〈보기〉에 따르면 해당 작품은 유 부인과 조 부인의 대조적 면모를 부각하여 선과 악의 갈등을 더욱

뚜렷이 드러낸다. 윗글에서 유 부인은 조 부인이 자신을 해하려는 계획을 세운 것을 알지 못한 채, 조 부인의 '병'을 진심으로 걱정하며 '약을 달여 권하는' 모습을 보인다. 이는 유 부인의 선한 면모를 강조함으로써 유 부인과 조 부인 간의 선악 대립 구도를 부각한다고 볼 수 있다. ③ 〈보기〉에 따르면 해당 작품에서 조 부인의 조력자들은 물질적 가치를 추구하는 악인으로, 유 부인의 조력자들은 맡은 소임을 다하는 선인으로 묘사함으로써, 유 부인과 조 부인의 대조적 면모를 부각한다. 윗글에서 금련과 성복록은 '천금'이나 '금은'을 준다는 말에 조 부인을 돕는 조력자들로 나타나며, 금섬은 상전을 섬기는 '직분'을 다하겠다며 유 부인을 돕는 조력자로 나타난다. 이는 조 부인과 유 부인의 대조적 면모를 부각하는 조력자들의 모습을 보여 주는 것이라 할 수 있다. ④ 〈보기〉에 따르면 해당 작품에서는 선인으로 형상화된 인물이 가부장적 질서의 불합리성을 가림으로써 유교적 이념을 근간으로 하는 사회의 부조리를 은폐한다. 윗글에서 금섬은 조 부인의 악행으로 인해 죽을 위기에 처한 유 부인을 구하려고 하며, "노주간은 상전이 급한 일이 있으면 몸이 마치도록 섬기다가 죽는 것이 당연"하다고 말한다. 이는 유교적 이념을 근간으로 하는 사회의 부조리로 인해 희생당할 위기에 처한 유 부인의 상황에 적극적으로 저항하여 문제를 해결하려는 것이 아니라, 사회의 부조리에 순응하여 유 부인 대신 죽음을 맞이하려는 것으로 해석할 수 있다. 즉, 이는 선인으로 형상화된 인물인 금섬이 사회의 부조리에 순응하는 모습이라고 볼 수 있다.

---

7. 이정작, 옥린몽

1. ②

[A]에서 상서는 '교묘한 계교가 마침내 근심스러운 재앙으로 변하여 좋은 인연 됨을 생각한다'는 편지의 내용을 유 씨가 쓴 것으로 여기고 있다. 이를 '옛날 전국 시절에 태자 단이 형가로 하여금 진시황제를 찌르게 했으나 성공하지 못하자 고점이란 인물이 또 다른 계교를 사용하여 시황제를' 쳤다는 역사적인 사건과 연관지어, 유 씨가 편지의 내용을 통해 설생에게 다시 계교를 도모할 것을 요청한 것으로 추측하고 있으므로 선지의 내용은 적절하다.

오답 풀이

① [A]에서는 상서가 읽은 '편지'의 내용을 구체적으로 서술하고 있을 뿐, 시간의 역전적 구성을 취하고 있지 않다. ③ [A]에서는 두 공간에서 동시에 일어나는 사건을 병렬적으로 제시하고 있지 않다. ④ [A]에서는 상서를 비롯한 인물의 행위를 연속적으로 나열하고 있지 않으며, 사건의 긴박감도 드러나지 않는다. ⑤ [A]에서는 유 씨의 '편지'를 읽은 상서의 반응을 반어적으로 표현하고 있지 않으며, 상황의 반전을 암시하고 있지도 않다.

2. ④

상서는 ㉠(편지)을 읽은 뒤, 가족 구성원이 모인 자리에서 자신의 집에 풍속을 더럽히는 큰 변이 생겼음을 밝힌다. 이를 들은 가족들이 급히 이유를 묻자 상서는 '이제까지 지낸 일의 처음부터 끝까지를 낱낱이 이야기'한 뒤에 ㉠을 어머니에게 건네고 있으므로 선지의 내용은 적절하지 않다.

오답 풀이

① 상서는 ㉠을 읽은 뒤, 유 씨가 "높은 가문에서 자라난 여자로서 부모의 사랑을 받고 입에 예가 아닌 말씀을 일컬음이 없고 눈에 부정한 일을 가까이하지 않"으나, "가슴속에 사악한 생각을 가득하게 담고 밖으로는 인의를 꾸미"고 "하늘과 땅 사이에 용납하지 못할 행실"을 보였다고 생각하고 있다. 또한 "음란하고 사악한 행실"을 보였다고 평가하고 있으므로, 상서는 ㉠을 거듭 본 후 유 씨의 행실에 대한 평가를 달리하였다고 볼 수 있다. ② 상서는 ㉠을 읽은 뒤, "이렇게 간사하고 악한 무리를

문하에 머물게" 한 "세월이 이미 오래되었지만 오히려 그 음란하고 사악한 마음을 조금도 알지 못했"던 것을 "크게 부끄러워"하고 있다. 이는 상서가 자신이 그동안 유 씨의 잘못을 눈치채지 못했음을 자책한 것이라 볼 수 있다. ③ 상서는 ㉠을 읽은 뒤, "내 이제 이 서찰을 가지고 가서 분명한 죄를 처리함에 누가 감히 긴 혀를 놀려 스스로 변명함이 있겠는가?"라고 생각한다. 따라서 상서는 ㉠을 유 씨에게 보여 주면 유 씨가 자신의 저지른 행위를 변명하지 못할 것으로 생각하였다고 볼 수 있다. ⑤ 상서는 ㉠을 읽은 뒤, 부인을 찾아가 '이제까지 지낸 일의 처음부터 끝까지를 낱낱이 이야기'하고 어머니에게 ㉠을 건넨다. ㉠을 본 직후에 어머니와 형제들은 '서로 머리를 맞대고 말없이 얼굴빛이 차가운 재와 같'이 변했다고 하였으므로 선지의 내용은 적절하다.

3. ④

[B]에서 "자식이 못났음", "못난 자식" 등의 발화를 고려할 때 부인은 대화 상대인 상서를 낮추어 표현하고 있으므로, 상서의 총명함을 칭찬하면서 태도 변화를 유도했다고 볼 수 없다. 반면, [C]에서 최 부인은 상서가 "군자의 높은 식견"을 가졌다고 칭찬하면서 "후회를 남기지" 않도록 다시 생각해 볼 것을 요청하고 있으므로, 상서의 총명함을 칭찬하면서 태도 변화를 유도한 것으로 볼 수 있다.

오답 풀이

① [B]에서 부인은 "자식이 못났음", "못난 자식"이라는 표현으로 대화 상대인 상서를 낮추어 말하고 있다. 그러나 이는 부인이 유 씨에 관한 상서의 성급한 결정을 말리려고 한 것일 뿐, 상서의 잘못을 비아냥거리고자 함이 아니다. ② [B]에서 부인은 "분명 설생의 친필입니다."라는 상서의 말을 듣고도 "중간에서 모함하여 사람을 부추기는 것은 본받지 아니할 것이다."라고 말하며 상서의 주장을 믿지 않고 있다. 따라서 상대의 말을 그대로 믿었던 것을 반성하는 마음을 드러내고 있다는 선지의 내용은 적절하지 않다. ③ [C]에서 최 부인이 상서는 "군자의 높은 식견"을, 자신은 "조그마한" "헤아림"을 지녔다고 말하였으므로, 상서와 자신의 차이점을 언급하고 있다고 볼 수 있다. 하지만 최 부인은 "모름지기 세 번 생각하여 후회를 남기지" 말라고 말함으로써 상서의 성급한 결정을 만류하고 있으므로, 상서의 주장을 따를 수밖에 없음을 드러내고 있다는 선지의 내용은 적절하지 않다. ⑤ [B]에서 부인은 "내 스스로 자식이 못났음을 깨닫지 못하고 분에 넘치게 어진 며느리를 구하였으나 뜻밖에 하늘이 복 없는 여자를 믿게 여기지 아니하여 우리 가문을 잘 돌봐 주셨다."라며 가문이 평안히 유지되어 온 것에 대한 운명론적 태도를 드러내고 있다. 하지만 상서가 문제로 언급하고 있는 유 씨의 부정한 행실에 대한 운명론적 태도를 드러내고 있지는 않다. 한편, [C]에서도 최 부인이 유 씨와 관련된 사건에 대해 운명론적 태도를 드러내고 있지는 않다.

4. ④

경완은 유 씨를 의심하는 상서에게 "너의 집안일"이기에 자신이 "간섭할 바가 아니"지만 상서의 총명이 부족함이 있다고 여기므로 성급한 결정을 삼가라고 말하고 있다. 이는 상서와 아내 유 씨의 가정 내 문제가 가문의 여러 구성원에게 전달되는 양상으로 볼 수 있다. 또한, 〈보기〉에서 윗글의 작자는 가문의 여러 구성원이 갈등의 진행 과정에 관여하여 개인의 인식적 한계가 보완되는 방식으로 문제가 해결되는 것을 지향한다고 하였으므로, 가정 내 문제가 가문으로 확장되는 것을 부정적으로 인식하는 작가의 인식을 드러내고 있다는 선지의 설명은 적절하지 않다.

오답 풀이

① 상서는 유 씨와 설생의 부적절한 관계가 드러난 '편지'를 읽고 유 씨가 자신을 해치려 했다고 오해하게 된다. 그런데 상서는 이를 부부 사이의 문제로만 여기는 것이 아니라, "조상을 욕보이고 풍속을 상하게 한 죄"로 여기고 있다. 〈보기〉를 고려할 때,

이는 가정 내에서 발생한 문제를 가문 전체의 유지와 번영에 영향을 미치는 일로 취급하는 인식을 드러낸 것이라 할 수 있다. ② 상서는 유 씨와 설생의 부적절한 관계가 드러난 '편지'를 읽고, 어머니에게 "밝은 가르침"을 요청한 후 그 이유를 묻는 어머니와 형제들에게 '편지'를 보여 주고 있다. 〈보기〉를 고려할 때, 이는 가정 내 갈등이 가문 구성원들에게 전달됨으로써 그들이 갈등에 관여하는 계기를 마련한 것으로 볼 수 있다. ③ 〈보기〉에 따르면 윗글에는 가문의 여러 구성원이 관여하며 갈등이 진행되는 과정에서 개인의 인식적 한계가 보완되는 모습이 나타난다. 상서는 '편지'를 읽고 유 씨가 자신을 해치려 했다고 오해하였으며, 그 '편지'를 부인에게 보여 준다. 이때 부인은 유 씨의 어진 성품을 언급하고, "역사상 간사한 편지로 말미암아 지금의 눈과 귀를 증거한 것이 마침내 이에 지나지 아니할 것"이라며 '편지'의 내용을 믿지 않는다. 이를 통해 상서는 유 씨를 '가슴속에 사악한 생각 가득하게 담고 밖으로는 인의를 꾸미'는 인물로 평가했던 것과 달리, 부인은 유 씨의 지난 행적을 바탕으로 유 씨를 긍정적으로 평가하고 있음을 알 수 있다. ⑤ 상서는 유 씨와 설생의 부적절한 관계가 드러난 '편지'를 읽고 유 씨가 부정을 저질렀다고 오해하는데, 이 편지를 읽은 최 부인은 "유 형을 자세히 아는 사람은 오직" 자신뿐인 것 같다며 유 씨가 누명을 쓴 것이라는 생각을 전한다. 〈보기〉를 고려할 때, 최 부인의 이러한 태도는 편지의 '필적'을 바탕으로 유 씨에 관해 오해하는 상서의 인식적 한계를 보완하는 역할을 하므로 선지의 내용은 적절하다.

---

8. 작자 미상, 조웅전

1. ④

이두병의 신하들은 '이두병과 이관 등을 수레 위에 높이 싣고 원수의 군행을 기다리다가' 조웅이 황성으로 들어오자 조웅을 대적하지 못할 것을 알고 '땅에 엎드려' 조웅에게 "소인 등은 군왕을 기만하였으므로~주옵심을 바라나이다."라며 이두병 부자를 "결박하여 바치"었다. 이를 통해 이두병의 신하들은 조웅이 황성으로 들어올 것을 미리 알고 행동을 취했음을 알 수 있다.

① 이두병의 가솔들을 처벌한 인물은 조웅이 아닌 황제(태자)이며, '두병의 가솔을 적몰(중죄인의 재산을 몰수하고 가족까지도 처벌하던 일)하여 각국에 소속시켜 종으로 삼았다.'에서 황제는 이두병의 가솔들을 참형한 것이 아니라 종으로 삼았음을 알 수 있다. 또한 이두병을 참형한 것은 조웅이 아닌 황제(태자)이므로 선지의 설명은 적절하지 않다. ② 조웅이 구한 송 태자는 위왕의 아들이 아니라 이미 서거한 송나라 황제의 아들이다. 조웅은 위왕이 서번을 토벌하는 것을 돕고, 위왕은 조웅이 이두병이 있는 황성을 토벌하는 것을 돕는 관계이다. ③ 장 소저가 "무슨 표시를 주어 신물(뒷날에 보고 증거가 되게 하기 위하여 서로 주고받는 물건)로 삼게 하소서."라고 하자 조웅은 '행장에 가진 것이 없고 다만 손에 부채뿐이기에 부채를 펴 글 두어 구를 써주'었으므로 선지의 설명은 적절하지 않다. ⑤ 조웅이 "부모에게 고하지 않고 부인을 맞았으니 불효가 이보다 더 큼이 없건마는"이라고 말한 것은 자신을 죄인이라고 생각하는 장 소저를 위로하기 위함이다. 오히려 장 소저와 자신을 "천생연분", "하늘이 정하신 바"라고 표현하고 있으므로 조웅이 장 소저와 백년가약을 맺은 것을 후회한다고 보기는 어렵다.

2. ②

"장하고 장하도다. 어디를 가셨다가 이제야 오십니까?"에서 백성들이 '조웅'을 진심으로 반기는 모습을 확인할 수 있다. 또한 백성들은 "천우신조 대송이 회복되도다."라며 송나라가 다시 제자리를 찾으리라 기대하고 있으므로 선지의 설명은 적절하다.

① "이것으로 뒷날에 신표(뒷날에 보고 증거가 되게 하기 위하여 서로 주고받는 물건)를 삼으소서."에서 조웅은 장 소저와 다시 만날 것이라고 생각하고 있음을 알 수 있다. ③ '이두병'이 조정인을 '참소를 당하여 죽게 만들었다는 점에서 '이두병'이 '조웅'의 아버지를 음해한 것은 맞다. 하지만 ©에서 '조웅'은 태자와 자신을 음해하려 한 '이두병'의 죄를 책망하고 있는 것이므로 선지의 설명은 적절하지 않다. ④ '이두병'은 "신하들과 함께 옥새를 도모하여 황제의 자리를 노린 것과, 태자를 변방 땅에 멀리 귀양 보내고 사약을 내린 것"이 모두 자신이 아닌 신하들의 소견이었다고 말하며 죄를 신하들에게 미루었으므로 선지의 설명은 적절하지 않다. ⑤ ©은 '소왕(위왕)'이 '대왕(황제)'에게 자신의 부덕함으로 인해 나라의 존망이 위태롭게 되었다며 '죄'를 지었다고 말한 것이 아니라, '대왕'의 곁에 있고 싶으나 사정상 그럴 수 없음을 안타깝게 여기고 대왕을 계속해서 직접 모시지 못하는 것에 대해 사죄하고 있는 것이다.

3. ④

소설 문학은 지문이 길고, 〈보기〉에 있는 내용이 지문에 없는 경우가 있기에 반드시 지문과 〈보기〉를 대응시키며 선지를 판단해야 한다. 〈보기〉에 따르면 조웅은 자신의 힘보다는 '초인'의 도움으로 운명을 개척한다. '조웅'과 '위왕'이 서로 힘을 보태어 원하는 바를 이루고 있긴 하지만, '위왕'이 초인적인 능력을 발휘하는 부분을 찾아볼 수 없으므로 선지의 내용은 적절하지 않다. [앞부분 줄거리]를 보면, '조웅'에게 술법과 무술을 전수해주는 '월경 대사와 철관 도사'가 '초인'임을 알 수 있다.

① 〈보기〉에 따르면 윗글에는 주인공의 탄생에서 태몽이 나타나지 않았다고 하였으므로 '조웅의 어머니'는 아들을 낳을 때 태몽을 꾸지 않았을 것이다. ② 〈보기〉에 따르면 윗글은 다른 작품들과는 달리 주인공이 초인적인 능력을 가졌거나 천상계에서 내려온 존재가 아니다. 따라서 천상계와 지상계를 이분법적으로 나누는 고전 소설의 세계관에서 볼 때, 조웅은 지상계의 인물에 해당된다. ③ 〈보기〉에 따르면 윗글에는 주인공의 탄생에서 아들 낳기를 기원하는 정성이 나타나지 않는다. 따라서 '조웅의 아버지'인 '조정인'이 아들을 낳기를 기원하며 정성들여 기도를 올리는 장면은 없다고 판단할 수 있다. ⑤ 〈보기〉에 따르면 윗글은 전통적 유교 윤리와는 어긋나는, 부모의 허락 없는 결혼을 그리고 있다. 따라서 부모의 허락을 받지 않고 결혼을 했다는 점에서 '장 소저'와 '조웅'은 모두 전통적 유교 윤리에 어긋나는 인물임을 알 수 있다.